# "世界の工場"への道

20世紀東アジアの経済発展

堀 和生・萩原 充 [編]

京都大学
学術出版会

## 何故、いま東アジア史か？

　東アジアは近年のめざましい経済発展によって世界の注目を集めている。世界的に見た東アジアの特徴は、その急速な発展速度と工業への偏差である。近代工業の最も基礎的物資である粗鋼では、2015 年の全世界での 15.9 億トンの生産のうち、中国・日本・韓国・台湾が 10.0 億トンで、62.8% を占めている（EU27 カ国で 1.7 億トン 10.4%、米国で 0.8 億トン 5%）。同年その他の工業生産についても、100 トン規模以上の造船竣工量で（これのみ台湾を除く）90.9%、半導体生産価額で 69.2%、自動車生産台数で 42.7% を占めており、この地域の人口比率 21.4% とくらべて、特異に高い集中度となっている。また、それぞれの経済における工業の比率も高い。2010 年の各国・地域 GDP 中における製造業の比率は、イギリス 11%、イタリア 16%、オランダ 12%、フランス 10%、米国 13% 等のように、西欧北米はほとんど 10% 台で、ドイツだけが 22% と例外であった。しかし、同年の日本は 20% であり、台湾 29%、韓国 30%、中国 32% はさらに高かった。世界の工業製品貿易における各地域の輸出量比率を取ると、2010 年時点で東アジア 4 国・地域 25.2%、西欧 5 カ国（英仏独伊蘭）23.4%、米国 8.6% で、東アジアは西欧主要国を若干上まわっている。東アジアは石油化学関係では西欧の半分ほどであるが、最も伸長が著しい機械類では東アジア 28.7% で、西欧 23.5% と米国 8.8% に差を付けている。さらに、2010 年の輸出中の工業製品の比率をみれば、日本 91.0%、中国 94.8%、台湾 92.2%、韓国 90.8% とすべて 9 割を超えており、新興国として注目されているインド 62.9%、ブラジル 35.2%、ロシア 20.1% と懸隔しており、先進地域である西欧 12 カ国 78.4% と米国 73.8% をも上まわっている。現在の東アジアは、かつて西欧がそうであったように、まさに「世界の工場」で

ある。19世紀末には近代工業がほとんど見られなかった東アジアが100年余りで経験した経済変化は、欧米による産業革命以来の世界包摂に匹敵する地球的レベルの変動を引き起こしている。

　このような東アジアの経済発展は、これまでどのように研究されてきたのであろうか。日本においては、戦後、大塚史学や講座派によって、久しく日本やアジアの遅れや歪みの解明が課題だとされていた。また、1970年代半ばまで、アジア史研究において「アジア的生産様式論」が活きていた。さらに、1960-70年代には、欧米先進国による非欧米地域の支配収奪の構造を強調する南北経済論や新従属理論が、アジアでも一世を風靡していた。ところが、このような諸潮流の現状認識は、日本、台湾、韓国等のNICs、東南アジア、そして中国へと東アジアの経済発展が続いたことによってその限界が露呈した。これらの新事態は、アジア研究の課題を従前の遅れや歪みではなく発展の解明へと180度転換させ、多様な学術分野や手法がアジア発展の解明に取り組むようになった。しかし、その多くは、研究対象をもっぱら急速な経済的発展を遂げて以降の時代に限定していた。それら同時代の現状分析は、少なからぬ成果をあげてはいるが、東アジアの特質が何故に生じたのかという問いの解明には有効でなかった。1980年代になると歴史学の分野においても、アジアの発展に取り組む研究が始まり、「アジア交易圏論」「アジア間貿易論」や様々なグローバル・ヒストリーが提起されてきた[1]。ただし、それらは今日までのところ、もっぱら流通部門や関係史の分野が中心で、当該社会の内部を分析する場合には、もっぱら一国と世界との関係のみの解明に焦点が当てられており、視野が限定されていた。

　東アジア研究の問題点をこのように把握した上で、本書は「東アジア地域がどのような経路、特徴を持って発展したのか」、「その特徴は、現代社会に如何なる課題をつきつけているのか」、という課題を掲げ、東アジア

---

1　杉原（1996）、浜下・川勝（1991）、籠谷・脇村（2009）、秋田（2013）。

レベルで社会経済内部の探究に進むことをめざしている。本書が提起する新しい基軸は次の2つである。

　第1は、19世紀末から1世紀という長い時間的スパンを通じての東アジアの経済発展を対象として、それを一国ごとではなく、一国経済と世界経済を媒介する東アジア地域レベルでの関係性を重視して分析解明することである。長い時間軸をとる場合、アジア史研究にはとりわけ大きな困難がある。政治史では、20世紀半ばの変化、日本帝国の解体、植民地の独立、中国革命、朝鮮戦争等の衝撃があまりに甚だしいために、その前後を通じた歴史像の構築が困難になっている。また、経済史では、20世紀後半における各国の高度成長による変革力が強すぎるために、それ以前の時代の規定性が希薄化しがちである。しかし、東アジアの歴史性や内部の相互規定性はきわめて強靱で、それらを各国の単なる初発条件とだけ見なしたり、貿易や投資、人的移動等を分析したりするだけですませられるものではない。したがって、東アジア地域の深く広い構造的な関係を長期にわたって分析する必要がある。編者の一人である堀は、戦前と戦後を通した日本、朝鮮、台湾の関係について、本研究に繋がる国際的な研究を試みていた[2]。しかし、それらでは、東アジアにおけるいまひとつの中心地域であり、人口でも圧倒的部分を占める中国を研究の対象に組み込めていなかった。本書では、中国を含め、文字通り東アジア全域について、100年にわたる相互規定関係を含めた近代史を対象とする。

　第2は、既存の研究では避けられてきたが、日本と中国を対立・対抗的に扱うのではなく、日本と中国を同じ歴史舞台上で共通の視角から分析することである。日本と中国をまったく異質な社会として扱う見解は、清末・明治期から存在しており、一般意識でも学術的見解においても今なお広い基盤を持っている。しかし、相違性が存在することは共通性が存在することの排除を意味しない。中華文明の影響を強く受けながら近代を迎えた台

---

2　堀（2004：2016）。

湾や朝鮮半島などの地域が、日本の植民地帝国に組み込まれる経験を持った後、戦後、急速な経済成長の道を歩んだこと、満洲（中国東北地域）経済が日本の占領時代に大きな変貌を遂げたこと、などの事実は、日本と中国をまったく別の社会だと峻別する理解に再検討を迫るものである。今求められている研究は、東アジアの共通性と相違性をともに歴史的に解明することである。近代の日本と中国は深い相互規定関係を取り結んでおり、とりわけ日中戦争は両国社会の方向性を決定的に転換させた。1950年代から70年代までにおいても日中の繋がりは維持されており、改革開放後とりわけ1990年代以降にはその相互関係がきわめて密接になってきている。日本と中国をあわせた東アジア近代史像の構築は喫緊の課題である。

　本書は、以上の2つの基軸から東アジア経済発展の解明に取り組むが、それを後進地域が先進欧米に追いつくというキャッチアップの過程とは捉えない。キャッチアップとは遅れた者が先行する者と同じステージへ単純に追いつくことを意味する。しかし、東アジアの近代発展は、近代の出発時点の状況も、またその発展の過程のいずれも欧米社会のそれとは異なっており、また目前の東アジアは欧米とは違った課題も抱えている。1990年代以後グローバル化が進展し、全地球的なレベルで商品経済化が進展しているにも拘わらず、世界は必ずしも均質化しているわけではなく、発展段階だけで区分されているわけでもない。多国籍企業は地域ごとに異なった戦略を取っており、圧倒的な人口はそれぞれの国民経済の枠組みの中で生活している。本書では、東アジアの近代を、この地域の歴史的な条件を土台として世界経済に参加した、独自の経路による発展の類型として捉えることを意図している。東アジアは従属理論や世界システム論がまったく想定できなかった事態、すなわち非欧米地域において本格的な経済発展を最初になし遂げ、21世紀の「世界の工場」になるとともに、少子高齢化、資源の枯渇、環境汚染、格差の拡大を始め、多くの経済社会問題にも直面している。このような欧米型と異なる東アジアの発展類型の抽出と理論化は、欧米の歴史的経験を普遍的な発展経路としてきた既存の社会科学を相

対化して、新しい発展理論の構築に向けてさまざまな素材を提供できるのではないか。さらに、このような発展に対する深い解明は、現在、世界と東アジアが抱える様々な経済社会問題の解決に、何らかの示唆をだせるのではないかと期待している。

　本書は科学研究費　基盤（B）「東アジアにおける資本主義形成に関する研究──1930年代～1960年代を中心に」（2014-2016年度　代表堀和生）による、日本・中国・韓国・台湾の国際共同研究の成果である。本書には共同研究者による14本の成果論文とは別に、6本の論評を収録している。これは共同研究の最終段階で成果発表を行った際に、各分野の専門研究者から寄せられた批評や補足の考察を収録したものである。本書が含む多様な論点を、それぞれの分野の研究水準に照らして客観化することで、読者の理解の参考になればと意図したものであり、さらなる問題提起としても貴重である。各部につき2本ずつ収録している。

　なお本書中の東アジアとは、前近代から歴史的文化的な共通性を持っている中国（台湾を含む）、日本、朝鮮・韓国等の地域を指している。東アジアは戦後のある時期から東南アジアと特別な経済関係を持つようになるが、それは本書の分析対象には入っていない。

　　　2018年10月13日　　　　　　　編者の一人として　堀和生

**参考文献**

秋田茂編（2013）『アジアからみたグローバルヒストリー』ミネルヴァ書房
籠谷直人・脇村孝平編（2009）『帝国とアジア・ネットワーク』世界思想社
杉原薫（1996）『アジア間貿易の形成と構造』ミネルヴァ書房
浜下武志・川勝平太編（1991）『アジア交易圏と日本工業化：1500-1900』リブロポート
堀和生・中村哲編（2004）『日本資本主義と朝鮮・台湾』京都大学学術出版会
堀和生編（2016）『東アジア高度成長の歴史的起源』京都大学学術出版会

# 目　次

何故、いま東アジア史か？ ………………………………………………ⅰ

## 第Ⅰ部　東アジア経済発展論の視角

第1章　東アジアの経済発展
　　　　——日本、台湾、韓国—— ……………………堀　和生…7

第2章　中国近現代経済史をどう捉えるか …………久保　亨…41

第3章　東アジア工業化の国際環境と戦後日本 ……浅野豊美…69

第4章　高度成長下における日本の貿易と総合商社
　　　　………………………………………………谷ヶ城秀吉…99

第5章　日本の高度経済成長と資源政策構想
　　　　——長期経済計画にみる—— ………………小堀　聡…125

論評　東アジア経済研究の学術的価値と現代的意義
　　　　……………………………朱　蔭貴（訳：林　彦櫻）…148
論評　「小農社会」工業化論の世界史的意義 ………秋田　茂…155

## 第Ⅱ部　東アジアと中国の工業化

第6章　中国の一次産品輸出　開港から国共内戦期まで
　　　　…………………………………………………木越義則…167

第7章　中国の繊維産業——技術者養成からの視点——･･･富澤芳亜…199

第8章　中国の重工業化
　　　　——上海市の鉄鋼業を事例として——･･････････加島　潤…225

第9章　中国の化学工業の発展
　　　　——肥料工業を事例に——･･･････････････････峰　　毅…247

第10章　中国タバコ産業の発展と市場形成（1927～1937年）
　　　･････････････････････････････････････････････皇甫秋実…265

論評　工業化が持つ意味･･･････････････････････････丸川知雄…291
論評　中国農業の成長と構造転換･･･････････････････厳　善平…295

## 第Ⅲ部　戦後東アジア社会経済の再編成と石油産業

第11章　東アジアにおける近代的エネルギー供給構造の特徴
　　　･････････････････････････････････････････････堀　和生…311

第12章　韓国精油産業の成立とオイルメジャー･････林　采成…341

第13章　国家と石油開発政策
　　　　——1950-1970年台湾における中国石油公司を例に——
　　　･････････････････････････････洪　紹洋（訳：林　彦櫻）…367

第14章　「資源小国」の自給戦略
　　　　——1930-1950年代の中国石油産業——･････萩原　充…395

| 論評 | 東アジア石油産業史研究の扉を開ける第一歩 ………橘川武郎…424 |
| 論評 | 戦後石油精製技術と日本賠償 ……………………………浅野豊美…428 |

結論と展望 …………………………………………………………………431
あとがき ……………………………………………………………………443
索引 …………………………………………………………………………449

# 凡例

　原則として常用漢字を用い、新かなづかいで表記した。

　年の表示は、元号類をつかわず、西暦に統一した。

　地名は、歴史的な呼称も使用した。
　例えば、満洲（中国東北部）、奉天（瀋陽）、京城（ソウル）等

　「朝鮮」と「韓国」は、複雑な歴史的な経緯のために、日本と韓国で使用慣習が異なる。
　本書では日本の慣習に従い、1945年以前の国名・地名・民族名は「朝鮮」とした。ただし、執筆者の意思を尊重し、「韓国」の語義をやや広く用いた叙述もある。

　各論文末の参考文献は、日本語（著者名五十音順）、中国語文献（著者名漢字の音読み順）、韓国語文献（著者名カナタラ順）、英語文献（著者名アルファベット順）の4つに分類し配列した。
　日本語文献中の外国人名については、便宜的に中国関係は日本語音読み、韓国関係は韓国語読みで配列した。

# 第Ⅰ部

# 東アジア経済発展論の視角

近代東アジア経済史の特徴を、もっぱら19世紀以前の「アジア交易圏」に由来するとするような歴史主義的理解、および現在の東アジア経済の特徴を、もっぱら1990年代以後のグローバル化の再編成によって説明するような非歴史的認識は、ともに事実に合致しない。東アジア的な特徴は、まさにこの1世紀余りに及ぶ地域内外の相互関係の中においてつくられたのであり、その特徴自体が歴史の産物である。第Ⅰ部は、その長期にわたる発展過程とその特徴を解明するために、3つの視角から接近する5本の論文によって構成した。

　まず第1に、総論的な2つの論文は、既存の関連研究の成果を整理し、東アジアの発展過程を鳥瞰することによって、その特徴を摘出した。第1章（堀和生）は、戦前は日本帝国の領域、戦後は西側の国際経済に属した日本、朝鮮・韓国、台湾を対象とする。まず、国際的に比較して見た東アジアの経済成長の特徴を明らかにする。ついで、その戦前期について、近年のGDP歴史推計の分析によって、近代的大工業と農業・零細商工業との関連を解明し、国内市場の形成拡大過程を跡付けた。さらに戦後について、韓国と台湾は日本と産業構造が大きく異なるにもかかわらず、これらの国の経済成長が日本経済の長期的変動と類似していることを摘出し、東アジアとしての発展類型を提案する。第2章（久保亨）は、近代中国の経済発展を低く評価する見解や人民共和国建国の政治的な画期性だけを強調する見解について、その根拠の問題点を指摘する。ついで、広大な国土をもち多様な経済が並存する中国の工業発展を、1880年代-1910年代半ば、1910年代半ば-1930年代、1940年代-1970年代、1980年代-現在という4つの時代に区分して、各時代の特徴とその発展の担い手を明らかにする。さらに、国民経済で重要な農民・農業の変化に焦点を当てて、農業の緩やかな前進と工業発展との深い関わりについて検討を深めている。この2つの論文は、長期にわたる農業発展を国内市場の拡大の基礎条件として捉える点や、工業発展における国家の役割を重視する点など、日本と中国の発展をある程度の共通の基盤を持ったものとして捉える試論的な意味を持っ

ている。

　第2は、戦後東アジア工業化の前提としての国際的な環境、つまり日本帝国の解体と国民国家の形成の過程を扱う領域である。第3章（浅野豊美）は、まずこの再編成を主導した米国の戦後構想を検討するに当たって、第二次大戦終結時に植民地の解体を処理する国際法の理論が整っていなかったという問題点を提起する。ついで、米国による戦後処理の重要原則であった、日本の領域確定、軍事力の解体と非武装憲法、日本人の引き揚げ原則等と、植民地・占領地への賠償原則が、現実政治の中でしだいに変質していく過程を明らかにしている。さらに、日本の経済復興とその経済力を開発援助に利用しようとする米国の新戦略が、1960年代までの日本と東アジアを規定していたことが明らかにされる。経済発展の経路とは、経済過程のみで決まるのではなく、政治プロセスがきわめて重要であることが明らかになる。

　第3は、東アジアの中で経済発展が先行した日本を取り上げ、その高度成長期の工業化にかかわる製品輸出と原料輸入の両面において、それらを推進した主体の行動と認識を解明する。第4章（谷ヶ城秀吉）は、1950-70年代の世界経済のエンジンが環大西洋貿易から環太平洋貿易へと転換する時代であり、その中では日本など東アジア諸国による工業製品の対米圏輸出が重要な契機であったと把握する。そのうえで、それら貿易の拡大や貿易構造の変化において、その担い手であった日本の総合商社の主体的な役割を解明する。その方法は、通商産業省編集『貿易業態統計表』の20年間にわたる分析であり、結果として、日本の機械分野での輸出と北米地域への輸出において商社のはたした貢献を検出した。さらに、このような総合商社による輸出促進機能の東アジア的な可能性を展望している。第5章（小堀聡）は、戦後貿易の拡張期に、世界的な資源輸入の先駆者であった日本の政府や財界が、その輸入構想をどのように構築したのか、また資源輸入が実現した後に、その維持にはどのような対応を必要としていたのか、の解明をめざす。そのために、1950年代から70年代までの長期経済計画

における資源構想を分析した。その分析結果は、長期経済計画の期間中でも、主体的な資源構想に大きな変化があること、またそれらは後続の東アジアの経済開発に影響を与えた可能性があること、さらには計画立案者が把握しきれなかった事態が進行していた事実等を明らかにした。

　以上、5本の論文は、扱う時代と対象テーマは異なるが、戦前の帝国主義の体制、戦後の東西対立と自由貿易体制の拡大というそれぞれの国際的な条件の下、それらに規定されながら東アジア独自の工業化がはかられてきたことを明らかにする。

第 1 章

# 東アジアの経済発展
――日本、台湾、韓国――

堀　和生

　　はじめに

　近年のグローバル化した世界経済は変動が激しく、その方向性は容易には見いだしがたい。しかし、巨視的に見た場合、近年中国を中心とした東アジアが経済的に台頭してきたことの歴史的な意義は決して小さくはない。日本の歴史学においては、戦後欧米勢力が世界に拡大する過程を近代と捉え、日本の近代化の後れや歪み、アジアの停滞性を解明することが経済史研究の課題だとされた時代が久しかった。やがて、日本の高度成長が明らかになると、アジアと異なる日本の特殊性が強調され、近代化論や日本的経済システム等の理論や概念がさかんに論じられた。また、世界史観として、東西冷戦のなかで先進国と後進国の経済的ギャップを強調する南北経済論や第三世界論、近代世界を先進地域と後進地域の対立的構造として把握する従属理論や世界システム論が次々と導入された。ところが、このようなもろもろの学説や歴史観の混在状態は、日本を取り巻く世界経済が激変したことによって一変した。台湾、韓国らのNICsとしての登場、東南アジア一部地域の経済発展、そして1990年代からの中国の爆発的経済膨張は、従前の日本特殊論、アジア停滞論、構造的な低開発論等を、すべて関心外に吹き飛ばしてしまった。

では、激動する現代が要請する課題とは何であろうか。現在、一方では、資源、環境、人口等さまざまな部門において経済発展そのものの限界が認識されてきている。他方、多くの後進地域では、今なお貧困からの脱却をめざす経済発展が切実な重要課題だとされている。これらの状況は、世界史的な次元において経済発展という過程やメカニズムを、そのプラス面・マイナス面を含めて、総合的に解明することを要請している。そのなかで、近代前期に東アジアは欧米主導の経済秩序に従属的に組み込まれながらも、1世紀以上も遅れて、かつ欧米とは異なった形で経済発展をとげた。したがって、その研究には独自の意義があると思われる。つまり、これまでの経済発展に関する主要な理論は、欧米の歴史的経験を基礎にしており、それを批判した従属理論や世界システム論も、基本的に非欧米社会における経済発展を想定していなかったので、その理論的な準備はなかった。非欧米社会の中で初めて本格的な経済発展を遂げた近代東アジアの歴史的経験は、欧米で成立した既存の経済発展についての理解を見直すうえで、新しい素材を提供することができる。さらに、日本、韓国、台湾では、少子高齢化や社会保障費による財政赤字の増加、国内産業の空洞化等の矛盾が極端な形で進行しているので、それら先進国に共通する問題を歴史的に考える上で重要な意味をもつであろう。

　そのような研究課題を掲げる本書のなかで、本章は、20世紀における日本、朝鮮・韓国、台湾の長期的な経済発展を、一国ごとに見るのではなく総合的に分析することで、この地域内における経済関連とその発展の特徴を明らかにすることをめざす。さらに、それらを踏まえ、中国やその他のアジアの発展との関連について展望したい。

表 1-1　世界各地域・国の GDP 実質成長率

|  | 1890—1913 | 1913—1938 | 1955—1985 |
|---|---|---|---|
| 西欧 12 ヶ国 | 2.2 | 1.4 | 3.5 |
| （ドイツ） | 3.2 | 1.7 | 3.7 |
| （イギリス） | 1.8 | 1.1 | 2.3 |
| アメリカ | 3.9 | 1.8 | 3.3 |
| 日本 | 2.5 | 3.7 | 7.0 |
| 台湾 | 3.1 | 4.3 | 8.7 |
| 朝鮮・韓国 | N. A. | 3.7 | 7.6 |
| 南米 5 ヶ国 | 4.6 | 3.1 | 4.5 |
| （アルゼンチン） | 6.2 | 2.7 | 2.5 |
| （ブラジル） | 2.6 | 3.8 | 6.0 |
| 中国 | N. A. | N. A. | 6.7 |
| インド | 0.7 | 0.6 | 3.9 |

出所：マディソン（2000：278-292）；大川（1974：226）；溝口（2008：395-400）、金（2012：448-450）；南・牧野（2014：465-467）

注（1）西欧 12 ヶ国の第 1 期 1890-1913 年のみスイスを除く。
　（2）南米 5 ヶ国とは、アルゼンチン、ブラジル、チリ、コロンビア、ペルーで、第 1 期は 1900-1913 年。
　（3）台湾の第 1 期は 1901-1913 年。
　（4）西欧 12 ヶ国の増加率を基準として、倍以上のものに網掛けした。

## 1. 戦間期日本帝国の「国内市場」の拡大

### （1）　東アジア経済の概観

　世界史のなかで経済発展に焦点を当てれば、東アジアには明瞭な特徴がある。それは近年、世界で急速に進んでいるマクロ経済の歴史推計によって明らかになった。表 1-1 は、この分野の開拓者である A. マディソン（Angus Maddison）が整備した統計に、東アジアの最新研究の成果を加えたものである。欧米は周知のように、19 世紀から 20 世紀初頭までと、戦後 1970 年代までの時期に高い経済成長をとげた。ところが、日本、台湾、朝鮮・

韓国は第一次大戦以後、その西欧12ヶ国の平均を常に倍以上も上まわる成長を続けている。特に注目すべきは、東アジア3地域・国の高い成長が「奇跡」として注目された戦後期のみに限らず、世界経済が全般的に停滞した両大戦間期においても、西欧の倍の高い成長をとげたことである。この事実はそれほど注目されていないので、まず、国際比較によって、非欧米地域における東アジアの特徴をより具体的に見ておこう。

　西アジアやアフリカについてはマクロデータがないので不明だが、先行研究によってGDPが推計されている非欧米諸国・地域には、長期的に見て3つほどのパターンがある。そのうち、対照的な趨勢をみせるのが第1のパターンである南米と、第2のパターンである東アジアの日本、台湾、朝鮮・韓国である。20世紀初頭の対照的な指標を挙げれば、1人当たりGDP、1人当たり貿易額、先進国からの資本受入れ額等である。南米では19世紀末時点で、GDPがすでにかなり大きな額になっていた。1913年における1人当たりGDP[1]で見ると、アルゼンチンの3797GK＄（1990年表示以下同）は、西欧12ヶ国平均の3747GK＄に匹敵する水準であり、チリの2988 GK＄やウルグアイの3310GK＄も日本の2倍以上の規模であった。その豊かさをもたらしたのは、端的にいえば、欧米との強い経済的結びつきに他ならない。1913年の1人当たり貿易額を、世界平均を100とする指数（対世界指数と呼ぶ）でみると、アルゼンチン673、チリ427であり、これらは同時代の西欧諸国の値と変わらない。さらに、先進国の投資も非常に多く受け入れており、1913年における英米独仏4ヶ国による国別人口1人当たりの投資額をみると、アルゼンチン57.7ポンド、チリ47.1ポンド、ブラジル16.5ポンドであって、カナダ、オーストラリアに次いでおり、アメリカを上まわっていた（西村ほか2014：164）。これら欧米人移民社会である南米の一次産品輸出は、欧米の工業発展と直結しており、交通革命の恩恵を受け、19世紀末にはすでにGDPを拡大させていたわけで

---

1　Maddison Project〈http://www.ggdc.net/maddison/maddison-project/home.htm〉

ある。

　第 2 のパターンである東アジア 3 国（日本、台湾、朝鮮・韓国）は、これらの指標が正反対になる。1913 年の 1 人当たり GDP は、日本 1387GK＄、台湾 807GK＄、朝鮮・韓国 485GK＄で、最大の日本でも西欧の 37％ にすぎない。貿易額の対世界指数をみると日本 69、台湾 75、朝鮮 10 と、世界平均を下まわる。先進国の投資額では、日本は日露戦争で多額の外債を導入したにもかかわらず 3.0 ポンドにとどまり、南米との差は顕著である。日本は 19 世紀の開港で大きな衝撃をうけ、急速な近代化と対外関係の拡大をはかっていた。にもかかわらず、第一次大戦以前においては、東アジアの世界経済への組み込まれ方は相対的に浅いものであった。

　南米諸国と東アジア 3 国の対照はこれにとどまらない。両大戦間期(1913–1938 年) の 1 人当たり GDP の年平均成長率は、南米 8 ヶ国では 1.2％ に達し、西欧 12 ヶ国の 1.1％ を上まわったが、一方で日本 2.3％、台湾 2.3％、朝鮮 2.4％ であった。さらに、南米は一次産品の価格の下落で輸出競争力を失い、あいついで貿易の対世界指数が世界平均の 100 を下まわるようになり、やがて 1 人当たり GDP でも戦後には東アジア 3 国のそれを遙かに下まわるようになった。一次産品輸出という構造を大きく変えられなかった南米[2]と、工業を発展させ輸出を伸ばした東アジアとのトレンドの違いが、1 世紀間に交差したわけである[3]。

　第 3 のパターンは、20 世紀初頭に世界経済への包摂や結合がそれほど強くなく、その後も久しく GDP 成長率が高くなかったが、戦後かなり時間が経ってから成長が始まる場合である。長期推計がなされているなかではインドが典型で、1884–1940 年の 1 人当たり GDP 成長率は 0.3％（同期間の日本は 2.2％）で、大きな変化が起きるのは 1980 年代の自由化政策採

---

2　1989 年における中南米 20 ヶ国の輸出中の一次産品比率は 66％ であった（パルマ 2001：8）。同年の日本、台湾、韓国における輸出中の工業製品比率は、96.9％、93.4％、93.8％ と対照的であった。ちなみに中国の同比率は 71.3％ である。

3　中南米内の人口規模や産業構造の多様さを無視しているわけではない。人口の大きいブラジルやメキシコは、後の第 3 のトレンドに近いといえよう。

用からである。成長率という指標では、アジアの多くの国が第3のパターンのなかに位置している。東アジアに属する中国の場合は、利用できる資料が1930年代以前についてはきわめて限られており、20世紀前半期の長期トレンドをGDPで把握することは困難なようである（南・牧野2014：序章）。しかし、本書第2章の久保論文にあるように、1950年代から明確な経済成長が始まっており、一部に第2のパターンの要素を持っているといえる。

### （2） 東アジア3地域の国民経済計算・支出

東アジアの経済成長自体の検討に入ろう。日本の国民経済計算の遡及推計については、1950年代から研究が進められ、大川一司・篠原三代平・梅村又次監修の『長期経済統計』全14巻（東洋経済新報社、1965-1988）が完成し、周辺情報とともに公開されている。韓国と台湾に対しては多くの推計が蓄積され、それらの成果を踏まえて金洛年（2006、2008〔日〕、2012）と溝口敏行（2008）によって体系的な国民経済計算統計が整えられた[4]。今後の研究で若干の補整や訂正はありうるが、利用できる資料が大きく増えない限り、全体像を変えるほどの推計修正は困難であろう[5]。これら最新の研究成果を整理した表1-2 国民経済計算・支出勘定から、次の点が明らかになる。

第1に、第二次大戦前における日本[6]、台湾、朝鮮の高い成長率(1913-1937年、GDE＝GDPの成長率[7])は、日本3.9％、台湾4.3％、朝鮮3.6％であり、1人当たりの成長率は日本2.5％、台湾2.2％、朝鮮2.3％となる。日本の

---

[4] 金（2006）、溝口（2008）。研究史と手法については、前著の第1章、第12章、後著の序章、第1章、第10章を参照。

[5] 近く、溝口敏行・表鶴吉編『アジア長期経済統計4 韓国』が刊行される。金（2008〔日〕）についての論評としては、溝口（2007）参照。

[6] 国民経済計算は、1970年代まで世界的に国民総生産（GNP）体系であって、大川らの長期経済統計もこれによっており、1990年から普及した国内総生産（GDP）体系とは異なる。厳密には、GNEはGDEよりも海外から受け取る金利・配当等の所得分だけ大きいが、ここではその差は無視して比較検討する。

表1-2 日本・台湾・朝鮮の国民経済計算・支出勘定（単位：100万円、％）

| 日本 GNE | | 民間消費 | 政府消費 | 固定資本 | 輸出 | （控除）輸入 | 総支出 |
|---|---|---|---|---|---|---|---|
| 実額 | 1913 | 6,604 | 672 | 1,297 | 787 | 1,359 | 8,001 |
| | 1923 | 9,867 | 1,097 | 1,883 | 966 | 2,521 | 11,292 |
| | 1933 | 11,842 | 2,175 | 2,565 | 2,831 | 3,388 | 16,025 |
| | 1937 | 13,567 | 2,442 | 4,327 | 4,486 | 4,873 | 19,949 |
| 比率 | 1913 | 82.5 | 8.4 | 16.2 | 9.8 | 17.0 | 100.0 |
| | 1937 | 68.0 | 12.2 | 21.7 | 22.5 | 24.4 | 100.0 |
| 増加率(1913-37) | | 3.0 | 5.5 | 5.1 | 7.5 | 5.5 | 3.9 |
| 寄与率(1913-37) | | 58.3 | 14.8 | 25.4 | 31.0 | 29.4 | 100.0 |
| 台湾 GDE | | 民間消費 | 政府消費 | 固定資本 | 輸出 | （控除）輸入 | 総支出 |
| 実額 | 1913 | 323 | 30 | 22 | 45 | 79 | 347 |
| | 1923 | 412 | 59 | 48 | 169 | 111 | 533 |
| | 1933 | 567 | 58 | 86 | 267 | 206 | 750 |
| | 1937 | 667 | 68 | 108 | 415 | 282 | 933 |
| 比率 | 1913 | 92.9 | 8.6 | 6.3 | 13.1 | 22.7 | 100.0 |
| | 1937 | 71.5 | 7.3 | 11.6 | 44.5 | 30.2 | 100.0 |
| 増加率(1913-37) | | 3.1 | 3.5 | 6.9 | 9.7 | 5.5 | 4.2 |
| 寄与率(1913-37) | | 58.8 | 6.5 | 14.7 | 63.1 | 34.7 | 100.0 |
| 朝鮮 GDE | | 民間消費 | 政府消費 | 固定資本 | 輸出 | （控除）輸入 | 総支出 |
| 実額 | 1913 | 958 | 62 | 39 | 63 | 118 | 1,073 |
| | 1923 | 1,233 | 94 | 88 | 256 | 188 | 1,512 |
| | 1933 | 1,647 | 118 | 126 | 483 | 415 | 2,005 |
| | 1937 | 2,007 | 157 | 256 | 688 | 712 | 2,517 |
| 比率 | 1913 | 89.2 | 5.8 | 3.7 | 5.8 | 11.0 | 100.0 |
| | 1937 | 79.7 | 6.2 | 10.2 | 27.3 | 28.3 | 100.0 |
| 増加率(1913-37) | | 3.1 | 3.9 | 8.1 | 10.5 | 7.8 | 3.6 |
| 寄与率(1913-37) | | 72.7 | 6.6 | 15.0 | 43.3 | 41.2 | 100.0 |

出所：大川ほか（1974：213）；溝口（2008：385-400）；金（2012：469-471）
注：1）日本は国民総支出（GNE）で1934-36年価格、台湾と朝鮮は国内総支出（GDE）で1935年価格。
　　2）日本と台湾は在庫増減が推計されていないので、朝鮮をそれに合わせて固定資本のみとした。
　　3）台湾と朝鮮の物価指数の問題と、台湾の貿易調整項目と朝鮮の統計上不一致を省略したので、比率合計は100にならない。

高い成長率については、早くから注目され議論されてきた[8]。その後、韓国でGDPの推計結果が公表された際には、その評価をめぐって「植民地近代化」をめぐり激しい論争が展開された[9]。しかし、これまでは各国ごとの検討にとどまっており、相互の関連については十分に検討されていない。

　第2に、この支出勘定＝需要側からみると、この間に3地域の国内市場がかなりのペースで拡大している。国内支出勘定には、対外的な財やサービスの輸出入は、海外剰余の純受け取り分しか入らないので、純粋な国内市場の拡大が進んだことになる。3地域の市場は1910年代と1930年代に急速に拡大し、1920年代には堅調な伸張という同様の趨勢を見せている。

　第3に、支出の構成をみると、いずれも民間需要が最も高い比率を占めており、時間がたつにつれて緩やかに低下する点は3地域に共通する。1937年の民間消費は日本で68.0％まで下がったが、台湾では71.5％、朝鮮では79.7％であり、依然として支出＝国内需要の圧倒的部分を占めていたことが注目される。

　第4に、経済成長論で注目される固定資本形成をみると、日本は1920年代初頭から16〜17％の水準であり、台湾・朝鮮の数％とは大きな開きがあった。やがて、30年代にいずれも増加を始め、37年時点で日本は21.7％に、台湾は11.6％、朝鮮は10.2％となった。かつてロストウは固定資本形成の5％から10％への上昇を「離陸」の条件として重視したが、台湾と朝鮮はまさにその過程にあった[10]。

　第5に、政府支出に関して、1920年代以降日本は傾向的に上昇しているが、台湾と朝鮮は必ずしもそうではなく、政府支出はむしろ停滞的であっ

---

7　戦間期の下限は、世界的には1939年9月第二次大戦の勃発であるが、日本経済は日中戦争勃発で大きな変化がおこるので、日本帝国に関しては1937年までとする。
8　国際的に早くから特異だと指摘された（ルイス1969）。
9　許（2005）、金（2007）、今西（2008：第9、10章）。
10　ロストウ（1961）。韓国では植民地期における産業革命という概念も使われた。Cha（2007）。

た。日本の上昇は、軍支出によるところが大きい。

　第6に、GDPに対する貿易の比率が、戦前の台湾と朝鮮で非常に高くなることは早くから指摘されてきた（堀1994）。これは植民地経済の性格にとって重要な問題ではあるが、GDEには海外剰余しか算入されない。その海外剰余について、日本は常に赤字、台湾は1920年代以降大幅黒字、朝鮮はほぼ均衡しているといえる。国民経済計算は、国内経済の分析ツールなので、国際分業の解明には役立たない。

　第7に、この期間における部門ごとの増加寄与率をみると、やはり民間消費の圧倒的な比重を再確認させられるとともに、固定資本形成がそれに次いでいることも明らかになる。つまり、戦間期日本帝国の市場拡大は、民間消費の拡大が主導し、固定資本形成がそれを補完していた。輸出の寄与度は台湾のみが突出して高く、日本と朝鮮の量的な増大は輸入の増大によって相殺されるので、貿易全体としては、直接的な市場拡大への寄与は限定的だとみなされる。

　第8に、両大戦間期に3地域の1人当たりのGDP規模とGDE民間消費規模を比較すると、経済規模全体が拡大する中で、1人当たり額の相互の比率はほとんど変化しない。1人当たりGDPと民間消費額の相互比率は、ともに日本100、台湾60〜70、朝鮮35〜45で推移している。この安定的な均衡ぶりは注目すべき点である[11]。

　以上の国民経済のマクロ的な比較検討は、早くから注目されてきた日本の成長のみならず、台湾と朝鮮も同じように世界的に見て特異な高さで成長を遂げていることを明らかにした。さらに、この総括的事実が示唆する重要な点は、両大戦間期の3地域において「国内市場」が急速に拡大したことである。従来、1930年代の日本が為替下落という条件を活用して海外市場に大々的な輸出をおこなったことが、研究者の関心を強く引きつけ

---

11　この規模格差は、イギリスから工業化が波及した19世紀末のロシアを除くヨーロッパ内各国の規模格差と同程度であり興味深い（斎藤1998：23-26）。

てきた。近年のアジア貿易史に対する研究関心と研究成果も、その傾向に拍車をかけた（杉原 1996：堀 2009）。しかしながら、非常に素朴な指標であるが、戦前期日本の工業製品生産のなかで輸出の割合はそもそもさほど高くない。山澤逸平の研究によれば、両大戦間期における全工業の生産のうち輸出比率は 15.6〜18.2％ にとどまり、生糸を除く繊維品だけが 33.1％ から 35.1％ と例外的に高いだけであった（山澤・山本 1979：第 1 章）。しかもこの中には、植民地への輸出が含まれている。先に見た国民経済計算・支出勘定は、この国内市場の拡大趨勢を明瞭に示している。かつて、講座派が強調したような、封建的要素が残存しているので国内市場が狭隘であったという宿命論的理解とはまったく異なり、戦前期日本の工業は量的にもっぱら「国内市場」に依存して成長した。もちろん、対外貿易自体は成長にとって独自の重要な意義を持っているが、本章では「国内市場」分析に焦点を当てるので、対外貿易については特に検討しない[12]。

### （3） 帝国レベルでの「国民経済」形成

日本と台湾、朝鮮の経済規模が、ほぼ同じ趨勢で膨張していることについては、日本帝国の性格を踏まえる必要がある。日本植民地の特徴として、次の諸点が広く認められている（山本 1992：第 1、2 章）。

第 1 に、日本に隣接する周辺地域に存在したことである。欧米列強の多くの植民地が本国から遠距離にあったのとは大きな相違である。第 2 に、日本との一体化政策が強力に推進された。内地植民地間は無関税[13]で、通貨は基本的に統一されており（日銀券と植民地銀行券の間に交換レートはない）、法制度の一体化も次第に進められた。第 3 に、日本人の大量移民を積極的に奨励する政策が取られ、実質的に日本人官僚によって独裁的な統治がおこなわれた。第 4 に、貿易関係においても結合強化が進み（1930 年

---

12　国内市場の拡大と輸出入との関係については、別の論理が必要である。
13　朝鮮財政の財源確保のため、朝鮮側に移入税が設けられたがしだいに減額され、1940 年に廃止された。

表1-3　日本GNE・台湾GDE・朝鮮GDEの不変価格表示の相関係数

|  | 日本 | 台湾 | 朝鮮1 | 朝鮮2 |
|---|---|---|---|---|
| 日本 | 1 | | | |
| 台湾 | 0.967667 | 1 | | |
| 朝鮮1 | 0.977652 | 0.969419 | 1 | |
| 朝鮮2 | 0.974274 | 0.977592 | 0.984214 | 1 |

出所：大川ほか（1974：213）；溝口（2008：351-352）；金（2012：469-471）
注：1）期間は1911-1938年。
　：2）朝鮮1は推計者の原数値、朝鮮2は在庫増減と統計上の不一致を削除したもの。

表1-4　各地域の消費者物価指数とその相関度

|  | 日本 | 朝鮮 | 台湾 | 大連 |
|---|---|---|---|---|
| 日本 | 1 | | | |
| 朝鮮 | 0.995249 | 1 | | |
| 台湾 | 0.967118 | 0.943273 | 1 | |
| 大連 | 0.989594 | 0.974387 | 0.985524 | 1 |

出所：日本は大川ほか（1967）
　　　朝鮮、台湾、大連は溝口・梅村（1988）
注：期間は1912-1938年。

代末、朝鮮、台湾の対日本貿易依存度は95％以上、堀2009：第7章）、日本の資本直接投資は植民地に集中した（山本1992：第6章；伊藤1982）。第5に、本章が主張するように、日本と台湾、朝鮮は基本的に性格が近い小農社会であった。

　これらの政策と条件のために、ヨーロッパ列強の植民地では類例のない形態、すなわち、国家権力が直接的な統合を推し進め本国と植民地を強力に結びつける、いわば完全併呑タイプの植民地帝国がつくられた。それは、定量的に示すことが可能である。表1-3は、両大戦間期における日本、台湾、朝鮮のGNE・GDE推移の相関係数を、表1-4は、それに満洲を加えた各地の消費者物価の相関係数を示したものである。日本と植民地のGDEと物価の変動はほぼ完全に一致しており、各経済は深く融合している。こ

のように、両大戦間期の日本帝国は一つの権力によって完全に統合された経済単位となっているので、日本帝国全体が一つの「国民経済」だと認められる。満洲は、1931年まで中国の主権の下にあり、満洲の対日本輸出入の比率は40%前後にとどまっていた。それが、「満洲国」建国後には輸入比率が80%を越えるようになり、日本経済との一体化が急速に進展した[14]。1930年代に日本は、満洲をまさに「国民経済」に組み込みこもうとしていたのである。このように、両大戦間期の日本は、歴史的系譜を異にする朝鮮と台湾を完全に、そして満洲の一部も日本内地と融合した一つの「国民経済」を作り上げていた。

## 2. 農業の発展と土着商工業の形成

### (1) 国民経済計算・産業別分析

　産業構造がまったく異なる日本と台湾、朝鮮の経済規模が、何故に同様のペースで拡大したのであろうか。この内的な関連を明らかにしよう。表1-5は、国民経済計算の生産勘定（GDP）の産業別統計を整理したもので、これらから次の点が明らかになる。第1に、日本では第二次産業（鉱工業）の構成比率が急速に高まる。台湾、朝鮮はその趨勢を受け継ぎ、とりわけ朝鮮は1930年代末に急増する。鉱工業の増加率は、日本と台湾で大差なく、朝鮮はさらに一段と高かった。第2に、第一次産業（農林水産業）の構成比は大きく異なり、37年で日本が2割弱、台湾が4割、朝鮮が5割を占める。この期間の増加率をみると、朝鮮は日本の2倍、台湾は3倍で

---

14　1939年における満洲国の対日本輸入は、対関内輸入の22.9倍であった（堀2009：122）。南・牧野（2014）の満洲GDP推計の成果（515頁）によれば、1932-1940年間の日本と満洲のGDP推移の相関係数は、0.958092059で強い相関を示している。ちなみに、同期間の日本と中国関内とは−0.708068708で、逆相関になっている。

表1-5 日本・台湾・朝鮮の国内総生産（GDP）産業別構成・増加率・増加寄与率（単位：％）

| | | 日本 | | | | 台湾 | | | | 朝鮮 | | | |
|---|---|---|---|---|---|---|---|---|---|---|---|---|---|
| | | 第一次 | 第二次 | 第三次 | 計 | 第一次 | 第二次 | 第三次 | 計 | 第一次 | 第二次 | 第三次 | 計 |
| 構成比率 | 1913 | 30.0 | 21.4 | 48.5 | 100.0 | 44.5 | 12.0 | 43.5 | 100.0 | 76.7 | 6.7 | 22.9 | 100.0 |
| | 1923 | 22.1 | 23.0 | 54.9 | 100.0 | 41.3 | 15.1 | 43.6 | 100.0 | 66.1 | 11.8 | 26.5 | 100.0 |
| | 1933 | 20.7 | 30.3 | 49.1 | 100.0 | 43.4 | 18.8 | 37.8 | 100.0 | 57.2 | 15.0 | 29.0 | 100.0 |
| | 1937 | 17.5 | 36.0 | 46.5 | 100.0 | 41.2 | 20.3 | 38.5 | 100.0 | 51.9 | 21.0 | 27.2 | 100.0 |
| 増加率 (1913―37) | | 1.3 | 5.6 | 3.3 | 3.4 | 3.9 | 6.5 | 3.7 | 4.2 | 2.5 | 9.2 | 4.9 | 4.2 |
| 寄与率 (1913―37) | | 8.1 | 47.0 | 44.9 | 100.0 | 39.2 | 25.3 | 35.5 | 100.0 | 36.9 | 29.6 | 29.9 | 100.0 |

出所：大川ほか（1974：227）；溝口（2008：395-400）；金（2012：448-450）
注：朝鮮は産業ごとの物価指数が異なるために、産業比の合計が100にならない。

第1章 東アジアの経済発展

あり、増加寄与率では、日本はわずか8.1％であるが、台湾では39.2％、朝鮮では36.9％であった。つまり、第一次産業の比率が高い台湾と朝鮮において、そのGDPの急速な成長において農業の成長がかなり大きな貢献をしていた。第3に、3部門全体の構成比を見ると、日本は戦前期一貫して第三次産業（商業・サービス業）が最も大きく、台湾は第一次と第三次とがほぼ等しく、朝鮮は第三次の比率が相対的に小さい。これは後に示す労働力構成（表1-6）でも同じ傾向がみられ、市場経済の浸透度の指標だといえよう。

　前節で見た支出勘定における固定資本形成の増加と合わせて、鉱工業の傾向的な増大が経済規模の拡大を主導していることは明らかであるが、3地域がほぼ同じ成長率であった理由は、むしろ農業部門の趨勢の相違によって説明される。日本農業の成長が相対的に緩慢になったとされる第一次大戦以後、台湾、朝鮮の農業は急速に成長を始めている。つまり、一つの「国民経済」内にある日本農業の成長の限界を、新開地である植民地朝鮮と台湾の農業の急成長が補完する過程が進行していた。とりわけ台湾農業の成長はめざましい。

### （2）　農業の変容

　この事態は、さまざまな条件が重なっている。最も基本的な変化は、先に述べた通貨の統一や運輸通信の整備により、台湾・朝鮮と日本との経済的一体化が進んだことで、日本市場の相対的に高い農産物価格が植民地に浸透し現地の農産物価格の上昇が起こった。台湾・朝鮮の農産物搬出を進めるために、灌漑施設改善・品種改良等の産米増植政策や糖業育成政策(関税や農業研究）が推進された[15]。これらにより、台湾や朝鮮の農業が従前よりも経済的に有利なものに変わり、それをめざして日本から資金が流入するようになり、日本人の商社や商人、地主らも大挙して進入した（浅田

---

15　河合（1986）；大豆生田（1993）；久保（1997）。

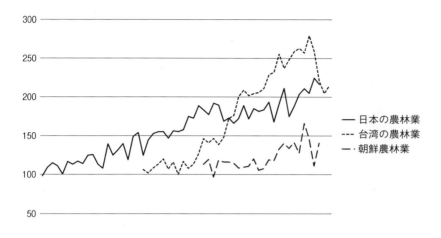

図 1-1　日本・台湾・朝鮮の農林業従事者1人当たり生産額 1935 年価格（円）
出所：大川ほか（1974）；梅村ほか（1988）；溝口（2008）；金（2012）。
注：朝鮮の農林従業者とは、農林業主業者のみ。

1968；谷ヶ城 2012：第 4、7 章）。これら日本側の動きに対し、台湾や朝鮮側でも商人、地主、農民等による主体的・積極的な対応が起こってくる[16]。

3地域の農業の実態を見よう。日本、台湾、朝鮮の 1912～38 年[17] の農林業実質生産額（3ヵ年平均）[18] の成長率は、それぞれ 1.1％、4.2％、2.0％ であり、1912 年基準の指数は、同じく 130、279、163 である。図 1-1 で農林業者1人当たりの実質生産額の推移をみても、日本の緩やかな発展に対し、朝鮮はかなり低い水準からやや速いペースで伸び、台湾は高い増加率の伸張によって同時代の日本のそれを凌駕した。これは一般的な植民地農

---

[16] 朴ソプ（1995〔日〕）；堀（1995：第3章）；松本（1998：第1章）；堀内（2001）。
[17] 朝鮮と日本の米穀生産で 1939 年に大旱魃による歴史的凶作が起こっており、その影響を除くために、農業については 1938 年までを分析対象とする。
[18] 1911-13 年と 1935-37 年平均（1935 年価格）は、日本で 221 万 3333 円と 287 万 5000 円、台湾で 12 万 4966 円と 34 万 8554 円、朝鮮で 66 万 8810 円と 108 万 9109 円である。

業の後進性では説明できない。すなわち、一つの「国民経済」のなかで、日本に比べて商品化と生産力発展の余地が多かった台湾、朝鮮の農業が、第一次大戦以降様々な刺激を受けて急速に変容し、日本市場においてもっぱら農産物供給地として発展した。朝鮮・台湾は日本内地米市場の1/4もの米を供給し、満洲は日本産量の2倍もの大豆を供給し、台湾の砂糖は日本帝国内からジャワ糖を駆逐して帝国内自給を達成した。

　ここで、戦前期における日本帝国内農業の趨勢を、世界的なレベルで見る必要がある。第一次大戦以後、日本農業は従来の生産力の伸びを失い、同時に急発展した重化学工業との格差が広がり、二重構造の底辺に組み込まれたと理解されている（中村隆英1971：第7章；橋本2000：第2章）。しかし、主に強調されている事実は20年代の相対的低成長と大恐慌時の価格下落であり、両大戦間期を通じてみれば、年平均約1％で成長したことは重要である。そして、この日本の農業生産は、土地生産性、労働生産性のいずれも、同時期の西欧を上回っており、耕地面積が拡大する南北米、オーストラリアと比べても2つの生産性で上回っていた（アムブロジウス1991：第3章；グリッグ1997：第4、5章）。20世紀前半の西欧は非農業人口の増加に農業生産が追いつかず、外国からの農産物輸入への依存を急激に強めた[19]。つまり、新大陸の粗放農業との競争圧力によって、戦前期西欧の農業生産は停滞した。それに対して、日本農業は農業恐慌をはさんでも年1％で成長し続けた。さらに、重要なことは台湾と朝鮮では耕地面積、土地生産性と総生産のいずれもが日本を上回って伸びたことであり、商品化の進展と合わせて、急激な工業化の進展にもかかわらず食糧の帝国内自給を達成した。「国民経済」内における食糧自給の実現によって、外貨の消費が抑えられ、節約した分の膨大な外貨を、原料と先進国からの資本財輸入に充てることが可能になった。こうした条件は、国民経済あるいは帝国内自給という点で、西欧と比して日本がきわめて有利であった。

---

19　最も甚だしいイギリスは、1930年代には国内生産の2倍もの穀物を輸入した。

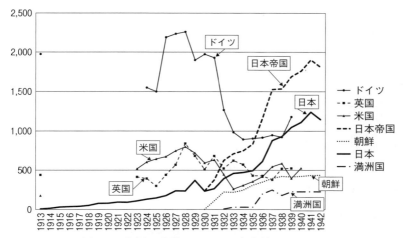

図1-2　各国の硫酸アンモニア生産量1,000トン
出所：東亜研究所（1943）；堀（1995：第6章）

　さらに、この日本帝国の農業生産の増加が、後に述べる工業発展と結びついているということも重要である。その結びつきは様々な動力の普及や灌漑施設の開発などを挙げることもできるが、ここでは東アジアの農業生産の発展を特徴づける肥料供給でみておこう。化学肥料工業はドイツで生まれ西欧で発展したが、第一次大戦後の日本はそれらの技術の導入によって、輸入製品との激しい競争を勝ち抜いて化学肥料工業の隆盛をみせた。図1-2の硫酸アンモニア（硫安）の事例では、日本と朝鮮、満洲の硫安生産が急増し、両大戦間期に日本はドイツを初めとする西欧の農業を押さえて、世界で最も化学肥料を多投する集約的な農業に変貌した。台湾と朝鮮も同じく、品種改良と肥料の多投という小経営的な農業発展の道を歩んだ。台湾と朝鮮の輸入品で化学肥料は最大の品目になり、消費肥料の圧倒的部分は化学肥料であった[20]。

---

20　堀（1995：第6章）。この農業の化学肥料多投型の特徴は戦後も続き、化学肥料は台湾と韓国の最大の輸入品であり、両国政府が最初に建設に取り組んだ工業であった。

つまり、日本帝国の「国民経済」に組み込まれた台湾と朝鮮は、日本の農産物供給地としての性格を強め、その農業部門から台湾、朝鮮の経済は変わっていった。そして、この様な変化が急速に進展したのは、台湾と朝鮮の農民・地主による積極的な対応によるものであり、それは日本と同じく小農社会という共通の基盤に基づいていたからである。

### （3）　工業の変容

　第一次大戦は日本にとって重化学工業の飛躍の大きな契機となった。1920年の戦後恐慌以後、日本経済があいつぐ不況にもかかわらず、国際的に見れば高い成長を遂げたことに注目し、その要因として都市化にともなう建設投資と電化・重化学工業化の意義を強調したのは、中村隆英（1971：第2部）の先駆的研究である。この提起を最も強く受け継いだ橋本（1984：第5章）は、鉄鋼業の基軸産業化と重工業の内部循環的関連形成を論じた。さらに、岡崎（1997：第1・2章）は、土木建設業、電鉄、電力業等の産業が需要を牽引するメカニズムを描き出した。このような認識は日本経済史ではすでに通説となっている。本章が特に強調したい論点は、戦間期日本の重化学工業の基盤とされた都市化にともなう土木建築や交通電力産業の拡大という事態が、日本内地に限定されたものではなく、台湾、朝鮮、そして満洲という日本帝国内においても進行したことである。この時期、日本製の鉄鋼や船舶、機械は国際的な競争力がなく、輸出は全くなかった代わりに、帝国内の植民地が重要な市場であった。植民地に建設された三菱製鉄（後の日本製鉄）兼二浦製鉄所、満鉄（後の昭和製鋼）鞍山製鉄所、本渓湖煤鉄公司等では、日本内地の5割に当たる銑鉄を製造したが、その多くを日本に還送したために「資源略奪」と評価されることが多い。しかし、中間財銑鉄を日本に輸出しながら、それと同等かそれ以上の鋼材や鉄製品が日本内地から供給されていた（堀2009：第6章）。両大戦間期に、日本の大陸鉄道建設は急激に進み、1930・40年代に日本が製造した水力発電施設の48.7％は植民地において建設されたものである（日本電機

工業会 1956：350)。30 年代後半以降、日本の輸出中に占める資本財の比率は、一般地域では 1～2% にすぎないが、満洲では 30%、朝鮮で 20%、台湾でも 15% に達していた（堀 2009：第 6 章)。すなわち、戦前日本の重化学工業製品の対世界輸出はほとんどなかったが[21]、台湾、朝鮮、満洲では地下資源と水力発電を活用した重化学工業の建設が進行していた。先に見た大連と朝鮮興南の巨大な化学肥料工業もその代表例である。帝国内の適地において特徴を持った重化学工業が成立した。

　しかし、植民地における工業を、日本に中間財を送る「飛び地的」なものだけ捉えるのは一面的な評価である。実際の台湾、朝鮮では、先にみた 1 人当たり民間消費や農民（と次節で述べる零細中小商工業者）の所得の増大によって、当該地域の市場を対象とした商工業が勃興してくる。1920－40 年間に製造業付加価値額は、台湾で 3.28 倍、朝鮮で 5.47 倍増えているが、日本に搬出される銑鉄、金属類、化学製品、粗糖等を除くと、食料品、繊維製品、雑貨類がその大部分であり、それは民間個人消費の構成と似ている。朝鮮の場合をみると、30 年代の工業製品消費の内、食料品と消費財の比率が約 60～70% を占める。30 年代における朝鮮の工業製品自給率は約 60～75% であるが、食料品では 85% から 90% に、生活財は 45% から 60% へとしだいに高まっている（堀 1995：第 1 章)。食料品は当初から朝鮮産が圧倒的であったが、消費財は市場が拡大する中で、しだいに現地生産が増え輸入を代替した。その代わり日本から機械輸入が増え、日本製の部品・原料の輸入も増加した。つまり、台湾・朝鮮内において消費市場が拡大するなかで、日本の資本財生産と広域での分業を深めながら、現地における工業生産が拡大していた。これは帝国「国内市場」内における周辺部で現地消費向け工業生産が勃興する過程であった。したがって、台湾内や朝鮮内における農工間分業だけで、工業発展を論じることは無理である。こうして、欧米の植民地ではみられない植民地における工業の発

---

21　生糸の衰退を代替する人絹糸（レイヨン）は例外である。

展が進行したのである。


## 3. 小経営・零細中小経営と近代大経営の並存的な発展パターン

### （1） 両大戦間期の労働力移動と社会的分業

　中村隆英（1971）は、日本近代に近代的産業とは別の「在来産業」の存在を発見し、その独自の重要性に注意を喚起した。これは「在来産業的な工業発展」として、阿部武司、谷本雅之（阿部 1989；谷本 1998a；1998b；2002；2010）らによってひきつがれ、日本経済史研究の大きな潮流になっている。また、稲作農業の集約的複合的な経営の特質が、近代的な経済発展の基盤となるという中村哲、宮嶋博史（中村哲 2000；宮嶋 1994）らの小経営社会論（小農社会論）も重要な提起であった。

　しかしながら、小農の強い経営力およびそれと結びついた零細商工業の発展というメカニズムであれば、それは何も日本のみに限定した工業発展の特徴とする必要はない。ここでは、戦間期から 1980 年代までの東アジアの経済発展について、労働力の面から検討したい。前節までで、日本帝国内で農業発展が日本内地から周辺植民地に波及したのと並行して、日本中心部と台湾、朝鮮、満洲との工業的な分業が広がっていたことを見た。経済成長の下、各地域において労働力の移動と再編成が進展する。農業部門における労働力の年平均増減率[22]を見ると、日本と台湾は 1920–40 年間にそれぞれ▲0.12％、0.88％、朝鮮は 1920–31 年と 1932–40 年で 0.21％ と▲0.58％ であった。非農業部門では同じく日本と台湾は 1.92％、0.86％ で

---

[22] 朝鮮の産業別労働力統計（『朝鮮総督府統計年報』の戸口統計）は、1932 年に調査方法が変わるのでその前後を通した増減率を算出できない。

あり、朝鮮は 1920-31 年に 4.49％、1932-40 年に 3.91％ であった。これらが示すところは、日本は農業の従業者数がわずかに減少し、労働力が非農業部門に移動したが、台湾では農業、非農業ともに増加し、両部門とも労働力需要が増加していた。それに対して、朝鮮では 1920 年代の農業はわずかに増加したが、32 年以後は劇的な減少が起こった。これは、1930 年代において朝鮮農村（郡）から都市（府域）に 126 万人、朝鮮外（日本・満洲等）に 154 万人もの大移動が起こったからである。朝鮮の非農業部門の従業者比率は全期間を通じて非常に増加した。つまり、農業生産が最も有利な台湾では農業と商工業が並行して発展したのに対して、農業生産の基盤が相対的に弱かった朝鮮では急激な労働力流出が進行した。そして、非農業部門の従事者数は、朝鮮＞日本＞台湾の順で増加した。これは、両大戦間期の商工業部門の労働力需要度の違いといえ、朝鮮農業からの劇的な労働力流出は農村社会の相対的な不安定さを示している[23]。

　植民地の労働力部門の研究は進んでいないが、工業については比較的資料が残されており、中小工業の増加は確認される。工業調査による職工 5～49 人規模の工業数は、台湾で 1925-38 年間に 2654 から 3373 に、朝鮮で 1930-40 年間に 3923 から 5648 に増えている。その中では台湾人と朝鮮人が過半を占めている。そして、工業統計によって比較する限り、日本と朝鮮で工場の規模別階層分布に大きな差は見られない。5 人未満の零細工業のデータは更に少ないが、台湾では同規模工場数が 1925-40 年間に 1584 から 4820 になっており、朝鮮の京城府では 1929-38 年間に 294 から 461 に増えている[24]。日本と同じ水準とはいえないが、植民地で農業生産と商品化が進んでいる中で、零細中小工業が一定数増加していることは確認できる。

　戦前期における工業発展の到達点を、1940 年の国勢調査で示せば表 1-6

---

23　中村隆英（1971：序章、第 1 章）；堀（1995：第 3 章）；堀（2010）。
24　許（1993〔日〕）；堀（1995：第 4 章）；堀内（2005）。

表1-6　日本・朝鮮・台湾の国勢調査における職業別男子人数とその比率 1940年

|  | 男子人数　1,000人 | | | 有業者比率　‰ | | |
|---|---:|---:|---:|---:|---:|---:|
|  | 日本 | 台湾 | 朝鮮 | 日本 | 台湾 | 朝鮮 |
| 経営者 | 164 | 9 | 7 | 8 | 6 | 1 |
| 事務者 | 1,461 | 40 | 198 | 74 | 27 | 30 |
| 技術人員 | 439 | 5 | 39 | 22 | 3 | 6 |
| 作業者 | 16,898 | 1,420 | 6,232 | 856 | 952 | 946 |
| 　　農林畜産作業者 | *6,627* | *908* | *4,552* | *336* | *609* | *691* |
| 　　水産作業者 | *452* | *28* | *102* | *23* | *19* | *15* |
| 　　鉱業・土石作業者 | *326* | *27* | *97* | *17* | *18* | *15* |
| 　　製造業作業者 | *4,077* | *97* | *239* | *207* | *65* | *36* |
| 　　土木建築作業者 | *948* | *34* | *118* | *48* | *23* | *18* |
| 　　電気・塗装作業者 | *311* | *4* | *20* | *16* | *3* | *3* |
| 　　運輸通信作業者 | *1,015* | *49* | *145* | *51* | *33* | *22* |
| 　　商業作業者 | *1,923* | *117* | *272* | *97* | *79* | *41* |
| 　　その他作業者 | *1,219* | *155* | *686* | *62* | *104* | *104* |
| 公務自由業者 | 750 | 16 | 107 | 38 | 11 | 16 |
| 其ノ他ノ職業者 | 17 | 2 | 4 | 1 | 1 | 1 |
| 総有業者総数 | 19,730 | 1,491 | 6,586 | 1,000 | 1,000 | 1,000 |
| 無業者 | 15,119 | 1,286 | 5,627 | | | |
| 総人口 | 34,849 | 2,777 | 12,213 | | | |

出所：総理府統計局（1973）『昭和15年国勢調査報告　職業』116-131；朝鮮総督府（1944）『昭和15年国勢調査結果要約』：142-145；台湾省政府主計處（1953）『台湾第七次人口調査結果表』：152-175
注：1）日本は沖縄を含まず、台湾は日本人を含まず。
　　2）イタリックは作業者の内訳。

のようである[25]。最も大きな相違は、農業従事者の比率で、日本336‰、台湾609‰、朝鮮691‰であり、農業生産力では朝鮮をはるかに上まわる台湾の方がむしろ低い。産業でも職業でも「其他」と見なされているものの比率が植民地で多いことは、過剰人口の圧力と見なせよう。製造業は日

---

[25] 同年国勢調査で、朝鮮と台湾は女子有業者の把握が不完全で、同列の比較ができない。男子有業者率は、日本、台湾、朝鮮で56.6%、53.7%、53.7%で大差ないが、女子では34.9%、22.3%、21.9%であった。

本と植民地で懸隔しているが、その内で日本は圧倒的に金属と機械工業に特化しており、台湾は糖業を中心とした食料品工業、朝鮮は化学工業の比率が高い。消費財工業的作業者は、順に102‰、47‰、21‰と続く。土木建築、運輸通信、商業ともに、日本＞台湾＞朝鮮の順で、社会的分業の進展度を示している。農業に基盤をおいていた台湾と朝鮮が、しだいに工業的分業を始めている。国勢調査の工業従事者数と工場調査（従業員5人以上規模が対象）の労働者数を比較すると、日本と台湾では40％ほどの差があるが、朝鮮ではほとんど違いがない。これは4人以下規模の零細経営層の広がりの相違を示していると考えられる。

## （2） 戦後台湾、韓国の工業発展と小経営・零細中小経営

　戦前期における台湾と朝鮮の経営規模別資料の発掘や労働力分析が進んでいないので、東アジア的な特徴を抽出するには、時間軸を延ばし戦後を含めてみる必要がある。つまり、戦前期の日本で検証された「在来的産業の拡大」や「零細中小工業の簇生」が、日本以外でもみられるかどうかである。

　まず小経営の存在である。近代日本では、一方で農家戸数500万戸と農業従事者1500万人がほぼ一貫して存在しており、非農業部門に労働力を供給するとともに、他方で商工業においても自営業が戦時期まで拡大し続けた。これらは、近代的大経営とは別の「もう一つの工業化」「別の発展類型」と呼ばれ、注目されている現象である（谷本1998b）。小農の広範な存在を単に遅れた現象とみるのではなく、自営商工業の増加自体を、一つの発展類型としてみる見方である。戦後国際労働機関（ILO）の共通基準によって、各国政府が調査作成した統計を整理したものが表1-7である。日本では1957年から農業従事者が減少に転じたが、同様の転換が台湾では1964年、朝鮮では1976年に起こった。つまり、各社会の中で久しく食料供給と労働力の再生産を担ってきた小農が、戦後高度成長のある時点から絶対的な減少に転じた。ところが、非農業部門における自営業（自営業

表 1-7　日本・台湾・韓国の労働力構成（単位：100 万人）

| | 日本 | | | | 台湾 | | | | 韓国 | | | |
|---|---|---|---|---|---|---|---|---|---|---|---|---|
| | 農業 | 非農自営 | 非農雇用 | 合計 | 農業 | 非農自営 | 非農雇用 | 合計 | 農業 | 非農自営 | 非農雇用 | 合計 |
| 1951 | 16.17 | 6.87 | 13.18 | 36.22 | 1.48 | 0.57 | 0.85 | 2.89 | | | | |
| 1955 | 14.78 | 9.08 | 17.04 | 40.90 | 1.50 | 0.61 | 1.00 | 3.11 | | | | |
| 1960 | 12.73 | 8.88 | 22.76 | 44.36 | 1.57 | 0.67 | 1.24 | 3.47 | | | | |
| 1962 | 11.98 | 8.37 | 25.22 | 45.56 | 1.58 | 0.67 | 1.29 | 3.54 | 5.13 | 1.14 | 1.58 | 7.84 |
| 1965 | 10.46 | 8.67 | 28.17 | 47.30 | 1.57 | 0.70 | 1.49 | 3.76 | 5.07 | 1.25 | 1.89 | 8.21 |
| 1970 | 8.42 | 9.68 | 32.77 | 50.94 | 1.51 | 0.89 | 2.18 | 4.58 | 5.12 | 1.67 | 2.96 | 9.75 |
| 1975 | 6.18 | 9.80 | 36.17 | 52.23 | 1.51 | 1.00 | 3.01 | 5.52 | 5.60 | 2.16 | 4.07 | 11.83 |
| 1980 | 5.32 | 10.52 | 39.41 | 55.36 | 1.15 | 1.30 | 4.10 | 6.55 | 5.11 | 2.91 | 5.68 | 13.71 |
| 1985 | 4.64 | 10.39 | 42.85 | 58.07 | 1.16 | 1.62 | 4.64 | 7.43 | 3.80 | 3.58 | 7.56 | 14.94 |
| 1990 | 4.11 | 10.12 | 48.06 | 62.49 | 0.95 | 1.83 | 5.50 | 8.28 | 3.29 | 4.14 | 10.61 | 18.04 |

出典：総務省統計局ホームページ　長期統計系列；中華民国行政院主計處（各年版）『人力資源調査統計年報』；International Labour Office（ILO）（1967：90-91）；韓国経済研究院（1990）『韓国の工業と労働力（Ⅰ）』；韓国統計庁（各年版）『経済活動人口年報』

注1）自営業とは、自営業主、家族従業者、雇用主。雇用とは、雇用者とその他。
　2）台湾は事業上の地位統計が産業別に分けられていない。ILO の 1956 年調査によれば、農林水産狩猟業従事者中の雇用者比率は 10.0% である。それで、すべての年度の農業従事者中の雇用者比率を 10% と仮定して算出。

主＋家族従業者）数は、その後も増え続ける。日本では 1983 年まで、台湾では 2002 年まで、韓国では直近まで増加していた。そのために、雇用者数が自営業従事者数を上まわる事態が、日本で 1960 年、台湾で 1970 年、韓国で 1985 年の順で起こった。

　自営業の比率の高さを「後発の農業国」だけで説明することはできない。1930 年代において農業就業者の中で自営業が 95% を越えるのは、日本、台湾、朝鮮等の小農社会のみであり、ヨーロッパと中南米ではまったく見られない特徴である。

　製造業においては先進国では基本的に雇用労働によって担われたが、日本では自営業の比率が格段に高かった。さらに、中村隆英が早くに指摘し

たように、近代日本の非農業部門において自営業は増加し続けた。戦後においても、欧米先進国では非農林部門における自営業は現状維持かあるいは減少していたが、日本では増加した。高い比率で家族従業者を内包した自営業が、近代工業の発展と並行して増大していった事実は、小農的伝統を受け継いだ日本の就業構造の特徴だと指摘されている（谷本 1998b）。しかしながら、ここで示したように、日本だけでなく台湾や朝鮮においても現代のある時点までは農業労働人口が維持され、さらに近代的大経営の発展と並行して自営業が増加している。このように小経営の膨張は、日本のみに現れた特例ではなく、時代と産業構造の違いを超えて台湾と韓国でも出現しているので、むしろ東アジア小農社会が工業化する過程の特徴だと把握すべきである。

　農業は家族労働による小経営の枠組みを容易に超えられないが、非農業部門では小経営から連続的に経営規模を拡大する可能性があり、それは零細中小経営が勃興する条件となりうる。表1-8 は従業者 99 人以下規模の製造企業の従業者数とその比率である。この規模の労働者数は、日本では 1990 年代まで 600 万人を維持しており、台湾と韓国も直近まで減少していない。さらに注目すべきは、この規模の労働者が全製造業者中に占める比率で、3 国ともに 1990 年前後では、5 割台を占めている[26]。一般的に台湾は中小企業社会であり、韓国は大企業中心だと見なされているが、この基準では 1990 年代において 3 国に差がない。1980 年代のアメリカ、イギリス、ドイツの同比率はほぼ 25％ 以下であり（後藤 2014：110–111）、東アジア 3 国の半分以下となる。このように、欧米先進国と比較してみた場合、自営業と零細中小経営の比率が格段に高いことは、東アジアの就業構造上の大きな特徴である。

---

26　1970・80 年代韓国の比率は低いが、絶対数は継続的に増加している。1～4 人層の労働者のデータが欠けており、日本と台湾の場合ではそれが数％であるので、韓国の全階層ではその分の比率は上がる。

表1-8　日本・台湾・韓国の中小零細経営の労働者数と比率

|      | 労働者数 1,000 人 | | | 比率　% | | |
| --- | --- | --- | --- | --- | --- | --- |
|      | 日本 | 台湾 | 韓国 | 日本 | 台湾 | 韓国 |
| 1950 | 2,446 |       |       | 57.4 |      |      |
| 1955 | 3,316 |       |       | 60.2 |      |      |
| 1960 | 4,449 |       | 195   | 54.5 |      | 62.0 |
| 1963 | 5,251 |       | 243   | 54.0 |      | 52.6 |
| 1965 | 5,279 |       |       | 53.2 |      |      |
| 1970 | 6,023 |       | 361   | 51.6 |      | 38.5 |
| 1975 | 6,282 |       | 393   | 55.6 |      | 26.1 |
| 1980 | 6,332 |       | 600   | 57.9 |      | 28.6 |
| 1985 | 5,961 | 928   | 897   | 54.7 | 46.2 | 35.5 |
| 1990 | 6,099 | 1,156 | 1,353 | 54.6 | 53.5 | 43.9 |
| 1995 | 5,525 | 1,228 | 1,557 | 53.5 | 56.9 | 52.2 |
| 2000 | 4,894 | 1,201 | 1,542 | 53.3 | 52.0 | 57.7 |

出所：総務省統計局（2006）『新版　日本長期統計総覧』第2巻　CD8-7；金・文（2006）；経済部（各年版）『中華民国・台湾地区　工業統計調査報告』
注1）中小規模は日本と台湾は、1～99人、韓国は5～99人。
　2）日本と台湾は製造業、韓国は鉱業と製造業。

## （3）　東アジアの発展類型

　この議論の延長上で、ILO 労働統計を活用し、自営業者比率（横軸）と経済成長率（縦軸）を組み合わせることによって、図1-3を作成することが可能である。このデータ操作の手法は、谷本雅之(Tanimoto 2013；沢井・谷本 2016) によって既に試みられている。すなわち、自営業が当初から極端に少ないところから経済発展を遂げたイギリスとアメリカを一つの極として、その対極に自営業の比率が非常に高い日本の経済発展の類型を描きだした。谷本の指摘は重要であるが、その関心は日本の発展類型の抽出にとどまっている。しかし、同図中に台湾と韓国のトレンドをプロットしてみると、両国は驚くほど日本と同じ道を踏襲している。そして、図には記入していないが、インドや南米は右下に滞留しており、日本、台湾、韓国

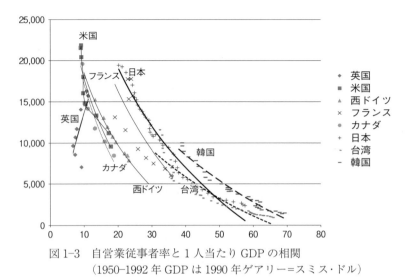

図 1-3　自営業従事者率と 1 人当たり GDP の相関
（1950–1992 年 GDP は 1990 年ゲアリー＝スミス・ドル）
出所：International Labour Office（various years）．Maddison（1995）．

のトレンドに乗っていない。このように、中村隆英が提起した日本の在来産業による労働力構成、産業発展とは、時間軸を延ばしてみれば、人口稠密な小経営社会において近代経済発展が進むときに辿る、一つの類型として把握すべきである。

　最後に、小経営や零細中小経営が社会の中で大きな比率を占めることが、何故相対的に高い経済発展のあり方と関連するのかについて整理しておこう。これは近代東アジアにおける各時代の社会経済条件に規定されて生まれた類型であって、選択したという表現はなじまない。第 1 に、農業では、強い主権に守られた国民経済の下、食糧確保のために外貨を費やす必要がないことがきわめて有利であった。戦前期のイギリスやドイツでは食糧の国内自給ができず、膨大な輸入に依存したのに対して、日本は帝国「国民経済」内ですべて自給し、外貨をもっぱら資本財と原料輸入に充当できた。第 2 に、人口の過半を占める農業人口の所得が長期にわたって増加を続けたことは、国内市場拡張の基礎条件となった。農業の生産と消費の増大、

農産物商品化の進展は、工業と結びついて工業の生産を刺激した。第3に、小経営は様々な形態で労働市場と繋がっており、農業外に多様な労働力を供給した。労働力の供給源をもっぱら小農が担ったことは、再生産費用を低廉にした。第4に、都市と農村には消費水準に格差が存在するが、一方で巨大な農村社会が急速に解体することなく、安定的に維持されたことは重要である。それは過剰労働力のプールの役割を果たし、国家財政が担わねばならない社会安定コストを引き下げるうえで大きく貢献した。日本の植民地での第一次大戦後の農業政策は、農村安定化に重点を置いていた。非農業部門における小経営の場合では、農業の食糧自給の面を除いて、先の第2～4の点は共通する。

　以上の4点に加えて、第5として、近代的大経営の生産する資本財や中間財を受容して、中小規模経営とその協業・分業が有利な工業部門と大経営工業部門との産業連関が拡大し、国民経済が充実することになった。金属加工業、組立産業や雑貨産業等では、その面が強い。さらに第6として、近代工業が発展する国民経済のなかで、膨大な自営業が存在していたことは、戦後の先進資本主義の黄金時代に、急増する労働力需要に対して、西欧のように外国人労働者を導入することなく、国内で労働力を供給できた条件となった。またこの東アジアの社会構造こそ、欧米にはなかった高度成長実現のきわめて重要な条件であった。

　この歴史理解に関連する研究として、杉原薫による東アジアの「労働集約型工業化」[27]がある。筆者は杉原説の東アジアの技術選択や労働編成に関連して賛成する点も多々ある。しかし、杉原の「労働集約型経路」と「資本集約型経路」を対置させる認識には問題がある。東アジアにおいても、近代大経営（紡績産業、鉄道から鉄鋼、化学工業等）は経済発展のリーディング・セクターであり、それらは常に世界市場で競争関係にあった事実が

---

27　杉原説によれば2つの類型が融合するのは第二次大戦後である。杉原（2010）；Sugihara（2013：chapter1）。

やや軽視されている。杉原のいう労働編成の方向性の相違としてではなく、異なる原理による経営主体である近代的大経営と小経営・零細中小経営とが、同時に並存し相互に結びついて発展するという関係性こそが東アジアの特徴であると捉えるべきだと考える。

## おわりに

　本章の主眼は、日本特殊論を解体し、台湾、朝鮮・韓国の経済史を媒介にして、東アジア論を構築することである。台湾は19世紀末まで福建省の一部であったが、早くも1920年代から中小工業が急速に勃興してきた。朝鮮は市場経済的な伝統が乏しく近世までの小経営は相対的に弱体であったが、独立直後に農地改革が実現され、やがて非農業自営業が最も急激に増加した。そして、小農社会においては政治的経済的な好条件さえ整えば、市場経済に適応する経営主体が容易に簇生してくる。そして、それらが達成した豊かさが国民経済の拡大を下支えし、やがて近代的大経営が発展する重要な条件となっていく。このような3地域の歴史的経験は、どれほど普遍的な意味を持つのであろうか？

　東アジアに位置する中国は、3地域と同じく人口稠密な農業社会であった。中国では1950-1970年代、計画経済体制のもと小農と私営商工経営は、一時期ほぼ完全に廃止された。しかし、それらは永遠に消滅したのではなく、やがて復活する。鄧小平改革が人民公社の解体と小農復活から始まったことはよく知られており、その後小経営から私営大経営までが爆発的に勃興・発展したことに世界は驚かされた（丸川2013）。とすれば、中国史において、小農なり零細中小経営なりの歴史的な存在意義を重視する必要がある。東欧・旧ソ連の社会主義体制が解体された後、それら地域の経済が低迷していることと対比して、中国において市場経済に適応する主体が社会の中から無数に生まれている事実は、歴史的に説明するほかない。中

国は1950〜70年代まで私有財産制が廃止され市場経済が極端に抑制されたために、中国近代を一つの原理で通史的に描くことは困難である。しかし、第2章久保論文にあるように、人口の多数を占める農民の生産と消費の動向が、中国経済の再生産を基本的に左右していることは確かであろう。

中国以外でも、近年のアジアにおける経済発展はめざましく、豊かさを享受できるようになってきている。1980・90年代になると日本、台湾、韓国の小経営・零細中小経営の意義は弱化・消滅の方向に転じた。ところが、東南アジアやインドのようにかつて必ずしも小農社会ではなかった社会において、世界的な新条件のもと、新たに小経営・零細中小経営が簇生しており、各国の経済発展を下支えしている[28]。そのような点で、小経営・零細中小経営の増大と成長を重要な基盤とした東アジアの歴史的経験は、かつてアジア内の相違を過度に強調した日本特殊論を乗り越えて、欧米とは異なるいまひとつの普遍的な発展類型を示しているといえるのではなかろうか。

**参考文献**
(日本語)
浅田喬二(1968)『日本帝国主義と旧植民地地主制―台湾・朝鮮・満洲における日本人大土地所有の史的分析』御茶の水書房
阿部武司(1989)『日本における産地綿織物業の展開』東京大学出版会
アムブロジウス，ハバード著　肥前栄一ほか訳(1991)『20世紀ヨーロッパ社会経済史』名古屋大学出版会
伊藤正直(1982)「対外経済関係」社会経済史学会編『一九三〇年代の日本経済―その史的分析』東京大学出版会
今西一編(2008)『世界システムと東アジア―小経営・国内植民地・「植民地近代」』日本経済評論社
梅村又次・大川一司・篠原三代平編(1988)『長期経済統計2　労働力』東洋経済新報社

---

28　水野(1999)；柳澤(2014)。

大川一司・篠原三代平・梅村又次編（1966）『長期経済統計8　物価』東洋経済新報社

大川一司・篠原三代平・梅村又次編（1974）『長期経済統計1　国民所得』東洋経済新報社

大川一司・篠原三代平・梅村又次監修（1965—1988）『長期経済統計』全14巻　東洋経済新報社

大豆生田稔（1993）『近代日本の食糧政策—対外依存米国供給構造の変容』ミネルヴァ書房

岡崎哲二（1997）『工業化の軌跡—経済大国前史』読売新聞社

河合和男（1986）『朝鮮における産米増殖計画』未来社

金昌男・文大宇（2006）『アジア長期経済統計　別巻1　韓国』

金洛年編　文浩一・金承美訳（2008）『植民地期朝鮮の国経済計算—1910-1945』東京大学出版会

久保文克（1997）『植民地企業経営史論—「準国策会社」の実証的研究』日本経済評論社

グリッグ, デイビット著　山本正三ほか訳（1997）『西洋農業の変貌』農林統計協会

後藤康雄（2014）『中小企業のマクロ・パフォーマンス—日本経済への寄与度を解明する』日本経済新聞出版社

斎藤修（1998）「産業革命—工業化の開始とその波及」『岩波講座　世界歴史22　産業と革新』岩波書店

沢井実・谷本雅之（2016）『日本経済史—近世から現代まで』有斐閣

杉原薫（1996）『アジア間貿易の形成と構造』ミネルヴァ書房

杉原薫（2010）「グローバル・ヒストリーと複数発展径路」杉原薫ほか編著『地球圏・生命圏・人間圏—持続的な生存基盤を求めて—』京都大学学術出版会

谷本雅之（1998a）『日本における在来的経済発展と織物業—市場形成と家族経済』名古屋大学出版会

谷本雅之（1998b）「もう一つの『工業化』—在来的工業発展論の射程」『岩波講座　世界歴史22　産業と革新』岩波書店

谷本雅之（2002）「近代日本の都市『小経営』」中村隆英ほか編『都市化と在来産業』日本経済評論社

谷本雅之（2010）「日本の工業化と『在来的経済発展』—小農経済から都市型産業集積へ」『年報近現代史研究』2

東亜研究所編（1943）『世界農業統計—1925-1940』岩波書店

中村隆英（1971）『戦前期日本経済成長の分析』岩波書店

中村哲（2000）『近代東アジア史像の再構成—東アジアの視点から』桜井書店

中村哲（2005）「東アジア資本主義形成史序説」中村哲編『東アジア近代経済の形成と発展』日本評論社
西村閑也・鈴木俊夫・赤川元章編（2014）『国際銀行とアジア―1870〜1913』慶應義塾大学出版会
日本電機工業会編（1956）『日本電機工業史』第1巻
朴ソプ（1995）『1930年代朝鮮における農業と農村社会』未来社
橋本寿朗（1984）『大恐慌期の日本資本主義』東京大学出版会
橋本寿朗（2000）『現代日本経済史』岩波書店
バルマ＝トーマス，ビクター　田中高他訳（2001）『ラテンアメリカ経済史―独立から現在まで』名古屋大学出版会
許粋烈（1993）「日本帝国主義下朝鮮人工場の動態」中村哲・安秉直編『近代朝鮮工業化の研究』日本評論社
堀内義隆（2001）「日本植民地期台湾の米穀産業と工業化―籾摺・精米業の発展を中心に」『社会経済史学』67-1
堀内義隆（2005）「植民地期台湾における中小零細工業の発展」京都大学経済学会『調査と研究』30
堀和生（1994）「両大戦間期の東アジア地域社会」溝口雄三ほか編『長期社会変動』東京大学出版会
堀和生（1995）『朝鮮工業化の史的分析―日本資本主義と植民地経済』有斐閣
堀和生（2009）『東アジア資本主義史論　第Ⅰ巻　形成・構造・展開』ミネルヴァ書房
堀和生（2010）「東アジアにおける資本主義の形成―日本帝国の歴史的性格」『社会経済史学』76-3
堀和生（2016）「東アジアの高度成長の歴史的条件―国際分業の視点から」堀和生編『東アジア高度成長の歴史的起源』京都大学学術出版会
松本武祝（1998）『植民地権力と朝鮮農民』社会評論社
マディソン，アンガス著　金森久雄監訳（2000）『世界経済の成長史―1820〜1992年』東洋経済新報社
丸川知雄（2013）『チャイニーズ・ドリーム―大衆資本主義が世界を変える』筑摩書房
水野廣祐（1999）『インドネシアの地場産業―アジア経済再生の道とは何か？』京都大学学術出版会
溝口敏行・梅村又次編（1988）『旧日本植民地経済統計―推計と分析』東洋経済新報社
溝口敏行（2007）「Book review: Nak Nyeon Kim, ed. Economic Growth in Korea 1910-1945」『広島経済大学経済研究論集』29-4
溝口敏行編（2008）『アジア長期経済統計1　台湾』東洋経済新報社

南亮進・牧野文夫編（2014）『アジア長期経済統計3　中国』東洋経済新報社
宮嶋博史（1994）「東アジア小農社会の形成」溝口雄三ほか編『長期社会変動』東京大学出版会
谷ヶ城秀吉（2012）『帝国日本の流通ネットワーク―流通機構の変容と市場の形成』日本経済評論社
柳澤悠（2014）『現代インド経済―発展の淵源・軌跡・展望』名古屋大学出版会
山澤逸平・山本有造（1979）『長期経済統計14　貿易と国際収支』東洋経済新報社
山本有造（1992）『日本植民地経済史研究』名古屋大学出版会
ルイス，アーサー著　石崎昭彦ほか訳（1969）『世界経済論』新評論
ロストウ，W・W著　木村健康ほか訳（1961）『経済成長の諸段階――一つの非共産主義宣言』ダイヤモンド社

（韓国語）

金洛年編（2006）『韓国의経済成長 1910-1945』서울大学校出版部［金洛年編（2008）『植民地期朝鮮の国民経済計算―1910-1945』東京大学出版会］
金洛年（2007）「『植民地近代化論』再論」『経済史学』43
金洛年編（2012）『韓国의長期統計　国民計定　1911-2010』서울大学校出版文化院
金洛年・朴基炷・朴二澤・車明洙編（2018）『韓国의長期統計』Ⅰ・Ⅱ巻　해남
許粹烈（2005）『開発없는開発―日帝下，朝鮮経済開発의幻想과本質』은행나무［保坂祐二訳（2008）『植民地朝鮮の開発と民衆』明石書店］

（英語）

Cha, Myung Soo (2007). Industrial Revolution, Demographic Transition, and Human Capital Accumulation in Korea, 1916–38. Naksungdae Institute of Economic Research: Working Paper 2007-7.

Hayami, Akira (2015). *Japan's industrious revolution : economic and social transformations in the early modern period*. Springer.

Maddison, Angus (1995). *Monitoring the world economy 1820–1992*. Development Centre of the Organisation for Economic Co-operation and Development.

International Labour Office (various years). *Yearbook of labour statistics*.

Sugihara, Kaoru (2013). Labour-intensive industrialization in global history: an interpretation of East Asian experiences. In Kaoru Sugihara ed. *Labour-intensive industrialization in global history*. Routledge.

Tanimoto, Masayuki (2013). From peasant economy to urban agglomeration:

the transformation of 'labour-intensive industrialization' in modern Japan. In Kaoru Sugihara ed. *Labour-intensive industrialization in global history*. Routledge.

第 2 章

# 中国近現代経済史をどう捉えるか

久保　亨

はじめに

　中国が世界経済の中で占める位置は、近年、いよいよ重要なものになってきている。いうまでもなく現代の中国経済は、これまでの歴史のなかで形成されてきたものであり、一朝一夕になったものではない。共産党政権が「改革開放」政策に足を踏み出した 1970 年代末以降の経済発展がいかに劇的なものであったにしても、それ以前に形成され、蓄積されてきたものがなければ、そうした展開はありえなかった。長い歴史の流れの中でみるならば、とくに重要な変化が始まったのは 19 世紀半ば以降であり、清朝末期から中華民国の成立、二度の世界大戦、人民共和国の成立を経て現在に至るまで、中国経済はさまざまな曲折を重ねながら発展してきた。したがって、現代の中国経済を適確に認識するためには、この期間全体を通じての経済発展の過程を巨視的に捉えることが求められる[1]。

　しかし、以上のような理解は、今なお必ずしも一般的なものではない。中国経済が世界経済とつながる中で発展した過程を見ようとしない「半植民地半封建社会」論は、今なお強い影響力を持っているし、十分なデータを欠いたまま近代中国経済の衰退を論じるアンガス・マディソンのような

---

1　以下の叙述は久保ほか（2016）の久保執筆担当部分を基礎にしている。

議論も新たに生まれてきている。本章では、最初にそうした議論の問題点を整理した上で、1880年代以降、現代にいたるまでの中国近現代経済史を工業化と農業の発展を軸に捉えてみたい。

## 1. 近代中国経済史に対する見方をめぐって

　かつて大きな影響力を持ち、いまだに聞かれることが多い説明の一つは、「半植民地半封建社会」論と呼ばれるものである。それは、「帝国主義列強の中国侵略は、一方では、中国の封建社会の解体をうながし、中国における資本主義的要素の発生をうながして、封建社会を半封建社会に変えたが、他方では、かれらはまた中国を残酷に支配し、独立の中国を半植民地と植民地の中国に変えた」（毛沢東「中国革命と中国共産党」）として、中国経済の発展の可能性を極めて低く評価するものであった。1930年代に形成されたこうした見方は、1950年代以降、共産党政権下の経済発展を実際以上に高く評価しようとする主張と結びつき、19世紀半ばから20世紀半ばにかけての中国経済を、もっぱら列強に圧迫され、停滞の中にあったように描き出す傾向を生んでいた（久保1982）。

　改めて「半植民地半封建社会」論の問題点を簡潔に確認しておくと、まず第1に資本主義化の促進と阻害という2つの作用が切離され、たんなる二元論的説明に陥っていることである。その一因は、資本主義化の内容を「独立した正常な資本主義」の発展という固定観念を基準として捉え、中国独自の資本主義発展史の解明が立ち遅れたことに求められる（加藤・久保2009）。第2に、帝国主義一般の中国経済に対する作用をアヘン戦争から日中戦争にいたるまで一貫して同じものとして捉え、列強ごとに異なる中国進出のあり方や世界史的な状況の変化について十分な配慮が払われていないことである。帝国主義の役割を一般的に捉えることの弊害は「半植民地」と植民地とを一括して取扱っていることにも示されている。脆弱な

ものであろうとも独自の国家権力を保持していた「半植民地」中国の場合、帝国主義の完全な政治的支配下に置かれた植民地の場合に較べ、帝国主義の侵入の程度や影響、資本主義化の促進のされ方などに大きな相違が存在した。第3に封建制の優位を主張しながらも封建制社会だとは言っておらず、「半封建制」なる独自の社会構成体的な規定も示されていないことである。そもそもヨーロッパ中世に見出されるような領主制も農奴も存在しなかった中国で、封建制の存在を想定すること自体に無理がある。地主の存在や地主の土地を耕作する農民が存在することは、何も封建制に特有の現象ではない。

　その後の中国経済史研究の進展によって、この時期の中国経済にさまざまな発展があったことは十分確認されてきており、「半植民地半封建社会」論による実態把握が偏っていたことは、事実上、明らかにされてきた。にもかかわらず、全般的な状況認識としては、中国では民族主義的な歴史観が支持されやすい傾向とも相まって、帝国主義列強による圧迫が中国経済の発展を妨げたとする「半植民地半封建社会」論は、今なお根強い影響力を持っていることに注意せざるを得ない。

　一方、NIEsの勃興などに刺激され1980年代から提起され始めたグローバル・ヒストリーという見方によれば、15～16世紀までヨーロッパを上回るほどの発展水準にあったアジア諸地域の経済は、アメリカ大陸で採掘された銀の大量流入やヨーロッパで開発された蒸気機関の普及などを契機として、欧米諸地域経済との間に極めて大きな分岐を生じるようになり、アジアの発展が遅れをとるようになった（Pomeranz 2000）。こうした見方によれば、近代以前に中国をはじめアジア地域の経済に相当の発展が見られたことは承認される。しかし、やはり19世紀から20世紀にかけての中国の経済発展は低く評価されることになる。

　他方、世界各地の歴史的な経済統計を集めて国際比較を行い、経済史研究全般に大きな影響を与えたアンガス・マディソンの研究にあっても、とくに19世紀末から20世紀半ばにかけての中国経済の展開過程とそれが

表2-1 中国の経済動向、19世紀末〜20世紀半ば

(100万元)

呉承明らの産業資本投資額推計[1]（1936年価額）

| 年 | 1894 | 1911-14 | 1936 | 1947-1948 |
|---|---|---|---|---|
| 投資額 | 121.55 | 1,786.73 | 9,990.56 | 6,549.92 |

マディソンのGDP推計[2]（1933年価額）

| 年 | 1890 | 1913 | 1933 | 1952 |
|---|---|---|---|---|
| 総額 | 21,283 | 25,019 | 29,980 | 31,685 |
| 近代工業生産額 | 26 | 156 | 740 | 1,350 |
| 一次産業生産額 | 14,576 | 16,769 | 19,180 | 17,664 |
| 手工業生産額 | 1,646 | 1,932 | 2,220 | 2,330 |

出所：(1) 許・呉（1993）：722-723
　　　(2) Maddison（2007）：156

持った意味は、見落とされている。表2-1に示したとおり、呉承明らの推計によれば、この時期の中国全土における産業資本投資額は、1894年が1億2155万元であったのに対し、1936年は99億9056万元と約82倍に伸びていた（許・呉1993）。こうした伸びは、農業などの一次産業や手工業分野の関連産業にも影響を及ぼし、相当の経済成長が実現していたことが予想される。しかしマディソンのGDP統計は、1894年が総額212億8300万元であるのに対し、1933年は299億8000万元と約1.4倍の増加にとどまる（Maddison 2007）。推計GDPの大部分を占める一次産業部門の生産額増加率を、依拠すべき史料が欠如している停滞的な人口推計で代替していること、それに次ぎ大きな比重を占める手工業部門の生産額増加率も、これまた根拠が薄弱な葉公嘉（Yeh 1979）の停滞的な推計によっていること[2]、が大きな理由である。近代工業部門の生産額増加率だけをみれば、トーマス・ロースキー（Rawski 1980）に依拠し28.5倍という推計を示しており、呉承明らの投資額推計ほどではないにせよ、相当高い数値が示されている。ところがマディソンの場合、以上のように極めて問題の多いデー

タを基礎に、1820-1949年を経済的衰退過程（Economic decline）と総括するのである（Maddison 2007：52-58）。

加えて、中華人民共和国の成立という政治変動が経済に対し与えた影響を過大に評価し、1949年前後の中国経済の断絶面を強調する一方、連続面ないし継承面には十分な注意を払わない傾向も依然として根強い。明確に意識するにせよ、しないにせよ、国民党政権が倒れ共産党政権が樹立されたことの正統性を、経済面からも裏付けようとする発想が働くからであろう。実際には、1949年以降の経済運営は、1949年以前の経済的発展を基礎に置くことによって初めて可能になったのであり、そのことがさまざまな面で1949年以降の中国経済を条件づけていた。次に、1880年代以降、現代にいたるまでの中国近現代経済史を工業化を軸に考察する。

## 2. 工業化の進展から見た四つの局面

工業化の進展を軸に部門別・産業別に中国経済の発展の趨勢をみれば、それぞれの発展過程は必ずしも一様なものではない。しかし特定分野の発達がその他の分野の発達を促す契機になるような関係も存在した。ヨーロッパの2倍の面積をもち、地理的な条件も様々に異なる中国の場合、前方連関効果と後方連関効果の双方がさまざまな産業分野ごとに認められる。しかも多くの場合、それは一方が常に他方の動きを規定するというような単方向的な関係ではなく、両者の動向が相互に影響を及ぼしあい規定しあっていく双方向的な関係であった。

---

2　葉公嘉は、1931-36年のGDPを291億3000万元とする推計を示すとともに、それを比較する対象として1914-18年について242億6000万元、1952-57年について379億7000万元という数値を示している（Yeh 1979：103-104）。1914-18年を選んだ理由は、利用し得る情報が多いため、とされる。しかし、実際にどのような情報を用いてどのように推計したかという推計手続は、付表1に記されておらず、検討することができない（同書：126）。

### （1） 第1の局面　1880〜1910年代半ば

　以上のような部門間・産業間の関係を念頭に置いてみると、近現代中国経済の発展の最初の重要な局面は、1880〜1910年代半ばの対外貿易の拡大と外国資本の流入に求められる。世界的な規模で形成された多角的貿易決済網の下、中国でも貿易が拡大し商業・金融業の新展開を促すとともに、製糸業、綿紡績業などで近代工業を移植する試みが広がった（鈴木1992）。増大する物資の流通を支える鉄道や汽船など近代的交通通信手段の導入や石炭を軸とするエネルギー産業の発展も、この時期のできごとであった。1881年に本格的な敷設が始まった鉄道は、1910年に総延長距離8235キロメートルに達している。上海、香港と天津、大連、青島など北方諸港を南北に結ぶ沿海汽船航路は、前近代中国における物流の幹線ルート大運河の存在を圧倒した。さらに上海と長江上流の武漢、重慶などを東西に結ぶ内河汽船ルートは、世界と中国内陸地域とを直結し、内陸で産出される農産物・鉱産物が大量に輸出されるようになるとともに、それによって得られる外貨が中国の購買力を増強させ、欧米諸国から滔々と工業製品が流れ込むようになった。その一方、農産物対外輸出の増大は、それ自体、商品的農業の拡大に大きな刺激を与えた。こうして第1の局面を通じて進んだ中国国内における技術の伝播と資本蓄積は、本格的な輸入代替工業化の展開を準備する基礎的な条件を形成しつつあった。

　外国市場向けの生糸をつくる機器の一部は中国国内で製造されるようになり、上海で1000トン級の内河航行汽船を建造していたボイド社やファーナム社などイギリス資本の造船所の周囲には、多くの機械部品製造工場が簇生する（久保2018）。また、絹織物商、綿布商などが製糸工場や綿紡績工場の設立に動いていただけではなく、長江下流の南通に創設された大生紡績の例が示すとおり、塩商のように機械工業とは無縁であった在来の有力商人の間にまで機械制綿紡績業に投資する動きが広がった（中井1996）。そうした時に第一次世界大戦（1914〜1918）が勃発した。西欧諸国から中国などアジア諸国への工業製品輸入を激減させた第一次世界大戦は、結果

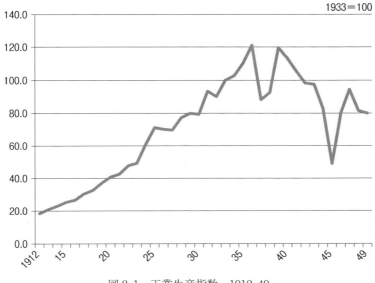

図 2-1　工業生産指数、1912-49

出所：久保（2012）：306

的に見ると、中国などの工業化を刺激し、その経済的自立を促進することになった。

### （2）　第 2 の局面　1910 年代半ば～1930 年代

次の局面は、軽工業の発展を軸に輸入代替工業化が進展し、綿糸、セメント、ソーダ灰などの自給化がほぼ達成された 1910 年代半ば～1930 年代である。図 2-1（工業生産指数 1912-49）に示された工業生産指数の年平均 4.0％ という高い伸びには、綿糸布、小麦粉、生糸などの増産傾向が反映されている（久保 2012：306）。機械工業や化学工業にも発展が見られた（Rawski 1980）。対外経済関係が第一次世界大戦以降、縮小もしくは停滞状態に陥ったのに対し、国内における交通通信網や商業・金融業の整備拡充は着実に進み、石炭、電力をはじめエネルギーの供給量も増大した（Cheng 1956；Wright 1984；久保 1999：207-219）。第 1 の局面が対外経済

関係主導の発展の時期だったとするならば、第2の局面は国内経済主導の発展が見られた時期だといってよい。ただし重化学工業の発展は一部に限られ、国内の軽工業との結びつきが希薄なものが多かった。この時期までの工業化は、あくまで軽工業が主体だったのである。しかし日本の中国侵略が進み、やがて第二次世界大戦も始まろうとしていた1930年代後半になると、軍需工業を軸とする急速な重化学工業化の要請が、切迫したものとなってくる。

### （3） 第3の局面　1940～1970年代

かくして日中戦争・第二次世界大戦・朝鮮戦争・戦後冷戦と軍事的緊張が続いた時期に、軍需工業を軸とする重化学工業化へ極端に傾斜する第3の局面が訪れる（久保2009）。図2-2（農工業生産額1949-82）のとおり、1950年代以降、生産は増大した。中でも立ち遅れていた重化学工業が急成長し、産業構造全体の中で鉱工業部門が占める比重も増大した。こうした方向性が可能になったのは、従来の中国経済の発展を通じ、綿紡織業、製粉業、セメント製造業、ソーダ製造業など多くの工業分野がすでにある程度の発展水準を実現していたからである（久保2005；田島2005；田島ほか2010）。戦時期に日本資本の在華紡が備え始めていた紡織機械製造技術や満洲（中国東北地域）に展開された満鉄の鞍山製鉄所のような巨大な生産設備が人民共和国に継承されたことも、重要な条件になった（富澤ほか2011；松本2000）。

しかし東西冷戦の下、この時期に中国の対外経済関係は一段と縮小していき、商業・金融業も大きく衰退した。若干の発展が認められる農業や軽工業にしても、その相対的な発展の程度は国民経済の必要を十分に満たすものではなかった。軽工業や農業の国内市場を支える民衆の購買力はきわめて低い水準のままに据え置かれ、その分、重化学工業の設備投資のために資金が振り向けられる仕組みになっていたのである。長期的にみればこのような情況は、重化学工業の市場規模自体をも制限することになり、重

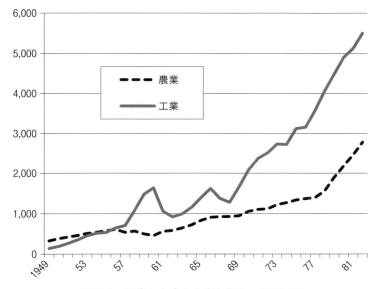

図2-2　工業と農業の生産額推移、1949-82
出所：中華人民共和国国家統計局『中国統計年鑑1983』：13、16
注：価格は当年価格（物価変動の影響は考慮されていない）。

化学工業部門の内部循環という問題を生み出していく。さらに交通通信面やエネルギー産業への投資も、当面の重化学工業化推進に必要な最小限度にまで切り縮められたため、さまざまなひずみを抱えることになった。このように第3の局面そのものが直面するようになったいきづまりが、新しい経済発展の方向性の選択を迫ることになった。

### （4）　第4の局面　1980年代～現在

1970年代の末以降、現在に至るまで展開しつつある第4の局面においては、重化学工業化への偏重が徐々に改められ、農業、軽工業が新しい発展を記録した。欧米や日本などとの関係改善に伴って対外経済関係は急速に拡大し、その国民経済全体に対する比重は、中国近現代史上かつて見られなかったほどの高い水準に達した。商業・金融業に新たな活気が広がり、

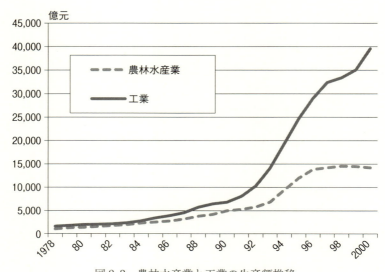

図 2-3　農林水産業と工業の生産額推移
（付加価値）、1978-2000

出所：中華人民共和国国家統計局『中国統計年鑑 2001』：49
注：価格は当年価格（物価変動の影響は考慮されていない）。

　高速道路、高速鉄道の整備をはじめ交通通信網やエネルギー産業の拡充も急速に進んだ。その結果、図 2-3（農林水産業と工業の付加価値生産額推移 1978-2000）のような経済成長が続き、今や中国は世界第2位の経済規模に達している。しかし、第3の局面の時期に生み出された地域間・社会階層間の不均衡やさまざまなひずみは、解消されるどころか、むしろ一層深刻なものになり、環境汚染も重大な事態を引きおこしている。加えて後述のような経済発展を担う主体の点にも多くの問題が存在しているため、今後の順調な発展は決して容易なことではない。

## 3. 四つの局面の担い手たち

　ここでは、以上のような経済発展を担ってきた主体の問題について整理しておこう。

### （1）　第1の局面の担い手　1880〜1910年代半ば

　対外経済関係が大きな役割を果たした第1の局面では、当然、外国資本が経済発展の主な担い手の一つであった。しかし外国資本が中国の経済活動全般を押さえていたわけではなく、商業、金融業、近代工業など、どの分野においても中国人商人の活動が顕著であった。たとえば上海、広州、北京などで発展してくる銭荘という金融業者は、当初、両替と周辺市場圏における取引決済とを主な業務にしていたが、やがて取引決済のため、独自の約束手形に相当する荘票を発行するようになり、対人信用を担保とする都市商工業者向けの資金貸付も重要な業務とするようになっていった。外国銀行は、この銭荘に資金を供給することを通じて、間接的に一般の商工業者と金融的なつながりを持つことになった。

　この時期の機械工業の発展は、一部の分野に限定されていたとはいえ、製糸業、綿紡績業、マッチ製造業など発展が見られた多くの分野で中国資本が高い比率を占めた。

　清朝政府の一部高官たちも近代工業や近代的交通通信事業の展開に積極的であった。ただし純然たる国営事業として存続したのは、鉄道や軍需工業など一部の部門に限られており、多くの場合、綿紡績業がそうであったように、政府の監督を受け入れつつも実質的には民間資本主導の経営で進める形に落ち着いている。「洋務運動」や「同治中興」といった言葉は、否定的にせよ、肯定的にせよ、清朝政府が果たした役割を過大に評価する傾向がある。経済活動への非介入という在来社会における政府のあり方や中央政府の小さな財政規模からすれば、民間資本主導の経営が大勢を占め

るという情況が生まれるのは自然な流れであった。

　このように第1の局面では、中国の民間資本と外国の民間資本とが経済発展の主要な担い手であった。

### （2）　第2の局面の担い手　1910年代半ば〜1930年代

　続く第2の局面では、中国の民間資本が一段と大きな役割を果たすことになる。工業分野の綿紡績業から金融分野の銀行業に到るさまざまな分野で、中国人による企業経営が発展した（久保2005）。

　機械制綿糸のほぼ3分の2は、農村織布業の盛んな綿産地帯や上海、無錫などの都市部に設立された中国資本の工場で生産されるようになった。収益面からみても、上海の永安や申新、華北内陸部の汲県華新や楡次晋華といった中国資本紡各社は、在華紡に匹敵する高い利益率を記録している。中国資本紡がこのように発展し得た理由としては、上海にあった工場の場合、経営基盤が比較的しっかりしていたものが多く、ある程度の技術力も備え、廉価な輸入外国棉を利用する便宜もあったことが、また華北内陸部や江浙地域の工場の場合、原棉産地であるとともに土布生産が盛んな大量の綿糸消費地でもあるという有利な工場立地条件が、それぞれ発展の大きな理由であった。

　機械製粉による小麦粉、ビルや工場の建設に欠かせないセメント、輸出用の器械制生糸などについてみれば、この時期になると、その大部分は中国国内の民間資本の製品によってまかなわれるようになっており、外国資本の製品は目立たない存在になっていた。

　また19世紀末から20世紀初めにかけての外国銀行の活発な展開と中国の政府系銀行の設立とに促される形で、1910年前後から、中国の民間資本による近代的な銀行が続々と誕生した。1907年設立の浙江興業銀行、1908年設立の四明銀行、1915年設立の上海商業儲蓄銀行、1917年設立の金城銀行などがそれであり、1937年の時点で、政府系銀行と地方政府系銀行も合わせ、全国でおよそ160行が営業していた。1930年代の各行の

民間商工業に対する貸付金は、総額の4～5割という高い比重を示すようになっており、従来の銭荘に代わって近代的な民間銀行が一般の商工業に対する主要な金融機関の位置につきつつあった。

　この時期も、香港上海銀行をはじめ外国銀行は外国為替取引を中心に引き続き大きな存在であったし、アメリカ資本の英米タバコ、日本資本の在華紡などは、それぞれ紙巻煙草製造業、綿紡織業などの分野で有力な地位を保持している（Cochran 1980；高村1982）。しかし、そうした状況は、むしろ例外的であった。全体としてみると、中国の民間資本企業の発展と外国の対華投資の消極化――第一次世界大戦後の西欧の経済力の落ち込み、大恐慌勃発以降の世界経済の収縮、中国の政情不安などが影響した――の中で、中国経済全体の中における外国資本の相対的な比重は、急速に低下しつつあった。

　唯一の例外は、満洲（中国東北地域）の鉄鋼業・石炭産業・鉄道業などにおける日本資本の突出した活動であり、それが可能になった条件は、日本の帝国主義的な侵略に求められる。とくに1931年の満洲事変以降、日本からの投資が急伸したことが影響し、満洲における日本資本の存在は極めて大きなものになった。

　一方、経済発展に対し国家が果たす役割は、国民政府全国経済委員会のような個々の政府機関の活動、道路建設などの産業基盤整備、保護関税の運用といった経済政策は、以前に比べはるかに組織的計画的に推進されるようになってきていたとはいえ、依然として小さなものであった。

### （3）　第3の局面の担い手　1940～1970年代

　この局面における大きな変化は、国家の経済活動への介入が著しく肥大化したことである。すでに1930年代初めから系統的な工業化政策に着手していた国民政府は、日本の侵略に抵抗する戦時経済体制への傾斜を強める中で、1935年に拡大改組された政府直属の資源委員会を中心に、とくに日中戦争の勃発以降、製鉄所、機械工場、発電所などを四川、雲南をは

じめとする西南地域に設立し、国営の軍需工業や重化学工業の発展を図った。また、そうした工業化推進政策に平行して、1935年の幣制改革で導入した管理通貨制度を基礎に、中国・交通・中央・中国農民の政府系4銀行の活動の連係強化を図る四行連合辦事処（四連総処）を1937年に新設し、金融分野における国家統制も強化した。

戦後はそうした国営事業体や政府の経済行政機関が旧日本資本の企業を接収し、綿紡績業のほぼ半分を傘下に置いた中国紡織建設公司のように、その事業規模を一層拡大させている（久保・波多野ほか2014）。

こうした国営企業は、国民党政権の全国統治が崩壊した後、新たに成立した共産党政権によって継承され、中華人民共和国の経済の重要な一構成部分を形成することになった。人民共和国の商工業の一半は民間企業によって、そして残りの一半は国営企業によってになわれていた。さらに人民共和国政府は、より徹底的な国家主導の重化学工業化を目標に据え、そのための条件を創出すべく1950年代に民間企業の国有化と農業の集団化を強行する。そうした措置と並行し、外国資本の活動も厳しい規制の下に置かれ、やがて中国経済の中からほとんど排除された。

### （4） 第4の局面の担い手　1980年代〜現在

しかし上記のような第3の局面の行きづまりを打破するためには、経済発展の担い手の面においても、新しい変化が必要になる。こうして第4の局面は、経済活動における国家の肥大化した役割を削減するとともに、農業分野での小農経営や商工業分野での民間企業の蘇生を促し、外国資本を再導入するという方向にそって展開された（久保2009）。農業分野での小農経営は、農業生産発展の担い手としてめざましい役割を果してきているし、商業分野での個人経営商店の激増ぶりも、中国の庶民生活の雰囲気を一新させつつある。外国の民間資本の活動領域も、製造業・流通業・金融業へと拡大した。しかし商工業分野を全体としてみると、資源エネルギー部門を中心に国営企業の比重がきわめて高い分野も存在しており、企業の

経営自主権の確立や株式会社制度の安定した運用には、依然として不確定的な要素がつきまとっている（田島 2008）。

## 4. 農業の発展をどう位置づけるか

すでに述べたとおり、第1の局面における農産物対外輸出の増大は、商品的農業の拡大に刺激を与えるとともに、国内における資本の蓄積を促した。農業の発展は、第2の局面以降に進展する輸入代替工業化に対し、投資資金の提供という面のみならず、農村からの労働力の供給という面でも、工業発展に必要な原燃料の確保という面でも、基礎的な条件を形成した。さらに第4の局面でも、農業分野での小農経営は、農業生産発展の担い手としてめざましい役割を果し、近年の中国の経済成長を支える原動力の一つになった。ここでは、前半部での議論を踏まえ、近現代中国の農業分野に於ける発展について、改めて整理しておくことにしたい。

### （1） 第1の局面における農業　1880〜1910年代半ば

19世紀の末、中国の農産品輸出は増加している。これは工業化の進展した西欧諸国で大豆・棉花・落花生・胡麻などの工業原料に対する需要が高まり、それが牽引力となって生じたものであり、銀安傾向にともない中国通貨の外為レートが低下していたことが、いっそう輸出に拍車をかけていた（黒田 1994）。

農産品の市場が拡大したことから、一方では、東北・西北・雲南などでフロンティアの開墾が進み、耕地面積の拡大が図られる。パーキンスの推計によれば、1873年に81万平方キロメートルであった全国の耕地面積は、1913年には91万平方キロメートルへ拡大した（Perkins 1969）。他方、江南では東北産の大豆かす（豆餅ドウビン Beancake）を購入し、それを肥料に用いて単位面積当たりの増産を図るような多肥投入型の農業が展開した

表 2-2　農産物の生産量の推移　1910 年代〜30 年代　　単位：万 t

| 年 | 米 | 小麦 | トウモロコシ | 大豆 | 棉花 | 落花生 | ゴマ |
|---|---|---|---|---|---|---|---|
| 1914–18 | 7,381 | 1,979 | 734 | 549 | 80 | 227 | 34 |
| 1931–37 | 6,956 | 2,310 | 1,022 | 843 | 94 | 263 | 91 |

出所：Perkins（1969）：216, 276–277, 281–283
注：数値は各期間中における年平均生産量。

（宮田 2006）。そのほか蚕糸、鶏卵加工品、豚毛などさまざまな一次産品の輸出が増加し、農家の新たな収入源になった。国外の需要増にこたえるだけではなく、国内の食糧・商品作物の需要にも対応する必要があったため、米、小麦、サトウキビなども増産傾向をたどっていた。

こうして増加した農村の富が、近代工業のための投資にも振り向けられた。

### （2）　第 2 の局面における農業　1910 年代半ば〜1930 年代

主な農産物の生産動向を追ってみると、1910 年代から 1930 年代にかけ、大豆・棉花・落花生・胡麻などの商品作物の生産が増加している（表 2-2）。中国の紡績業者の団体である華商紗廠連合会が作成していた比較的信頼性のある年次推移統計によれば、代表的な商品作物の一つ、棉花の作付面積は、上下変動を繰りかえしながらも 1920 年代から 30 年代にかけ 180 万ヘクタール前後から 250 万ヘクタール以上へと確実に上昇した（図 2-4）。そのほか葉タバコや砂糖キビの栽培も、国際市場の変化などに影響されながら長期的には上昇傾向をたどっている。

1930 年代の生産増加は、たんに国外への輸出によって刺激された動きではなく、むしろ中国国内における工業発展が、その原料たる商品作物の栽培を求め促していたのであった。たとえばこの時期に大きく発展した綿紡績業と棉花栽培との密接な関連は、その際だった事例の一つである。すでに 1920 年代から、中国資本紡の経営者団体である華商紗廠連合会や北

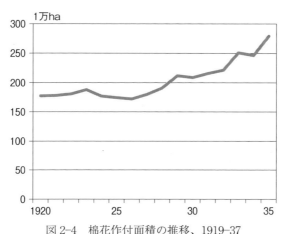

図 2-4　棉花作付面積の推移、1919-37
出所：胡竟良『中国棉産改進史』商務印書館（1945）：97
　　　-100
注：1 畝＝6.144a で換算。3 年移動平均値で表示。

京政府の主導によって機械紡績用に適したアメリカ種棉花の栽培が奨励され、1930 年代には、南京国民政府の全国経済委員会傘下の棉業統制委員会などによる官民一体となった組織的計画的なアメリカ棉普及事業が、大々的に推進された。その結果中国は、1930 年代半ばまでに良質の棉花を国内で自給化することに成功していたのである（王 1984）。同様の事態は、アメリカ資本である英米タバコの主導下、山東省・河南省などで進められた葉タバコ栽培普及事業の場合にも確認することができる。稲、麦、蚕などの品種改良や手織綿布生産の展開につれ、農村には多くの新たな変化が生じていた（弁納 2004）。

　この時期の中国農業は、主として小農経営によって支えられていた。小経営優位の生産力構造を重視する見方は、表 2-3（農家の経営規模別の土地生産性比較）のような農家の経営規模別の土地生産性を比較検討した作業に基づくものであり、1980 年代以降、有力な見解になった（吉田 1980；1986；石田 1980 等）。その後も、商業的農業が進展する中で生じた農家経

表 2-3　農家の経営規模別の土地生産性比較

① 〈江南米作地帯、1921-25〉

|  | 大規模 | 中規模 | 小規模 |
|---|---|---|---|
| 来安 | 5.59 | 7.72 | 10.36 |
| 蕪湖 | 16.69 | 16.48 | 18.39 |
| 鎮海 | 16.43 | 17.34 | 17.03 |
| 江寧 | 16.79 | 17.87 | 25.30 |
| 武進 | 15.06 | 16.68 | 17.51 |

② 〈華北棉作地帯、1937-39〉

|  | 大規模 | 中規模 | 小規模 |
|---|---|---|---|
| 37年水害 | 7.66 | 4.05 | 3.78 |
| 38年平常 | 10.22 | 10.97 | 12.06 |
| 39年インフレ | 43.95 | 33.57 | 26.05 |

③ 〈華北穀作地帯、1937・40・42〉

|  | 大規模 | 中規模 | 小規模 |
|---|---|---|---|
| 山西省 | 98.00 | 97.00 | 119.00 |
| 河北省A | 106.00 | 95.00 | 92.00 |
| 河南省 | 100.00 | 95.00 | 112.00 |
| 河北省B | 94.00 | 99.00 | 112.00 |

出所：久保ほか（2016）：117
　　　原資料は（吉田 1980；1986；石田 1980）。
注：土地生産性＝農業純生産÷経営面積（但し①・②は金額表示〔元〕、③は指数表示〔3ヶ年平均を100〕）。

営の新たな動向（柳澤 2000）、江南農村における中農の増加傾向（奥村 2004）などが指摘され、中国の学界でも、小経営の支配的な地位を認める研究が出されるようになった（章 1988）。

　集約的に行われる小農経営が単位面積当たりの増収を実現した基礎的な条件は、多収量改良品種の普及や動力ポンプを用いた灌漑施設の建設などであり、1920年代から江浙地方などの経済的先進地帯で始まっていた（郭ほか 1989）。さらにこの時期、農業生産の伸びを支えたもう一つの要素として注目されるのは、表2-4にあるとおりドイツやイギリスから輸入され

表 2-4　硫安の輸入推移、1926-35

| 年 | 数量<br>(トン) | 金額（元） | 〔米ドル<br>換算〕 | 輸入先 | | 輸入地域 | | |
|---|---|---|---|---|---|---|---|---|
| | | | | 独(%) | 英(%) | 華北(%) | 華中(%) | 華南(%) |
| 1926 | 49,883 | 7,095,381 | 3,461,162 | *16.0* | *13.1* | 2.9 | 20.9 | 76.2 |
| 1927 | 55,260 | 7,893,877 | 3,496,004 | *10.5* | *3.7* | 5.0 | 15.1 | 79.9 |
| 1928 | 106,130 | 14,324,045 | 6,527,646 | *14.3* | *10.4* | 4.0 | 27.1 | 68.9 |
| 1929 | 112,331 | 15,310,002 | 6,289,089 | *11.7* | *5.6* | 5.6 | 13.3 | 81.1 |
| 1930 | 189,507 | 28,125,272 | 8,303,995 | *13.8* | *11.3* | 8.0 | 19.6 | 72.4 |
| 1931 | 139,710 | 22,260,537 | 4,857,884 | *30.6* | *28.2* | 12.0 | 35.0 | 52.9 |
| 1932 | 112,789 | 16,380,388 | 3,559,564 | 42.1 | 44.4 | 3.0 | 32.9 | 64.1 |
| 1933 | 101,254 | 13,438,477 | 3,540,636 | 37.7 | 51.6 | 3.9 | 33.4 | 62.7 |
| 1934 | 49,948 | 6,185,169 | 2,089,783 | 34.5 | 33.4 | 7.5 | 34.6 | 57.9 |
| 1935 | 68,631 | 7,329,087 | 2,656,281 | 43.0 | 33.5 | 11.4 | 14.1 | 74.5 |

出所：海関報告 1926–31 Article No. 543, 1932–35 Returns No. 290.
注：1931 年以前の各国比率（斜体）は、香港経由輸入品の原産国が不明なものが多かったため、正確な数値ではない。1932 年以降、原産地表記が強化された。輸入先と輸入地域の比率は全て数量で算出。

た化学肥料の使用である。最初は広東や福建で使われ、1920 年代末には湖北など北方地域へも広がったこと、米栽培には硫安が適していると評価され、従来の大豆粕（豆餅）に代替していたこと、新しいものに抵抗感がないタイプの農民が歓迎していること、などが当時の海関報告に特記されている（China Maritime Customs 1930）。その後、銀安で中国銀元の為替レートが低下し輸入価格が上昇したことが影響し、輸入量は減少した。ただし 1935 年には回復傾向を見せている。

〔3〕　第 3 の局面における農業　1940〜1970 年代

　日中戦争の勃発は、商品的な農業に打撃を与えた。なぜなら、①戦火の拡大につれ商品作物の対外輸出が困難に陥った上、②商品作物に対する内需も落ち込んだこと、その一方、③食糧事情の逼迫で米穀への需要が高まり、商品作物から米穀に作付転換する農家が激増したこと、などのためで

ある。こうした事情は、戦後、僅かの休止期を置いて始まった国共内戦期にも基本的に継続した。

さらに1950年代、人民共和国期に入ると、「米穀生産を要とする」というスローガンの下（「以糧為綱」）、工業化・都市化を支える労働者向けの食糧供給が最優先され、全般的に商品作物の栽培は抑制された。国による商品作物の買取り価格が低水準に固定されていたことも、農民の商品作物に対する栽培意欲をそぐものであった。

1950年代の無理な農業集団化は、農民の労働意欲を削ぎ、農業生産を低迷させた。「要」とされた米穀生産も、人口1人当たりの供給量を増やす水準に達していない。しかし人民共和国政府は、そうした政策を改めるどころか、集団化の規模を大きくし、深耕密植などの非科学的な新農法を推奨する「大躍進」政策を推し進めたため、農業生産はいっそう大きな打撃を受けた。食糧を十分確保できず、栄養失調などで老人や乳幼児を中心に2000万人の異常な死者が発生したのはこの時である。狼狽した政府は、1959年以降、集団化の規模を縮小させ農民の自由耕作地（「自留地」）を復活させるなど、農民の労働意欲を喚起する諸方策を講じるとともに、新農法の強制をやめ、農業機械や化学肥料の増産を進め、国による農産物の買付け価格を高めに設定した。その結果ようやく1964～65年に至り、中国の農業生産は1950年代半ばの水準を回復した。

その後は、文化大革命の時期にも、ゆるやかな生産の増加が続いた。それを可能にした主な要因は、単位面積当たりの収穫量の増加であり、とくに1960年代から70年代にかけては、これが決定的に重要な意味を持った（表2-5）。1957年と1980年の単位当たり収量を比べると、米が1.5倍、小麦が2.2倍、棉花が1.7倍となっている。単位当たり収量の増加は、以下に述べるように多毛作農法の広がり、農作物のさまざまな品種改良とその普及、化学肥料を主とする施肥量の増加（表2-6）などによって可能となった。

多毛作についていえば、1952年に400万ヘクタールであった全国の二

表2-5　主な農産物の単位面積当たり収量の推移　単位：kg/10a

| 年 | 米 | 小麦 | トウモロコシ | 大豆 | 棉花 | 落花生 | ゴマ |
|---|---|---|---|---|---|---|---|
| 1931-37 | 257 | 86 | 145 | 122 | 21 | 182 | 59 |
| 1952 | 241 | 74 | 134 | 82 | 23 | 128 | 46 |
| 57 | 269 | 86 | 143 | 79 | 29 | 101 | 33 |
| 62 | 234 | 69 | … | 68 | 22 | 85 | 35 |
| 65 | 294 | 102 | 151 | 71 | 42 | 104 | 38 |
| 80 | 413 | 189 | 308 | 110 | 49 | 154 | 33 |
| 90 | 573 | 319 | 452 | 146 | 81 | 219 | 71 |
| 2000 | 627 | 374 | 460 | 122 | 109 | 297 | 103 |
| 10 | 655 | 475 | 545 | 134 | 123 | 345 | 132 |
| 14 | 681 | 524 | 581 | … | 146 | 358 | … |

出所：久保ほか（2016）：113

表2-6　化学肥料使用量の推移　単位：kg

| 年 | 1952 | 57 | 65 | 78 | 80 | 90 | 94 |
|---|---|---|---|---|---|---|---|
| 1ha当たり使用量 | 1 | 2 | 14 | 59 | 87 | 175 | 213 |

出所：久保ほか（2016）：113

期作水田は1976年までに約3.2倍の1281万ヘクタールになり、これは全国の水田の71.2％を占めたという（《当代中国的農作物業》編輯委員会1988：82-83）。多毛作化を機械的に推進し、かえって収量を減らす事態も一部に生じたとはいえ、長期的には、多毛作化が単位面積当たり収量の増大に貢献した事実は否定できないように思われる。

　また水稲の品種改良を例にとると、この時期に幾つもの重要な動きが存在した。その一つは、1956～63年に広東省から各地に広がった高さが低く台風に強い品種の普及である（《当代中国的農作物業》編輯委員会1988：86-87）。第2に、1950年代末以降、日本から伝わった「農墾58号」などの

改良品種が画期的な意義を持った[3]。第3に、1973年以降、湖南省を中心に本格的な栽培が始まったのが、10a当り収量750キログラムを可能とする多収量品種、ハイブリッド米（中国名「雑交水稲」）である（《当代中国的農作物業》編輯委員会1988：88)[4]。

また集団労働による大規模な開墾、水利施設の構築など1950年代末から60年代にかけて進められた事業は、労働力を浪費し無駄に終わったものも多かったとはいえ、中には、結果的に可耕地を増やし農業生産の拡大に貢献したものも含まれていた。

### （4） 第4の局面における農業　1980年代〜現在

農業政策は、1978年以降再び大きく変化する。生産責任制の承認(1978.12)、戸別請負耕作制の承認(1980.9)、長期間の戸別請負の承認(1984.1)などを経て実現した、人民公社の解体と小経営の復活がそれである。同時に、農産物の価格が再度引き上げられ、国家による統一的買付け制度の撤廃と大半の農産物の取引自由化も実施され（1985.1)、商品的農業が基本的

---

3　1957年10月、王震農墾部長を団長とする中国農業技術団が来日し、2ヵ月間、各地を視察したことがある（李2014〔日〕）。この時、彼らが持ち帰った種籾に含まれていた「農墾58号」（日本の品種名は「世界」）は、長江流域で広く栽培される品種になり、新しい品種を生み出す際の交配親としても用いられた（佐藤2003：162-163、176-177）。晩生種で収量、抗病性、米質食味などに優れ、最も多かった年は307万haで栽培されていたという（曹・唐2005：6-7）。なお1958年には秋田農業試験場場長寺田慎一を団長として、北海道、新潟、静岡、長崎などの農機・肥料・病害虫防除の専門技術者が訪中し、日本の稲作技術を伝えている。団長の寺田は、戦時期に華北農事試験場北京本場で農業部耕種科科長を務めたという経歴の持ち主であった（李2014〔日〕）。

4　中国でもイネの品種改良は重視されてきた。とくに1960年代から70年代にかけ湖南で開発され、その後、全国に普及したハイブリッド米（交雑水稲）は有名である。中国のハイブリッド米も、異なる性質のイネの交配を重ねて開発された。現在では中国で栽培されているイネの半分以上がハイブリッド米となり、中国の米収穫量の増大に貢献した。ハイブリッド米は食味に劣ると言われてきたが、その改良もとりくまれている。こうした多収量品種は、多くの肥料を必要とし、病虫害に弱いという傾向がある。そのため農民にとっては、化学肥料や農薬など農業に対する投資の負担を増加させるものになる。一方、そうした側面があるゆえに、多収量品種の普及は化学工業の発展を刺激することにもなる。現代中国も、その例外ではなかった。なお国内で開発された品種とは別に、フィリピンの国際稲作研究所から1972年にIR24を、また76年からはIR28を導入している（曹・唐2005）。

に復活した。1980年代の農業増産は、この中で達成され、中国経済全体の成長を支える要因の一つになった。現在の中国の農家経営と土地制度は、1950年代に集団化が強行される以前の姿に近いものとなっている。

1970年代末から1980年代初めの政策転換によって小経営が復活して以降、一時、農業生産はかつてなかったほどの急速な伸びを記録した。だが商品生産化した農業は市場の動きに敏感に反応する。政府が個々の農産物の価格補填政策をやめたりすると、ただちにその農産物の生産量が急落してしまうような情況も存在し、高い現金収入を求める農民の離村・出稼ぎが全国に広がった（厳2009〔日〕）。さらにWTO加入を機に進められた農産物の貿易自由化は、野菜、果物、水産物などの輸出を増加させたとはいえ、大豆、大豆油、パームオイルなどの輸入を激増させることにもなり、一部の農業生産に対し大きな打撃を与えた。その結果、1990年代末以降、農民の貧困、農村の荒廃、農業生産の低迷という三つの現象の総称である「三農問題」が深刻になり、2006年頃から新たな農業政策が模索されるようになっている（温2010〔日〕）。

## おわりに

近現代中国経済が発展してきた要因を明らかにする作業は、同時にまた、それが抱える困難を探る作業ともなる。第1、第2の局面とした19世紀末から1930年代までの中国経済、及び第4の局面とした1980年代以降現在に至るまでの中国経済は、いわば開かれた対外経済関係の下での発展であった。そうした発展は、1930年代から1940年代にかけ日本の全面侵略によって妨げられ、さらに1950年代から70年代までは東西冷戦という環境の下で、一段と戦時統制と計画経済への傾斜を強める第3の局面を形成し、中国経済の発展はさまざまな回り道を余儀なくされた。第3の局面にも重化学工業と軍需工業を中心にした発展が認められるとはいえ、市場競

争や国外から新技術を導入する機会が乏しく、軽工業、運輸通信などその他の分野が実質的に足踏み状態を続けたことは、結局のところ経済全体の発展に歪みと制約をもたらし、第4の局面への転換を準備することになった。東西冷戦の終結とWTOの成立などによって世界市場が拡大するなか、対外的に開かれた中国経済は、世界の工場となり高度成長を続けていくことができた。

　一方、近現代の中国経済は、そうした対外経済関係によって規定されていたばかりではなく、中国国内のさまざまな条件、わけても国家権力の基礎が固まり系統的な経済政策を推進することができたか否かによっても規定されていた。中国が関税自主権を回復し保護関税を設けられるようになったことは、第2の局面から第3の局面にかけ工業化が急展開する重要な条件になった。自立的な工業化の推進を可能とする機械製造技術の獲得が第3の局面を迎える頃に本格化したのも、技術者の系統的養成を進める教育制度がようやくその頃から整備されたことが一因であった。さらに国内市場の統合を加速する通貨の統一と管理通貨制度の導入が実現したのも、この時期のことになる。国際的な孤立にもかかわらず、共産党政権が統制計画経済の下で経済をある程度発展させることができた一つの重要な理由は、すでに国民党政権の時代に、紡績業や製鉄業で巨大な国営企業が形成されていたことに加え、以上のような基礎的条件が整えられていたからであった。

　第4の局面において、共産党政権の経済運営はすでに、経済法制を整え、資金量や金利など市場を通じて調節するものに転換してきている。それがこの間の高度成長を可能にしてきたとはいえ、国際競争力に乏しい農業における「三農問題」のような状況は克服できていない。国際経済の不安定化が国内経済の不安定化に連動する事態も想定され、緊張に満ちた時代が始まりつつある。

**参考文献**

（日本語）

石田浩（1980）「1930 年代華北棉作地帯における農民層分解」『アジア経済』21-12

奥村哲（2004）『中国の資本主義と社会主義―近現代史像の再構成』桜井書店

温鉄軍（2010）『中国にとって、農業・農村問題とは何か？―〈三農問題〉と中国の経済・社会構造』作品社

加藤弘之・久保亨（2009）『叢書・中国的問題群 5　進化する中国の資本主義』岩波書店

久保亨（1982）「戦間期中国経済史の研究視角をめぐって―「半植民地半封建」概念の再検討」『歴史学研究』506

久保亨（1999）『戦間期中国〈自立への模索〉―関税通貨政策と経済発展』東京大学出版会

久保亨（2005）『戦間期中国の綿業と企業経営』汲古書院

久保亨（2009）「統制と開放をめぐる経済史」飯島渉・久保亨・村田雄二郎編『シリーズ 20 世紀中国史　第 3 巻　グローバル化と中国』東京大学出版会

久保亨（2011）「1950 年代の中国綿業と在華紡技術」富澤芳亜・久保亨・萩原充編『近代中国を生きた日系企業』大阪大学出版会

久保亨編（2012）『中国経済史入門』東京大学出版会

久保亨・波多野澄雄ほか編（2014）『戦時期中国の経済発展と社会変容』慶應義塾大学出版会

久保亨・加島潤・木越義則（2016）『統計でみる中国近現代経済史』東京大学出版会

久保亨（2018）「近代中国における機械工業の発展」秋田茂編『「大分岐」を超えて―アジアからみた 19 世紀論再考』ミネルヴァ書房

黒田明伸（1994）『中華帝国の構造と世界経済』名古屋大学出版会

厳善平（2009）『農村から都市へ―1 億 3000 万人の農民大移動』岩波書店

佐藤洋一郎（2003）『イネが語る日本と中国―交流の大河 5000 年』農山漁村文化協会

鈴木智夫（1992）『洋務運動の研究』汲古書院

田島俊雄編（2005）『20 世紀の中国化学工業―永利化学・天原電化とその時代』東京大学社会科学研究所研究シリーズ No. 17

田島俊雄編（2008）『現代中国の電力産業―「不足の経済」と産業組織』昭和堂

田島俊雄・朱蔭貴・加島潤編著（2010）『中国セメント産業の発展―産業組織と構造変化』御茶の水書房

高村直助（1982）『近代日本綿業と中国』東京大学出版会

富澤芳亜・久保亨・萩原充編（2011）『近代中国を生きた日系企業』大阪大学出

版会
中井英基（1996）『張謇と中国近代企業』北海道大学図書刊行会
弁納才一（2004）『華中農村経済と近代化―近代中国農村経済史像の再構築への試み』汲古書院
松本俊郎（2000）『「満洲国」から新中国へ―鞍山鉄鋼業からみた中国東北の再編過程　1940-1954』名古屋大学出版会
宮田道昭（2006）『中国の開港と沿海市場―中国近代経済史に関する一視点』東方書店
吉田浤一（1980）「1920年代前半中国の江南稲作地帯における農業経営と生産力」『静岡大学教育研究報告』31
吉田浤一（1986）「20世紀前半華北穀作地帯における農民層分解の動向」『東洋史研究』45-1
柳澤和也（2000）『近代中国における農家経営と土地所有―1920-30年代華北・華中地域の構造と変動』御茶の水書房
李海訓（2014）『中国北方における稲作と日本の稲作技術』現代中国研究シリーズNo. 14、東京大学社会科学研究所

（中国語）
王樹槐（1984）「棉業統制委員会的工作成効　1933-1937」中央研究院近代史研究所『抗戦前十年国家建設史研討会論文集　1928-1937』
郭文韜ほか編（1989）『中国近代農業科技史』中国農業科技出版社
許滌新・呉承明主編（1993）『中国資本主義発展史　第3巻　新民主主義革命時期的中国資本主義』人民出版社
章有義（1988）「本世紀二・三十年代我国地権分配的再估計」『中国社会経済史研究』1988-2
曹立勇・唐紹清主編（2005）『水稲良種引種指導』金盾出版社
中華人民共和国国家統計局（1981～）『中国統計年鑑』各年版、中国統計出版社
《当代中国的農作物業》編輯委員会（1988）『当代中国的農作物業』中国社会科学出版社

（英語）
China, The Maritime Customs (1930). *Foreign Trade of China 1929*. Statistical Department of the Inspectorate General of China.
Cheng, Yu-kwei　鄭友揆 (1956). *Foreign Trade and Industrial Development of China*. The University Press of Washington.
Cochran, Sherman (1980). *Big Business in China: Sino-Foreign Rivalry in the Cigarette Industry 1890-1930*. Harvard University Press.

Maddison, Angus (2007). *Chinese Economic Performance in the Long Run.* 2nd ed. rev. and updated : 960-2030 AD, Paris : Development Centre of OECD.
Perkins, Dwight H. (1969). *Agricultural development in China 1368-1968.* Chicago : Aldine.
Pomeranz, Kenneth (2000). *The Great Divergence : Europe, China and the Making of the Modern World Economy.* Princeton.［川北稔監訳（2015）『大分岐―中国、ヨーロッパ、そして近代世界経済の形成』名古屋大学出版会］
Rawski, Thomas G. (1980). *China's Transition to Industrialism : Producer Goods and Economic Development in the Twentieth Century.* University of Michigan Press.
Wright, Tim (1984). *Coal Mining in China's Economy and Society 1895-1937.* Cambridge University Press.
Yeh, Kung-chia (1979). China's National Income, 1931-36, In Chi-ming Hou and Tzong-shian Yu ed, *Modern Chinese Economic History.* Taipei : Institute of Economics, Academia Sinica, Seattle : distributed by University of Washington Press.

第 3 章

# 東アジア工業化の国際環境と戦後日本

浅野豊美

## はじめに

　いわゆるウェスタンインパクトをいち早く受け止め、西洋起源の技術と制度の摂取による近代化を遂げた国民的帝国としての近代日本によって、東アジア工業化の国際環境は、日清戦後の重化学工業化の時代から長く規定されてきた。しかし、第二次大戦における連合国の勝利によって、19世紀の末から朝鮮半島・大陸へと膨張していた日本帝国は解体された。膨張の対象となった地域には、日本国民が法的な特権を前提として移住し、電気・ガス・水道に象徴される近代的産業インフラが工業化の前提として導入されていた。これこそが近代の植民地であり、それは現地の人々との半ば強制的な協力関係の構築を核としているがために、現地の人々は伝統的な権力や社会を外から解体され「近代」世界へと文字通りに引き入れられた。

　しかしながら、アメリカによる日本帝国の解体は、朝鮮半島の信託統治構想に象徴されるように、かつて強制的に近代世界に引き入れられた現地の人々が、工業化を自主的に進め近代的な国民として成熟していくこと、あるいはその成熟可能性を前提にした。その上で、そうした人々から構成される民族的国民国家と、それを単位とする東アジアの地域的統合をも当然の前提としたのである。革命へと向かう前衛政党に率いられる人民民主

主義か、言論の自由と複数政党制を前提とした民主主義かという政治体制の違いはあるものの、「民族」を主体とする国家は第二次大戦後の東アジア秩序の基本的単位であった。

この帝国解体後の東アジアの実質的中心として戦後初期にアメリカが期待したのが、国民党と共産党の内戦停止を前提とした「強い中国」であった。それは、台湾や旧満洲国を中華民国が回収し、残された日本の在外資産・工場設備を中国の産業設備として稼働させることで、中国の急速な工業化を推進し、それによって中華民国を近代化させるという構想ということができる。中華民国は国際連合の常任理事国に相応しい大国として迎えられ、新生中華民国が東アジアの新たな国際秩序の要となることで、ソ連の発言力は抑えられると期待されていた（浅野 2010）。第二次大戦後における東アジアの工業化は、米ソ協調体制のもとで、そして強い中国を前提とした体制の中で開始されたといえよう。しかし、そうした初期の構想は、ヨーロッパとアジアにおける旧枢軸国の勢力圏・旧植民地の支配をめぐる米ソ対立の拡大による、いわゆる冷戦状況の中で、大きく変質を迫られていった（Asano 2010；浅野 2011）。

本章は、東アジア工業化の前提となる国際環境の変化の軌跡を、初期の占領政策が意図した賠償構想（第1節）が、変容を迫られ（第2節）、その結果として米国の意図どおりには実現しなかった中華民国大国化を代替するものとして、「アジアの工場」としての戦後日本の復興基盤が整えられていった過程（第3節）として跡付けながら、東アジア工業化の起源が戦後日本の経済復興といかなる関係にあったのかを、賠償が経済協力へと変質せざるを得なかった力学を中心に解明しようとするものである。

## 1. 賠償による日本再膨張の封印と東アジア工業化の初期国際環境

　東アジア工業化の前提となる国際環境の最初の基底をなしたのは、日本周辺地域に日清戦争以来拡大していた日本人居留民に対する連合国からの一斉「引揚」命令であった。引揚は周辺地域からの日本人の移動と各国内社会への再統合という戦後日本だけの問題ではなく、むしろ東アジア工業化の環境を決める問題であった。なぜなら、アメリカが日本人引揚を命令したのは、日本を再び東アジアにおける脅威とさせないための広範な安全保障政策を背景としていたからである。その政策は、本土を中心とする地理的に垂直的な経済分業および政治統合をともなった帝国を、国民国家を単位とした水平的な経済分業構造をともなう国家間関係、つまりは水平的地域へと再編するという根本政策をベースとしていた。

　日本人引揚政策を全面的にアメリカが主体となって推進していくにあたって、それに着手する前提として、二つの重要な政策が打ち出された。第1は戦後日本の領域的範囲の決定であり、第2は日本と周辺国との間での国際紛争を武力に頼らず解決するという日本国憲法の制定であった。通常、日本国憲法の起源は極東委員会の成立を意識したマッカーサーの着想を出発点として説明されるが、憲法に関する原案がマッカーサーから提出された1946年2月12日の直前、同年1月中旬にGHQの引揚担当者による東京会議で日本人の全面引揚の決定が行われていたことに注目する必要がある[1]。

　この二つの新たな政策の契機は、占領の全面的に完了した1945年12月27日、極東委員会（FEC）の成立が、モスクワで開催された英国・米国・ソ連の三国外相会談によって、極東評議会（FEAC）を改組することで確定されたことに起源を有する[2]。この極東委員会発足の前に、マッカーサーが既成事実としての憲法「改正」を急いだことは有名であるが、実は1946

年1月は、日本人を強制退去・引揚させる決定とともに、極東委員会の管理領域を緯度と経度による空間として決定した時期でもあった。つまり1月29日にGHQから日本政府に宛てたSCAPIN667によって極東委員会の管理領域が確定され、その境界に沿う形で、同じ1月に日本国憲法の制定と時を同じくして、外地の日本人社会を根こそぎ除去する決定が行なわれたのであった。

　SCAPIN667は間接占領下の日本政府が行使できる行政権を、空間的領域的に制限した指令であったが、この命令を基に、アメリカ軍の全面的関与の下に日本人の一斉引揚が実行されていった。恐らくマッカーサーの意図としては、引揚命令によって日本人が周辺地域から一掃され日本列島にのみ居住するようになり、さらに非武装化を規定した日本国憲法によって、日本周辺諸国民との「国際」紛争に対し日本側からの武力発動がなくなれば、極東委員会の役割は大幅に低下し、それと同時に、引揚者を迎え入れる日本本土のアメリカ占領軍の発言力も強化されると考えたのであろう。

　今までの占領史の通説においては、軍備放棄を盛り込んだ日本国憲法を日本政府に認めさせ、侵略を発動しかねない軍隊自体が存在しないことを国際社会に示すことで、天皇制を象徴として維持し占領コストを軽減せんとしたことが解明されてきた。しかし、同時期に極東委員会の活動範囲を日本政府の行政範囲とともに制限する指令が出されていたことと、それによってそれまで旧外地からの引揚という実際上の都合から在外日本人にのみ属人的に延伸されていた日本政府の行政権が完全に失われ、刑法上の犯

---

1　"Top Secret, GHQ-SCAP ANNEX 4 to Agreements reached at conference on repatriation 15-17 January 1946 Tokyo, Japan, General Policies Governing repatriation of Japanese Nationals in conquered territory, 12 March 1946" RG331, Entry UD1147（L）, Box 384C, Folder131. こうした引揚によって混乱する日本や韓国の現地社会とは別に、アメリカ側は、在外日本人への引揚政策を、中国国民党軍の移動支援と一体のものとして展開していた。LST等の用船は日本の民間人のためだけではなく、中国大陸での内戦を睨んだ中華民国強化戦略と一体のものであった。詳しくは浅野（2011）。

2　"Regime of control," 28 April 1950, RG59, Lot 56D225, Box1, Briefing papers for Dulles, NARA.

罪への域外適用さえ禁止されたことを考えれば、占領コストの観点からだけではなく将来の極東の安全保障体制構想との関係から、憲法九条と天皇制の関係は考察を深める必要がある。米英ソに中国を含めた四大国一致の原則によって運営される極東委員会が非武装化された「日本」を国際共同管理する体制と、周辺地域を米ソ中が単独直接管理する体制が、引揚強制命令と同時期に形成されたことは、将来の国際紛争防止体制の起源に他ならない。

　この体制によって旧帝国は完全に取って代わられ、極東委員会管理地域より以遠の在外日本人が、1946年2月から全面的に送還されてくることになる。引揚者は、一度日本本土に帰還し国民として再統合されれば、彼らに関するそれまでの紛争は、占領後の私有財産に関する刑事的民事的な紛争とあわせて政府対政府の外交交渉に委ねられ、しかも平和的解決に付されるという枠組みが、マッカーサーによって予定されたといえよう。

　これこそが、極東委員会の設立を契機とする、SCAPIN667と日本国憲法という二つの既成事実によって作り上げられるべき新たな東アジアの秩序の根幹をなすものであった。と同時に、それは東アジア工業化を支える法的枠組みとも見なし得るのである。

　そもそも、敗戦直後、アメリカが方針を転換させる以前の段階では、日本側は中国大陸の日本人居留民に対して現地残留・定住方針を取りながら、徐々に引揚を実行する考えであった。これは居留民社会を残すことで、それを平和的な海外再進出の布石とする計画とも呼応していた。また、日本の方針は、中国大陸からの引揚が簡単には実行できないという物理的状況を背景に、産業設備が破壊され焦土となった日本本土に定職のない大量の失業者を受け入れれば、経済復興がより困難になるという事情にも由来していた。日本外務省は、外地で「平和産業」を「経営存続」させるという「建前の下に其の従事者」に「踏留まるよう指導」していた。また、賠償を意識しつつ「重工業等に対しては其の将来性不明確」であっても、「可能なる限り平和産業転換の準備を為し或ひは形勢を静観しつつ事態の推移

を待たしむる」³とも指示していた。「在支居留民は成るべく支那に帰化」させ「差別待遇」しないように現地政権の了解をとると同時に、「現地本邦系事業は賠償の一部として公正なる算定を為し且つ支那側接収後も本邦人企業者及従業員等は之を其の儘支那側にて使傭」させるという形で、アメリカの意図する東アジアの水平的工業分業体制に在留邦人を貢献させることが、現地定住方針の目的であった⁴。

しかし、1946年1月、この定住方針に従った緩やかな引揚は、前述のようにアメリカ軍自らが介入することで急速に転換させられた。遠方の中国大陸からの引揚げが船舶の不足を理由として進展しない状態は一変し、アメリカ輸送船団を導入した大量かつ急速な引揚が実行されていった。この時期、中国の内戦調停のためにトルーマン大統領が1945年12月に派遣し、翌年6月の本格的内戦開始まで活動を続けたマーシャル使節団に与えられた目的にも、日本人を一掃することで、国民党と共産党が力を合わせて中国の経済復興に協力して取り組むという構想は盛り込まれていた。

こうした引揚の決定は同年1月に行われ、それに基づいた強制的な送還が、中国本土における多国間枠組みの中で2月から遂行された。まず、使われた船はアメリカの輸送船と揚陸艇であり、天津などの中国の港で乗船の検査にあたったのは丸腰の日本軍将校、港まで移動する途中の鉄道の警備に当たったのは中国国民党の兵士、そして、乗船する船の船長と船員は、日本共産党志賀義雄の影響力の下にあった日本人海員組合員の船員たちで

---

3 「極秘外地在住内地人に対する当局の人心安定方策（案）内務省管理局　二〇・八・二六」『太平洋戦争終結による在外邦人保護引揚関係』第1巻（K'7-1-0-1）K'0002、日本外務省戦後外交記録第一六回公開。

4 暗号解読によってこの種の指令はアメリカ側に筒抜けになっていたと考えられる。「(3)終戦による在外居留民前後措置並びに引揚措置要領等の諸決定〔昭和二〇、八、一四、三ヶ国宣言条項受諾に関する在外現地機関に対する訓令を含む〕」前掲『太平洋戦争終結による在外邦人保護引揚関係』第一巻。現地定住方針の存在は、外務省の第14回公開資料によって初めて明らかにされ、その直後に筆者が出版した以下の論文が最初にそれを取り上げた。浅野豊美（2004）「折りたたまれた帝国―戦後日本における「引揚」の記憶と戦後的価値」細谷千博・入江昭・大芝亮編『記憶としてのパールハーバー』ミネルヴァ書房：273-315。

あった。日本海員組合は共産党の応援を得て、賃金3倍値上げを実現し、空襲や遭難で失った船員の衣服、日用品の配給をアメリカSCAJAP「海運総局」と交渉して実現し、全国の組合員に呼びかけて1946年3月7日には総数1万7500名以上を、米船舶に乗込ませたという[5]。

また、大量に引揚げてくる軍民の集団を収容する日本本土の米軍から見れば、引揚民が軍事的なセクターへと移転しないことの保障こそが、同年2月に立案が進められた憲法改正と、それによる陸海軍廃止であった。占領初期は、ソ連のみならずアメリカも、日本の軍隊が北海道等の集団農場に密かに隠されているのではないかと疑い、それが講和以後の再軍備につながることを警戒していた（ゲイン 1951：134-138）。中国大陸の日本軍も、国境対決の狭間で現地の治安維持を任されていた状態から1946年1月10日には武装解除された（厚生省援護局 1977：88）。同年2月に立案が進められた日本国憲法の制定と、やがて9条2項となる陸海軍の廃止は、こうした非軍事化・非武装化の文脈に置かれていた。

1946年元日の天皇の人間宣言から始まり、「民主」的憲法が日本政府に受諾され、極東委員会の発足による日本本土の管理体制形成が迫る中、接譲する結節地帯から日本人が除去され戦争犯罪人逃亡をも防止できる非公式な体制が形成されたことをもって、アメリカは上陸用舟艇や輸送船を使った中国大陸からの大量引揚を、日本政府に代わって自ら一気に計画的に遂行していった（厚生省援護局 1977：88）。引揚者は中国大陸のみならず、シベリアにも兵士として大量に抑留されたが[6]、その過程は米ソ冷戦の進行とも呼応していた。SCAPIN667による領域制限、国際紛争の平和的解決と非武装を中心とする憲法草案、この二つを中心とする東アジアの新しい秩序は、日本人大量引揚による単一民族国家化を、第3番目の柱として

---

5　全日本海員組合「ふなのり」『アカハタ』一九四六年五月一五日、2頁。
6　ソ連占領下に置かれた旧満洲地区からの引揚が滞った間に、台湾からの40万人の日本人の引揚も行われた。ソ連地区からの引揚は、同年年末にようやく米ソ協定が結ばれたが、抑留問題として顕在化し1956年の国交正常化まで続く、シベリア抑留者引揚問題と、国内での引揚者尋問・監視へと続くことになる。

樹立されたのである。さらに引揚のコストは本章第4節で触れるガリオア援助とともに、日本政府の支払うべき占領経費に計上された[7]。

## 2. 引揚・在外財産接収による急速な東アジア工業化構想とその行方

　戦後東アジア政治秩序の三本柱の一つであった引揚は、他方で在外財産の留置による賠償政策と一体のものであった。強制的な引揚は、人間を家屋や工場等の財産から分離することで、その残された「在外財産」を賠償物資として活用するという構想と一体であった。引揚と在外財産による賠償、この二つはセットとして急速な東アジア工業化の土台を構成していた。

　例えば、南朝鮮の米軍政報告では、70万人にのぼった在朝日本人が、朝鮮全人口の3％に過ぎない存在でありながら、官公吏の44％を占め、商業、産業、通信における重要ポストを掌握していたという数字が指摘され、朝鮮を独立させるためにも強制的に送還しなければならないとされていた。また、日本人によって虐待されていた朝鮮人が日本人の残留を望んでいないこと、政府の役職、技術者等が朝鮮人によって代替されたため、職を失った日本人自らが帰国を希望したこと、日本と朝鮮との貿易に日本人が朝鮮人と競争する意志を有していないことが、引揚を強制的に進める理由とされていた[8]。

　引揚によって残された日本の在外財産（国有・公有・私有財産に三区分された）をもって、連合国・中立国・分離された周辺国の賠償に充当すると

---

7　当時、日本側では、残存した海軍船舶、商船、そして沿岸航路に就航していた船舶を活用していたが、アメリカから終戦処理費用の一環として船舶を有料で借用することにより、大量引揚は遂行された。アメリカ船舶傭船料は、合計3500万ドルで、終戦処理費用から支払われた。アメリカに対する日本の債務となったガリオア返済金は、占領期間総額で約20億ドルとなった。詳しくは浅野（2011）。

8　'Repatriation, 25 Septembr1945 to 31 December 1945,' Ibid.

いうのが、アメリカの包括的な対日賠償政策の根幹の一方の柱であったが、もう一方では、地域にまたがる平和的な産業構造を一気に作り出すために、在外財産の活用は重要な手段であった。在外財産の活用により帝国を地域へと再編するという構想は、マクロ経済学における国民総生産概念や有効需要理論で有名なジョン・メイナード・ケインズ（John Maynard Keynes、1883年6月-1946年4月）に起源を有し、モンゴルを中心とするアジア研究を推進したオーウェン・ラティモア博士を理論的な支柱としていた[9]。

具体的な賠償政策は二つの柱から構成されていたと考えられる。一つは、植民地に存在した工場や宅地という在外財産を、敗戦により当然支払われるべき賠償の一部として活用すると同時に、日本本土から重化学工業設備を撤去して現地に移動させ、より自立的な経済基盤を構築するというラティモアのアイデアであった。もう一つが、大戦後に再建されるべき地域的経済の繁栄の中で、非武装化された敗戦国がその国民総生産の一定部分を「世界平和維持費用」として支出するという構想であった。両者は平和的産業の急速な地域的再編と再生、およびその基盤の上での恒常的賠償という点で深く通じるものであった。

前者を目的としたのが賠償の手段としての在外日本財産の接収と重化学工業基盤移送の構想であったが、それは戦争を発動した国家を懲罰し封じ込める手段としての賠償という性格と密接に関連していた。他方、後者は旧枢軸国側の国民に平和的な産業の再建を許すと同時に、経済の新たな地域的構造の中へ敗戦国を組み込みコントロールする手段としても賠償が機能していたことを示している。この両側面を意識しながら、平時の産業をコントロールしつつ、恒常的に徴収される賠償を構想したのが、経済学者のケインズであった。

---

9　ポーレー・ミッションには、親中派で著名なオーウェン・ラティモアが正式なメンバーとして参加しており、ラティモアを中心に戦後の東アジア復興計画が賠償をテコに練られた。*Manchurian report*, RG59 Entry: 1106H, Box83, Records of the Pauley Reparations Missions, 1945-48, NARA. ラティモアについては長尾（2000）を参照。

第二次大戦当時のケインズは、英国の大蔵大臣のアドバイザーとして、戦時経済の運営、及び、戦後の経済再建計画に深く関与し、イギリス銀行理事として、あるいは IMF・世界銀行創立時のイギリス代表総務として、戦後計画樹立にもアメリカの国務省担当者とともに関与した。ケインズの国際政治への関与は、第一次大戦後のドイツ賠償問題、ヤング案・ドーズ案への関与にあり、国民経済の支払い能力への考察は、公共事業による「有効需要」創出や、国民総生産概念などに象徴されるマクロ経済学の基礎を生み出したことにさえ関係していたと考えられる。ケインズは、第一次大戦の賠償に関与した専門家として、金銭賠償が天文学的な数字となってドイツ経済を混乱させ、復讐戦争を惹起したという教訓を踏まえ、第二次大戦後の賠償をどのように旧枢軸国に負担させるべきかという問題に直面していた。

　ケインズは、第二次大戦中、1942年夏以来頻繁にアメリカの首都ワシントン DC を訪れ、アメリカの国務省担当者との間で、戦後秩序の構想を議論した。その中心となったのが、旧枢軸国を非武装化する一方で、連合国が当該国の非武装化以後の安全保障コストを負担し、平等な経済発展条件を維持するという構想であった。

　しかし、この構想には矛盾があった。それは非武装化される旧枢軸国の方が安全保障コストから免除され、若い兵士に給与を支払う必要がなくなるため若者を経済活動に専従させることができるようになり、それによって経済の発展と「社会的改良・社会的改善計画」を旧枢軸国が推進することにより、ついには連合国の方が戦後の経済発展競走に負けてしまうという矛盾であった。日本とドイツが非武装化と徴兵禁止により、「働き盛りの若者を、産業目的のために追加投入しうること」で大きな「経済的価値を、生み出し得る」ようになるのに対して、イギリスは100万人の軍隊を戦勝国として維持することで、「5億ポンドの重荷を負」うことになってしまうという矛盾が、1942年12月の段階ですでに指摘されていた。

　ケインズはこの矛盾を解消すべく、「世界平和維持費用」概念によって、

賠償問題を一過性のものとしてではなく、恒常的な経済秩序の一環に組み込み、国民総生産の一部を国際機関の費用に定期的に当てさせることを主張していた[10]。また、この構想は「懲罰的および予防的措置はすべて政治的および軍事的な面に集中させ」ることとしており、日本やドイツの経済再建を重視する構想とも一体であった[11]。つまり、予防的・懲罰的な措置の一環として在外財産の接収を行なった上で、内地で軍需工場に当てられていた石油・機械・製鉄等の重化学工業設備を旧植民地に移送し、毎年の日本の鉄鋼生産量に制限を課すことを構想していたのである。

実際、真珠湾攻撃4周年にあたる1946年12月7日、トルーマン大統領が派遣したポーレー賠償使節団は、東京で基本声明を発した。オーウェン・ラティモアをアドバイザーとしてまとめられた声明では、賠償を二度と軍国主義を復活させないための手段として位置づけ、軍需産業を中心とする

---

[10] 「世界平和維持の費用に対するドイツの分担」1942年12月1日、『ケインズ全集第26巻』432-436頁。以下、主要部分を引用する。「ドイツの予算が、これ〔連合軍のドイツ駐留部隊—浅野〕よりはるかに大きな数にのぼる自国軍の完全な武装解除によって軽減される額は、この額を下回ることはないであろう。さらに言えば、このようにしてドイツが享受する負担軽減の要素の一つは、財政上の費用によっては十分には計れない。徴兵禁止により、ドイツは働き盛りの若者を、産業目的のために追加投入しうることとなり、彼らに対する軍の給与を大きく上回る経済的価値を、生み出し得るからである。〔中略〕
このような次第で、世界平和を維持するうえで、財政上の責任を負っている主体が——それが国際機構であれ、連合国による連合体であれ——ドイツに対して、毎年相当な額を支払うよう要求できるような、何らかの方策を十分考えるべきであり、このことを私は、最近の委員会の席上、提案したのである。〔中略〕
ドイツは輸出によって入手した受取総額を、すべて国際機関、たとえば「清算同盟」の帳簿上の特別口座に受け入れることとし〔中略〕これら総額のある割合、（たとえば—原文）四分の一ないし三分の一を、平和維持にたずさわる当該国際機構の口座に直接移記するものとする。そして、残額がドイツに移記され、同国の輸入品や、その他の一般目的のための支払いに充てられることとなる。〔中略〕同様のシステムは、日本に対しても適用しうるであろう。そして、おそらくイタリアおよびその他の枢軸国に対しても、それ相応の程度で適用しうるであろう。〔中略〕われわれ自身が引き受けようとする重荷と、少なくとも同等の世界平和維持の費用を、ドイツと日本に対し長期間にわたって分担するよう要求するとしても、まったく苛酷でもなければ不当でもない。それとは反対に、彼ら自身の行為がもとで、世界政策における避けて通れない要素としてしまったこの将来長きにわたる犠牲を、彼らだけが分かち合わず、まぬがれるようなことがあるとすれば、それは実に耐えがたい結末であると言うべきであろう。」
[11] 「ドイツの『新秩序』に対する反提案」1940年12月1日、『ケインズ全集第25巻』12頁。

写真1　バーンズ国務長官に提出された賠償使節団長エドウィン・ポーレーの肖像写真

「過剰産業資本・工場設備」を日本本土から撤去し、侵略を受けた地域に物理的に運んで新たな産業基盤とするという構想が打ち上げられた。その上で、日本国民の生活水準を経済へのある種の統制によって制限し、戦争が発動される以前の状態を生活水準の基準とするという方針を打ち出した。

つまり、日本からの賠償手段の筆頭こそ、旧満洲と北朝鮮に存在した工場設備を中心とする在外財産であった[12]。その接収に加えて、日本から石油・機械・製鉄等の重化学工業設備を撤去して、アメリカに対する資本賠償分として旧満洲や北朝鮮に搬送し、さらにそれを現地に残され接収された重工業設備と合体させることで、中国や統一朝鮮の飛躍的な近代化を実現し、日本も含めたアジアの水平的地域的産業構造を一気に築くというのが、初期の占領政策の眼目であった。つまり賠償によって帝国を地域へと再編する計画こそが、アメリカの戦後の東アジアにおける地域統合計画であった（浅野2010）。

よく知られる中間賠償による日本本土の工場撤去は、懲罰的賠償の代名詞のようになったものの、本来、それは第一次大戦による賠償失敗の教訓

---

12　CAC-197草案「日本本土以外に所在する日本人私有財産の処分」（1944年5月19日）による。この草案こそ、対日賠償の根幹、即ち、主要手段を在外財産の没収に置くと定め、その後の占領政策の柱となったものであった。大蔵省（1984）：161-164。

を踏まえ、金銭ではなく、生産資本、それも軍需産業などの「過剰設備」によって賠償を支払わせようとしたものであり、旧枢軸国本国の経済復興がインフレで制約されないようにすると同時に、周辺地域の経済発展を撤去した工場設備により急速に促そうとした構想であった。

　また、この資本賠償は、前述したように引揚というヒトの強制移動命令と密接に結びついたものであった。引揚によって日本人を植民地の工場や宅地等の財産から分離させることが日本帝国解体の基本原理となったが、引揚は周辺地域の工業化を促し中国や統一された朝鮮を急速に近代化させ、東アジアの水平的な地域の形成を進めていくための手段でもあった。ポーレー使節団が侵略された国々の生活水準より、戦後日本の生活水準がその上であってはならないと声明したことはよく知られているが[13]、実は、それは日本の生活水準を下げるのではなく、周辺地域の住民の生活水準の方を引き上げることを目的としていたことは、ポーレー自らが若き朝海浩一郎に語った通りであった（朝海 1978）。つまり、賠償は、日本が将来の再軍備を可能とするだけの軍需生産を単独では賄えないようにして再軍備を封じ込める経済安全保障と、移転された工業設備の活用による日本周辺地域住民の生活向上、並びにそれらによる水平的地域的統合の実現とを、同時に、しかも一気呵成に達成せんとした構想の一環でもあった。

　周辺地域の住民の生活水準の向上は、やがてエカフェ等の組織による初期国連の主要テーマとなる。国連が紛争原因としての貧困に取り組むためにも、ケインズの「世界平和維持費用」概念に該当する各国からの分担金は不可欠なものであった。さらに、ケインズは、前述の分担金以外に、特

---

13　しかし、実際は、周辺地域の工業化と生活水準向上を目標とした帝国の地域統合への再編計画は、ソ連軍による満洲からの一方的な工業設備の撤去、および中国での内戦と共産主義政権の成立によって挫折せざるを得なかった。それに取って代わったアメリカの構想こそ、日本人の「再教育」と「民主化」がアメリカの占領下で順調に進行するという前提の下に、日本の復興をアメリカが支援し、日本をアメリカが主導する東アジアの重工業地域と位置づけ、そこに周辺地域の経済発展を結び付けようとした政策であったということができる。李（1996）。

殊な貿易代金の「清算」制度を樹立し、貿易代金を振り込むための外国為替管理制度の樹立をも、矛盾解消のためのもう一つの方策として構想していた。「清算同盟」口座を各国が貿易代金の決済に利用すると同時に、そこから一定金額を「世界平和維持費用」の名の下に控除せんとする計画である。これは占領された国家の貿易代金の支払いを前提に、駐留に伴う現地での総支出を負担させる仕組みとしての清算口座であった。占領終結後にもそこに貿易黒字分をつみたてることで、そこから「世界平和維持費用」分を「清算同盟」もしくは「平和維持にたずさわる当該国際機構の口座に直接移記」しようとしたのである。外国為替と一体となった「清算同盟」制度の下で、旧枢軸国側の反戦勝国ナショナリズムを刺激することなく、東アジア工業化をも含む世界や地域の平和とその前提となる経済秩序の創設とその維持費用コストを、ケインズは旧枢軸国に負担させようとしたのである。

　この貿易代金支払いと賠償のための分担金を一緒にしたケインズの清算口座構想に該当するのが、後述するように占領期にアメリカが戦後日本にもたらした間接占領経費とも言うべきガリオア援助資金を貿易代金決済と一体化させた初期の「貿易資金特別会計」であった。援助物資を販売した代金はこの特別会計に積み立てられ、また、その資金は日本からの輸出を振興するための実質的な輸出補助金として複数為替レートに沿って使われていた。ドッジラインに従って均衡財政が指向される1949年からは、見返資金特別会計（やがて産業投資特別会計となる）と貿易特別会計が分離されることで、前者は円資金を産業投資のために活用する枠組みとして活用され、後者も1ドル＝360円という単一為替レートにより再編された。前者からはガリオア援助資金返済も行われ、また、旧大蔵省が外交へ参入する根拠ともなっていくことになる。

　ケインズの「世界平和維持費用」は、実際には、ガリオア資金返済から始まって、米軍駐留のための行政経費負担、思いやり予算、そしてODAを中心とする経済協力資金、国連分担金へと形を変えていったとも見なせ

るであろう。戦後日本の経済成長が軌道にのったことが確認されると、かつて軽減された賠償は形を変えながら、ゆっくりと恒常的に徴収されていったと言える。経済協力資金等は占領全体から見れば、安全保障を含めた東アジア工業化環境整備コストの分担金とも見なし得るものであり、その実質的基金に帝国の遺産としての日本の在外資産はガリオア返済金の減額を通じて組み入れられたといえる。

　国際平和を維持するコストをいかに旧枢軸国に負担させるのかという問題は、第二次大戦後の賠償が、在外財産の接収のような単なる一過性のものとして構想されていたのではなく、よりタイムスパンの長いものとして、しかも安全保障コストの分担と貿易代金の決済も含めた政治経済秩序にビルトインされるべきものとして構想されていたことと結びつく。第二次大戦後の占領がそれまでの伝統的な占領と異なったのは、講和条約と賠償支払い、保障占領などをもって比較的短期間に終わる占領ではなく、現地の社会や国内制度それ自体が戦争原因となったとみなし、その変更を意図した点であったが（豊下1992）、同様に賠償もまた、伝統的な占領の最後に主権国家間で徴収される一過性のものではなくなり、戦争が存在しなくなるはずの新しい世界秩序を不安定化させる貧困や格差等の要因を除去するコストとして恒常的に負担されるものへと変化していったといえよう。

## 3. 懲罰的賠償方針の転換と「アジアの工場」としての戦後日本の経済復興

　しかし、水平的な地域統合を前提に日本本土からの工場設備の撤去に当初比重を置いた賠償は、「冷戦」構造の深化より以前に、構想事態に内在する根本的問題ゆえに、日本の経済成長に見合った「世界平和維持費用」の分担による恒常的な賠償に比重を置くものへと、転換を迫られていったと考えられる。

第1に、工場設備を日本本土から解体撤去し、旧植民地に搬送する費用が高額であった（北岡 2000：168-173）。工場設備をせっかく撤去してきても、現地で設置稼働できず、また、撤去のためにかかった費用に比較して、その経済効果は極めて乏しいものであった。第2には、資本賠償後の日本が目標とすべき適正な「生活水準」を決定することができなかった。第3に、工場を稼働するために必要な技術が簡単に取得できないことが徐々に認知されるに至った。

　この第3の要因を指摘したのは、1947年5月1日から[14]、UNRRA（連合国救済復興機関、United Nations Relief and Rehabilitation Administration）の中国代表を務めていたクリーブランド（Harlan Cleveland）であった[15]。中国への経済協力を総括した1949年の論文において、クリーブランドはヨーロッパとアジアとでは戦後復興のための基本的な条件に本質的な違いがあることを指摘していた。

　クリーブランドが主張したのは、ヨーロッパでは一世代前から、自由貿易と産業社会が存在していたために、国際的借款を与えることで公共事業への投資が呼び水となった経済成長が進んでいくのに対して、アジアには投資の受け皿となる産業社会そのもの、また、それを支える技術や教育がないため、埋もれている労働力を訓練し新たな産業社会を創出する必要があるという点であった。つまり、東アジア工業化のためには、別にコストを払って技術訓練を行うことが必要であった。技術移転とその基盤となる教育の重要性という経済外部の要因を、すでにクリーブランドは指摘していた。これこそが戦後経済協力の基本的な必要性に他ならない。

　実際、旧植民地に残地された官僚機構等の国有財産・企業の工場生産設

---

[14] 1947年7月24日の報告書では、黄河上流の共産党占領地区への物資配布は危機的な状況にあった。RG59, Entry1108, Wedemeyer Mission to China, Folder1: Economics, National Archives of the United States at College Park in Maryland.

[15] George Woodbridge, UNRRA: The History of the United Nations Relief and Rehabilitation Administration-Vol. 2, p. 374.（Checked from Qestia）クリーブランドは、やがてジョンソン政権のNATO大使となる。

写真2 旧満洲に存在した日本企業の工作機械を搬出するソ連軍兵士達
（1946年6月、本文［86頁］で触れたポーレー使節団が中華民國当局から入手）

備等を、日本本土から中間賠償で撤去されてくるはずの工場設備と結合せしめ、一気に近代化させる計画は、中華民国においても、解放された朝鮮においても、期待通りには進まなかった。なぜなら、日本人の高級技術者が留用されて、鉄道・電力等を動かすことができても、中堅技術者がいなくなってしまったために、工場や生産設備の補修ができず部品の調達が困難となってしまったからである。さらに、朝鮮半島の南北の分断によって肥料や電力（1948年5月から）が供給されなくなったり、ソ連軍によって旧満洲の工場地帯が略奪にあったりしたことで、さらには、中国大陸の内戦が1946年6月ぐらいから本格化していったことにより、東アジア各地では物不足によるインフレと食料面での飢餓状態が進行するようになった。台湾の228事件や日本の21ゼネストは1947年2月で、韓国南部の順天・麗水・済州島でも民衆の蜂起・反乱が1948年4月にかけて頻発すること

になる。

　つまり、連合国側が意図した生産設備による賠償は、政情不安でありながら技術が不足した東アジアにおいては、実行が極めて難しいことが、占領後に判明したのである。マーシャルプランが、既に技術も教育水準も十分な地域に注がれたがゆえに、大きな影響を発揮したような現象は、技術と教育水準が低く政治経済の安定性が損なわれている東アジアで実現することはできないのであった。日本本土で焼け残った石油精製や製鉄等の重化学工業設備を撤去して旧植民地に運ぶとしても、重化学工業設備を稼働させるための技術の取得には長い時間がかかり、新興国単独ではできないものであった。金銭賠償を避けるために発案された工場設備移転による賠償は、巨大な経済的・政治的コストと長い時間のともなうものであることが1947年の春以後、徐々に判明してきたのである。

　また、政治的なコストは、日本側からの要望としての戦後復興を不安定にし、それゆえに日本の保守派さえも占領政策に反対する側に回してしまう効果も含んでいた。戦争中に民需をぎりぎりまで切り詰めながら軍需に転用されていた製鉄・造船・石油化学等重化学工場設備が全て撤去されれば、切り詰められた国民経済の緊迫状態は戦中と同じように続いてしまう。満洲事変開始前の生活水準にふさわしい産業力にもどすとしても、戦争中に摩耗し爆撃の被害を受けた設備を復旧する費用も見積もる必要があった（竹前1996）。また、賠償としてどの工場が撤去されるかが決定されなければ、新たな投資を行うことはできなかった。マッカーサーは、もしも、ポーレー使節団の勧告に従った賠償が行われれば、日本経済の復興が遅れることは必至であり、せっかく、日本人が良いものとして受け入れ始めた「民主主義」が日本人から拒絶されかねないことを懸念していた。一般の日本人は、民主主義が経済的豊かさや発展と結びついていると信じてそれを受け入れていると、GHQは認識していたからである。

　こうして賠償構想それ自体に潜む欠陥が認識されてきた1947年初頭は、同時に、中国における国民党軍の延安や大連への全面攻撃による内戦の激

化という冷戦的要因が進化した時期でもあった。この二つが合体したことにより、賠償政策は、根本的な転換を迫られていったと考えられる。水平的な経済統合よりは、むしろ、朝鮮と琉球地域を日本と垂直的に結合させ、日本を「アジアの工場」として復興させることを優先する、いわゆる「逆コース」への転換が開始される。

　次に、この転換の政治的なプロセスをたどりつつ、東アジア工業化と、日本の経済復興とが、いかなる関係におかれていたのかを論じることとしたい。

　アメリカは、1949年4月に、一過性の賠償としての工場設備移転を、極東委員会でのマッコイ声明により正式に中止するが、その動きは1947年から始まっていた。その最初のきっかけは、ポーレー賠償使節団とは反対の立場で、日本には余分な工業力が残っていないとするストライク賠償使節団の報告書が1947年2月に陸軍省に提出されたことであった。ストライク報告書は、特定の純粋軍事施設を除いて重化学工業設備一般の搬出は実行すべきではないとした上で、当時の日本の焼け残った工場施設が消耗し修理しなければ使用不可能な状態にあるため、賠償による当初の搬出計画が実行されれば、「妥当な期間のうちに自立経済を達成せしめるあらゆる機会は失われる」として（大蔵省1953：116）、工場搬出を原則として認めないものであった。

　ポーレーが反対する中、ストライクとポーレーとの論争が展開され、同年4月からの中間賠償と呼ばれる暫定的な賠償措置が実施されるが（シャラー1996：175）、この中間賠償には様々な実務的制約が現場のGHQによって課された。つまり、搬出費用を受領国が負担することや、詳細な計画を立てることが希望国からの搬出申請書に要求されることで、実質的な重化学工業設備の搬出が困難となったのである。

　中間賠償は、占領軍内部の方針が確定していない状態での暫定的な資本賠償の実施政策であった。その証拠に、1947年2月に提出されたストライク賠償報告書が部分的に公表されたのは、論争が表面化した翌1948年

2月のことであり、占領当局内部での論争は一年近く伏せられていた。ストライク報告書は、「日本を強力な工業国にする方が、極東の平和と繁栄とに対して、この広い人口の多い領域に現状通りの不安定と経済的失調状態を続けるよりも、危険が少ないと思われる」という基本的な立場に立っていた（大蔵省1953：30）。東アジア地域の経済不安定化によって、極東における政治的混乱がますます拡大するよりも、たとえ軍国主義復活の危険があるにせよ、日本の復興のほうがむしろリスクが少ないとされたのである。

しかし、日本経済の復興を、賠償よりも優先する政策への転換は、無条件に日本の復興を認めたものではなかった。将来、日本が復興した時には東アジア地域への賠償を、「恒常的」に少しずつ行なっていくことが復興の条件であった。それは東アジア工業化と日本経済の復興とが、互いに密接に関係して占領期に議論されていたことを証拠付けるものである。すなわち、ストライク報告書は日本の「産業能力の大部分を自由に再建させて、できるだけ早く活用させ」る一方、「極東の他の諸国が産業設備を必要として」いるために、「賠償についての最後的決定」を「各国の必要を均衡づける基礎の上に立」って行おうとしたのであった。

そして日本の復興を優先することに伴う一種のリスクである日本の軍国主義化への懸念については、それが共産主義拡大のリスクよりも小さいとストライクは指摘していた。その理由は、日本社会の集団意識や規範は、経済発展と共に変化すると期待されていたためである。戦後日本の戦争遂行能力は、軍需産業や天然資源が集中していた朝鮮と旧満洲を失い、かつ、本土で軍事組織と軍需産業を解体されたことで既に失われており、むしろ「日本人が相当な生活水準を許される場合、日本人の哲学が変わってくる見込みが増大」するとされた。戦争の記憶を平和という価値に結びつける戦後日本社会の誕生を予言した報告とさえいえよう。ストライク報告書は、こうしたビジョンの下に、根本的な経済復興支援をアメリカがすべきことも提唱していた。

さらに、こうした1947年初頭の日本の潜在的工業力を評価しようとするアメリカ側の認識の背後には、前年末のアメリカによる軍事援助停止と内戦を推進する中国と蔣介石への失望が存在していたと考えられる。例えば、ビルマ・インド・中国戦線におけるスティルウェル司令官の政治顧問で、かつて国共の和解を訴えていたジョン・P・ディビスは中国に失望し、1947年8月に国民党と中国共産党の関係が悪化する中で中国共産党がソ連を封じ込める力にはならないことを認識する一方で、日本への評価を高め、将来の軍事同盟国化までも構想し始めていた（シャラー 1996：165）。また東アジア地域の島嶼部は、中国内戦の激化に伴い、復興を予定された日本経済への統合を技術と貿易の両面で迫られていくことになる（李 1996）。

　しかし、たとえ貿易の面では垂直的統合であったとしても、技術面においては水平的統合計画への芽はまだ残されていたということができる。ストライク報告公表から2ヶ月後の1948年4月26日、今度は朝鮮をも含めた経済復興再建案（正式名称は「日本と朝鮮の経済的地位と見通しとその改善に要する方策に関する報告」）としてまとめられたものがジョンストン報告書であったが、これは日本の平時の必要に「過剰」と考えられてきた設備がかなり過大評価であったとの指摘を基調としながら（竹前 1996：77-79）、周辺地域への技術移転の重要性に注目したものであった。

　ジョンストン報告が注目した技術移転の重要性は、技術者等のヒトの交流を当然の前提としていた。それによれば、南朝鮮経済は占領下の日本から供給される石炭によって動く鉄道によって命脈を保ち日本時代に築かれた軽工業の「わずか20％見当で操業」されている状態にあったが、朝鮮経済停滞の原因は、原材料の不足のみならず、かつて日本人が供給した「経営と技術的監督」能力の不足にも起因すると指摘されていた。根本的な問題は、単なる「救済」事業ではなく、日本人技術者の派遣を含めた「安定した経済状態を確立する」ために必要な援助であった。陸軍省が作成し国務省が支持した極東という地域レベルでの「日本、朝鮮及び琉球諸島」に対する経済復興計画においては、日本人技術者の派遣をアジア諸国が受け

入れることは必要不可欠で、アメリカは極東レベルの復興資材購入費として一年間に2億2000万ドルをアジア全体に供給すべきことも提唱されていた。アメリカから日本への経済復興援助費用は、ガリオア・エロア援助という形で、日本の受領分だけで毎年4億ドルの規模として展開されていくことになるが、ジョンストン報告は、アメリカによる極東という地域経済復興のための資金提供と、それを有効に活用するための詳細な経済政策の提言であった。

　また、ジョンストン報告書はストライク報告書同様に、日本の再軍国主義化の危険が極小であり、貿易による当面の利益は極大であることにも言及している。周辺地域から切断された日本経済は、「無謀なばくち」による「破綻した国家」状態にあり、帝国の時代の大陸への厖大な投資は失われ、残された日本本土においてさえ、家屋、都市、工場、商船隊を失い、食糧生産さえ、引揚によって増加した人口の最低生活を供給するのにも不足する状態と認識されていた。その原因こそ、中間賠償によって工場が撤去される不安と、それゆえに新たな生産設備投資が起きないことであった（大蔵省 1953：186-190）。

　つまり、ジョンストン報告が当面の対策として提唱したのは、戦後日本を経済的に復興させるための援助方策、朝鮮、琉球地域との食料や工業品の交換による垂直的な貿易の復活、そして将来の水平的統合への可能性を秘めた技術移転であった。そのために、外国資本の導入と投資の保護、外国との貿易振興と経済の自由化、そのための外国為替レート（1ドル50円）の円安への誘導も唱えられた。合わせて、引揚官公吏を抱え込んだ政府機関の縮小による均衡財政、占領費・終戦連絡費用の削減も提言された。南朝鮮等の近隣諸国が日本との貿易再開をためらう気持に対しては、貿易の比較優位による効用や、「遺恨」をわすれて「包容力ある態度」をとることによる発展の論理が提唱された[16]。また、「米国からの財政支援が最も生産的に利用される」ためにも、工業製品と原材料によって日本とアジア諸国との間に活発な貿易が再開される必要があること、食料を高価なドル地

域から輸入するよりも、周辺地域から輸入した方が安上がりであること、貿易を日本政府の統制から解放し民間業者同士の直接契約を推奨すべきことも主張された。

　ジョンストン報告を基点として、経済的な次元における技術移転を留保した貿易の重要性が自覚され、それが中国での内戦の進行と重なったことにより、日本を「アジアの工場」として再建する方針へと賠償政策はここで転換し、それこそが日本占領政策のいわゆる「逆コース」への転換の本質を成したと考えられる。ケインズが主張した世界平和維持費用を経済成長を前提に分担させる体制に持って行くために、初期の生産設備移転による周辺地域の急速な発展を前提とした政策は放棄され、日本経済をアメリカの援助を注ぎ込むことでまず復興させ、復興後に恒常的な賠償の一環として、日本からアジアへの技術移転を経済協力として周辺地域に行わせる方向へと、この時点で舵が切られたといえよう[17]。

## 4.「世界の工場としての東アジア」の触媒としての「アジアの工場としての戦後日本」

　東アジア工業化の1950年代から60年代における展開は、占領下に作られたこうした枠組みが、日本の経済復興によって本格的に機能を始めたものとして理解することができる。最後に、サンフランシスコ講和条約と、ガリオア援助返還をテコにアメリカが日本に経済協力の実行を迫る際の

---

16　報告書（大蔵省1953：198）は、貿易の必要を以下のように強調している。「関係諸国は、日本との貿易を拒むことによって、自らの福祉をそこなっており、全てのアジア諸国の利益にとって貴重な経済的資産となるとみられるものを再び活用する機会をおくらせている。われわれ（米国にある者）は、日本に対する態度における深いそして正当な遺恨を忘れねばいけないといわれている。日本の隣接諸国が、新たな一層包容力ある態度をとることによって得るところは大であり、これによって相互に利益の生ずることは間違いない」

17　こうした体制を法的に表現したものこそが、サンフランシスコ講和条約体制であったと考えられる。

1950年代と60年代の重要資料を取り上げることで、「世界の工場としての東アジア」の起源が「アジアの工場としての戦後日本」を触媒としていたことを論じて本章のまとめとしたい。

　1951年のサンフランシスコ講和条約は、賠償規定を在外財産の一方的な放棄にのみとどめ、ストライク・ジョンストンの両報告書で強調されたところの日本の経済成長に比例した周辺地域への経済協力を、日本に義務付けた枠組みということができる。講和条約に先立って、1949年から日本本土からの機械設備搬出は中止されたが、1951年9月に調印された講和条約の第14条は、連合国とかつてその植民地であった東南アジア諸国との間における賠償に関して、在外財産という初期の賠償計画の中心に置かれた問題を、技術移転のための「役務」と「生産物」の供与の問題へと実質的に組み換えて規定したものであった。

　まず在外財産については、その接収を日本側が無条件に認める代わりに、日本が追うべき賠償義務も無条件に相殺するという枠組みが作られた。占領初期には、復讐戦争を避ける意味から、日本社会の生活水準の設定と絡んで賠償の上限が大きな課題となったが、連合国間でその賠償総額全体をいかに分割するかというセクター比率が極東委員会で決定不能に陥るなか、講和条約は連合国各国が保有していた日本の在外資産の総額を、各国が取得すべき賠償の上限とした（浅野2009：69-87）。

　その上で講和条約第14条は、在外財産による賠償を基本として残しながらも、その例外として生産物と役務による賠償を二国間の特別協定によって例外的に認めるという枠組みを設定した。つまり、日本の経済復興が軌道に乗った際には、アメリカが影から承認した東南アジア諸国の対日二国間交渉要求に対して、日本は必ず応じなければならないことが、実質的に将来の義務として定められた。これにより日本経済の復興と経済協力の双方をにらみながら、両者を結びつけつつ間接的にコントロールすることが、アメリカは可能となったのである。この枠組みこそ、韓国との間での請求権問題の引証基準として、請求権の相互放棄を双方が行う替わりと

して、それを前提とした役務と生産物による経済協力枠組みが作られた背景ということができる。

しかし、それには様々な問題が内包されていた。

第1に、この在外財産と戦争被害の相殺という講和条約の枠組みは、周辺地域で新たに独立した国家との間に存在した、在日財産や対日債権（朝鮮銀行東京支店の保有した日本国債、朝鮮総督府特別会計に属する郵便貯金など）問題全般に適用可能な枠組みではなかった。在外財産の分布と戦争被害分布が一致しない点で、連合国の間でも、特に英国やオランダの兵士に不満を残した。また、韓国に話を戻せば、戦後の日韓国交正常化交渉における互いの請求権は、「純粋な法的請求権」と「政治的請求権」との狭間にあった（浅野 2015）。つまり、植民地時代に存在した帝国的諸制度や帝国法制上の諸権利と、帝国の発動した戦争動員に伴って生じた民間人や会社の各種請求権（そのなかには私有財産や民間人が保有する銀行口座預金や各種の債権、そして国家への損害や慰謝料請求権などが含まれる）を、いかに条約という国際法と、それによって支えられる両国国内の権利（所有権、もしくは何らかの対価の支払いを要求出来る権利としての請求権）へと変換し、あるいはその変換を否定するのかをめぐる法的論理の応酬が、そうした権利や被害・損害を生ぜしめた歴史への認識と絡まって展開されていくことになる。

また、こうした交渉は、日本国内での戦争被害に関する民間人補償枠組みと、それに見合う最恵国待遇が上限となるという問題もあった。例えば、在外私有財産をかつて所有していた引揚者の私有財産権は、直接に権利としては補償されず、その生活保護の必要性と国民の負担調整・負担均等化をベースとした給付金（1958年と1967年）という形をとった。軍票や未払いの軍事郵便貯金の返還や戦前に由来する各種の請求権への補償は、こうした国内的措置を基準にした金額に換算され、国交正常化の際に日本の在外財産と相殺されるという形式をとることになっていくのである。

第2に、1950年代は、アメリカによってコントロールされた日本の経

済復興が、いよいよ実現していく過程であったにもかかわらず、その復興の成功は、ガリオア援助の返済をアメリカが日本に要求し始める契機でもあった。故に、日本側から韓国や東南アジアへの賠償と経済協力の増額は、他律的な契機から、つまりアメリカの圧力とそれを利用した外務省のイニシアティブによって加速されざるを得なかった。1952年のアメリカ国務省の文書では、ガリオア返済義務を軽減する代わりとして、日本への米軍駐留経費の負担や、インドネシアやフィリピンへの賠償増額をアメリカが日本に要求してはどうかという構想が示されている[18]。

実際、日本の高度成長が実現したといえる1961年4月には、新たに成立したばかりのケネディ政権が、日韓交渉を仲介するにあたってガリオア債務を減額することにより、それを日本からアジア諸国への経済協力を大幅に増額させるための経済的テコに使おうとする構想を政策化していた。ケネディ政権の情報担当補佐官から経済のブレーンであったロストウに送られた1961年4月のメモでは、ガリオア債務の減額が経済協力と明確にリンクされている。日本がガリオア援助を受領したことから日本は対米債務20億ドルを抱えるが、アイゼンハワー政権時代のアメリカはそれを6.5億ドルに減額して返済を求めていた。ケネディ政権は日本が低開発国に2億ドルの援助をさらに行うのであれば、それを条件にして、さらに2.5億ドル差し引いて日本の対米債務を4億ドルまで減額して良いという構想を示していた[19]。ちょうどそれは、韓国における朴正煕のクーデター直前であった。朴の11月の訪日・訪米がそれに続くことになるが、アメリカの

---

18 State department proposal on a GARIOA settlement with Japan, January 24, 1952, to Mr Hebbard, Mr. Hirschtritt. 米国国務省マイクロフィルム C00152-R20、623コマ。内容の原文は以下。The Japanese Government would be informed (a) of the decision to defer formal discussion (b) that the United States is prepared to be as generous to Japan as it has been to Germany but that this generosity will be tempered by the extent to which Japan is prepared to enter into reasonably generous reparations arrangements with Indonesia and the Philippines and is prepared to make reasonable arrangements regarding support of U.S. forces, and (c) that the U.S. perceives no reason for further postponement of negotiations on prewar debts.

最高決定機関レベルの仲介は、韓国と日本との間の請求権と経済協力に関する枠組みを作る有力な背景となり、それは日韓米三国が絡んだ過程のなかで確定したといえよう。

## おわりに

　本章では、帝国解体から冷戦下の地域形成へと至る過程を整理することを通じて、東アジア工業化の国際環境が、当初からアメリカによって整えられていたことを示した。その転換の出発点となった事件こそ帝国解体に伴う混乱であり、帝国を地域へと再編させる賠償政策の失敗に伴う混乱こそが、東アジア冷戦を加速させた原因であったことが明らかになった。いわゆる「逆コース」と呼ばれる占領政策の転換は、初期占領政策の誤りに由来するものであり、たとえ米ソ冷戦がなかったとしても、転換は必然であった。しかし、アメリカの占領政策が日本の復興優先へ転換したことは、無条件ではなかった。日本が復興した暁には、それによる国民的利潤を東アジアへの技術移転コスト・経済協力へと振り向けることを内包する形での転換であったということができる。

　こうした物質的な次元の観点とは別に、国民的な関係についての心理的な次元から見れば、帝国を解体して水平的地域経済を作るという初期占領

---

19　National Security Files, Countries, Box123, Folder: Japan, General, 3/61-4/61, Papers of President Kennedy at Kennedy Presidential Library (hereafter cited as JFK). 内容は以下である。Robert W. Komer Memo to Walt W. Rostow, 11 April 1961 Walt, I see we intend to begin negotiating for Japanese repayment of about \$650 million of the \$2 billion GARIOA aid we gave them. 伏字（非公開、5-6 単語）this a political issue in Japan, and they hope to get off for less than half a billion. Why not make a deal with Japan ? If they will add \$200 million to their aid to LDCs, we'll settle for \$400 million or so. /Jigger these figures as your like, but the idea would be both to help the Japs over this political hurdle and to gin up some more aid to LDCs, perhaps in lieu of our contribution in certain cases. What say?
　他に、4頁分、非公開。

政策の構想は、各国の独立した「国民経済」と対等な関係への期待という形となって存続し続け、冷戦の時代にあって各国のナショナリズムを刺激すると同時に、それを脅かす日本の経済的侵略への警戒心を鳴らし続けたということができよう。

　実際、マーシャルプランが西欧において借款をテコとして国境を越えた有効需要の創出を行うことに成功したように、東アジアでも同様の手法によって、独立したばかりの低開発国も発展できるという期待は大きなものであった（『ガリオア問題交渉史』外交史料館史料）。アメリカがアジアの工場として日本経済を復興させることを、賠償よりも優先させる方向へと政策を転換させたとしても、それは依然として将来の周辺地域への技術移転の可能性にも開かれていたことは前述の通りである。しかし、それにもかかわらず、この政策転換があまりにも急激なものであったため、韓国における「未完」の「国民経済」基盤達成のビジョンは、現実と切り離された夢となって韓国の反日的ナショナリズム感情を刺激したと考えられるのである。他方、日本においても、経済復興は日本人自らの努力にのみ帰せられるようになり、そうした努力は近代化初期以来のものであり、その軌道からの「脱線」と「転覆」、そして通常の軌道へ「復帰」というストーリーが、日本人自らの努力への賞賛と相まって帝国のさまざまな記憶を丸ごと削除した戦後復興物語を構成することとなった。

　こうした文脈の上に、貿易と技術移転を二大柱とする東アジア工業化の大きな枠組みは、初期占領時代が生み出した水平的地域経済の構想を、あたかも同床異夢のごとく引きずって成立したといえよう。中国や朝鮮に「敵産」として残されたところの、日本企業や日本人が所有した工場や家屋等の公有・私有の財産は、一方で「搾取」の産物とみなされ、他方で「先祖の遺産」とみなされることで、異なる民族的感情が衝突する対象となり、それを朝鮮人の側からの請求権と合わせて政治的に相殺し封印することで国交は正常化されていくことになるのである（浅野2015：349）。「世界の工場としての東アジア」の起源は、その触媒となった「アジアの工場とし

ての戦後日本」をいかに歴史として認識するのかという問題と切り離せない。こうしたトランスナショナルな歴史を国際的に共通した枠組みで議論することで、感情的心理的次元における国民的和解への糸口が開かれることを願いつつ、本章を閉じることとしたい。

**参考文献**

浅野豊美（2009）「日韓国交正常化の際のヒトと法人の請求権―分離に伴う企業清算を中心に」『中京企業研究』第31巻、中京大学企業研究所

浅野豊美（2010）「ポーレー・ミッション―賠償問題と帝国の地域的再編」小林道彦・中西寛編『歴史の桎梏を越えて―二〇世紀日中関係への新視点』千倉書房

浅野豊美（2011）「敗戦・引揚と残留・賠償―帝国解体と地域的再編」木畑洋一編『岩波講座　東アジア近現代通史第七巻　アジア諸戦争の時代1945-1960年』岩波書店

浅野豊美（2015）「民主化の代償―「国民感情」の衝突・封印・解除の軌跡」木宮正史編『日韓関係　1965-2015　Ⅰ　政治』東京大学出版会

浅野豊美（2016）「移住・引揚・国内定住地としての福島と原子力発電所―地元エリート・県人会移民ネットワークを中心に」根川幸男編『越境と連動の日系移民教育史―複数文化体験の視座』ミネルヴァ書房

朝海浩一郎（1978）『初期対日占領政策―朝海浩一郎報告書　上』毎日新聞社

大蔵省（1953）『賠償関係条約集（中）』大蔵省理財局

大蔵省（1984）『昭和財政史―終戦から講和まで1　総説、賠償・終戦処理―総説；賠償・終戦処理』東洋経済新報社

北岡伸一（2000）「賠償問題の政治力学」北岡伸一・御厨貴編『戦争・復興・発展』東京大学出版会

ゲイン、マーク（1951）井本威夫訳『ニッポン日記　上』筑摩書房

ケインズ、J. M.（1940）『ケインズ全集第25巻　清算同盟』東洋経済新報社

ケインズ、J. M.（1988）『ケインズ全集第26巻　ブレトン・ウッズと賠償』東洋経済新報社

厚生省援護局（1977）『引揚げと援護三十年の歩み』厚生省

シャラー、マイケル（1996）『アジアにおける冷戦の起源』木鐸社

竹前栄治（1996）『GHQ日本占領史　第25巻　賠償』日本図書センター

長尾龍一（2000）『オーウェン・ラティモア伝』信山社出版

豊下楢彦（1992）『日本占領管理体制の成立―比較占領史序説』岩波書店

李鍾元（1996）『東アジア冷戦と韓米日関係』東京大学出版会

Asano, Toyomi.(2010)Between the Collapse of the Japanese Empire and the Normalization of the Relations with South Korea, In Kimitaka Matsuzato ed. *Comparative Imperiology I*. Slavic Research Center of Hokkaido University : 109-129.

第 4 章

# 高度成長下における日本の貿易と総合商社

谷ヶ城秀吉

はじめに

　1950-70 年代に世界経済は著しい成長を経験した。同時にこの期間は、成長のエンジンが大西洋貿易から環太平洋貿易に転化する画期でもあった。そしてその契機は、日本などの東アジア諸国による工業製品の対米輸出にあると考えられている（杉原 2003：51；2013：286）。この期間の、特にその後半期の日本は、労働集約的かつ資源節約的な機械工業が生産する耐久消費財を欧米に輸出する一方で、東アジア諸国には、生産財をも供給してその工業化を下支えする役割を果たしたという（杉原 2003：25；堀 2016：43-47）。貿易と技術進歩の役割を同義に捉え（清田 2016：8）、杉原薫や堀和生が得た前述の理解に基づいて日本を取り巻く貿易環境とその変化を検証すれば、その結果は、この期間における世界経済の成長メカニズムや、その過程における東アジアの役割を解明するための一助になりうるであろう。
　一方で経済史ないし経営史の研究領域には、マクロレベルの貿易構造とミクロレベルの企業活動を対置してその全体像を構築しようとする傾向がある。杉原（1996）と杉山・グローブ（1999）や籠谷（2000）、あるいは堀（2009）と谷ヶ城（2012）の関係は、その一例である。本章の問題関心に即して言えば、前掲した杉原（2003；2013）や堀（2016）と対置しうる研究は、当該期間において日本の貿易の 50％ 以上を担っていたとされる（ヤ

ング 1980：4）、いわゆる総合商社を分析対象とする膨大な量の成果が該当するであろう[1]。

ところが、総合商社史研究の関心は、主として企業の組織や機能、あるいは人的資源や賃金体系の態様に向けられてきた。総合商社と貿易構造の関係や、貿易の拡大に対する寄与は、与件として処理されてきた。したがって、「総合商社の輸出入は、日本全体の輸出入のどれほどの割合を担っているのだろうか」、あるいは「それをどのような主体が担っていたか」（田中隆之 2012：115）という基本的な問いに歴史的な視座から回答することは、実は容易ではない。

そこで本章は、通商産業省（以下、通産省）が編集・刊行した『貿易業態統計表』を用いてこの点を定量的に確認し、冒頭に掲げた課題の解明に取り組む。商工省が 1937 年度に開始した貿易業調査は、戦時の中断を経て、1950 年度に通産省の任意調査（貿易業態調査）として再開された。その後、1952 年度に統計法の指定統計となった同調査は、貿易業態統計調査と名を変え、企業活動基本調査の毎年化に伴って 1995 年に廃止されるまで続いた（通商産業省通商局通商調査課 1953：1；経済産業省調査統計部 2006：1）。これまでにこの統計を利用した研究は、管見の限りでは倉地（1959；1961）、高井（1959）、通商産業省通商局（1967）、ヤング（1980）および藤本（1982）がある。本章では、これらのなかで最も体系的なヤング（1980）の内容を吟味して論点を抽出したい。

いくつかあるヤングの貢献の 1 つは、1970 年代後半における日本の輸出入額に占める総合商社のシェアを商品類別、地域別および業種別に明確化したことにある。具体的には、①原料・穀物の輸入や中間財の輸出で総

---

[1] 戦後の総合商社を分析の対象とした研究には膨大な蓄積がある。本章では、さしあたり商社機能研究会編（1975）；前田（1988）；杉野（1990）；黄（1992）；斎藤（1992）；上原（2007）；大森ほか編（2011）；田中彰（2012）；田中隆之（2012；2017）；藤村ほか（2013）；谷ヶ城（2014；2015a；2015b）を挙げておく。そのほか、総合商社を対象とする歴史研究の全般的な動向や課題は、田中隆之（2012）と大島（2015）が手際よく整理しているので参照されたい。

合商社は、大きなシェアを占めるものの、機械の輸出入では相対的にシェアが小さい、②北米および西アジアからの輸入を例外とすれば、総合商社のシェアは、欧米諸国よりも開発途上国や共産圏国で高い、③製造業のシェアは、総合商社のそれに比して「はるかに小さ」いという事実の提示である（ヤング 1980：6-13）。ヤングが観察した 1970 年代後半の状況に限定すれば、この見解は妥当であり、本章もその知見に負うところが多い。

とはいえ、貿易の担い手とその変化を歴史的な観点から把捉する場合、当時の現状理解を目的とし、一時点のシェアから結論を導くヤングの指摘をそのまま適用すべきではない。本章の試みは、『貿易業態統計表』の限界を踏まえながら[2]、ヤングの知見をやや長い時間軸で再検証しようとするものである。

---

2　貿易業態統計調査は、「輸出業又は輸入業を行う者、自己が生産（修理及び加工を含む。以下同じ。）した貨物の輸出を業として行う者及び自己の生産に直接使用する原材料又は燃料の輸入を業として行う者」を申告義務者とし、毎年 3 月 31 日現在を基準に実施したものである（通商産業省通商政策局 1976：189）。ヤングが記すように、同統計には「個々の商社ごとの分類は記載されていない」という限界はある。とはいえ、「業種別（卸売業および小売業、百貨店、製造業、その他）、商品類別および輸出入地域別」の「詳細な統計分析がなされてい」て、「いろいろな点で不完全とはいえ、限られた範囲内で利用できる解答を与えてくれる」唯一のデータでもある（ヤング 1980：19）。
　なお、『貿易業態統計表』には以下の問題があり、注意を要する。

　　すなわち外国貿易取引の二重計算、時には三重計算のシステムである。日本貿易会の村上好重氏によれば、ある特定の輸出手続に関係する国内の会社は、所定の輸出アイテムの製造業者からそのアイテムを取扱う商社にいたるまで、同一の船場に関する報告をそれぞれの段階で通産省に提出し、それぞれの報告が『貿易業態統計表』に含まれてしまう。その結果、『貿易業態統計表』の輸出の数字は通関ベースの輸出の数字よりも大きなものになる。そして『貿易業態統計表』の日本の輸出に占める総合的商社のシェアは通関ベースにおけるそれより小さいことになる（ヤング 1980：19）。

『貿易業態統計表』のデータが抱える問題は、①大蔵省が集計する通関統計の不一致に関わる問題、②集計時に生じる二重計上の問題の 2 つである。特に後者の問題は、本章が論点とする総合商社のシェアに過小評価の歪み──逆に製造企業のシェアは過大に評価されるであろう──をもたらすという。筆者の計算では、通関統計（1955-75 年）と『貿易業態統計表』（1955-75 年度）の輸出入額（名目）の相関係数は、輸出額 0.977、輸入額 0.963、前者に対する後者の年平均誤差は、輸出額 +3.2％、輸入額 -2.1％ である。このように、両者の数値は一致しないが、分析に際して大きな乖離は生じないと判断して用いた。

この課題に取り組むために本章は、次の手順でデータの集計と分析を行う。第1に、本章の観察は原則として1957年度からとする[3]。1950年度に刊行が開始された『貿易業態統計表』の調査項目が、当該年度を画期として大幅に改められるためである[4]。第2に、本章では1957-61年度、1962-65年度、1966-69年度および1970-73年度の4期間に区分して変化の要因を摘出する。『貿易業態統計表』は、業種を「卸売業及び小売業」、「百貨店」、「製造業」、「その他」の4つに分け、さらにそれぞれを「地方別、都道府県別」、「輸出入額階層別」、「輸出額階層別」、「輸入額階層別」、「従業者数階層別」、「資産総額階層別」、「売上高階層別」の7つに分類して輸出入額を表示している。輸出入の取扱規模を重視する本章では、輸出入額階層を基準とするデータを用いる。ただし、輸出入額階層は、1966年度に一部が改訂されるため[5]、この前後の接続を試みる場合には工夫が必要である。そこで様式変更の節目となる1957年度と1966年度をそれぞれ始点とし、4年度を1期間とする上述の期間を設定して要因分解を行う。

## 1. 業種別・輸出入額階層別輸出入額

### （1）業種別輸出入額

　日本は、日露戦後の1900年前後にいわゆる「商権自立」を実現しつつ

---

[3] 管見の限りでは、1959年度の貿易業態統計調査は実施されなかったようである。したがって、本章の分析に同年度のデータは含まれていない。
[4] 戦前および1950-56年度の動向は、別稿で論じる予定である。
[5] 1965年度までは、「1千万円以下」、「1千万円～5千万円」、「5千万円～1億円」、「1億円～2億5千万円」、「2億5千万円～5億円」、「5億円～10億円」、「10億円～25億円」、「25億円～50億円」、「50億円～100億円」、「100億円以上」の10階層であったが、1966年度には、「1億円～2億5千万円」、「2億5千万円～5億円」、「10億円～25億円」、「25億円～50億円」および「100億円以上」に代えて「1億円～5億円」、「10億円～50億円」、「100億円～500億円」、「500億円～1,000億円」および「1,000億円以上」が新たに設定された。

表 4-1　貿易の担い手の内外商比率（名目）

(単位：億円、%)

| 年度 | 輸　　出 | | | 輸　　入 | | |
|---|---|---|---|---|---|---|
| | 日本企業 (A) | 外国企業 (B) | A/(A+B) | 日本企業 (A) | 外国企業 (B) | A/(A+B) |
| 1952 | 4,345 | 282 | 93.9 | 5,577 | 205 | 96.5 |
| 1955 | 6,419 | 241 | 96.4 | 8,663 | 259 | 97.1 |
| 1960 | 13,751 | 684 | 95.3 | 14,231 | 232 | 98.4 |
| 1965 | 30,638 | 572 | 98.2 | 32,228 | 215 | 99.3 |
| 1970 | 70,681 | 701 | 99.0 | 59,956 | 397 | 99.3 |

出所：通商産業省通商局／通商政策局『貿易業態統計表』各年度より作成。

（村上 2000：21-36)、アジアへの貿易依存を強めていった（山本・奥 1990：127)。その過程では、三井物産や三菱商事に代表される総合商社だけでなく、華商や印僑などのアジア系商人も重要な役割を担っていた(籠谷 2000：16-22)。また、宗主国の日本と植民地を結ぶ帝国内の貿易では、植民地商人の存在も無視できない（谷ヶ城 2012)。それゆえ、1930 年代後半までの貿易を論じる場合には、非日本企業の活動をも観察の対象に含める必要がある。

これに対して戦後の場合、日本の輸出入額に占める日本企業の割合は、1952 年度の時点ですでに 90％ 台に達し、1970 年度にはほぼ 100％ に近づいている（表 4-1)。このように、本章が観察の期間として設定する 1950 年代後半から 1970 年代前半には、非日本企業の意義は戦前に比して大幅に縮小した。かかる理解から本章は、主に日本企業の動向に焦点を絞って分析を進める[6]。

はじめに 1957-73 年度における日本企業の輸出入額を業種別および輸出

---

[6] 本章の表 4-3 と表 4-4 は、非日本企業を含む全ての企業を対象としたデータを利用して作成したものである。商品種別・地域別に掲げられたデータからは、日本企業のそれを抽出できないためである。とはいえ、非日本企業の低いシェアを想起すれば、かかる代替は許容されると考えている。

入額階層別に整理した表 4-2 から、この期間の基本的な動向と議論のポイントを確認したい。1つ目のポイントは、製造業の役割が飛躍的に拡大することである。1957-61 年度には 17.6％ にすぎなかった輸出額に占める製造業のシェアは、1970-73 年度には 30.6％ に上昇した。1962-65 年度には 26.8％ であった寄与率は、1970-73 年度には 34.4％ となった[7]。2つ目は、製造業の台頭とは対照的に卸売業および小売業の比重が減退することである。同じ期間に卸売業および小売業のシェア（＝「小計」）は、81.4％ から 68.5％ に低下した。寄与率は 70.9％ から 65.3％ に下降した。3つ目は、卸売業・小売業に生じた変化の表出が輸出入額階層によって異なることである。表 4-2 では、『貿易業態統計表』では 10 に区分されている輸出入額階層を（注5参照）、「～1億円」（Ⅰ）、「1億～100億円」（Ⅱ-a）、「100億円～」（Ⅲ-a）の3つに分けた。さらに 1966 年度以降に設定が可能となる「1億～1000億円」（Ⅱ-b）と「1000億円～」（Ⅲ-b）の2つを加えた5つに集約した。本章は、寄与の小さいⅠを除いたⅡとⅢの系統に注目する。

（2） 卸売業・小売業を構成する2つの系統

2つの系統のイメージは以下の通りである。1957-61 年度におけるⅡ-a の実質輸出額は 4205 億円、企業数は 1047 社であった（いずれも年度平均。以下、通商産業省通商局通商調査課各年度）。この輸出額のうちの 2735 億円

---

7 実業之世界社調査部（1955a：41-47）には、以下の製造企業が掲げられている。繊維：東洋紡績、鐘淵紡績、日清紡績、呉羽紡績、倉敷紡績、大和紡績、敷島紡績、日本繊維工業、帝国人造絹糸、東洋レーヨン、旭化成工業、倉敷レイヨン、東邦レイヨン（13社）、鉄鋼：八幡製鉄、富士製鉄、日本鋼管、川崎製鉄（4社）、船舶：新三菱重工業、三菱造船、三菱日本重工業、三井造船、川崎重工業、浦賀船渠、石川島重工業、日立造船、播磨造船所（9社）、肥料：昭和電工、東洋高圧工業、日東化学工業、電気化学工業（4社）、セメント：小野田セメント、日本セメント、秩父セメント（3社）、非鉄金属：日本鉱業、三井金属鉱業、三菱金属鉱業、古河電気工業（4社）、板ガラス：旭硝子、日本板硝子（2社）、陶磁器：日本陶器、東洋陶器、日本碍子（3社）、光学機械：日本光学工業、理研光学工業、キヤノンカメラ、オリンパス光学工業、千代田光学精工、小西六写真工業、富士写真フイルム（7社）、電気産業機械：東京芝浦電気、日立製作所、松下電器産業、久保田鉄工、荏原製作所、豊田自動織機製作所、遠州織機（7社）、水産：日本水産、大洋漁業、日魯漁業（3社）。

表4-2 日本企業の業種別・輸出入額階層別輸出入額（実質）

| 年度 | 卸売業および小売業の輸出入額階層 | | | | | 小計 | 製造業 | その他 | 合計 |
|---|---|---|---|---|---|---|---|---|---|
| | ～1億円 Ⅰ | 1億～100億円 Ⅱ-a | 100億円～ Ⅲ-a | 1億～1000億円 Ⅱ-b | 1000億円～ Ⅲ-b | | | | |
| 輸　出 年度平均（億円） | | | | | | | | | |
| 1957-61 | 526 | 4,205 | 6,720 | … | … | 11,451 | 2,479 | 142 | 14,072 |
| 1962-65 | 678 | 6,156 | 13,231 | … | … | 20,065 | 5,731 | 427 | 26,223 |
| 1966-69 | 757 | 9,571 | 25,018 | 13,840 | 20,750 | 35,347 | 13,748 | 686 | 49,781 |
| 1970-73 | 671 | 12,327 | 47,840 | 18,992 | 41,174 | 60,837 | 27,195 | 798 | 88,830 |
| シェア（％） | | | | | | | | | |
| 1957-61 | 3.7 | 29.9 | 47.8 | … | … | 81.4 | 17.6 | 1.0 | 100.0 |
| 1962-65 | 2.6 | 23.5 | 50.5 | … | … | 76.5 | 21.9 | 1.6 | 100.0 |
| 1966-69 | 1.5 | 19.2 | 50.3 | 27.8 | 41.7 | 71.0 | 27.6 | 1.4 | 100.0 |
| 1970-73 | 0.8 | 13.9 | 53.9 | 21.4 | 46.4 | 68.5 | 30.6 | 0.9 | 100.0 |
| 寄与率（％） | | | | | | | | | |
| 1962-65 | 1.3 | 16.1 | 53.6 | … | … | 70.9 | 26.8 | 2.3 | 100.0 |
| 1966-69 | 0.3 | 14.5 | 50.0 | … | … | 64.9 | 34.0 | 1.1 | 100.0 |
| 1970-73 | −0.2 | 7.1 | 58.4 | 13.2 | 52.3 | 65.3 | 34.4 | 0.3 | 100.0 |
| 輸　入 年度平均（億円） | | | | | | | | | |
| 1957-61 | 180 | 3,586 | 9,245 | … | … | 13,010 | 2,215 | 81 | 15,306 |
| 1962-65 | 252 | 4,637 | 18,672 | … | … | 23,561 | 4,918 | 218 | 28,696 |
| 1966-69 | 289 | 5,989 | 29,995 | 10,899 | 25,085 | 36,272 | 8,073 | 239 | 44,584 |
| 1970-73 | 330 | 7,631 | 45,577 | 14,920 | 38,289 | 53,538 | 12,519 | 966 | 67,023 |
| シェア（％） | | | | | | | | | |
| 1957-61 | 1.2 | 23.4 | 60.4 | … | … | 85.0 | 14.5 | 0.5 | 100.0 |
| 1962-65 | 0.9 | 16.2 | 65.1 | … | … | 82.1 | 17.1 | 0.8 | 100.0 |
| 1966-69 | 0.6 | 13.4 | 67.3 | 24.4 | 56.3 | 81.4 | 18.1 | 0.5 | 100.0 |
| 1970-73 | 0.5 | 11.4 | 68.0 | 22.3 | 57.1 | 79.9 | 18.7 | 1.4 | 100.0 |
| 寄与率（％） | | | | | | | | | |
| 1962-65 | 0.5 | 7.8 | 70.4 | … | … | 78.8 | 20.2 | 1.0 | 100.0 |
| 1966-69 | 0.2 | 8.5 | 71.3 | … | … | 80.0 | 19.9 | 0.1 | 100.0 |
| 1970-73 | 0.2 | 7.3 | 69.4 | 17.9 | 58.8 | 76.9 | 19.8 | 3.2 | 100.0 |

出所：通商産業省通商局『貿易業態統計表』各年度、日本銀行統計局（1974：156-157；166-167；1977：143-146）より作成。

注：1) …はデータなしを示す。2) 1959年度は貿易業態統計調査が実施されなかったと考えられるため、本表には含まれていない。3) 原資料の集計ミスは可能な限り補正した。4) 輸出入物価指数は、1970年基準の総平均（年度）を用いた。5) 1億円以下は四捨五入した。したがって、各項目と小計・合計の値が一致しないことがある。

（65.0%）は、全売上高に占める輸出入品売上高の割合が 70% を超える企業のものであった。これらのことから、Ⅱ系統の中核は、貿易に著しく特化した 1 社当たり平均輸出額が 4 億円弱の中堅商社群であると判断できる。一方でⅢ-a の実質輸出額は 6720 億円で、企業数はわずか 24 社である。実質輸出額の 4405 億円（65.6%）は、輸出入品売上高の割合が 50% 以下の企業のものである。したがってⅢ系統を構成する企業の平均像は、総売上高に占める国内取引の割合が大きい、1 社当たり平均輸出額が約 280 億円の商社──その最上位にある企業群は、いわゆる総合商社と称される大規模な貿易商社[8]──ということになる。

『貿易業態統計表』の輸出入額階層は、1966 年度以降に「100 億円以上」の階層が細分化されるので、同年度以降はⅡ-b およびⅢ-b の階層で確認する。1966-69 年度におけるⅡ-b の実質輸出額は 1 兆 3840 億円、企業数は 2158 社、1 社当たり平均輸出額は約 6 億円、Ⅲ-b はそれぞれ 2 兆 750 億円、11 社、約 1844 億円である。このように、ⅡとⅢの系統には企業規模や戦略の面で大きな懸隔がある。

以上を前提として、前掲した表 4-2 のⅡ-a とⅢ-a、あるいはⅡ-b とⅢ-b の動向を確認すると、輸出額に占めるⅡ系統のシェアや寄与率が漸減するのに対して、Ⅲ系統ではむしろ上昇傾向にあることがわかる。これは、輸出面で生じた卸売業・小売業の後退が中堅商社群の低迷に起因することを意味する。一方で 1970-73 年度におけるⅢ-b の輸出額に対する寄与率は、依然として高位にある。したがって、Ⅲ系統を構成する総合商社は、当該期間の輸出増加に最も重要な役割を果たした経済主体であったと考えることができる。

輸入額に占める卸売業・小売業のシェアもまた下降傾向にある。製造業

---

8 実業之世界社調査部（1955b）が掲げる「有力貿易商社」16 社をベースに、1960 年度の輸出入取扱高を有価証券報告書から抽出すれば、上位 10 社は以下の通りである。1. 三菱商事 3047 億円、2. 三井物産 2811 億円、3. 丸紅飯田 2266 億円、4. 伊藤忠商事 1919 億円、5. 日綿実業 1481 億円、6. 東洋棉花 1212 億円、7. 江商 825 億円、8. 日商 772 億円、9. 岩井産業 519 億円、10. 住友商事 490 億円。

のシェアが上昇する一方で、Ⅱ系統のそれが低下するという状況も輸出の場合と同様である。ただし、寄与率は、1962–65年度と1970–73年度の間で大きな変化が生じたわけではない。輸入の局面では、卸売業・小売業の機能が不可欠の存在であり続けたこと、わけてもⅢ系統に含まれる総合商社は、輸出以上に重要な役割を果たしていたことがわかる。

　以上のように、表4–2のデータから本章は、当該期間では製造業による直接輸出が急増するものの、貿易の全般的な拡大は、総合商社によって牽引されたという基本的な動向を定量的に確認した。これは、ヤングによる前掲③の指摘が妥当であることを示している。それでは、①と②の妥当性はどうだろうか。この期間における日本の貿易拡大を支えた総合商社は、いかなる領域において強みを発揮したのだろうか。次節では商品類別・地域別に行った同様の作業を通してこの点を検証する。

## 2．商品類別・地域別輸出入額

### （1）　商品類別輸出入額

　表4–3に全企業のシェアと寄与率を業種別・輸出入額階層別および商品類別に整理した[9]。輸出では、各商品類に占める卸売業・小売業のシェアはおおむね高い。特に「食糧、飲料およびたばこ」、「繊維原料および繊維製品」、「化学工業原料および化学製品」、「金属および金属製品」でのシェアは、いずれの期間においても80％を超える[10]。これに対して「油脂、蝋、石油製品および原油」と「機械器機」では、卸売業・小売業と製造業のシェ

---

[9]　『貿易業態統計表』に掲載されている商品類別の輸出入額は、外国企業を含む全ての企業を対象としたものに限定される。また、日本銀行統計局（1974；1977）の輸出入物価指数は、全ての商品類を網羅しているわけではない。そこで表4–3のデータは、あえて実質化せず、全企業の名目輸出入額に基づいたデータによる分析を試みる。

表 4-3　業種別・輸出入額階層別・商品類別の輸出額および寄与率（名目・外国企業を含む）　（単位：%）

| 年度／商品類別 | 卸売業および小売業の輸出入額階層 | | | | | 製造業 | 商品類別合計 | 卸売業および小売業の輸出入額階層 | | | | | 製造業 | 商品類別合計 |
|---|---|---|---|---|---|---|---|---|---|---|---|---|---|---|
| | 1億～100億円 Ⅱ-a | 100億円～ Ⅲ-a | 1億～1000億円 Ⅱ-b | 1000億円～ Ⅲ-b | 小計 | | | 1億～100億円 Ⅱ-a | 100億円～ Ⅲ-a | 1億～1000億円 Ⅱ-b | 1000億円～ Ⅲ-b | 小計 | | |
| シェア | 輸出 | | | | | | | 輸入 | | | | | | |
| 1957-61 | | | | | | | | | | | | | | |
| 食糧、飲料およびたばこ | 24.3 | 57.9 | … | … | 85.1 | 9.6 | 100.0 | 22.2 | 72.8 | … | … | 96.6 | 2.9 | 100.0 |
| 繊維原料および繊維製品 | 35.4 | 55.4 | … | … | 93.2 | 5.4 | 100.0 | 18.3 | 65.7 | … | … | 84.5 | 15.3 | 100.0 |
| 油脂、蝋、石油製品および原油 | 5.9 | 49.7 | … | … | 56.3 | 43.6 | 100.0 | 7.9 | 43.1 | … | … | 51.3 | 48.5 | 100.0 |
| 化学工業原料および化学製品 | 23.9 | 53.2 | … | … | 80.2 | 19.2 | 100.0 | 29.4 | 52.1 | … | … | 83.9 | 15.4 | 100.0 |
| 金属および金属製品 | 27.8 | 64.2 | … | … | 95.2 | 4.1 | 100.0 | 24.8 | 71.4 | … | … | 96.9 | 2.9 | 100.0 |
| 機械器機 | 20.8 | 30.3 | … | … | 53.8 | 45.8 | 100.0 | 28.9 | 57.0 | … | … | 88.6 | 8.9 | 100.0 |
| その他 | 47.7 | 27.8 | … | … | 83.9 | 15.0 | 100.0 | 31.4 | 60.1 | … | … | 93.6 | 5.8 | 100.0 |
| 業種別　合計 | 31.7 | 45.5 | … | … | 81.0 | 17.7 | 100.0 | 21.9 | 61.3 | … | … | 84.5 | 15.0 | 100.0 |
| 1962-65 | | | | | | | | | | | | | | |
| 食糧、飲料およびたばこ | 17.4 | 62.7 | … | … | 81.9 | 16.0 | 100.0 | 21.0 | 73.6 | … | … | 95.7 | 3.9 | 100.0 |
| 繊維原料および繊維製品 | 30.4 | 57.1 | … | … | 89.7 | 7.0 | 100.0 | 12.5 | 65.3 | … | … | 78.3 | 21.4 | 100.0 |
| 油脂、蝋、石油製品および原油 | 5.1 | 50.0 | … | … | 55.7 | 44.2 | 100.0 | 6.5 | 40.4 | … | … | 47.0 | 52.4 | 100.0 |
| 化学工業原料および化学製品 | 18.5 | 61.7 | … | … | 82.1 | 17.3 | 100.0 | 24.0 | 56.4 | … | … | 82.1 | 16.8 | 100.0 |
| 金属および金属製品 | 17.8 | 71.2 | … | … | 90.7 | 8.3 | 100.0 | 14.4 | 80.6 | … | … | 95.4 | 4.5 | 100.0 |
| 機械器機 | 17.8 | 37.3 | … | … | 56.8 | 41.5 | 100.0 | 29.6 | 56.8 | … | … | 88.2 | 9.3 | 100.0 |
| その他 | 43.0 | 29.9 | … | … | 79.6 | 18.3 | 100.0 | 19.3 | 72.3 | … | … | 93.2 | 5.7 | 100.0 |
| 業種別　合計 | 24.7 | 49.1 | … | … | 76.5 | 21.5 | 100.0 | 16.7 | 64.5 | … | … | 82.1 | 17.1 | 100.0 |
| 1966-69 | | | | | | | | | | | | | | |
| 食糧、飲料およびたばこ | 21.9 | 60.5 | 35.0 | 47.4 | 84.2 | 8.5 | 100.0 | 19.7 | 76.4 | 37.0 | 59.0 | 96.9 | 1.9 | 100.0 |

| | | | | | | | | | | | | | | |
|---|---|---|---|---|---|---|---|---|---|---|---|---|---|---|
| 繊維原料および繊維製品 | 28.3 | 56.0 | 36.2 | 48.0 | 86.2 | 10.0 | 100.0 | 11.0 | 65.9 | 18.5 | 58.4 | 77.4 | 22.3 | 100.0 |
| 油脂、蠟、石油製品および化学製品 | 5.3 | 45.2 | 23.4 | 27.1 | 51.1 | 48.9 | 100.0 | 3.7 | 44.1 | 10.9 | 36.9 | 47.9 | 52.1 | 100.0 |
| 化学工業原料および化学製品 | 17.5 | 64.9 | 26.7 | 55.8 | 83.6 | 15.9 | 100.0 | 25.7 | 50.3 | 33.6 | 42.4 | 77.3 | 22.2 | 100.0 |
| 金属および金属製品 | 14.4 | 73.7 | 22.8 | 65.3 | 89.1 | 10.4 | 100.0 | 6.1 | 87.5 | 17.3 | 76.3 | 93.8 | 6.1 | 100.0 |
| 機械器機 | 12.9 | 40.0 | 22.1 | 30.7 | 53.7 | 45.7 | 100.0 | 32.3 | 50.1 | 39.7 | 42.8 | 83.8 | 15.4 | 100.0 |
| その他 | 41.8 | 30.8 | 46.0 | 26.5 | 77.3 | 20.8 | 100.0 | 16.6 | 76.0 | 30.5 | 62.0 | 93.7 | 5.2 | 100.0 |
| 業種別 合計 | 20.0 | 49.6 | 28.5 | 41.1 | 71.2 | 27.3 | 100.0 | 13.6 | 67.2 | 24.6 | 56.2 | 81.5 | 18.0 | 100.0 |
| **1970-73** | | | | | | | | | | | | | | |
| 繊維原料および繊維製品 | 19.7 | 59.2 | 29.7 | 49.2 | 79.9 | 16.5 | 100.0 | 15.8 | 78.5 | 32.1 | 62.1 | 94.8 | 3.8 | 100.0 |
| 油脂、蠟、石油製品および化学製品 | 23.9 | 63.8 | 33.1 | 54.6 | 89.0 | 8.5 | 100.0 | 14.4 | 69.0 | 22.4 | 61.0 | 84.0 | 15.3 | 100.0 |
| 化学工業原料および化学製品 | 8.0 | 44.9 | 21.5 | 31.4 | 53.5 | 46.2 | 100.0 | 2.1 | 49.4 | 9.3 | 42.1 | 51.5 | 48.5 | 100.0 |
| 金属および金属製品 | 17.4 | 60.3 | 26.8 | 50.9 | 78.5 | 21.1 | 100.0 | 28.1 | 43.8 | 36.9 | 35.1 | 72.8 | 26.9 | 100.0 |
| 機械器機 | 12.2 | 77.9 | 21.6 | 68.5 | 90.7 | 9.0 | 100.0 | 3.9 | 88.5 | 12.5 | 80.0 | 92.6 | 7.3 | 100.0 |
| その他 | 7.8 | 46.6 | 13.9 | 40.5 | 54.8 | 44.7 | 100.0 | 24.6 | 49.0 | 33.3 | 40.3 | 74.3 | 17.2 | 100.0 |
| 業種別 合計 | 38.5 | 31.3 | 45.5 | 24.3 | 72.8 | 24.5 | 100.0 | 15.9 | 76.5 | 31.4 | 61.0 | 93.5 | 4.9 | 100.0 |
| | 14.3 | 53.4 | 21.8 | 46.0 | 68.5 | 30.4 | 100.0 | 11.9 | 67.5 | 22.7 | 56.7 | 79.8 | 18.7 | 100.0 |
| **寄与率** | | | | | | | | | | | | | | |
| **1962-65** | | | | | | | | | | | | | | |
| 食糧、飲料およびたばこ | 0.3 | 3.8 | … | … | 4.1 | 1.4 | 5.4 | 2.5 | 9.7 | … | 12.2 | 0.7 | 12.9 | |
| 繊維原料および繊維製品 | 1.5 | 7.3 | … | … | 9.0 | 1.4 | 11.6 | −0.4 | 5.6 | … | 5.3 | 3.5 | 8.8 | |
| 油脂、蠟、石油製品および化学製品 | 0.2 | 1.6 | … | … | 1.8 | 1.4 | 3.2 | 0.9 | 7.2 | … | 8.1 | 10.8 | 19.1 | |
| 化学工業原料および化学製品 | 0.8 | 4.1 | … | … | 4.9 | 0.9 | 5.8 | 0.8 | 3.2 | … | 4.1 | 1.0 | 5.1 | |
| 金属および金属製品 | 2.0 | 15.3 | … | … | 17.4 | 2.3 | 20.0 | 0.5 | 15.4 | … | 15.9 | 1.1 | 17.0 | |
| 機械器機 | 6.3 | 16.9 | … | … | 23.6 | 15.4 | 40.1 | 3.9 | 7.3 | … | 11.3 | 1.2 | 12.9 | |
| その他 | 4.8 | 4.6 | … | … | 9.9 | 3.4 | 13.8 | 2.3 | 19.9 | … | 22.4 | 1.4 | 24.2 | |
| 業種別 合計 | 15.8 | 53.8 | … | … | 70.8 | 26.3 | 100.0 | 10.5 | 68.3 | … | 79.4 | 19.5 | 100.0 | |
| **1966-69** | | | | | | | | | | | | | | |
| 食糧、飲料およびたばこ | 0.5 | 0.3 | … | … | 0.8 | −0.5 | 0.7 | 3.1 | 14.1 | … | 17.3 | −0.1 | 17.6 | |
| 繊維原料および繊維製品 | 1.7 | 4.3 | … | … | 6.1 | 1.6 | 8.1 | 0.0 | 2.9 | … | 3.0 | 1.2 | 4.2 | |

第4章　高度成長下における日本の貿易と総合商社

| 業種別 | | | | | | | | | | | | | | |
|---|---|---|---|---|---|---|---|---|---|---|---|---|---|---|
| 油脂、蠟、石油製品および原油 | 0.0 | 0.2 | … | 0.3 | 0.5 | 0.7 | 0.1 | 11.8 | … | 11.8 | … | 12.5 | 24.1 |
| 化学工業原料および化学製品 | 1.3 | 5.1 | … | 6.4 | 1.1 | 7.6 | 1.4 | 1.7 | … | 3.1 | 1.6 | 4.7 |
| 金属および金属製品 | 2.2 | 14.8 | … | 17.1 | 2.4 | 19.4 | −1.0 | 21.4 | … | 20.4 | 1.8 | 22.2 |
| 機械器機 | 5.3 | 22.5 | … | 27.9 | 25.9 | 53.9 | 1.4 | 0.2 | … | 1.6 | 1.6 | 2.9 |
| その他 | 3.7 | 3.1 | … | 6.9 | 2.4 | 9.5 | 3.1 | 19.7 | … | 23.0 | 1.1 | 24.3 |
| 合計 | 14.9 | 50.2 | … | 65.4 | 33.5 | 100.0 | 8.2 | 71.9 | … | 80.3 | 19.5 | 100.0 |
| 1970-73 | | | | | | | | | | | | | |
| 食糧、飲料およびたばこ | 0.4 | 1.3 | 0.5 | 1.2 | 0.7 | 2.2 | 1.8 | 13.6 | 4.2 | 15.3 | 1.1 | 16.7 |
| 繊維原料および繊維製品 | 0.5 | 4.7 | 1.2 | 4.0 | 0.2 | 5.3 | 1.2 | 3.6 | 1.7 | 4.9 | −0.5 | 4.4 |
| 油脂、石油製品および原油 | 0.1 | 0.3 | 0.1 | 0.3 | 0.3 | 0.7 | 0.1 | 15.9 | 2.3 | 16.0 | 13.0 | 29.0 |
| 化学工業原料および化学製品 | 1.0 | 3.2 | 1.6 | 4.2 | 1.6 | 5.8 | 1.4 | 1.4 | 1.8 | 2.8 | 1.5 | 4.3 |
| 金属および金属製品 | 1.6 | 13.6 | 3.3 | 11.9 | 1.2 | 16.5 | 0.0 | 14.2 | 0.6 | 14.2 | 1.5 | 15.7 |
| 機械器機 | 2.7 | 32.2 | 5.2 | 29.7 | 27.7 | 62.9 | 2.4 | 6.4 | 3.7 | 8.9 | 2.5 | 13.4 |
| その他 | 2.0 | 2.1 | 2.9 | 4.1 | 2.1 | 6.5 | 2.4 | 12.8 | 5.5 | 15.3 | 0.7 | 16.5 |
| 合計 | 8.4 | 57.4 | 14.8 | 51.0 | 33.8 | 100.0 | 9.3 | 67.8 | 19.8 | 77.4 | 19.7 | 100.0 |

出所：通商産業省通商局『貿易業態統計表』各年度より作成。

注：1) …はデータなしを示す。2) 1959年度は貿易業態統計調査が実施されなかったと考えられるため、本表には含まれていない。3) 原資料の集計ミスは可能な限り補正した。4) 1億円以下は四捨五入した。したがって、各項目と小計・合計の値が一致しないことがある。5) 卸売業および小売業の輸出入額が1億円未満の階層とその他の項目は紙幅の関係から省略した。

アは拮抗している。特に「機械器機」では、製造業のシェアが相当大きいのに対して、Ⅲ系統のシェアは 30〜40％ 台にとどまる。シェアの観点から判断すれば、ヤングによる①の指摘は正しい。

しかし、この期間の輸出に対する「機械器機」の圧倒的な寄与の大きさ（寄与率：1962–65 年度 40.1％、1966–69 年度 53.9％、1970–73 年度 62.9％）を看過して商品類別のシェアだけに注目すると、総合商社の役割を誤認することになる。輸出額を業種別・輸出入額階層別および商品類別に要因分解すると、Ⅲ–a による「機械器機」の寄与率は、1962–65 年度 16.9％、1966–69 年度 22.5％、1970–73 年度 32.2％、同じく 1970–73 年度におけるⅢ–b のそれは 29.7％ であった。1966–69 年度を除けば、総合商社による「機械器機」の輸出が輸出総額の増加に最も寄与した因子であることがわかる。要するに、「機械器機」の輸出額に占める総合商社のシェアは、他の商品類に比べれば相対的に低いが、それは同商品類に関する総合商社の役割が小さいことを意味するのではなく、むしろ製造業の直接輸出とともに当該期間における輸出拡大の主因であったと位置づけるべきであろう[11]。

輸入面でも同様のことが言える。「金属および金属製品」でⅢ系統は、長期契約方式を基盤として圧倒的なシェアを持つほか[12]、「食糧、飲料およびたばこ」、「繊維原料および繊維製品」でも相当の比重を占めている。こ

---

10　特に「金属および金属製品」におけるⅢ系統のシェアはきわめて高く、寄与率も大きい。この点に関連して神鋼鋼線鋼索の土井明は、次のように述べている。

　　当社の製品はプレストレスト・コンクリート用鋼線、ワイヤーロープ、バネ用鋼線などオーダーメードの工業用鋼材（線材二次加工品）で、そのうち約 70％ が輸出されている。輸出製品の最終需要家は、おもにアメリカの比較的小さな加工業者（大半は従業員 30〜500 人）で…（略）…この材料（線材二次製品）は、メーカーが海外に駐在員をおいて直接販売する例もないではないが、ほとんどは総合商社を経由して輸出を行っている。商社の役割は、強力な販売網によって需要家を捜し、信用状況を確認して製品を供給し、代金を回収することである（浅尾 1967：67）。

　　土井の証言が正しいとすれば、金属製品の輸出に関する総合商社の強みは、中小需要者への販売に際して生じる取引コストを海外支店ネットワークの利用を通して軽減しうる点にある。

れらの商品類は、シェアだけでなく、寄与率の点でも大きな値を示している。したがって、穀物と原料の輸入に関する総合商社の重要性を強調したヤングによる①の指摘は支持できる。

他方で「油脂、蝋、石油製品および原油」と「化学工業原料および化学製品」、「機械器機」におけるⅢ系統のシェアは、相対的に小さい。特に「油脂、蝋、石油製品および原油」では、国際石油資本が原油輸入の大部分を担うため（商社機能研究会 1975：204）、シェア・寄与率いずれも点でも製造業の値は大きくなる。とはいえ、1970年代前半の時点で輸入原油の約10～20％と重油・ナフサなどの石油製品、あるいは外航船のバンカー・オイルを取引する総合商社の意義も決して小さくはない（商社機能研究会 1975：202-204）。実際に 1970-73年度におけるⅢ-b による「油脂、蝋、石油製品および原油」の寄与率は、製造業のそれを上回る。このように、当該期間の総合商社は穀物や原料だけでなく、原油ないし石油製品の輸入に際しても不可欠の存在であったと理解できる。

### （2） 地域別輸出入額

次に表 4-4 から当該期間の状況を地域別に確認する。前述のように、地域別輸出額に占める総合商社のシェアについてヤングは、欧米先進国で低く、開発途上国および共産圏国で高いという傾向を 1973年度の『貿易業

---

11 機械の輸出総額に占める総合商社の低いシェアについて杉野幹夫は、次のように述べている。「日本の輸出品構成において機械類の比重が七割近くに達するなかで、総合商社が輸出構成の変化に対応できないという問題をもたらしている。しかも総合商社が得意とする機械類は、プラントや重電や産業用機械、それに一部の乗用車輸出で、成長性の高いハイテク、消費財には弱いのが特徴である」（杉野 1990：290）。杉野は明言しているわけではないが、総合商社の機械輸出に積極的な評価を与えていないのは明白である。

これに対して本章は、総合商社の機械輸出が「プラントや重電や産業用機械」と「一部の乗用車輸出」に限定されたのではなく、むしろ、それこそが強みであったと理解している。別言すれば、直接輸出を行う耐久消費財メーカーとの棲み分けによって機械輸出の可能性を広げた点に総合商社の意義を見出している。かかる見解は、本来であれば機械輸出そのものを対象とした検証を通じて展開すべきであるが、現時点でその準備は十分ではない。したがって、その検証は今後の課題としたい。

12 当該期間における鉄鋼企業と総合商社の関係については、田中彰（2012）を参照されたい。

態統計表』に掲載されたデータに基づいて指摘している（ヤング1980：8-9）。また、杉野幹夫も「日本の貿易構造が大きく変化するなかで、とりわけ輸出において機械製品の比重が急速に高まったにもかかわらず、総合商社が日本貿易の担い手であり続けた理由は…（略）…発展途上国との貿易比率が高いことや、原燃料主体の輸入構造」が「もっとも重要」と考えている（杉野1990：259-260）。ヤングや杉野が着目した総合商社の強みは、社会資本が整わず、カントリー・リスクも高い開発途上国における活動であった。

　この点を検証するために本章では、1967-73年度における全企業の年度平均実質輸出入額シェアを地域別に掲げた[13]。同表によれば、西ヨーロッパおよび北アメリカのシェアは、アフリカを除いた他の地域に比してやや低い。その意味では、ヤングや杉野の指摘は妥当である。

　とはいえ、前項の分析と同様に、一時点の項目別シェアに基づく観察では、動因の一面だけしか掴むことができない。そこで同表に掲げたデータを要因分解すると、「北アメリカ」に対するⅢ-bの輸出（16.5％）が輸出総額の拡大に最も寄与したことがわかる。当該期間における輸出の拡大を促す主因は、北アメリカに対する総合商社の輸出取引にあった。

　さらに言えば、寄与率の上位3つは、1位：Ⅲ-bの「北アメリカ」、2位：製造業の「北アメリカ」（14.7％）、3位：Ⅲ-bの「東アジア／東南アジア」（9.6％）で、いずれも環太平洋貿易圏の主軸を形成する環節であった。したがって、前掲した杉原（2003；2013）が論じる環太平洋貿易圏論の枠組みと本章が得た知見を組み合わせると、世界経済の成長メカニズムに構造的な変革をもたらした環太平洋貿易圏の形成は、輸出の一部を製造業と棲み分けた総合商社の企業活動に起因するとみなすことも可能だろう。

---

13　『貿易業態統計表』が地域別データの掲載を開始するのは1967年度であるため、本章の分析期間も当該年度以降に限定される。

表4-4　業種別・輸出入額階層別・地域別の輸出額および寄与率（実質・外国企業を含む）

（単位：％）

| 年度／地域別 | 卸売業および小売業の輸出入額階層 | | | 製造業 | 地域別合計 | 卸売業および小売業の輸出入額階層 | | | 製造業 | 地域別合計 |
|---|---|---|---|---|---|---|---|---|---|---|
| | 1億~1000億円 II-b | 1000億円~ III-b | 小計 | | | 1億~1000億円 II-b | 1000億円~ III-b | 小計 | | |
| | 輸出 | | | | | 輸入 | | | | |
| シェア | | | | | | | | | | |
| **1967-69** | | | | | | | | | | |
| 東アジア/東南アジア | 28.4 | 44.8 | 75.1 | 23.2 | 100.0 | 36.0 | 51.6 | 88.7 | 10.0 | 100.0 |
| 西南アジア | 29.7 | 44.7 | 76.9 | 20.8 | 100.0 | 8.3 | 23.1 | 31.5 | 68.4 | 100.0 |
| 西ヨーロッパ | 25.3 | 33.7 | 61.0 | 36.9 | 100.0 | 46.5 | 36.4 | 85.2 | 13.9 | 100.0 |
| 北アメリカ | 30.9 | 38.4 | 70.5 | 28.2 | 100.0 | 24.6 | 65.2 | 90.3 | 9.2 | 100.0 |
| 南アメリカ | 23.1 | 44.6 | 69.2 | 28.6 | 100.0 | 15.3 | 79.0 | 94.4 | 4.9 | 100.0 |
| アフリカ | 20.0 | 37.1 | 58.6 | 39.8 | 100.0 | 10.0 | 82.2 | 92.3 | 7.4 | 100.0 |
| 大洋州 | 30.5 | 43.2 | 75.6 | 22.1 | 100.0 | 11.4 | 67.1 | 78.7 | 21.1 | 100.0 |
| 共産圏 | 37.8 | 44.6 | 82.5 | 16.6 | 100.0 | 36.3 | 50.9 | 87.8 | 11.4 | 100.0 |
| 業種別　合計 | 28.7 | 40.7 | 70.9 | 27.4 | 100.0 | 24.4 | 56.6 | 81.6 | 17.8 | 100.0 |
| **1970-73** | | | | | | | | | | |
| 東アジア/東南アジア | 25.4 | 48.3 | 74.9 | 23.6 | 100.0 | 30.7 | 52.1 | 83.7 | 15.2 | 100.0 |
| 西南アジア | 21.1 | 53.8 | 76.0 | 23.4 | 100.0 | 8.9 | 29.9 | 38.9 | 61.1 | 100.0 |
| 西ヨーロッパ | 19.3 | 41.3 | 61.4 | 37.7 | 100.0 | 46.9 | 31.2 | 79.8 | 19.1 | 100.0 |
| 北アメリカ | 21.7 | 42.5 | 64.8 | 34.3 | 100.0 | 20.7 | 64.5 | 85.5 | 11.5 | 100.0 |
| 南アメリカ | 16.2 | 54.0 | 70.9 | 28.3 | 100.0 | 16.7 | 77.1 | 93.9 | 4.9 | 100.0 |
| アフリカ | 13.0 | 49.1 | 62.7 | 36.1 | 100.0 | 10.5 | 78.2 | 88.8 | 11.0 | 100.0 |

| | | | | | | | | | | | |
|---|---|---|---|---|---|---|---|---|---|---|---|
| 大洋州 | 23.1 | 46.2 | 70.5 | 28.0 | 100.0 | 12.6 | 73.3 | 86.0 | 13.6 | 100.0 | |
| 共産圏 | 33.4 | 48.5 | 82.0 | 17.1 | 100.0 | 36.7 | 51.2 | 88.5 | 10.7 | 100.0 | |
| 業種別　合計 | 21.9 | 45.9 | 68.6 | 30.4 | 100.0 | 22.7 | 56.7 | 79.9 | 18.6 | 100.0 | |

寄与率

| | | | | | | | | | | |
|---|---|---|---|---|---|---|---|---|---|---|
| 東アジア/東南アジア | 3.0 | 9.6 | 12.6 | 4.2 | 16.8 | 3.5 | 9.6 | 13.2 | 4.8 | 18.1 |
| 西アジア | 0.3 | 2.4 | 2.7 | 1.0 | 3.6 | 1.3 | 5.8 | 7.2 | 5.7 | 12.9 |
| 西ヨーロッパ | 2.5 | 9.0 | 11.4 | 7.1 | 18.4 | 5.3 | 2.2 | 7.6 | 3.3 | 11.0 |
| 北アメリカ | 3.0 | 16.5 | 19.3 | 14.7 | 34.1 | 4.1 | 22.0 | 26.0 | 5.8 | 34.9 |
| 南アメリカ | 0.6 | 4.8 | 5.4 | 2.1 | 7.4 | 0.9 | 2.8 | 3.7 | 0.2 | 4.1 |
| アフリカ | 0.7 | 6.4 | 7.1 | 3.4 | 10.6 | 0.5 | 2.5 | 3.0 | 1.0 | 4.0 |
| 大洋州 | 0.2 | 1.6 | 1.8 | 1.2 | 3.0 | 1.9 | 10.7 | 12.6 | -0.3 | 12.4 |
| 共産圏 | 1.6 | 3.3 | 4.9 | 1.1 | 6.1 | 1.0 | 1.4 | 2.5 | 0.2 | 2.7 |
| 業種別　合計 | 11.9 | 53.6 | 65.2 | 34.7 | 100.0 | 18.5 | 57.1 | 75.8 | 20.6 | 100.0 |

出所：通商産業省通商局『貿易業態統計表』各年度、日本銀行統計局（1974；1977）より作成。

注：1) 原資料の集計ミスは可能な限り補正した。2) 輸出入物価指数は、1970年基準の総平均（年度）を用いた。3) 1億円以下は四捨五入した。したがって、各項目と小計・合計の値が一致しないことがある。4) 本表の「東アジア/東南アジア」は、原資料では「東南アジア」と表示されているが、ここには韓国や台湾、香港などのいわゆる東アジア諸国・地域も含まれているため、表示を改めた。5) 卸売業および小売業の輸出入額が1億円未満の業種とその他の項目は、紙幅の関係から省略した。

### (3) 商品類別と地域別輸出入の突合

　ただし、杉原の環太平洋貿易論は、単に地理的な貿易ネットワークの紐帯を要件とするのではなく、機械工業の連関を重視する点に特色がある（杉原2003：52）。それゆえ、環太平洋貿易圏論の枠組みを援用して議論を展開するのであれば、本章が商品類別と地域別のそれぞれで得た知見の関係性が明示されなくてはならない。本章が得た知見をいま一度整理して環太平洋貿易圏論と接続するための手がかりを得ておきたい。

　この期間における輸出の拡大は、商品類別／業種別では、(a) 金属―総合商社と (b) 機械―総合商社・製造業に、地域別／業種別では、(c) 東アジア／東南アジア―総合商社と (d) 北アメリカ―総合商社・製造業の取引によって牽引された。また、輸入では、商品類別／業種別では、(e) 穀物・原料―総合商社と (f) 石油―総合商社・製造業に、地域別／業種別では、(g) 北アメリカ・大洋州・東アジア／東南アジア―総合商社と (h) 西アジア―総合商社・製造業に拡大の要因を求めることができる。以上を前提としてここでは、商品類別の観察から得た (a)・(b)・(e)・(f) と地域別のそれから得た (c)・(d)・(g)・(h) の相互連関を検証したい。ただし、『貿易業態統計表』には、この連関を明らかにするクロス集計を作成できるデータは掲載されていないので、三菱商事および丸紅飯田の有価証券報告書に示されている商品部別輸出入相手国を整理した表4-5を代替的に利用して両者の関係に見通しを得ておく。

　金属の輸出では、東アジア／東南アジア、西アジア、南アメリカに販路が広がっているが、アメリカ合衆国は両社ともにすべての期間において主要な輸出先に挙げられている。機械も金属と同様に販路は広範である。ただし、両社ともに3期間で輸出先として挙げられているのは、アメリカ合衆国だけである。(a)・(b)、(c)・(d) の間に強い連関が成り立ちうるとすれば、総合商社の金属と機械の輸出にとって北アメリカ市場は、最も重要な市場の1つであったと考えられる。

　輸入面に目を移すと、燃料は西アジアに偏倚していることから、(f) と

表 4-5 三菱商事と丸紅飯田*の主要商品部別・輸出入相手国

出所:各社『有価証券報告書』各期より作成。

注:1) *1973年度は丸紅。2) 三菱商事は食糧油脂、丸紅飯田は穀物油脂のものを用いた。また、同年度以降の三菱商事の丸紅飯田は、機械・建設のものを用いた。3) に従った。3) ●は三菱商事、□は丸紅飯田を示す。4) **1961年度の食料は、三菱商事は食糧油脂、丸紅飯田は穀物油脂のものを用いた。5) ***1965年度以降の丸紅飯田は、金属は金属・鉱産、燃料は化学品・石油・肥料のものを用いた。6) ****1969年度以降の丸紅飯田の機械は、機械・建設のものを用いた。7) *****1973年度の三菱商事の金属、鉄鋼は

第4章 高度成長下における日本の貿易と総合商社 | 117

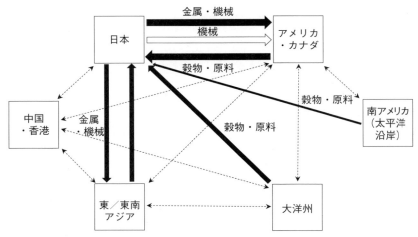

図 4-1　環太平洋貿易圏と総合商社の活動（1960-70 年代）
出所：杉原（2013：292）を元に筆者作成。

(h) の関係は明らかである。また、(g) についても北アメリカと大洋州に金属＝原料と食料＝穀物の集中が見られるので、(e) と (g) の関係も成り立つと考えてよい。

　以上の考察によって成り立つ諸環節を杉原（2013：292）が示した概念図に沿って図式化したものが図 4-1 である。杉原（2013）が示す概念図は、環太平洋の全域にわたっているが、本章が明らかにしえたのは、日本に関係する環節に限定される。本章で未検証の環節は破線で示した。また、杉原（2013）は、韓国・台湾を日本と同じ枠内に収めているが、分析対象の相違から本章では、韓国・台湾を東南アジアの枠に含め、東／東南アジアと表記している。

　日本—アメリカ・カナダの貿易は、環太平洋貿易圏を形成する最大の環節である。日本は、アメリカとカナダから穀物と原料を輸入し、アメリカに金属と機械を輸出しているが、そのうち、機械輸出の一部が製造業の直接輸出であることを除けば（白矢印）、残る大部分は総合商社によって担われている（黒矢印）。また、日本が大洋州から調達する穀物・原料、東

／東南アジアとの輸出入も相当部分が総合商社によるものである。以上に鑑みれば、環太平洋貿易圏を基盤とする戦後の国際通商秩序において総合商社が果たした役割の大きさが改めて確認できよう。

## おわりに

　本章は、1950年代以降に生じた世界経済のドラスティックな構造の転換と、その関連でアジアの経済成長を論じた杉原薫や堀和生が示したマクロレベルの貿易構造を念頭に置きつつ、分析の対象を日本に限定してその担い手の把握を試みた。高度成長期の貿易を担った総合商社を対象とする研究は膨大にあるが、貿易の拡大に対する総合商社の意義を定量的かつ中長期的に捉えた研究の蓄積は、意外にも十分ではない。そこで本章では、『貿易業態統計表』に記載されたデータの整理を通して業種別・商品類別および地域別に輸出入額に対する寄与の測定を行った。
　本章が得た最も重要な含意は、環太平洋貿易圏を形成する環節のうちで重要な要素となる機械と北アメリカ向け輸出に対する総合商社の寄与を明示したことである。高度成長期の総合商社を対象とした従来の研究が関心を寄せたのは、総合商社の機能や組織であった。それゆえ、世界的な貿易構造との関係は、所与のものとみなしてきた。また、定量的なデータを利用して総合商社の位置づけを試みた同時代の現状分析を目的とする研究は、商品類別ないしは地域別の静態的なシェアを主張の根拠としていた。その結果、たとえば他の商品類に比して総合商社のシェアが相対的に低い機械と北アメリカ向け輸出は、しばしば過小に評価されてきた。
　これに対して本章では、総合商社による機械と北アメリカ向けの輸出が、製造業の直接輸出とともに当該期間における日本の輸出拡大を促す重要な因子であったことを明らかにした。加えて、東アジア／東南アジアとの輸出入や、北アメリカないし大洋州からの食糧・資源の調達に際しても、総

合商社の機能が不可欠であったことを改めて確認した。そして、かかる測定を前提として環太平洋貿易圏論との接続可能性を展望し、その役割の大きさを指摘した。以上の解釈から本章は、高度成長下の総合商社が日本の経済成長だけでなく、世界経済の変革にとっても至要の存在であったと結論づけた。

　ただし、この主張の説得性を高めるためには、本章が取り組んだマクロレベルの検証だけではなく、①総合商社それ自体の機能や、②総合商社を取り巻く競争環境にも言及する必要がある。①に取り組む同時代的な研究は多岐に亘るが[14]、歴史研究の場合は、分析の対象期間が戦前に偏倚しているので、戦後を対象とする研究の蓄積は十分ではない。今後は、同時代には利用が困難であった内部資料に基づいて総合商社の機能が詳細に論じられるであろう[15]。②の研究は、①の基盤形成を前提として展開されるものと思われる。冒頭に掲げたヤング（1980）が特に高く評価したのは、1973年以降の総合商社が目指したという戦略転換――「世界企業への転換」――である（ヤング 1980：152-153）。そして、それを測定する指標としてヤングが重視したのは、多国間貿易（＝三国間貿易）や現地国内市場のシェアであった[16]。そうであるならば、商社間競争の態様は、いわゆる日本の10大商社だけではなく、海外の商社やメーカーをも分析の対象に含めて検証されるべきであろう。一例を挙げたい。

　1960年代以降に韓国の繊維・衣類産業は、急速に輸出産業と化していった。その過程で日本の総合商社は、韓国の輸出にとって不可欠の担い手であった（福岡 2016：270-271）。他方で1960-70年代における韓国の貿易商社は、日本の総合商社に比して企業規模が小さく、貿易業務の専門性も不

---

14　一例として商社機能研究会（1975）と土井ほか（2006）を挙げておく。
15　ここでは、かつて社史の編纂に用いられた総合商社の内部資料や当該期間に在籍した元従業員が残した個人資料の利用を念頭に置いている。
16　「1990年までには、総合商社は、日本の国内市場、日本の輸出入、多国間貿易、現地国内市場の四つの部面における取引が各々総取引の25％に達するという業務構造を確立するという目的に到達すべきである」（ヤング 1980：210）。

十分であったと言われている（李 1983：83-85）。そこで韓国政府は、1975年に「総合貿易商社指定制度」を導入して国内企業に「総合貿易商社」の設立を促した。その結果、大手財閥グループによる商社の設立が相次いだ。1975 年には約 6.4 億ドルにすぎなかった総合貿易商社による輸出実績は、1990 年には約 245 億ドルとなった。韓国の輸出総額に占めるシェアは、約 12% から約 38% に拡大した（申 1993：51）[17]。以上の事実に基づけば、「世界企業への転換」を目指す日本の総合商社による三国間貿易と、新たに勃興した韓国の総合貿易商社との企業間競争は、重要な研究のテーマとなりうるだろう。本章の視座に引きつけて言えば、前掲した図 4-1 では破線とした貿易環節「東／東南アジア」―「アメリカ・カナダ」の拡大に最も寄与した取引主体の確定作業ということになる。これらは今後の課題としたい。

**参考文献**
浅尾王編（1967）「買手売手の関係―メーカー対商社の場合」『品質管理』18-1
上原克仁（2007）「大手企業における昇進・昇格と異動の実証分析」『日本労働研究雑誌』561
大木保男（1975）『総合商社と世界経済』東京大学出版会
大島久幸（2015）「商社」経営史学会編『経営史学の 50 年』日本経済評論社
大森一宏・大島久幸・木山実編（2011）『総合商社の歴史』関西学院大学出版会
籠谷直人（2000）『アジア国際通商秩序と近代日本』名古屋大学出版会
清田耕造（2016）『日本の比較優位―国際貿易の変遷と源泉』慶應義塾大学出版会
倉地圭二（1959）「日本商社の海外支店等の現況」『貿易クレームと仲裁』6-5
倉地圭二（1961）「外国における日本商社の貿易活動状況」『貿易クレームと仲裁』8-4
経済産業省調査統計部（2006）「経済産業省企業活動基本調査の計画に係る主要改正点（案）」
黄孝春（1992）『専門商社から総合商社へ―丸紅における事例研究』臨川書店

---

17　田中隆之の整理によれば、韓国の総合貿易商社は、①財閥への高い依存度、②メーカー機能を有し、事業投資を行う、③輸入に果たす役割が小さく、三国間貿易や技術導入の実績が少ない、という特徴を持つ（田中隆之 2012：130-131）。

斎藤憲（1992）「総合商社の登場」森川英正編『ビジネスマンのための戦後経営史入門』日本経済新聞社
実業之世界社調査部（1955a）「輸出に活躍する代表会社総まくり」『実業之世界』52-19
実業之世界社調査部（1955b）「輸出好調に対応の有力貿易商社を診断する」『実業之世界』52-19
商社機能研究会編（1975）『現代総合商社論』東洋経済新報社
申章澈（1993）「韓国の総合商社制度と政策的意義」『アジア経済』34-5
杉原薫（1996）『アジア間貿易の形成と構造』ミネルヴァ書房
杉原薫（2003）『アジア太平洋経済圏の興隆』大阪大学出版会
杉原薫（2013）「戦後アジアにおける工業化型国際経済秩序の形成」秋田茂編『アジアからみたグローバルヒストリー——「長期の18世紀」から「東アジアの経済的再興」へ』ミネルヴァ書房
杉野幹夫（1990）『総合商社の市場支配』大月書店
杉山伸也・リンダ＝グローブ編（1999）『近代アジアの流通ネットワーク』創文社
高井真（1959）「我が国の輸出経営と過当競争——海外販売活動の組織化に関連して」『商業論究』26
田中彰（2012）『戦後日本の資源ビジネス』名古屋大学出版会
田中隆之（2012）『総合商社の研究——その源流、成立、展開』東洋経済新報社
田中隆之（2017）『総合商社——その「強さ」と、日本企業の「次」を探る』祥伝社
通商産業省通商局（1967）「貿易業社の動向を見る」『貿易クレームと仲裁』14-1
通商産業省通商局通商調査課編（1953）『昭和27年度貿易業態統計表』通商産業調査会
通商産業省通商政策局編（1976）『昭和50年貿易業態統計表』通商産業調査会
土井教之・伊藤正一・増田政靖編（2006）『現代の総合商社——発展と機能』晃洋書房
日本銀行統計局（1974）『物価指数年報（資料編）』日本銀行統計局
日本銀行統計局（1977）『物価指数年報（指数編）』日本銀行統計局
福岡正章（2016）「韓国衣類産業の輸出産業化」堀和生編『東アジア高度成長の歴史的起源』京都大学学術出版会
藤村佳子・花田昌三・藤村聡（2013）「1980年代後半期の商社兼松における人事賃金政策——文書記録とヒアリング調査による実態解明」『国民経済雑誌』207-6
藤本秀三郎（1982）「三国間貿易の機能と展開」『大阪商業大学論集』63
堀和生（2009）『東アジア資本主義史論Ⅰ——形成・構造・展開』ミネルヴァ書房

堀和生（2016）「東アジアの高度成長の歴史的条件―国際分業の視点から」堀和生編『東アジア高度成長の歴史的起源』京都大学学術出版会
前田和利（1988）「戦後総合商社史ノート―総合化の初期定着について」石井彰次郎編『経営・会計の現代的課題』白桃書房
政岡勝治（2006）『総合商社の非総合性研究』晃洋書房
三菱商事編（1986）『三菱商事社史（下）』三菱商事
村上勝彦（2000）「貿易の拡大と資本の輸出入」石井寛治・原朗・武田晴人編『日本経済史2―産業革命期』東京大学出版会
谷ヶ城秀吉（2012）『帝国日本の流通ネットワーク―流通機構の変容と市場の形成』日本経済評論社
谷ヶ城秀吉（2014）「第二次世界大戦直後の三井物産における女性従業員」『アジア太平洋討究』22
谷ヶ城秀吉（2015a）「高度成長初期における総合商社の人的資源―第一物産を事例に」『名城大学総合研究所紀要』20
谷ヶ城秀吉（2015b）「日本型コンビニエンスストア・チェーンのアジア市場展開」橘川武郎・久保文克・佐々木聡・平井岳哉編『アジアの企業間競争』文眞堂
山本有造・奥和義（1990）「貿易」西川俊作・山本有造編『日本経済史5―産業化の時代（下）』岩波書店
ヤング, アレキザンダー・K　中央大学企業研究所・訳（1980）『総合商社―日本の多国籍企業』中央大学出版部
李鍾允（1983）「韓国の貿易発展と総合商社活動」『一橋論叢』90-2

追記：本章は、2018年3月24日に東北大学で開催された第20回経営史学会東北ワークショップでの報告「高度成長下における日本の貿易と総合商社―『貿易業態統計』の分析を中心に」を加筆修正したものである。ワークショップでは、久保文克、齊藤直、結城武延の各氏から有益なコメントを賜った。また、本章の執筆に当たっては、堀和生、大島久幸、岡部桂史、竹内祐介の各氏から貴重なご助言を頂戴した。記して感謝したい。なお、本章は立教大学学術推進特別重点資金（立教SFR）共同プロジェクト研究「戦後台湾の経済基盤の構築―戦前の経験と戦後日本との関係」（研究代表者：須永徳武）の助成を受けたものである。

第5章

# 日本の高度経済成長と資源政策構想
―― 長期経済計画にみる ――

小堀　聡

はじめに

　本書の第1章が強調するように、国内市場の拡大を最大の基礎とする戦後東アジアの経済成長は、世界各地からの資源輸入と、その所要外貨を獲得するための対アメリカ輸出とを不可欠の条件とするものであった。そしてこの条件は、パックス・アメリカーナに支えられたメジャーズによる中東原油の低廉・大量供給、大型タンカーに代表される第二次交通革命（杉原 2003：45-50）、欧州通貨の交換性回復（1958年）といった世界的な条件が出揃う1950年代後半に形成された。同時に日本は、世界的な条件に適合した投資――臨海工業地帯の整備やアメリカ市場の開拓など――を積極的に行なうことで、高度経済成長を始動させる。のちには、韓国・台湾や中国臨海部も、日本を模倣しつつ、この流れに続いた。

　本章の背後にある関心は、東アジアにおける世界的資源輸入の先駆者であった日本の政府や経済界が、この構想をどのようにして共有するに至ったのか、また世界各地からの資源輸入が実現した後、その維持にはどのような対応が必要と考えるようになったのか、ということである。経済史研究では、各時代の構造やその長期的趨勢を明らかにすると同時に、各時代・各地域の主体がそれをどのように認識し、構造に働きかけたのかを明らかにすることも重要であろう。構造的必然性とは、一定の幅をもつ「選択可

能性の束」に他ならないからである（石井 2012：4-5）。そこで本章では、国際経済への復帰が本格化する 1950 年代初頭から石油危機直前である 70 年代初頭にかけて、政府の長期経済計画が資源をどのように扱ってきたのかを分析する。この時期の日本が資源の開発・調達について抱いた政策構想について、その変遷を大まかに把握することが目的である長期経済計画については、60 年の国民所得倍増計画まではその作成過程も含めて明らかにされており（浅井 1999a；1999b；2000a；2000b；2000c；2000d；2001a；2001b；2002；武田 2014）、敗戦直後から経済社会基本計画（73 年）までの包括的な分析もなされている（総合研究開発機構・星野 2003）が、資源に注目して変遷を整理することが本章の作業内容である。

取り上げる長期経済計画は、1951 年の資料 B から 73 年の経済社会基本計画までである。ただし、資料 B から経済社会発展計画（1967 年）までは、「資源」としての立項はされていないため、国内資源開発や海外からの物資輸入に関連する記述を検討する。むろん、長期経済計画の内容には個別具体的な政策との乖離も見られるし、個々の政策や実体経済の動向を後追いしているに過ぎない記述も少なくない。だが、経済安定本部ないし経済企画（審議）庁が他省庁や経済界の意向も参照しつつ作成してきた長期経済計画の内容を追跡することは、政府や経済界の資源全般についての関心が何に置かれていたのか考える第一歩となろう。今後、個別の資源について具体的に分析を深める際にも、長期計画との内容の乖離や時期的前後関係が念頭に置かれることは有益である。

以下、ドル資金の節約が資源政策の目的であった時期（1951 年の資料 B から 55 年の経済自立五カ年計画）、貿易主義的な資源政策が成立した時期（57 年の新長期経済計画から 60 年の国民所得倍増計画）、海外鉱物資源の確保のみに注目するという意味で今日的な資源政策が誕生した時期（70 年の新経済社会発展計画から 73 年の経済社会基本計画）の 3 期について検討したい。

## 1.　ドル資金節約のための「資源政策」


### （1）　資料Ｂの資源政策構想

　本節が対象とするのは、1951年8月の資料Ｂ、53年の昭和32年度経済表（2月）と岡野構想（12月）、55年12月の経済自立五カ年計画である。いずれも吉田茂内閣期に作成された資料Ｂから岡野構想までが「特別外貨収入」（特需と外資導入）のために対外アピールを目的として作成された試案である一方、鳩山一郎内閣期の経済自立五カ年計画は経済自立（特需抜きでの国際収支均衡）を目指した正式な経済計画である点で大きく異なる（浅井1999a）。だが、ドル資金節約が資源政策の目的とされ、その手段として資源輸入地域の転換と自給度向上とが重視された点では一貫していた。

　資料Ｂはサンフランシスコ講和条約全権団の携行資料として経済安定本部が作成したものであり、アメリカとの外資導入交渉を行うために作成された長期計画である。この計画では、国内の水力資源開発と東南アジアからの資源調達とを同時に進めることが強調されていた（浅井2001b：45-48）。

　資料Ｂの目標は1954年末の鉱工業生産水準を197.5（1932～36年水準＝100）にすることであった[1]。だが、これを達成するには、発電設備が53万キロワット、石炭が200万トン不足する。そこで資料Ｂがまず挙げた解決策が全長1761キロの鉄道電化である。鉄道の電化は49年5月に経済安定本部資源調査会が既に提唱しており、電化によって機関車のエネルギー効率が3倍になること、また電化が火力ではなく水力によって行われ

---

1　以下、断りのない限り、［経済安定本部］経済計画室「資料Ｂ」1951年8月26日（総合研究開発機構〔NIRA〕戦後経済政策資料研究会編（1997）『戦後経済計画資料』第5巻、日本経済評論社：150-156、200-201）。

れば「多量の優良炭が他の工業にふりむけられるようになるから、日本産業の発展に貢献するところ甚大」であることが期待されていた[2]。50年代初頭における鉄道電化の目的は輸送の高速化・効率化ではなく国内石炭資源の節約であり、資源政策であった。

　だが、鉄道電化によって発電設備の要増設量は76万キロワットへと増加する。この水力開発に必要な資金を2億8500万ドルの外資導入によって実現しようというのが吉田茂内閣の目論見であったが、ここで問題となるのが日本経済の償還能力である。1954年度の国際収支バランスでは3億5800万ドルの黒字が予想されたものの、これを通貨別にみると、ポンドが3億900万ドルの黒字、オープン・アカウントが7700万ドルの黒字なのに対し、ドルは2800万ドルの赤字であった。ゆえに、「ドル借款をドル外貨で返済するだけの余裕は生じない」。

　そこで解決策として挙げられたのが輸入先のドル圏からポンド圏およびオープン・アカウント圏への転換であり、この輸入転換を円滑に進めるために強調されたのがいわゆる日米経済協力（新特需と東南アジア開発）であった。すなわち、「東南アジアに対するアメリカ政府の軍事援助及び経済援助の一部をわが国からの物資購入に充当することによつてポンド圏及びオープンアカウント圏への輸出をドルで受取れるように措置することが必要」であり、アメリカの対東南アジア経済援助をさらに積極化することも強調された。そして、日本自身も東南アジアの資源開発に積極的に取り組むことが掲げられた。その手段は、投資財輸出、技術援助、投融資などであり、開発対象としてはまず食糧が、ついで鉱山が強調される。食糧では「農地の開拓、かんがい農器具の改良種子の改良等を必要とし、日本からは農業技術の改善、肥料農器具の輸出等を通じて協力することが必要であ」り、鉱山開発でも「機械設備、鉄道、港湾設備の改良、技術指導」などが必要とされた。外資導入による国内水力開発と日米両国の東南アジア

---

2　経済安定本部資源調査会事務局『資源調査会について—昭和22年12月の創立から現在まで3年半の活動概要』1951年7月1日：16。

への積極的な関与とが一体のものとして掲げられたのである。

### （2） 昭和32年度経済表と岡野構想との資源政策構想

　資料Bが目論んだアメリカからの大規模な外資導入は1952年に頓挫し（浅井2001b）、東南アジア開発の有望なプランとして期待された日印合弁製鉄会社構想も53年2月に水泡に帰した（浅井2002：139-142）。だが、吉田内閣は52年以降も世界銀行借款（52年8月に世界銀行とIMFに加盟）や経済援助などを通じた「特別外貨収入」を期待しており、その説明資料やアピールを目的として昭和32年度経済表（53年2月）と岡野構想（同年12月）とが経済審議庁によって作成された（浅井1999a：69-71）。だが、一連の経済援助については、アメリカの財政当局や世界銀行の「銀行家の論理」が絶えず歯止めをかけており、しかも53年に入ると、日本の経済界や政府内部からも特需依存経済への批判と輸出促進による経済自立とが提起されるようになった（浅井2002）。このため、特需への依存を前提としながらも、昭和32年度経済表は「貿易の正常化を目標と」し、岡野構想も「国民消費水準の維持充実に努めつゝ、極力正常な貿易による国際収支の均衡を図る」ことを目標に掲げており、その手段も資料Bより具体化されている[3]。

　国際収支均衡の手段として明記されたのが、資源輸入のドル圏からポンド圏およびオープン・アカウント圏（とくに東南アジア）への転換であり、国内自給度の向上であった。昭和32年度経済表の貿易計画は米、小麦、大麦といった「食糧の輸入転換に重点」を置き、これを「ドル節約と東南アジア地域への輸出増大（食糧輸入代金が東南アジア地域の対日購買力を増大させるから）の二重効果を最大ならしめ、わが国と東南アジア地域相互間の貿易規模の拡大的均衡を達成する効果的な方法」と評価した。鉄鉱石

---

3　両計画については、［経済審議庁］計画部試案「昭和三二年度経済表の総括的説明」1953年2月18日、「わが国経済の自立について（岡野試案・第一次改訂案）」1953年12月（以上、NIRA『戦後経済計画資料』第5巻：237-253、311-321）。

についても同様の転換を期待している。だが、食糧資源の輸入地域転換を実現するには、コロンボプラン等の食糧増産計画が「完全に達成」されることが必要とされた。「日米経済協力」が後退するなかで、日本の東南アジア開発への関与は資料Bと比べて強調されていなかったのである。しかも、コロンボプランが達成されたとしても、「増加食糧は増加人口に吸収される可能性がある」ことが懸念されていた。

このため、昭和32年度経済表や岡野構想では、国内自給度の向上が資料Bよりも強調されることとなった。岡野構想では、国内自給度の向上策として、①食糧の増産、②合成繊維の増産、③外航船腹の増強、④電源開発の促進が列挙され、とくに①、②が重視されている。これらにより、食糧では4億4000万ドル、合成繊維への転換により1億6000万ドル（綿花輸入84万俵に相当）、海運では9000万ドルの節約が見込まれたのである。

### （3） 経済自立五カ年計画の資源政策構想

こうした国内資源開発政策がもっとも全面的に掲げられたのが1955年12月の経済自立五カ年計画であった。この最初の体系的な長期経済計画では、計画目標に、①経済の自立、②雇用の増大、③経済の安定、④経済の質的改善と量的発展との調整の4点が掲げられ、必要施策としては、①産業基盤の強化、②貿易の振興、③国内自給度の向上と外貨負担の軽減、④国土の保全と開発の促進などが挙げられている。

具体的な資源政策構想には、米麦の増産、低品位炭や砂鉄等の合理的高度利用、天然繊維から人造繊維への転換が掲げられている。人造繊維では水力を利用する電気化学が引き続き中心であるが、「石油化学工業を中心とする合成繊維、合成樹脂、有機薬品等の製造工業の育成」も記述されているのが特徴である。ただし、石油化学の意義にも自給度の向上がやはり挙げられており、原油輸入の外貨負担が綿花や化学工業製品のそれよりも少ないことが期待されたと思われる。石油化学工業は海外資源への依存ではなくドル資金節約の一環としてその振興が正当化されていた。また、海

外からの資源調達でも、輸入をドル圏からポンド圏へと転換することによるドル・ギャップの解決が重視された[4]。

だが、計画の主要目標に貿易の振興が国内自給度の向上とともに掲げられたことからも窺えるように、自給度向上や資源輸入先の転換については、異論も存在していた。その中心が貿易部会である。高垣勝次郎（三菱商事社長、貿易部会長）、阿部孝次郎（日本紡績協会委員長）、新関八州太郎（第一物産社長）、倉田主税（日立製作所社長）が委員を務める貿易部会は「極力、非経済的な自給度向上政策をさけて貿易第一主義で考えたい[5]」と主張していた。結局、貿易部門の計画では「経済性に反した自給度向上は、あるいは限界生産費を高めて輸出競争力を失わせ、あるいは、そのための投資がインフレを招き、輸出の増大を妨げ、縮小均衡に陥らしめる結果となり勝ち」と論じられ、「自給度向上は原則的には国際競争に耐えうるような価格と品質においてなされることが必要であり、この意味での貿易主義は貫かれるべき」と明記される。輸入市場の転換についても、「過去の経験に徴しても種々の障碍があり、特に輸入価格を高めるおそれが多分にあるので…（略）…経済性の原則から自らその限度をなすことが銘記されるべき」とした[6]。

また、低品位炭や砂鉄の開発とも関わる鉄鋼業からも、海外資源の積極的活用が提起された。すなわち、「本計画では輸出の促進と並んで自給強化の線も打出しているが、この両者は場合によつては矛盾する」ことを突き、「自給することのためにコスト引上げ、それが輸出を阻害する結果となるものについては、自給化を固執しない方針を徹底すべきであらう…（略）…石油の輸入増加による外貨消費の増大は、コスト低下による輸出の振興によつて充分償い得るであらう」というように貿易部会と同様の貿

---

4　以上、経済企画庁編『経済自立五ヶ年計画—附　各部門別計画資料』1956年1月（総合研究開発機構〔NIRA〕戦後経済政策資料研究会編（1999）『国民所得倍増計画資料』第1巻、日本経済評論社：39-47、123）。
5　経済企画庁『総合経済計画試案の審議経過』1956年1月25日（NIRA、同上：317）。
6　経済企画庁『経済自立五ヶ年計画』（NIRA、同上：119-120、165-166）。

易主義を強調し、海外鉱山資源の調査や鉱石専用船の建造など高度成長期につながる提言を行なったのである[7]。

　実際、こうした批判は最終答申に部分的に反映された。貿易計画では通貨別の収支表が非公表になるとともに、輸入転換計画においても一部の物資ではその困難性が逆に強調されている。たとえば、米では「米ドル地域からの輸入を極力切り詰めて、東南アジア諸国への転換を図る」、鉄鉱石・粘結炭では「中共、ないしは東南アジア等の非ドル地域へ、かなりの転換を図る」というように昭和32年度経済表と同様の転換方針が掲げられたのに対し、小麦では「非ドル地域の供給が限られているため、依然として輸入量の大部分をドル地域に依存」、砂糖では「ドル輸入を漸次台湾、インドネシア等のオープン諸国に切り替える方針であるが、価格面での問題や、国際砂糖協定などの制約があるためそれほど計画的な市場転換は期待できない」、綿花では「インド、パキスタン等へ極力地域転換を図るべきであるが、これら後進諸国では今後工業化の進展にしたがって、綿花の自国消費が増加する傾向にあり、また非ドル地域の綿花に対しては西欧諸国等の需要がかなり強いし、その上品質、価格面での問題もあるため、結局買付市場の転換は極めて困難」であるとそれぞれ明記された[8]。これらの資源では輸入先の転換は事実上否定されたのである。

　とはいえ、同時に留意されるべきは、こうした貿易主義が全面的な勝利は収めず、自給度向上政策が計画の主要目標として存続した点で、これ以降の長期計画とは大幅に異なるということである。この背景としては以下の2つが指摘される。第1に貿易摩擦への懸念である。経済企画庁の説明資料でも、輸入市場の転換と同時に「積極的なドル輸出特に対米輸出の伸長を考えなければならない」とされていたが、ここで同時に指摘されたのが、1955年の1ドルブラウス事件[9]であった。このため、対アメリカ輸出

---

7　岡村武「総合経済6ヶ年計画に対する鉄鋼業界の答申事項」1955年9月30日（経済企画庁『総合経済計画試案の審議経過』（NIRA、同上：439-441））。
8　経済企画庁『経済自立五ヶ年計画』（NIRA、同上：123-124）。

では「同国の生産業者との摩擦を極力回避するよう品目、価格、数量等の面でも十分考慮を払う必要があるとともに、経済外交の推進により障害の解決に努めなければならない」というように、その困難性が同時に認識されていた[10]。第2に、より大きな問題として雇用機会の確保が挙げられる。経済自立五カ年計画では、第一次産業の就業者数は1954年の1735万人から60年には1811万人へと増加することが見込まれており、この数値は第一次産業の増産を根拠とするのみではなく、「第二次及び第三次産業における就業と雇用の状態をも考慮して」弾き出されたものであった[11]。当時の国内資源開発政策、とくに農業政策は雇用政策でもあった。

## 2. 貿易主義的「資源政策」の成立

### （1） 計画目標と重点施策

これまでみたようなドル資金節約のための資源政策が終焉し、資源の多くを海外に依存することを前提とした上で、輸出振興やさらにはより長期的な経済協力の手段として資源が位置づけられるようになったのが、1957年12月の新長期経済計画であり、60年12月の国民所得倍増計画であった。本節ではこれらの両計画を分析する。

まず、計画目標から確認すると、新長期経済計画では、「できるだけ高い成長」を実現することで、「国民生活水準の着実な向上を図りつつ完全

---

9　1953〜55年に日本の対アメリカ綿ブラウス輸出が急増した結果、55年に対日輸入制限運動がアメリカ内で展開された事件。56年1月には対アメリカ輸出自主規制が実施され、戦後初の日米貿易摩擦として知られる。もっとも、輸出の大半はアメリカの縫製業者の注文によるものであり、「戦後のアメリカ企業に主導されたアメリカ向けOEM輸出主導型工業化の原点」とも今日では論じられている（富澤2018：第3章）。

10　経済企画庁『経済自立五ヵ年計画説明資料』1956年1月（NIRA『国民所得倍増計画資料』第1巻：251）。

11　経済企画庁『経済自立五ヶ年計画』（NIRA、同上：106、148）。

雇用の状態に接近」することが掲げられている。ついで、国民所得倍増計画では、「安定的な極大成長」によって「国民生活水準の向上と完全雇用の達成」を図るとされた。高度経済成長の開始とともに、計画目標は経済自立から極大成長へと明確に転換されたのである。

　この転換とともに、自給度の向上は重点施策項目から脱落した。まず、新長期経済計画では「輸出の拡大」が最重点施策に挙げられており、資源もそれとの関連でおもに論じられることとなる。また、国民所得倍増計画では、①社会資本の充実、②産業構造高度化への誘導、③貿易と国際経済協力の促進、④人的能力の向上と科学技術の振興、⑤二重構造の緩和と社会的安定の確保が挙げられた。このうちとくに①と②とに内需拡大の意味が付与され、それが③よりも上位施策とされたのが新長期経済計画との大きな相違である[12]。

### （2）　新長期経済計画の輸出政策と資源政策構想

　新長期経済計画において極大成長を目指す際に、育成強化の対象として特に重視されたのは、雇用吸収度の高い以下の2部門であった。第1に重化学工業のなかでも雇用吸収度が高く所要エネルギーが少ない機械工業であり、第2に雑貨・工芸品など国際分業上有利な労働集約的製品を生産する中小企業である。そして、両者はともに輸出を通じた育成が強調されており、この際に念頭に置かれたのが輸出構造の二面性である。すなわち、食糧及び飲料、繊維、木製品、雑製品の輸出先としては北米と欧州とが重視されたのに対し、資本集約的商品（薬剤化学製品、人造繊維、非金属鉱物製品、卑金属、金属製品、機械など）では、東南アジア市場が期待されていた。「産業構造高度化ないし重化学工業化の要請は東南アジアの市場性を依然として高く浮かび上がらせる」ため、これらの「輸出の重点を東南アジアにおくことがわが国輸出の長期的方向」とされたのである。新長期経

---

12　経済企画庁編『新長期経済計画―附　各部会報告』1957年12月、経済企画庁：2-3、経済企画庁編『国民所得倍増計画』1961年2月、大蔵省印刷局：10-12。

済計画では、内需拡大の予想が未だ慎重なことを背景として、東南アジア市場への注目が、1950年代初頭と同様に高まったのである。だが、50年代前半にはドル資金節約のための資源輸入に力点が置かれていたのに対し、新長期経済計画では輸出市場として期待された。

しかし、ここで問題となるのが、「東南アジア諸国の購買力の不足の現実からみると計画達成の道はきわめて険しい」ことである。そこで解決策の1つに挙げられたのが、東南アジアからの資源輸入であり開発であった。「クレジットの供与、海外投資、技術援助」などに加えて「食糧、原材料の長期買付等輸出伸長に資する輸入政策の採用を考慮」することで、16億ドル余の輸出を可能とする購買力の付与を目指したのである[13]。

そして、こうした対東南アジア輸出を目的とする資源政策を理解する上で前提となるのが、資源の輸入それ自体についていえば、東南アジアに拘泥する必要はない、ということである。新長期経済計画では、通貨の交換性回復が進展していることを背景として、通貨別収支バランスは厳密には考慮しなくてもよい段階になっており、輸入市場としては北米に多くを期待していた。また、このことを前提として、経済自立五カ年計画で鉄鋼業が主張したような貿易主義が明記されることとなる。新長期経済計画の鉱工業部会報告は、その5番目に「基礎原材料の長期需給の安定」を掲げ、「鉄鋼原材料については海外における鉄鋼資源、原料炭の開発確保ならびに鉱石専用船の建造とその効率的運用、港湾の整備等の輸送対策を確立し増大する製鉄原材料輸入の低廉かつ安定した供給をはかる必要がある」とした。東南アジアに限らない海外資源の積極的活用を強調したのであり、その優先順位は「国内資源の開発とその有効的利用」（6番目）よりも高く位置づけられていた[14]。新長期経済計画では、エネルギー部門でも、国内炭や原子力といった国内エネルギー資源の開発とともに原油輸入の増大を予測し、それに備えたタンカー・港湾の整備などを掲げている[15]。56年の

---

13　経済企画庁『新長期経済計画』: 24-25、95-97。
14　同上: 56、93-94。

景気拡大を機に、「経済白書」はエネルギー、鉄鋼、輸送（港湾など）を「生産隘路」と認識しており[16]、これらの解決には海外資源の積極的活用を促進するような政策が必要不可欠と考えたのであった。

### （3）　国民所得倍増計画の資源政策構想

　新長期経済計画と国民所得倍増計画との貿易計画における最大の相違は、高所得地域向け輸出の拡大がさらに期待されるようになったことである。すなわち、トランジスタラジオなど機械製品輸出の伸長が進みつつあることを背景として、機械、耐久消費財、化学製品、高級繊維の対欧米輸出の増大がさらに期待されることとなった。その一方で、低所得地域市場輸出の比率は低迷が見込まれ、「大幅な輸出伸長を期待することは困難」な見通しとなった。このため、資源輸入が東南アジア向け輸出と関連付けて語られる必要性は、当然低下する。事業投資、借款供与、延払輸出などは「経済協力」という概念でより抽象的に語られることが多くなり、その対象地域も「後進諸国のうち、最も重視すべきは東南アジア諸国であるが、その他ラテン・アメリカ、大洋州、中近東アフリカの諸国についても借款供与、延払輸出等、経済協力の推進を図る」というように、拡大することになった。東南アジアの資源開発は喫緊の課題ではなくなったのである[17]。

　結局、国民所得倍増計画で重視されたのは、世界各地から資源を輸入してくることを前提として、それをいかに効率的に使いこなすかであった。国民所得倍増計画の作成に大きく携わった大来佐武郎は、「海岸線に囲まれた日本の地理的条件というものは世界各地の原料を消化し、これを工業製品につくりかえて行くという上から見て有利の条件を備えている」と同時に、「もしも原料が世界各国から自由に手に入るということになれば、それを加工し、製品を生産する人間の能力というものが、経済の発展にとっ

---

15　経済企画庁総合計画局編『日本のエネルギー』日刊工業新聞社、1958年6月。
16　経済企画庁編『経済白書』昭和32年度、至誠堂：17-18、28-33。
17　経済企画庁『国民所得倍増計画』：188-192。

て最も決定的な要素となる」と明確に述べている[18]。こうした発想に沿って計画に明記されたものこそが、東海道・瀬戸内沿岸を中心に臨海工業地帯を拡充する太平洋ベルト地帯構想であり（このアンチテーゼとしてのちに選定された新産業都市も、その大半が臨海コンビナートの建設を掲げていた点では、太平洋ベルト地帯と同工異曲である）、主要施策における「人的能力の向上」に他ならない。戦後東アジアの経済成長は海外資源と国内人的資源との結合によって初めて達成されたものであり（杉原 2003）、国民所得倍増計画は事実上それを最初に掲げた長期経済計画であった。

　こうして海外資源の依存を意識的に推進すると同時に、国内資源の開発は意識的に抑制されることとなる。新長期経済計画では年産 8000 万トン（1975 年）を目標としていた国内炭の生産計画は、国民所得倍増計画では 5900 万トン（80 年）とされ、対 1959 年比で 800 万トンの増産へと大幅に下方修正された。また、経済自立五カ年計画までは国内自給度の向上策としても重視されていた農業でも、50 年代後半に国内での米穀増産と需要の停滞とがともに進展した結果、国際競争力や非農業部門との所得格差是正が重視されるようになった。この手段として国民所得倍増計画が掲げたのは、農家の経営規模拡大であり、「惰農」の「脱落」という経済合理性を通じた発展であった[19]。むろん、その後の農政がこの通りに進展したわけではないが、農産物を綿花や鉱物資源などと一括りの資源として考察する思考は後退したのである。

---

18　大来佐武郎「外から見た日本経済」商工財務研究会『アルプス・シリーズ』第 89 号、1959 年 1 月：17、19。
19　経済企画庁『国民所得倍増計画』：124、132、198、202。

## 3. 資源政策の誕生

### （1） 計画目標と重点施策

　国民所得倍増計画につづいて、1965年に中期経済計画が、67年に経済社会発展計画がそれぞれ佐藤栄作内閣下で作られた。だが、これらでの資源の取り上げ方に、国民所得倍増計画との全般的な違いを見出すことは難しい。資源の扱いが大きく変化するのは、長期経済計画に「資源」の項目が初めて登場した新経済社会発展計画（70年4月、佐藤内閣）であった。資源については73年2月の経済社会基本計画（田中角栄内閣）でも扱われており、本節ではこの両者を高度成長期末の資源政策構想として、ともに検討したい。

　なお、この際に注意すべきは、資源の範囲が「再生不可能でありかつ工業原燃材料という性格を持った自然資源」に木材を加えたものにすぎなかったことである[20]。両計画では、1950年代に比べて資源が明確に取り上げられた反面、その含意は事実上縮小していた[21]。

　まず、両者の計画目標について確認すると、新経済社会発展計画が「均衡がとれた経済発展」を通じた「住みよい日本の建設」なのに対し、経済社会基本計画は国民福祉の充実と国際協調の推進との同時達成であった。そして、重点施策については、新経済社会発展計画では、国際的視点に立つ経済の効率化、物価の安定、社会開発の推進、適正な経済成長の維持と発展基盤の培養が挙げられたのに対し、経済社会基本計画では、豊かな環境の創造、ゆとりある安定した生活の確保、物価の安定、国際協調の推進

---

20　経済審議会資源研究委員会編『国際化時代の資源問題―資源研究委員会報告書』大蔵省印刷局、1970年3月、はしがき。
21　1960年代末葉の資源政策における資源の概念が、戦後復興期よりも矮小化されている点については、佐藤（2011：第3〜4章）。

が挙げられており、経済発展や経済成長が目標と施策とから脱落していることが分かる。両計画の間には公害国会やニクソンショックが挟まれており、これらの国内的・国際的情勢が全体的特徴を非連続性の強いものとした（総合研究開発機構・星野 2003：第 11〜12 章）。

### （２）　資源研究委員会と新経済社会発展計画

　新経済社会発展計画で資源問題が扱われた契機は、1969 年 5 月の経済審議会総合部会が重点検討項目の一つに資源問題を決定したことであった。これをうけて、審議会内に資源研究委員会（主査：大堀弘電源開発副総裁）が設置され、委員会は 69 年 12 月に報告書を提出する。

　資源研究委員会が抱いた問題意識は、①資源消費量の急増、②ウラン、天然ガス、低硫黄原油など資源の質の多様化、③資源生産の地理的偏在と大資本による支配であった。このため、「質的な面において、良質で低廉なものを入手しにくくなってきているばかりか、ある種の資源については数量的な面での入手不安」が生じ、「経済発展の阻害要因としての資源問題」が登場したのである。具体的には、ベトナム戦争やストライキによる銅の価格高騰。ニッケル、アルミの対日輸出規制と品位の低下。原料炭では産地が先進国に偏在しているため労働力不足による原料炭危機が懸念されること、などである。以下、ウラン、外材、石油についても触れられている（鉄鉱石では問題点は指摘されていない）[22]。

　これらへの対策として委員会が提唱したのが、海外資源政策の樹立であった。「多くの資源についての海外依存度は 50％ をこえており、しかも今後の資源需要の急増は海外への依存度を一段と上昇させることが必至であることを考慮するならば、…（略）…正当な位置づけを海外資源に与えつつ、主体的な戦略を立てていくという姿勢が必要なのである」。そして、その手段として重視されたのが自主開発であった。委員会によると、自主

---

22　経済審議会資源研究委員会『国際化時代の資源問題』：1-9、50、132-133。

表5-1 主要物資の輸入量における自主開発および融資輸入の状況
(1970年度)

|  | 全輸入量 ① | 自主開発 ② | 融資輸入 ③ | ②/① (％) | ③/① (％) |
|---|---|---|---|---|---|
| 銅 | 65 | 4 | 10 | 5.8 | 15.8 |
| 鉛 | 11 | 1 |  | 6.4 | 0.0 |
| 亜鉛 | 39 | 2 |  | 5.1 | 0.0 |
| アルミニウム | 98 | 9 |  | 9.2 | 0.0 |
| ニッケル | 10 |  | 1 | 0.0 | 9.0 |
| 鉄鉱石 | 10205 | 1150 | 200 | 11.3 | 2.0 |
| 原料炭 | 4951 | 336 | 76 | 6.8 | 1.5 |
| 原油 | 20500 | 2100 |  | 10.2 | 0.0 |

出所：通商産業省鉱山石炭局編『資源問題の展望』通商産業調査会、1971年11月：20-21
注：単位は以下の通り。原油：万キロリットル、その他：万トン。

開発は他の資源輸入方式（融資輸入、長期契約輸入、単純輸入）と比べて、以下の３点で極めて異質であるとされた。第１に、採掘部門経営に関与することで資源供給における主体性が発揮されること。第２に、加工部門と採掘部門とのインテグレーションが期待されること。第３に、自主開発比の高まりによりバーゲニングパワーが強化されることで、他の資源輸入方式における不安定性が軽減されることである。また、副次的効果として、原油の「低硫黄化は自主開発を進めることによって一層促進されることが期待される」ため、公害対策としての意味も付与された。にもかかわらず自主開発比率が不充分であることが問題視されるとともに（当時の通商産業省の調査によると、表5-1）、「資源開発に必要な資本と技術及び産出物の安定的市場を有しかつての宗主国ではないわが国への期待がとみに高まって」おり、資源保育国からの接近が期待されることなどから、今後の海外資源開発についての期待も語られたのである[23]。

---

23 同上：133-142。

以上の報告書をふまえて、新経済社会発展計画では、エネルギーと基礎資源の確保の一環として「海外資源の自主開発を中心として、資源の低廉かつ安定的な確保」をすることが明記された[24]。

### （3）　資源研究委員会と経済社会基本計画

　新経済社会発展計画完成から1年後の1971年4月、資源研究委員会は再発足し、72年10月に報告書を完成させた（委員長：中山素平日本興業銀行相談役）。ここで強調されたのは、のちの経済社会基本計画と同様、「世界の中の日本」であった。石油輸出国機構（OPEC）諸国の活発化や環境問題の深刻化を受けて「自主開発による供給確保という意識だけではこの難局を乗切れぬのではないかという反省が見られ始め」た結果、「「自国経済の成長のために資源を確保する。」という考え方を発展させ、「日本経済の調和のとれた発展を図りつつ、世界の中で大きくなった日本の役割と責務を全うしながら資源の開発、利用を進めていく。」という理念を確立することが必要」と考えられたのである。

　「世界の中の日本」の前提となるのは、日本の資源輸入が粗原料中心であり、かつ複数の品目で世界最大の輸入国になっているという事実であった（表5-2）[25]。日本の高度成長は日本を経済大国にすると同時に資源輸入大国としたのであり、「世界の資源市場において大きなシエアを占めるに至ったわが国の動向が世界的に注目され、その資源入手にあたってのビヘイビアが国際的な摩擦要因となるのではないか」と懸念されたのである[26]。

　そこで具体的提言としては、前回報告と異なり、世界の資源需要の安定

---

24　経済企画庁編『新経済社会発展計画』1970年5月、大蔵省印刷局：64-66。
25　同時期に通商産業省が行なった国連統計の調査によると、資源（SITC2-3-4類〔食用に適さない原材料品および鉱物性燃料油〕）輸入額のうち、日本の占める割合は1966年にイギリスとソ連圏とを、67年にアメリカを抜き、文字通り世界1位となった。69年における世界の資源輸入額で日本の占める比率は11.8％である。通商産業省鉱山石炭局編『資源問題の展望』通商産業調査会、1971年11月：13。
26　以上、経済審議会資源研究委員会編『変化の中の資源問題—資源研究委員会報告書』大蔵省印刷局、1972年11月：巻頭言、1-2、45-47、60。

表5-2　OECD諸国の資源輸入に占める主要国の比率（1969年、%）

|  | 日本 | アメリカ | 西ドイツ | フランス | イタリア | イギリス |
|---|---|---|---|---|---|---|
| 銅 | 19.2 | 9.2 | 18.1 | 11.0 | 7.8 | 14.6 |
| 　　うち鉱石 | *73.0* | *2.2* | *13.1* | *0.0* | *0.0* | — |
| 鉛 | 8.3 | 21.3 | 16.8 | 8.2 | 5.4 | 18.3 |
| 　　うち鉱石 | *20.3* | *11.2* | *26.2* | *14.0* | *3.5* | *8.1* |
| 亜鉛 | 12.1 | 30.6 | 14.5 | 7.1 | 3.2 | 13.0 |
| 　　うち鉱石 | *12.7* | *8.2* | *5.3* | *6.2* | *0.9* | *5.0* |
| アルミニウム | 12.6 | 25.1 | 16.7 | 5.5 | 5.2 | 14.6 |
| 　　うち鉱石 | *12.7* | *58.1* | *8.2* | *2.0* | *2.4* | *1.9* |
| ニッケル | 13.6 | 28.2 | 11.2 | 5.1 | 4.2 | 15.1 |
| 　　うち鉱石 | *95.2* | *0.5* | *0.1* | *0.4* | *0.1* | *1.3* |
| 鉄鉱石 | 33.9 | 16.8 | 17.7 | 2.8 | 4.5 | 7.9 |
| 原料炭 | 35.7 | 0.1 | 5.5 | 10.9 | 9.9 | 0.0 |
| 原油 | 18.3 | 11.2 | 11.5 | 11.1 | 13.0 | 12.1 |

出所：経済審議会資源研究委員会編『変化の中の資源問題―資源研究委員会報告書』
　　　大蔵省印刷局、1972年11月：47、50
注：1）原資料はOECD統計（1969年）。
　　2）非鉄金属は鉱石（含む精鉱）と地金の和。
　　3）非鉄金属は金額比。他は物量比。
　　4）—は不明。

化（安定的な経済運営、備蓄対策）と国際協調等の推進（「国際資源企業行動憲章」的なものの作成、情報収集）とがまず強調された。「消費バッファーをもたない大口消費国の存在は、国際的な安定性確保に対する責任を十分に分担している国の姿とは言いがた」く、「世界的規模での需要の安定化をより有効に実現するためには、国際的な緩衝在庫システムを提唱することも考慮に値」するからである。ついで、自主開発についても、「世界の資源供給能力の拡大」や「資源保有国等の経済開発に対する積極的協力」という観点から正当化される。

　さらに浮上したのが、日本国内の産業構造の転換を通じた公害対策と経済協力とである。報告書は「国土の狭小なわが国での資源の多消費そして、

とくに精製、精錬等資源加工型産業のウエイトの高いことによる資源多消費、エネルギー多消費型の産業構造が公害立地問題の深刻化の一因となっている」と認識し、この対策として、「国内の産業構造についても資源加工型＝重化学工業型から、より付加価値が高く、かつ省資源・省エネルギーのタイプへの転換を推進して行くことが重要」であり、「工場再配置計画を推進して、資源加工業の適正配置が促進されることを期待するとともに、資源加工業の海外立地をも進めていく必要があろう」と提言した。しかもこの提言が、「資源をめぐる国際協調等の推進」の一環として語られているのである[27]。

この報告書を受けて、経済社会基本計画は「産業政策、科学技術政策」の一項目に「資源・エネルギー政策の新展開」を明記し、①国際協調を基本とする資源・エネルギーの安定供給の確保、②使用エネルギーの無公害化、③省資源・省エネルギー化、④電源立地の円滑化の推進を掲げた。④は1974年6月のいわゆる電源三法につながるものである。

ここで興味深いのは、「省エネルギー」の概念が公害対策とも関連付けられつつ、石油危機以前から既に使用されていたことである。だが、先ず念頭に置かれているのは、「産業構造の知識集約化、資源加工型産業の海外立地の促進等に努めるほか資源・エネルギー節約、再利用に関する技術開発を推進する」というように技術革新ではなく産業構造の転換であった[28]。

そして、産業構造の転換は、経済協力と同時に公害発生源の途上国への移転、すなわち"公害輸出"に陥る可能性を絶えず有する。実際、経済審議会でも産業立地研究委員会では新経済社会発展計画作成時から同様の構想を既に掲げており、主査の土屋清は以下のように述べていた[29]。「［日本では］狭い土地に対して全米国の五分の一程度の生産が集中するのである

---

27 　同上：60、97-108。
28 　以上、経済企画庁総合計画局編『経済社会基本計画—活力ある福祉社会のために』経済企画協会、1973年2月：68-70。
29 　土屋清（経済審議会産業立地研究委員会主査）「70年代の産業立地政策」『経団連月報』第18巻第4号、1970年4月：49。

から、いかに公害防止に全力をあげても、それを完全に防ぐということは困難である。［原文改行］ここにおいて各種立地要因の制約と公害防止両方の観点から、好むと好まざるとを問わず、企業は眼を海外に向けざるを得ないであろう。とくにわが国は大量の海外資源開発を行なわざるを得ない立場に置かれている。石油、鉄鉱石、粘結炭、銅、木材等を見ても、今後はその大半を海外に仰がざるを得ず、その場合、単に資源の開発にとどまらず、それに関連する製品加工まで行なうことが望ましい場合も出てくる。海外の資源開発および製品加工は、後進国開発援助にも有力な手段となるので今後その必要性は一そう高まるに違いない。しかも、わが国の外貨事情からいって今後は日本企業の海外進出が可能となる情勢である」。

はたしてこの際、「後進国」での「公害防止」はどの程度考慮されていたであろうか。

## おわりに

1950年代半ばまでの資源政策はドル資金節約の手段であった。このため、鉱物資源のみならず、当時その外貨負担が問題視されていた食糧資源や繊維原料が、事実上同一の枠内で語られていたのである。だが、通貨の交換性が回復し、貿易政策の力点が輸出振興へと移り、さらには対欧米機械製品輸出の伸長が確実視されると、資源政策は輸出市場開拓の一手段を経て、より長期的な経済協力の一手段として位置づけられるようになった。そして、こうした位置づけを可能にしたのは、世界各地から資源を自由に輸入できるとの見通しであり、それに対応した臨海工業地帯の整備であった。

だが、世界的資源輸入が進展した1960年代末になると、海外鉱物資源の確保にのみ焦点を当てるという意味で、今日的な資源政策が誕生する。これは、「戦後の高度成長の過程で生じた急速な資源需要の増大に対し、

資源確保という観点からは、特別の手段を講ずることなく、資源を世界中から自由選択的に商業ベースで輸入することで対処してきた[30]」ことへの反省によるものであった。そして、自主開発、備蓄、省エネルギー、消費国間協調[31]など石油危機後に本格化する政策課題は、長期経済計画においてはそれ以前から既に出揃っていたのである。むろん、これは国内資源の放棄と裏腹であった（佐藤 2011：154-180）。

　以上を踏まえた上で、今後のおもな検討課題としては以下の2つがある。第1に、日本の長期経済計画が東アジア諸国の資源・エネルギー政策に与えた影響。第11章が論じるように、韓国、台湾でも1960年代半ば以降、日本と同様の消費地精製主義が定着し、国産エネルギーから輸入原油への一次エネルギーの転換（エネルギー革命）が急速に進展した。この背景にはタンカーの大型化のような日本と同様の取り組みがあったのみならず、精油所建設技術の日本からの移転も確認される。また中国でも、改革・開放以降、長江デルタなどの臨海部にて、鉄鋼、石油化学などの資源集約的産業が成長していく（杉原 2018）。これら東アジア全体の流れに、日本の長期経済計画やその作成経験は棹差したのであろうか。たとえば、大来佐武郎は79年に中国政府の要請で国家計画関係部局の幹部に日本の経済発展や経済計画について講義をしており、日本の高度成長の諸要因のなかに大型船舶の利用や工業地帯の臨海立地も挙げている（小野 2004：330-335）。こうした情報伝達が活かされたのか否かを具体的に明らかにすることが必要であろう。

　第2に、石油危機後との関連でさらに問われるべきこととして、石油危機前から考えられていた諸課題について、その解決目論見と実際の推移との間にどのような異同がみられるかを具体的に追究することがあろう。た

---

30　経済審議会資源研究委員会『変化の中の資源問題』：57。
31　白鳥（2015）は、エネルギー資源外交において、石油危機以前から、資源問題の南北問題からの独立と海外資源開発支援から消費国間協調への力点の移動とが外務省内で進展していたことを評価している。

とえば、石油危機以前の長期計画における省エネルギーは産業構造の転換を先ず念頭におくものであり、公害輸出の可能性を強く有するものであった。だが、石油危機後における省エネルギーや低公害化の進展は決して産業構造の転換のみによるのではなく、著しい技術革新も伴ったものである。そして、この技術革新は、石油危機以前からの技術や制度（学協会での技術交流や公害防止管理者など）にも支えられていた（伊藤2016；杉山・加治木2010；宮本2014：450；Kobori 2017）。長期経済計画の作成にかかわった政府・経済界関係者は、当時の日本社会の技術や制度を過小評価していたのである。

**参考文献**
（日本語）
浅井良夫（1999a）「「経済自立5カ年計画」の成立（1）」『成城大学経済研究』145
浅井良夫（1999b）「「経済自立5カ年計画」の成立（2）」『成城大学経済研究』146
浅井良夫（2000a）「「経済自立5カ年計画」の成立（3）」『成城大学経済研究』148
浅井良夫（2000b）「「経済自立5カ年計画」の成立（4）」『成城大学経済研究』149
浅井良夫（2000c）「「経済自立5カ年計画」の成立（5―完）」『成城大学経済研究』150
浅井良夫（2000d）「『新長期経済計画』と高度成長初期の経済・産業政策」『成城大学経済研究所研究報告』25
浅井良夫（2001a）「1950年代前半における外資導入問題（上）」『成城大学経済研究』153
浅井良夫（2001b）「1950年代前半における外資導入問題（中）」『成城大学経済研究』154
浅井良夫（2002）「1950年代前半における外資導入問題（下）」『成城大学経済研究』156
石井寛治（2012）『帝国主義日本の対外戦略』名古屋大学出版会
伊藤康（2016）『環境政策とイノベーション―高度成長期日本の硫黄酸化物対策の事例研究』中央経済社
小野善邦（2004）『わが志は千里に在り―評伝・大来佐武郎』日本経済新聞社
佐藤仁（2011）『「持たざる国」の資源論―持続可能な国土をめぐるもう一つの知』東京大学出版会
白鳥潤一郎（2015）『「経済大国」日本の外交―エネルギー資源外交の形成1967

～1974』千倉書房
杉原薫（2003）『アジア太平洋経済圏の興隆』大阪大学出版会
杉原薫（2018）「開発主義の環境史的基盤―臨海工業地帯から内陸部への歴史的移動を考える」『学術の動向』23-2
杉山大志監修・加治木紳哉（2010）『戦後日本の省エネルギー史―電力、鉄鋼、セメント産業の歩み』エネルギーフォーラム
総合研究開発機構編・星野進保（2003）『政治としての経済計画』日本経済評論社
武田晴人（2014）『「国民所得倍増計画」を読み解く』日本経済評論社
富澤修身（2018）『都市型中小アパレル企業の過去・現在・未来―商都大阪の問屋ともの作り』創風社
宮本憲一（2014）『戦後日本公害史論』岩波書店

（英語）

Kobori, Satoru（2017）The Development of Energy Conservation Technology in Japan, 1920-70 : An Analysis of Energy-Intensive Industries and Energy Conservation Policies. In Gareth Austin. ed. *Economic Development and Environmental History in the Anthropocene : Perspectives on Asia and Africa*. Bloomsbury Academic.

論評

◆本稿は、本書の元になった研究プロジェクトの成果発表として、京都大学で開催したシンポジウム「東アジア工業化に関する歴史的研究—中国と日本を中心に—」(2017年3月6日)の発表、および第Ⅰ部の論文に対して寄稿されたものである。

秋田氏の論考はとくに堀論文(本書第1章)、久保論文(本書第2章)に対して考察した内容となっている。

## 東アジア経済研究の学術的価値と現代的意義

朱　蔭貴（林　彦櫻訳）

19世紀半ば以降、東アジアは未曾有の激動期を経験することになった。西洋の資本主義による武力と廉価な機械製品という二重の衝撃を受け、東アジアにおいて数千年間も持続し、ある一つの構造に形成されてきた農業主体の経済は、適応も存続も困難という深刻な危機にさらされた。その後、「変わりたかろうが、なかろうが、変わらざるを得ない」という生存の圧力のもと、東アジア諸国は西洋列強に学びはじめ、農業文明から工業文明への転換を始めた。これが「後発」諸国に共通する転換過程の時期である。その後の数十年間を経て、これらの「後発」国と地域は、それぞれ異なる結果をみることになった。日本のように成功し、すでに世界の先進国と肩を並べる強国となった国家もあれば、中国のように半封建半植民地社会になったところもあり、朝鮮、韓国、台湾など完全に植民地になったところもあった。20世紀に入り、特に1990年代以降、中国を中心とする東アジアが経済的な勃興を遂げ、この新しい変化と発展に伴い、それまでの日本例外論、アジア停滞論などの議論も破綻した。この時期の東アジア各国の経済発展には不均衡が存在し、工業化の時期と度合いもそれぞれ異なっているとはいえ、過去の固定観念を突き破ったことに着目するならば、東アジア経済が勃興したことの歴史的な意義は高く評価されなければならない。このように波瀾に富んだ全般的な経済変動を通じて、東アジアは「世界の工場への道」を歩み始めただけではなく、学界に対してもきわめて挑戦的な課題を提起したのであった。

長いスパンと広い視野で見れば、多くの問いが出てくるであろう。なぜ同じ

黄色人種で、中国の儒教文化の影響が強い東アジア諸国、諸地域の中にあって、これほど異なる発展の状況が生まれたのか。このように異なった状況が生まれるに際しては、どのような要因が重要であり、決定的なものであったのか。経済的な観点から見れば、それは資本、技術、貿易、経済構造の違いによるものなのか。それともほかの要因があるのか。主な担い手と推進力は何なのか。それは最初から最後まで一貫しているのか。それとも変化しているのか。20世紀に入り、東アジアの新時代の幕開けに伴い、「世界は資源、環境、人口等さまざまな部門において経済発展そのものの限界が認識されてきている。他方、多くの後進地域では、今なお貧困からの脱却をめざす経済発展が依然として切実な重要課題だとされている。これらの状況は、世界史的な次元において経済発展という過程やメカニズムを、そのプラス面・マイナス面を含めて、総合的に解明することを要請している」（本書堀論文（第1章））。

一方、同じ文章の中で堀が指摘しているように、「これまでの経済発展に関する主要な理論は、欧米の歴史的経験を基礎にしており、それを批判した従属理論や世界システム論は、基本的に非欧米社会における経済発展を想定していなかったので、その理論的な準備もなかった。非欧米社会の中で初めて本格的な経済発展を遂げた近代東アジアの歴史的経験は、欧米で成立した既存の経済発展についての理解を見直すうえで、新しい素材を提供することができる」。したがって、「一国一地域ごとに見るのではなく総合的に分析することで、この地域内における経済関連とその発展の特徴を明らかにすることをめざす。さらに、それらを踏まえ、中国やその他のアジアの発展との関連について展望」することは、たいへん必要とされ、しかも価値のある課題である。

以上に述べたような東アジア経済の発展と変化について、これまで学界には、一国、あるいは特定の領域と時期に関する研究や分析が存在していたとはいえ、東アジア経済を一つのまとまりとして巨視的に考察し、以上の挑戦的な課題に答えようとする研究は、明らかに不足していた。そのため、堀は日本、中国、韓国、台湾などの国と地域から十数名の研究者を集め、それぞれの専門と研究領域を生かして大規模で明確な目標を設定した共同研究を行った。分業と協力の原則のもとで、東アジア各国と地域を対象に、異なった分野と時期を手がかりに、それぞれの国・地域と産業が工業化の道を歩み、最終的に「世界の工場」になっていった要因、特徴、工業化の水準、およびそこに存在する問題などを具体的に考察し、その中から、東アジア諸国の工業化に共通する特徴と、発展

の程度が異なるものになっている要因を検討した。これはいうまでもなく膨大かつきわめて挑戦的な作業である。そのため、責任者の堀と十数名の研究者は数年の時間をかけ、数回の研究会とパネル・ディスカッションを組織し、多大な労力をかけてようやく今日の『"世界の工場"への道——20世紀東アジアの経済発展』という論文集の完成に至ったわけである。このうち、筆者は第Ⅰ部について簡単にコメントをしたい。

　堀論文は、論文集全体の趣旨について説明し、主な論点を紹介した。前述の観点以外に、堀は具体的なデータによって日本、韓国、台湾、中国大陸の経済発展の特徴を考察し、三つの側面、すなわち戦間期日本の「国内市場」の拡大、農業の発展と各地における商工業の形成、小経営・零細経営と近代大経営の共存と発展という三つの側面から、東アジア諸国の発展と相互関係とその特徴を総括するとともに、最後に、東アジアは「欧米とは異なるいまひとつの普遍的な発展類型を示している」と述べた。この結論は東アジアの経済発展がもっている価値と意義を強く支持するものである。

　久保論文は近現代中国経済をいかに捉えるのかという問題について考察した。久保によると、現代の中国経済は過去の歴史の中から形成され、多くの挫折と困難を乗り越えて発展してきたものであって、決して一朝一夕に成り立ったものではない。重要な変化は19世紀半ばから始まり、清末、中華民国の成立、二度にわたる世界大戦、中華人民共和国の成立を経て現在に至っており、その全体は、大きく四つの局面に区分することができる。したがって、近現代中国を客観的に認識するためには、巨視的な考察が必要であること、とりわけ統計データが不足している中ではそれが重要になる、とする。また、久保は、1949年前後の歴史的な断絶を過大に評価することはできず、その前後の連続と継承関係についても注意すべきであると強調している。そのため、久保は1880年代から現代中国の経済史を、工業化の四つの局面それぞれにおける主な担い手たち、そして工業化における農業の位置という三つの節に分けて重点的に分析し、工業化を中心に近現代中国経済をどう捉えるのかを考察した。中国近現代経済史の研究に30年以上携わり、多くの研究業績をあげてきた久保の見方と観点は、彼の長い研究の中から得た知見であるため、非常に説得力があると思われる。

　浅野論文は主に東アジア工業化の国際環境と戦後の日本経済について考察した。浅野によれば、東アジアの工業化の国際環境を長く規定してきたのは、西

洋起源の技術と制度を摂取し、近代化を遂げた日本であった。しかし、第二次世界大戦における日本の敗戦に伴い、東アジアの国際環境の実質的な中心は、アメリカが期待する中国国民党と共産党の連合に移った。国共連合政府の下、急速な工業化が進み、中国が国連常任理事国の地位をもってソ連に対抗する強力なパワーとなることが期待されたからである。このように東アジアの国際環境を説明したうえで、浅野は、戦後日本が戦争賠償問題にいかに対処し、その後の変化の下でいかにアジアの工場として復興していったかという過程に焦点を当て、賠償と経済開発の視点から東アジア工業化の国際環境を検討しようと試みている。

　谷ヶ城論文は主に日本の高度成長期の貿易の担い手とその変化について考察している。その対象とする時期は、世界経済全体が急速に発展した時期に重なっており、成長のエンジンが大西洋貿易から環太平洋貿易へと移りつつあった時代であった。そのカギとなったのは日本など東アジア諸国の対米工業品輸出と、そこにおける日本の総合商社の役割であり、谷ヶ城はそれらを考察することによって当時の世界経済の成長メカニズムとそこにおける東アジアの役割を解明した。

　小堀論文は国内市場の拡大こそが戦後東アジアの経済成長の土台であり、世界各地から資源を輸入する外貨を獲得するために、対米輸出が必要不可欠な前提条件になることを強調している。この経済の循環を支えるのが大量の安価な中東原油の供給と、大企業に代表される第二次交通革命である。日本をはじめ、韓国、台湾、中国が相次いでこの路線を踏襲した。小堀は石油危機、資源問題などを含め、長いスパンでこの経済発展のプロセスを観察している。

　以上、5本の論文について簡単に紹介したように、これらの論文は異なる分野に着目し、分析の問題も観点も異なっていることがわかる。しかし、これらの論文には明確な共通点がある。第1に、これらの研究はいずれも著者たちが長く研究してきた領域に関するものであり、その結論は強い実証的な根拠によって支えられている。第2に、これらの研究はいずれも東アジアの経済発展の根本的な問題、例えばエネルギー資源、国際環境、貿易などに焦点を当てている。第3に、これらの研究はいずれも巨視的な研究であって、一つもしくはいくつかの側面から深く考察し、東アジアを一つのまとまりとして考え、主に欧米とは異なる発展の特徴に注目している。

以上の論文は東アジアの長期的な発展の情景と径路、及びその全体としての特徴を描きだしたものであり、その成果は関連分野の研究の深化にとっても、東アジアの特徴と理論の発見にとっても、大きな価値があるに違いない。筆者は各論文を読み進める過程で視野を広げ、多くのことを学ぶことができた。しかし、中国の一研究者として、筆者は今回の研究ではあまり議論されていない問題がまだ二つ残っているように思われたので、ここでその二つの問題を提起し議論してみたい。

　第1の問題は、経済発展における政府の役割の問題である。政治と経済の関係は、とりわけ東アジアの歴史と伝統の中で、避けて通ることのできない極めて重要な問題である。東アジアの経済発展と工業化への道という問題の研究を通じて、これらの国に多くの共通点が存在していることがわかるが、大きく三つに分けられる。第1は、時間的に見れば、いずれも19世紀後半から始まったこと、第2は、社会経済の構造は依然として農業が中心で、工場制機械工業の水準に達していなかったこと、第3は、外部から見ると、いずれも西洋の衝撃によって開国し、植民地化の危機に直面して改革を行わざるを得ず、しかもその後も西洋列強の圧力と衝撃を長く受けていたことである。東アジア各国の工業化の契機は、富国強兵と西洋の工場制機械工業の導入を中心とした一連の活動であったが、これは同時に自救と自強のための対策であり、東アジア諸国の政府が上から下へという方式で推進したものである。したがって、東アジア諸国の政府はその組織者と推進者である。ここからみると、政府と企業、政治と経済の間には切っても切れない密接な関係が存在する。

　ここで中日両国を例にとってみよう。

　19世紀半ばの東アジアにおいて、もっとも注目される歴史的なできごとは、中日両国が西洋列強の武力による脅威に直面し、植民地化の危機から脱却するために行なった「求強」、「求富」を中心とした中国の洋務運動と、「殖産興業」、「富国強兵」を中心とした日本の明治維新である。この二つの運動の中心は、いずれも西洋列強に学んで、機械を用いた生産をメルクマールとする近代的な工鉱業企業の創設である。これは両国の、工業化を中心とする近代化の始まりであり、東アジアの工業化が開始されたメルクマールでもあった。しかし、日本と中国のこの二つの運動は、それぞれ目標が異なっている。この時期の明治政府は、「旧来の陋習を破り」、「知識を世界に求め」、国家の権力を行使して西洋的な近代産業の成立と発展を促し、西洋列強と肩を並べる強国になることを

目標とした。それに対して、中国の洋務運動の「富国強兵」、「自強」、「求富」などの努力と措置の目的は、清朝の統治を維持することにあった。中国の洋務派には、西洋諸国に学んで国体を変革し日本のように殖産興業の発展戦略を策定するような考えはなかったし、近代的工場制機械工業を創設して、それを全国に普及させ、西洋的な強国の道を歩むという長期的な目標をもつこともなかった。したがって、政府が組織し、創設したいくつかの企業を除き、民間による企業設立の動きは、依然、かなり限られたものになっていた。

　したがって、三十数年間の発展を経て、中国の洋務運動は基本的に失敗に終わったのに対し、日本は新興資本主義国として世界の強国の一つになった。日本と中国において結果が異なったのは、様々な要因が考えられるが、日本政府が明確な目標を設定し、社会と経済に対して全面的で強い介入を行なったことは、第一義的な要因であり、ほかの要因では代替できない決定的な意義を持っている。明治維新においては、日本政府が民間の経済発展を支援し、奨励するために一連の措置と介入を行なった。例えば、身分制度を廃止し、職業選択の制限を撤廃し、商工業企業の設立を奨励する法令を公布した、などがあげられる。また明治政府は、巨額の秩禄公債を発行して封建領主や武士の近代的商工業への転業を促すとともに、各種の特権と大量の資金を与え、一部の「政商」の成長を支援し、彼らを日本資本主義の発展を牽引する力として育成した。それと同時に、資本蓄積と人材育成、国民教育などにおいても体系的な政策を実施し、急速な経済成長の土台を次々と築いた。

　日本に比較して、目標が異なった中国は近代的企業の導入と設立について全面的な計画と設計に欠け、それを担当する主管部門や体系的な政策と法律もなく、上からの強力な措置を積極的に取らなかった。洋務企業は清朝政府の制約と管理を受け、自由に発展することができなかった。日本のような近代的民間企業の設立を支援する措置と政策が存在せず、国家権力による奨励策やモデルの提示もなかった。このような状況のもとで、1890年代半ばまで、官営の軍需工業や、支配的な地位にあった「官督商弁」の民営工業以外に、自主的に設立された民間の近代企業の数は非常に限られ、規模も小さく、同時期の日本に比べ、かなり差が開いた水準にあった。

　19世紀半ば以降の中日両国の発展経路からみると、両国の国家政権が異なった政策と対応を取ったことは、疑いもなく両国が異なった道を歩んだ決定的な要因である。さらに、1956年に中国が行った資本主義の全面的な改造、1978

年以降の経済体制の改革開放、そして、戦後日本の経済成長に対する通商産業省の役割を見れば、いずれも経済発展の経路に対して政府がほかの要因では代替できない重要な役割を担ってきたことを証明している。経済に対する国家の関与は、時期によって鮮明なものになったり、隠れたものになったりしてきたとはいえ、東アジアの工業化を検討する際、十分な注意を払わなければならない。特に1949年以降の中国では、市場経済が急激に萎縮し、ひいては消滅するという二十数年間の時期があったので、この問題には格別な注意が求められる。

　次に、資本の問題である。東アジア諸国は資本主義経済が成立するまでいずれも農業経済が主体であったため、資本の原始的蓄積は乏しいものであった。農業経済から工業経済への構造転換には、多くの経済的な要素、例えば、技術、設備、人材、資本などが組み合わされることが必要であるが、そのうち資本は特に重要な要素である。技術や人材、設備がなくても、資本さえあれば先進国から購入することができるが、資本がなければ、ほとんど何もできない。近代中国では資本が不足していたにもかかわらず、1930年代になると、工業では多くの企業グループが現れ、鉄道、汽船運輸、近代的金融なども一定の規模に達し、近代工業の基本的な構造が確立した。では、これらの資本はどこから来たのか。こうした角度から研究を進めることは、中国経済の変遷と展開を一層深く分析し観察する作業にとって、根本的かつ重要な意義をもつと思われる。

　例えば、近代中国の工業資本は、三つの部分に分けることができる。まずは国家資本、すなわち国家財政から投入された資金によって設立された企業であり、その次に外国資本によって設立された企業、そして民間資本によって設立された企業である。そのうち、特に民間資本は注目に値する。その理由の一つは、1937年まで民間資本が中国の工業化の主な担い手だったからである。財源不足と戦争、賠償金支払などの要因により、政府には企業を設立する財力がなく、企業の設立と工業化の主力を担ったのは民間資本であった。1937年までに民間資本によって設立された企業は、すでに中国の主要な経済部門全体に存在するようになっており、製造業、金融分野、運輸交通分野などにおける成長は特に目立っている。その後も民間資本が常に中国の工業化を担う重要な主体であり、1978年以降の民間資本の急速な発展と大量の民営企業の設立はこのことを裏付けている。また、民間資本の形態は最も多様で、近代中国の経済と金融の特徴を最も的確に反映している。例えば企業は、金融機構を経由する

ことなく、社会から、直接、貯蓄を吸収することができた。企業は一般的に二つの手順で利潤を分配していた。まずは、企業の損益に関わらず、事前に企業の社内規程で決まった利子率で株主に分配する。この固定化した利子率は「官利」もしくは「正息」と呼ばれた。次に、「官利」を分配してまだ余剰がある時、2回目の分配を行う。この2回目の分配は、「紅利」もしくは「余利」と呼ばれた。なぜ、企業が直接社会から貯蓄を吸収することができたのか。また、分配に「官利」と「余利」の制度はどのような意義があったのか。これらの問題は深く検討しなければならない。確実に言えるのは、これらの制度の発生が、中国の歴史から継承した商事慣習の伝統と、「資本」の不足という問題に深く関わっていたことである。また、この現象が、1978年、改革開放以降に勃興した郷鎮企業と民営企業の間にも再現したが、それはなぜなのか。民間資本がいかに資金を吸収し、いかに利益を分配するかという点に関わる特徴が、東アジア工業化の特徴の現れの一つなのかどうかも、深く考えるに値する。

　以上のように、筆者が政府と経済発展との関係、及び東アジアの工業化における資本の問題を提起し、東アジアと欧米との共通点と相違点へ注目を喚起するのは、それによって、既存の研究の基礎を踏まえ、さらに視野を広げることができるとともに、広い視野で東アジア諸国と欧米諸国の経済体制の違いをより深く観察し、比較し、我々の研究の価値と意義をさらに高めることができると考えるからである。

# 「小農社会」工業化論の世界史的意義

秋田　茂

　堀和生を中心とする科研共同研究で検討課題とされた、近代東アジアの経験、非欧米世界での経済発展の歴史的起源を世界史的視野で解明する試みには共感を覚える。資源・エネルギーの制約や地球環境問題に直面する21世紀において、いかに持続的な経済成長を実現するのかという課題を考察する上で、東アジアの経済発展の軌跡を再検討することは極めて重要である。本稿では、相互に関連する三つの論点からコメントを試みたい。

1. 世界経済とのリンク、一つの「国民経済」論への疑問

　堀は、戦間期の日本帝国の特徴として、「国家権力が直接的な統合を推し進め、本国と植民地を強力に結びつける完全併合タイプの植民地帝国」の形成、日本帝国全体の一つの「国民経済」化と「国内市場」依存型の経済成長を強調する。これは堀の東アジア資本主義論の基軸となる論点であり、独創性が認められる。戦間期、とりわけ1930年代の日本帝国が本国＝植民地間貿易を急激に増大させて、帝国間の経済的結合が強化され、それがアジア地域間貿易（アジア間貿易）を増大させる最大の要因になった点は、堀の1930年代論で強調されてきた[1]。法制面での、山室信一が唱える異法域結合による「国民帝国」論[2]とも重ね合わせると、帝国論における戦間期日本の独自性がより明確になる。

　しかし、それを帝国規模での「一つの国民経済」の形成と位置づけるのは、いささか無理があるのではないか。表1-3／1-4で示される経済指標の収斂（convergence）だけでは、「歴史的系譜を異にする朝鮮と台湾を完全に、そして満洲の一部も日本内地と融合した一つの「国民経済」を作り上げていた」ことを論証するのは無理であろう。この点は、グローバル化の歴史的起源が19世紀中葉の大西洋経済圏の形成に見られた点を、物価を含めた諸経済指標の大西洋両岸（北米と西欧）での収斂を通じて実証的に解明したG・ウィリアムソンとK・オルークの計量経済史研究と比較すれば明らかであろう[3]。イギリス（帝国）が主導した自由貿易体制（free-trade regime）が形成される中での西欧と北米経済の収斂、大西洋を跨ぐ一体化した経済圏の形成が、堀の主張する諸点と同様な現象をもたらし、19世紀的「グローバル化」の起源となった。日本帝国の構造と世界経済とのリンク、国民経済論の構築を考察する際に、1930年代の東アジアで顕在化した保護主義・ブロック経済（円ブロック）の構築と、19世紀から一貫して世界経済の基本原理として確立されてきた自由貿易原理との関係を、二項対立的でなくその関係性を慎重に考慮する必要がある。戦間期の世界経済で「相対的自立性」を維持した（世界経済への組み込まれ方は相対的に浅い）東アジア諸地域を基盤とするアジア地域間貿易が有した持続力に改めて注目すべきであろう。

　この点で、堀による世界経済への包摂・結合様式の三区分には問題がある。インドに代表される「第三のパターン」（20世紀初頭に世界経済への包摂や結合がそれほど強くなかったが、その後も久しくGDP成長率が高くなく、

戦後のある時期に成長が始まる場合）は、従来は従属的低開発論やステープル（主要輸出産品）論で取り上げられてきた。対外貿易額や貿易依存度を論じる際に、二国間関係だけでなく、多角的な貿易決済構造での位置、さらに金融面での「中核」（ロンドン・シティとニューヨーク・ウォール街）への従属と資本輸出・利払い（累積債務）問題なども考慮した上で、類型化を考えるべきであろう。

## 2. 農工連関と植民地工業化論

　第2の論点は、農業部門の発展（農業開発）と工業化の連関性を重視する視点の重要性である。堀の東アジア資本主義論では、戦間期における日本帝国の農業生産の伸び、台湾農業のめざましい成長と、食糧の帝国内自給の実現の画期性が強調される。食糧自給の実現により、外貨を原料と先進国からの資本財輸入に充当し、重化学工業化の推進が可能になった。この日本帝国内部での農業生産の増加は、化学肥料工業の発展に代表される工業化とも結びついていた。

　こうした農業開発と工業化との連動性、農工連関の重要性は、独立後のインドがたどった、輸入代替工業化戦略による重化学工業化の推進と挫折、1960年代後半からの「緑の革命」による農業開発と食糧自給化の実現の過程とも重なってくる。柳澤悠による、インドの「農村−都市インフォーマル経済生活圏」拡大の解明は、1980年代中葉以降の現代インド経済の急激な成長を説得的に説明するが[4]、それと重なる議論でもある。

　また堀は、日本帝国の独自性として、いわゆる植民地工業化論につながる議論を展開している。すなわち、「台湾・朝鮮内において消費市場が拡大するなかで、日本の資本財生産と広域での分業を深めながら、現地における工業生産が拡大」し、「これは帝国「国内市場」内の周辺部で現地消費の工業生産が勃興する過程であった」と主張する。この植民地における工業化の進展は、グローバル経済史研究で植民地工業化論として知られる論争を引き起こしている。英領インドに関するロイ＝ムカジー論争がその典型である[5]。それは、生産・流通と消費市場の「二重構造化」と、欧米資本や製品との「共存」、あるいは「競存」の解釈をめぐる相違でもある。綿製品でみれば、高番手・高品質・高価格のイギリス製品に対して、日本・英領インド・中国では、それより安価で低品質であるが巨大な需要が見込めるアジア市場向け綿製品の生産を展開・拡大し、

激しい「アジア間競争」が展開された。他の消費財においても、高級品と普及品との生産・市場の分化は存在し、そこで発展した二重構造が、第二次世界大戦後のアジア経済発展の基盤となったと考えられる。英領インドや日本帝国における植民地工業化の歴史的意義を改めて強調すべきである。

## 3. 東アジア「小農社会」工業化論のモデル化

　第3の論点として特に注目したいのが、日本・台湾・朝鮮の東アジア3カ国に共通する「小農社会」論である。堀は、自営業・小経営の膨張を日本のみの例外ではなく、時代と産業構造の違いを超えて展開する「東アジア小農社会の工業化過程の特徴」と捉える。この「東アジアの発展類型」は、経済発展モデルとしてどこまで一般化できるのか。東アジアの共通性、東南アジア・南アジアの小農経営（小農社会）との相違と共通性はどこにあるのか。グローバルヒストリーの手法を用いた双方向的な比較研究が必要になってくる。

　南アジアの英領インドでは、人口増大と小農生産の拡大により「土地の希少化」が生じ、19世紀後半には価格上昇と商人層による金融によって土地市場が成立した。他方、東南アジアでも、メコン、チャオプラヤ、イラワディなどのデルタ地帯での水田開発（コメ）で、小農的発展が見られた。また、マレー半島における天然ゴム開発も、欧米のプランテーション的開発から小農による生産拡大がみられた。これらの農業開発は、域内外からの中国系・インド系移民の流入（ヒトの移動）と連関しながら進んだ。従来の研究では、19世紀後半から20世紀初頭の東南アジアの植民地経済は、第一次産品の生産と輸出を基軸とし、「島嶼部のプランテーション農業と鉱業を主軸とし、大陸部大河川下流域の輸出用米作農業を副軸として構成されていた」[6]とされてきた。だが、当時の人口構成をみると、かなり異なる社会像が浮かび上がる。

　例えば、同じく加納啓良の指摘によれば、蘭領東インドの1930年代のセンサスで、植民地経済の基軸的地位にあった部門の就業者数は、全就業人口の10％程度に過ぎず、大多数は、米を中心とする食糧作物の小生産者としての農民であった。「つまり、世界経済に直結し植民地経済全体の編成を主導する頂上部門には企業が経営するプランテーションや鉱山が位置していたが、その裾野は人口の大多数を占める農民によって支えられていた」[7]。秋田茂編『「大分岐」を超えて――アジアからみる19世紀論再考』（ミネルヴァ書房、2018）では、第二部「農業開発の進展と小農」で水島司を中心に、南アジアや東南ア

ジア、ロシア極東部における「農業開発」と小農に着目して経済発展過程の一端を解明している。こうした研究は、内外の学界において皆無であり、グローバルヒストリー研究に新たな研究領域を創出することができるが、堀の問題提起とも重なっている。堀は、現地農民・地主による積極的な対応を強調するが、我々の科研共同研究でも、19世紀後半からの現地社会小農や現地商人層による経済利潤追求面での主体的・自律的姿勢を明らかにした。今後の共同研究の拡大を通じて、堀が提起する「小農社会」工業化論がどれほど普遍性を持ったモデルとして定着するか、新たな世界史（グローバルヒストリー）解釈で新研究領域を切り開くことができるか、大いに注目したい。

1 代表的な論考として、堀和生（2001）「日本帝国膨張と植民地工業化―東アジアの国際関係」秋田茂・籠谷直人編『1930年代のアジア国際秩序』溪水社：第3章。
2 山室信一（2003）「「国民帝国」論の射程」山本有造編『帝国の研究―原理・類型・関係』名古屋大学出版会：第3章；山室信一（2016）「国民帝国の編成と空間学知の機能―日本の帝国形成をめぐって」宇山智彦編『ユーラシア近代帝国と現代世界』ミネルヴァ書房：第1章。
3 Kevin H. O'Rourke and Jeffrey G. Williamson (1999) *Globalization and History: the Evolution of a Nineteenth-century Atlantic Economy*, Cambridge, Mass.: MIT Press.
4 柳澤悠（2014）『現代インド経済―発展の淵源・軌跡・展望』名古屋大学出版会。
5 *International Journal of South Asian Studies*, vol. 3-4所収の論考、Tirthankar Roy (2010), 'Colonialism and Industrialization in India 1870-1940', Vol. 3, pp. 11-32; Aditya Mukherjee (2011), 'Colonial "Industrialization": The Indian Experience in the Twentieth Century', Vol. 4, pp. 13-26を参照。堀も朝鮮と英領インドの事例研究を投稿している。Kazuo Hori (2011), Colonial Economy under Japanese Imperialism: Comparison with the Case of India', *International Journal of South Asian Studies*, Vol. 4, pp. 27-54.
6 加納啓良（2001）「総説」『岩波講座　東南アジア史6　植民地経済の繁栄と凋落』岩波書店：10。
7 加納啓良（2001）「農村社会の再編」『岩波講座　東南アジア史6　植民地経済の繁栄と凋落』岩波書店：第11章、299-300。

# 第Ⅱ部
# 東アジアと中国の工業化

今日、中国は世界最大の工業国であり、工業製品輸出国である。同時に、「世界の工場」と称される東アジアにおいて、中国の工業は世界的普遍性とともに特殊性を有する発展を歩んできた。第Ⅱ部ではそうした中国の輸出構造に加え、世界的に高いシェアを有する工業部門として、鉄鋼業・繊維産業・化学工業・煙草産業をとりあげ、その発展過程を明らかにする。その際の着眼点は以下のとおりである。
　第1に、革命前（人民共和国成立以前）にまで遡った歴史的視点である。今日、世界の生産量の43％を占める中国の煙草産業は、中華民国期の発展を引き継ぐものであり、同様に長らく輸出の主軸をなしてきた繊維産業についても、革命前の設備、技術水準、さらには技術継承システムの基礎のうえに発展している。また、革命前には脆弱な基盤しか有しなかった鉄鋼業・化学工業についても、接収した日系資産が人民共和国における成長の基盤となったことは明らかである。
　第2に、諸外国との様々な関係性を重視する視点である。外国資本との競争を展開した煙草産業、外国技術の移転に努めた繊維産業、外国製品の輸入を抑えながら国産化に努めた化学工業、外国の需要に適応しながら形成された一次産品輸出など、何れも形態は異なっていても自給化を図るなかで諸外国との関係が色濃く投影されている。
　第3に、在来型生産への目配りである。中国では、近代的生産部門が発展すると同時に、在来型生産部門もまた再編されつつ並存するという特徴を有する。この典型例はインド綿糸を用いた手織綿布（新土布）であるが、煙草産業における手巻タバコ、化学肥料工業における炭安（炭酸水素アンモニウム）、鉄鋼業における土鉄（土法製鉄）もまた同様である。本書第Ⅲ部でも中国石油産業における再精精油・土法煉油に触れているが、こうした在来型生産は、今日の中国工業の強みとも言うべき、中間技術（適正技術）を用いた製品の輸出攻勢につながる視点でもある。
　以上の点をふまえ各章の概要を紹介しよう。第6章（木越義則）は、海関統計をもとに近代中国の輸出品構成の推移を跡付けた結果、1980年代

に至るまで中国の輸出品の大半は一次産品であり、それは先進国の産業構造の高度化に応じて、19世紀末から急速に形成されたと主張する。また、油脂作物などの多品目の一次産品輸出が戦前期中国の市場経済を牽引した点において、（モノカルチャーではなく）多様な一次産品の輸出が、持続的な経済成長を可能にするというH・イニス（Harold Innis）の理論に通じると述べる。今日の中国が高い経済成長を続けている要因を探るうえで、重要な視点であろう。

　第7章（富澤芳亜）は、紡織業の自立的な発展条件の一つが、工場長から生産ラインの管理者に至る各層の技術者の養成であるとの見方から、中国における紡織工業教育機関の変遷を過去に遡って分析した論稿である。そこで明らかにされた点は、人民共和国成立以後、戦時・戦後に増加した教育機関を集約することを通じて大量の技術者養成を図っており、その教育を担当したのは民国期に国内外で養成された技術者であった点である。また、こうした技術者養成のもとで1950年代に開始される綿製品輸出では、民国期の在華紡（日系紡織資本）の商標が、設備・人材とともに継承された点を指摘する。

　第8章（加島潤）は、人民共和国初期（1950年代）の上海における鉄鋼業を対象とし、粗鋼・鋼材の生産が主で銑鉄生産が少ないというその特徴が、中華民国期までに形成され、人民共和国期にさらに増幅したとする。次に、銑鉄不足に対応するため、各地から銑鉄が移送されるが、その多くは土鉄（土法製鉄）であり、高い調達価格と劣悪な品質に加え、需要に即応できない問題を抱えていたと述べる。このように、計画に基づく資源配分システムが確立されるなかで、実際の配分においては運用上の問題が生じている点に、中央（計画策定者）と地方（計画実施者）とのミスマッチが示されているとする。

　第9章（峰毅）は、中国の化学工業のなかで肥料工業、とりわけ窒素肥料に焦点をあて、その歴史的な発展を描く。化学肥料として最初に使用された硫安は、民国期に国産化が開始し、その設備は満洲国の設備とともに

人民共和国に継承されるが、1960年代後半以降、小型工場が建設され、炭安（炭酸水素アンモニウム）の生産が活発化したことを指摘する。簡易な設備により安いコストで生産される炭安は中国特有の、中間技術による産物と言えるが、その炭安が1990年代半ばまで増産され、尿素もまた、炭安工場が改造された国産技術による生産が西側導入技術に基づく生産より多い点に、中国の技術的特質を見出している。

　第10章（皇甫秋実）は、1930年代以降の中国タバコ産業に関し、外資系タバコ会社（英米煙草会社）と民族系タバコ会社との対抗関係に止まらない新たな視点を提示する。まず、世界恐慌による低級品志向と関税自主権の回復によりタバコ輸入が減少するなかで、英米煙草会社は現地生産化への切り替えを進める一方、民族系タバコ会社は不利な税率と立地規制のもとで発展を制約されたとする。次に、そうした市場の空白を利用し、低い生産コスト、税制上の優遇、商標偽造を武器に成長したのが手巻きタバコであり、こうした在来型生産が近代的生産と並存しつつ、当時のタバコ産業を支えていたと述べる。また、タバコ市場の多様な変化について、数量的な事実確定に努めている。

　以上が各章の概要である。何れも急成長をとげている中国経済に関し、その要因を歴史的に探ろうとするものであり、そこに示された発展の特質は、「中国モデル」とも称される現代中国の特徴の原型をなすものである。本書第Ⅰ部・第Ⅲ部で取り上げた日本および他の東アジア諸国との比較分析を通じて、その特質はいっそう明確となるであろう。

第6章

# 中国の一次産品輸出
# 開港から国共内戦期まで

木越義則

## はじめに

　本章は、一次産品（農産物・畜産物・鉱産物）の輸出に着目することで、近現代中国の経済成長の歴史を再考察することを目的とする。中国の近代経済成長を語るとき、先行する研究の焦点は工業部門の形成に置かれてきた。本章は、工業部門そのものを検討するのではなく、それを支えた国内の農業部門に視点を据える。19世紀半ばの開港を契機として、中国の農業部門は、先進工業国に向けて工業原料を提供するようになった。この一次産品輸出の拡張によって、中国は工業部門の形成に必要とされる資本財・技術を先進工業国から導入するための資金的な基盤を獲得した。さらには一次産品の生産者の所得上昇を通じて、国内の工業部門の持続的な成長を支える国内市場の拡張をけん引した。すなわち、中国の工業部門の成長は、農業部門の輸出成長に支えられていたと言える。本章は、中国の一次産品輸出を通じた成長について、3つの側面から検討する。第1節は、これまでの経済史研究が一次産品輸出を通じた経済成長をどのように評価したのかを回顧する。第2節では、開港以降の中国の一次産品輸出の実相について、貿易統計の整理を通じて事実を確定する。そして第3節では、GDP推計と対照させることで、一次産品輸出が国内経済に占めた位置について検討する。

## 1. 後進国と国際貿易

### （1） 一次産品輸出への着目

　今日、中国は「世界の工場」と呼ばれるように、工業製品を世界に向けて輸出している。2015年の中国の輸出の商品構成を見るならば、工業製品の比重は実に95％に達している。裏返すと一次産品の比重は5％にすぎない（中国国家統計局 2017）。一次産品の輸出は、現在の中国の経済成長のエンジンではないことは明らかである。

　しかし、中国の経済成長の歩みをより長い時間で捉えるならば、かつて中国の輸出の70～90％以上は、一次産品で構成されていた。工業製品がその位置に取って代わるのは1980年代後半以降のことである（中国国家統計局 1999）。仮に、中国の近代化の起点を19世紀半ばのアヘン戦争を契機とする開港に求めるならば、実に150年にわたり、中国の対外貿易は一次産品を中心に展開したことになる。

　中国の対外貿易史を回顧すると、一次産品の輸出に重点を据えて総合的に論じた研究は、思いのほか少ない。もちろん、中国の伝統的な農産物である茶、加工物である生糸の輸出については詳細な研究がある。しかし、それらの研究は個別産業の研究であって、そこから中国経済全体の趨勢が展望されたわけではない。

　近代中国経済史の通論では、輸出よりも輸入のほうに多くの研究者は着目した。イギリスが持ち込んだ麻薬であるアヘンが、中国からいかに多くの富を流出させ、社会に悪弊をもたらしたのか。あるいは綿製品に代表される欧米の工業製品が、中国の在来産業を破壊したのか、あるいは再編をもたらしたのか。総じて西洋からの衝撃が中国に与えた悪い影響を検証することに重きが置かれた。その背景には、帝国主義、植民地支配を悪とする素朴な歴史観があったことは論ずるまでもないであろう。

一方で、近代を通じて中国が経済成長していた、という成長史観に基づく研究でも、輸入のほうに重点が置かれた。中国にも近代工業が勃興し、外匡製品をいかに代替していったのか。そこでは、なるべく輸入を減らすことが良い経済発展の姿であるという想定が垣間見られる。経済史研究も経済理論のパラダイムの転換から影響を受けざるを得ない。中国の一次産品輸出の史的展開の具体的な検討に入る前に、史実を評価するわれわれの立ち位置を確認することは大切であろう。

### （2）　一次産品輸出と低開発

　1950年代に成立する開発経済学は、過去の帝国主義、植民地支配の反省の上に、非欧米社会が何ゆえに低開発のままに置かれていたのかを理論的に総括しようとした。その結論の一つは、世界経済は先進国優位の不平等な体制の下にある、という理解である。そのため初期の開発経済学者の多くは、国際貿易を通じて後進国が成長できる可能性について、極めて悲観的であった（トダロとスミス2010）。例えば、ノーベル賞経済学者のG・ミュルダール（Gunnar Myrdal）は、後進国は先進国と貿易をするとますます貧しくなると主張していた（ミュルダールとキング1974）。また同じく開発経済学者の創始者の一人であるR・ヌルクセ（Ragnar Nurkse）は、先進国から後進国への投資が資源の収奪と民族工業の発展を抑止した、という観点から、後進国は外国資本に頼らないほうがよい、と主張していた。また彼は、後進国には事実上生産に貢献していない労働力が農村に豊富に存在しているのだから、労働力を大規模なインフラ開発に動員できる。すなわち労働は資本に転換できる、とも主張していた（ヌルクセ1960）。

　後進国の政策担当者たちが初期の開発経済学者たちの文献を学んだという証拠はない。しかし、戦後ソ連型の計画経済を取り入れた後進国は、多かれ少なかれミュルダールやヌルクセの主張に合致する政策を採用している。例えば、1950年代に中国に大災厄をもたらす「大躍進」政策は、不足する資本を国民の大衆動員によって代替しようとした。中国経済研究の

先駆者であるA・エクスタイン（Alexander Eckstein）は、毛沢東の経済思想はかのヌルクセに通ずるものがあると評した（エクスタイン1980）。

　貿易は後進国を貧しくする、という命題は、当時の実証的な研究からも支持を得ていた。代表的なものは、R・プレビッシュ（Raul Prebisch）とH・シンガー（Hans Singer）の二人の経済学者の研究である。二人はほぼ同時期に、ラテン・アメリカの貿易財の価格の研究から、一次産品価格は恒常的に工業製品に対して安くなる、という事実を見出した（トダロとスミス2010）。これをプレビッシュ＝シンガー命題と呼ぶ。かつては高等学校の社会科の教科書でも教えられていた。一次産品を輸出し続けることは、国内経済を不安定にし、先進国との不平等な交換を通じて搾取されるにすぎない、という訳である。

### （3）　ステープル理論

　国際貿易を通じて後進国は豊かになれると考えた経済学者もいる。事実、世界各国の貿易の商品構成に着目すると、一次産品輸出を通じて豊かな社会を実現している国もあることを知る。例えば、西洋人が入植したカナダ、オーストラリア、ニュージーランドの輸出は一次産品が中心である。非欧米社会でも、例えば日本の場合、戦前の輸出品のほとんどは一次産品であった。重要輸出品は、石炭、茶、生糸、そして江戸時代から続く伝統的な手工芸品であった（新保1995：25）。また、タイやベンガル地方のように米穀を輸出することで、経済成長の足がかりを獲得した地域もある（末廣1993：128-136）。ビルマ（現ミャンマー）出身の経済学者H・ミント（Hla Myint）は、農業と伝統的な手工業が国際貿易に乗り出すことで、経済が成長する事例について着目した。国内に豊富にある、あるいは国内では利用されないままにある資源や農産物を輸出することは、もともと余っているものを売るのだから、利益をもたらすと述べた。これはアダム・スミスがかつて「余剰のはけ口」として輸出（および移出）に積極的に意味を与えたことに通じる[1]。実際に、一次産品の輸出は、外国から借金をせずに

外貨を獲得するための重要な手段であり、日本もこの方法を通じて近代化のために必要な機械・技術を海外から購入することができた。

カナダの経済学者H・イニス（Harold Innis）も、一次産品輸出を通じた持続的な経済成長を早期的に考察した。イニスは、一次産品輸出を通じて豊かになる道は、多様な一次産品を発掘することである、と考えた。例えば、石油は付加価値が高い一次産品であるが、掘り尽くしてしまえば終わりである。このように資源には限りがあるけれども、国内で貿易財になれる資源を継起的に見つけることができた国は、貧しさの罠に囚われるのを回避できた。例えば、カナダの場合は、材木を輸出していたが、材木輸出の採算が構造的にとれなくなると、代わりに毛皮や魚介類がそれを補った。イニスはこれをステープル・シフト（主要輸出品の転換）と述べている（Innis 1927）。

このシフトが可能になるのは、交通が発達していること、一次産品の発掘を支援するだけの情報と金融の制度が整備されていることが重要である。このようにカナダ、オーストラリア、ニュージーランドは、西ヨーロッパを起源とする制度・技術を資源の開発に結びつけることで成功した。ある特定の一次産品の輸出に国内経済全体が依存するモノカルチャー経済を回避できるならば、一次産品輸出は成長の足かせにはならない。このようなイニスの含意を総称してステープル理論と呼ぶ。

ステープル理論は、かの赤松要が提唱した雁行形態論に通じるものがある。赤松は、一国の産業の発展を見ると、付加価値が低く労働集約的な産業から、徐々に付加価値が高く資本集約的な産業へと比較優位の変化に応じて産業が生起すると理論化した。それをグラフに描くとあたかも雁が飛ぶ姿に似たところから雁行形態論と名づけた。赤松の議論は工業について述べたものだが、イニスのステープル理論は農業の雁行形態論とも言える。農業の雁行型発展を牽引するのは、先進国の工業発展である。先進国の産

---

1 ミントの「余剰のはけ口」論と近代中国の一次産品輸出の経験との対比については、木越（2012）の書評会にて、田嶋俊雄氏からご教示を得た。記して感謝する。

業構造が高度化、多様化すると、必要とされる一次産品の種類と分量が増大する。先進国の求めに応じて、一次産品を開拓できた国は、ミントの言う余剰を持続的に獲得した。中国の一次産品輸出の歴史を振り返る時、我々はイニスとミントの理論がよく当てはまることを知るであろう。

## 2. 近代中国の一次産品輸出

### （1） 一次産品輸出の規模の推計

　19世紀半ばからイギリス人が中国の国際貿易の徴税業務を担ったことから、中国では優れた貿易統計が作成された。いわゆる海関統計である。海関統計から近代中国の国際貿易についてかなり詳しい事実を確定することができる。しかし、資料に記載された数字を整合的かつ長期的に整理したうえで、一次産品輸出の規模を数字で確定することは、ことのほか手間と注意を要する作業である。

　海関統計は1859年から刊行がはじまり、1948年まで通年統計が出版された。初期の統計にはいろいろ不備が多く、対外貿易統計として信頼を置いて利用できるのは1867年以降である。1867年以降の統計についても、貿易額の評価方法、領域の不整合など多岐にわたり修正を施す必要がある。この修正については、Hsiao, Liang-lin（1974）の先駆的な研究がある。通常、近代中国の貿易額として利用されるのは、彼の修正貿易額である。筆者は、木越（2012）において Hsiao 推計に対応する輸出入物価指数を推計し、近代中国の実質貿易額を推定した。次いで、木越（2014）、牧野ほか（2014）において Hsiao 推計では欠落していた太平洋戦争期の数値を補充した。

　これまでの推計を基礎に、次の2つの作業を追加することで、近代中国の一次産品輸出の規模を数字で確定する。第1に、これまでの推計では満

洲国期（1932〜45 年、ただし統計は 1943 年まで）の中国東北地方の数値は別の統計として掲示し分析していたものを、中国本土と合算した数字として提示する[2]。第 2 に、満洲国の実質輸出額を求めるために、満洲国輸出物価指数について 1932〜37 年については木越（2012：159）、1937〜43 年については山本（2003：64）掲載の卸売物価指数を利用した[3]。第 3 に、中国の輸出品の構成に見られる特徴に留意しつつ、商品をあらためて分類した[4]。

　近代中国の輸出は、開港初期は停滞気味であったが、1880 年代後半から急速に発展した。中国経済史に大きな足跡を残した A・フォイエルワーカー（Albert Feuerwerker）は、輸入よりも輸出のほうが中国の人々にとってはるかに重要な意味を持っていたことを早期的に気づいていた研究者の一人である。彼は、20 世紀前半期でも上海や広州のような開港都市ならいざ知らず、農村部で外国製品が浸透していたと証明しようとすれば、たちまち研究者は多くの困難に直面してしまう、と述べている（Feuerwerker 1995）。しかし、輸出は別である。農民にとって輸出は数少ない現金収入を獲得する機会を増大させた。1880 年代ころから、中国の各地で輸出向けの一次産品の生産に多くの農民が関わりを深めていった。その様相を具体的に分析しよう。

---

2　合算処理については以下の通り。海関統計の数値については、①1932 年の満洲の開港場の数値を取り除く。②関東州及び満洲国向け輸出を取り除く。満洲国側の統計については、中華民国向け輸出を取り除く。また満洲国側の価額（満洲国幣）を中華民国の国幣元に換算する。換算率は 1 国幣元＝1.01949×満洲国幣元。

3　輸出物価指数は 1933 年を基準とする。1932 年 128、1933 年 100、1934 年 90、1935 年 99、1936 年 126、1937 年 136、1938 年 177、1939 年 215、1940 年 268、1941 年 294、1942 年 318、1943 年 353。

4　以下の番号は海関統計で 1932 年度から採用された商品コード番号。品名については、China Maritime Customs（1933）を参照。一次産品：001〜158、160〜198、204〜230、271〜289、298、304a、307〜308、313〜314a、333〜336、354〜356。工業製品：159、199〜203、231〜270、290〜297、299〜304、305〜306、309〜312、315〜332、337〜353。

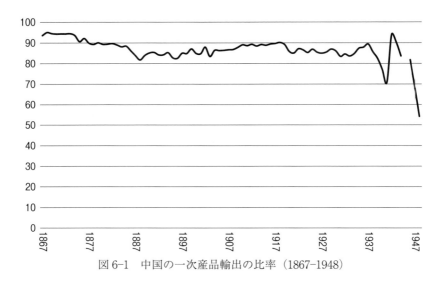

図 6-1　中国の一次産品輸出の比率（1867-1948）

### （2）　発展前史

　推計結果を分析すると、近代中国の輸出に占める一次産品の比率の高さが再び確認される。図6-1で見るように、日中戦争、国共内戦の一時期を除いて、一次産品輸出の比率は80％以上の高さにある。戦争と内戦期は、開港都市と内陸部との交通ルートが遮断されたことで一次産品の輸出が一時的に後退したか、上海を中心とする沿海大都市の工場で生産された綿製品が特殊な国際・国内経済事情により輸出に偏重した。しかし、それは一過性の現象であった。

　長期的な観点から見た特徴は、一次産品輸出の比率に80〜90％の間を推移する波長が見られることであろう。図6-1で見るように、1870年代からは下落、1880年代後半から上昇、1920年代の下落、1930年代前半の上昇が確認される。この長期波動の解明を軸に、近代中国の一次産品輸出に見られる時期的な相違を整理しよう。

　開港初期から1880年代半ばにかけて、中国の輸出の伸長は限定的であった。その背景には、貿易を支える金融、通信の制度、そして交通上の技術

革新の波及が限定的であったため、輸送コストに見合う条件が整っていなかったからである。表6-1は、1870・80年代における中国の輸出の商品構成を示したものである。表6-1の一次産品に挙げた各商品の数値を見ればわかるように、その伸長は極めて緩慢であった。とりわけ、重要輸出品であった生糸、茶の停滞が著しい。両品の輸出が振るわなかったのは、同じ時期に国際貿易に参入した日本の生糸、インドの紅茶との国際競争に敗北したからである。

　この時期の輸出の伸長は、むしろ工業製品のほうで見られた。具体的には、伝統的な工芸品である。例えば、この期間の伸びを示せば、爆竹42倍、衣類11倍、綿製品8倍、麻布7倍、紙6倍、扇子、蓆、菓子、陶磁器がそれぞれ3倍であった。具体的な品名から想起されるように、これらのほとんどは中国の伝統的な工芸品であり、その需要者の多くは中国人であったと予想される。表6-2から同時期の中国の輸出相手地域を確認すると、ヨーロッパ、アメリカ向けの輸出が停滞していたのに対して、アジアへの輸出は3倍に増加した。特に伸長が著しかったのは香港向けである。

　香港は中継貿易港として無関税とされていたことにより、いわゆる通関事務の業務統計としての貿易統計が長らく編纂されなかった。そのため香港からさらにどこに向けて再輸出されたのか知ることが難しい。そこで香港の英字新聞と九龍海関の資料を利用することで、船舶の輸送トン数から香港貿易の国・地域別の内訳について暫定的な推計を試みた。表6-3は、1903年香港に出入港した船舶について、貨物の積載港と最終目的港に分けて整理したものである。香港の貿易のうち実に48%が中国本土との交易で完結するものであったことがわかる[5]。

　この問題についてさらに蒸気船の航行ルートにまで遡って検討しよう。1903年香港に出入港した西洋式船舶について英字新聞から整理すると、

---

5　英字新聞による香港に出入港した船の航路のデータベースは、科学研究費・基盤研究（A）「世界貿易の多元性と多様性―「長期の19世紀」アジア域内貿易の動態とその制度的基盤」（代表：城山智子・東京大学）の成果の一部である。

表 6-1　中国の輸出の商品構成（1870-1889）

（単位：100万元、1933年価格、5カ年平均）

| | | 1870-74 | 1875-79 | 1880-84 | 1885-89 |
|---|---|---|---|---|---|
| 一次産品 | 羊毛・毛髪 | 0 | 1 | 1 | 3 |
| | 皮革 | 0 | 1 | 3 | 6 |
| | その他動物性産品 | 1 | 1 | 2 | 2 |
| | 生糸・蚕繭 | 67 | 74 | 74 | 84 |
| | 棉花 | 1 | 1 | 1 | 7 |
| | 茶 | 103 | 111 | 114 | 114 |
| | 砂糖 | 4 | 8 | 12 | 8 |
| | 葉タバコ | 0 | 0 | 0 | 2 |
| | 生薬 | 1 | 2 | 2 | 3 |
| | 果実・野菜 | 1 | 1 | 1 | 3 |
| | 穀物・豆 | 1 | 0 | 1 | 0 |
| | 採油用種子・油カス | 0 | 0 | 0 | 0 |
| | 植物性油脂 | 1 | 0 | 0 | 1 |
| | 木材 | | | | |
| | その他植物性産品 | 3 | 4 | 8 | 12 |
| | 鉱石 | | | | |
| | 金属 | 0 | 0 | 0 | 1 |
| | 石炭 | 0 | 0 | 0 | 0 |
| | 塩・石・鉱油 | | | | |
| | その他一次産品 | 2 | 4 | 5 | 14 |
| | 小計 | 184 | 208 | 225 | 261 |
| 工業製品 | 綿製品 | 0 | 0 | 0 | 1 |
| | 絹製品 | 7 | 15 | 17 | 26 |
| | その他繊維製品 | 2 | 3 | 4 | 9 |
| | 雑製品 | 3 | 4 | 6 | 12 |
| | 小計 | 11 | 22 | 28 | 48 |
| 総計 | | 195 | 230 | 252 | 308 |

出所：海関統計（各年度版）より作成。

表 6-2　中国の輸出相手地域（1870-1889）

（単位：100 万元、1933 年価格、5 カ年平均）

| | | 1870—74 | 1875—79 | 1880—84 | 1885—89 |
|---|---|---|---|---|---|
| アジア・オセアニア | 香港 | 31 | 48 | 62 | 102 |
| | マカオ | | | | 3 |
| | 極東ロシア | 4 | 12 | 14 | 19 |
| | 日本 | 5 | 6 | 6 | 11 |
| | 朝鮮 | | | | 1 |
| | 仏領印度 | 0 | 0 | 0 | 0 |
| | タイ | 0 | 1 | 1 | 1 |
| | フィリピン | 1 | 1 | 1 | 1 |
| | 蘭領印度 | 1 | 1 | 1 | 1 |
| | 海峡植民地 | 1 | 3 | 4 | 4 |
| | 英領印度 | 2 | 1 | 2 | 3 |
| | 中東・アフリカ | 0 | 0 | 1 | 2 |
| | オセアニア | 6 | 6 | 7 | 8 |
| | 小計 | 51 | 80 | 99 | 158 |
| ヨーロッパ | イギリス | 102 | 94 | 83 | 67 |
| | 大陸ヨーロッパ諸国 | 14 | 30 | 35 | 45 |
| | 欧州ロシア | 2 | 1 | 4 | 6 |
| | 小計 | 117 | 126 | 122 | 119 |
| アメリカ | カナダ | 0 | 0 | 0 | 0 |
| | 合衆国 | 25 | 25 | 31 | 32 |
| | 南アメリカ | 0 | 0 | 0 | 0 |
| | 小計 | 26 | 25 | 31 | 32 |
| 総計 | | 195 | 230 | 252 | 308 |

出所：海関統計（各年度版）より作成。

出入港の船舶はのべ 829 隻であった。そのうち船舶の航路は大きく見れば3つのタイプに分けることができる。第1は、中国からヨーロッパ、アメリカまで航行する大洋横断タイプ。第2は、日本、中国、東南アジアあるいはオセアニアの間を航行するアジア巡航タイプ。第3は、中国の開港地

表6-3　香港の船舶貿易の相手地域（1903年）

（単位：1,000トン）

|  |  | 積出地<br>（輸入） | 目的地<br>（輸出） |
| --- | --- | --- | --- |
| 中国 | 蒸気船 | 2,623 | 3,343 |
|  | ジャンク | 1,610 | 1,620 |
| 台湾 |  | 92 | 28 |
| 朝鮮 |  |  | 3 |
| 日本 |  | 1,213 | 1,052 |
| 仏印印度 |  | 394 | 296 |
| フィリピン |  | 528 | 549 |
| タイ |  | 239 | 143 |
| シンガポール |  | 258 | 272 |
| 蘭領印度 |  | 170 | 55 |
| マレー |  | 90 | 42 |
| 英領印度 |  | 372 | 339 |
| オセアニア |  | 130 | 115 |
| カナダ |  | 83 | 84 |
| 合衆国 |  | 595 | 562 |
| 南アメリカ |  |  | 13 |
| ヨーロッパ |  | 1,050 | 801 |
| アフリカ |  | 8 | 7 |
| その他 |  | 141 | 123 |
| 合計 |  | 9,596 | 9,447 |

出所：海関統計（1903年度版）および *The China Mail*（1903年1月3日号～1904年1月4日号）より作成。

と香港の間を結ぶ中国巡航タイプである。このうち第3のタイプの典型は、上海→香港→広州を結ぶ定期船であった。香港に出入港する西洋式船舶のうち第3のタイプが全体の半数を占めている。このことからも1870～80年代の対香港貿易の拡大とは、中国の沿岸貿易の発展であったと評価される。このことは、宮田（2006）の中国沿海交易の研究で挙げられている事実とも整合的である。宮田は開港初期に外国貿易よりも中国の在来交易の発展がみられた事実を発見した。このように開港から1880年代までの期

間、中国では在来の手工業品を中心に沿海交易が発達したのであり、一次産品の先進国向けの拡大はまだ到来していなかった。

### （3） 19世紀末の大発展

　1880年代後半になると、中国の貿易が急速に拡大する。表6-4から輸出の拡大を確認すると、1890年代に3.6億元に過ぎなかった輸出は、わずか20年ほどの間に約2倍の7.5億元にまで成長した。この成長を牽引したのは、大豆に代表される採油用種子を筆頭とする多様な一次産品であった。表6-4にこの期間に急拡大した一次産品を数多く掲載したのは、その産品の豊富さと広がりを実感してもらうためである。

　発展の理由は貿易を牽引する条件がこの時期から急速に整いはじめたからである。第1に蒸気船の技術が向上し輸送費が格段と安くなった。第2に銀の価値が金に対して下落したことで銀通貨圏にあった中国には為替相場の下落と同じような効果が生まれた。この二つの要因が重なることで中国の一次産品の金建て価格が下落し、欧米までの長距離輸送でもコストに見合うようになった。この他に、スエズ運河が開通し西ヨーロッパまでの距離が短縮されたこと、電信が開通したことで市場情報が迅速かつ安定的に提供され貿易のリスクが軽減されたこと、さらに輸出入のための決済資金を提供する銀行が中国にも登場したことなど、西洋を起源とする技術と制度の普及が進展した。

　開港のはじめ、欧米人は中国市場を目当てに自国製品を売ることばかり考えていた。しかし、そもそも外国製品に対する需要は一部の富裕層に限られていたこともあり、販売成績は振るわなかった。ところが1880年代後半からは、自国の工業のための原料供給地として、中国に価値を認めるようになった。19世紀は、現代の高度に発達した化学工業が勃興する前である。工業原料はすべて天然の資源に求められた。天然資源は弾力的に生産力を拡大することは難しい。そのため、欧米の工業生産力の拡大は当然、天然資源の供給地を世界的に広げることになった。欧米の工業地帯か

表6-4 中国の輸出の商品構成（1890-1914）
(単位：100万元、1933年価格、5カ年平均)

|  |  | 1890-94 | 1900-04 | 1910-14 |
|---|---|---|---|---|
| 一次産品 | 生きている動物 | 1 | 6 | 11 |
|  | 羊毛・毛髪 | 7 | 12 | 26 |
|  | 皮革 | 6 | 25 | 40 |
|  | 卵 | 0 | 1 | 10 |
|  | その他動物性産品 | 5 | 9 | 18 |
|  | 生糸・蚕繭 | 99 | 138 | 151 |
|  | 棉花 | 17 | 31 | 39 |
|  | その他繊維 | 1 | 4 | 6 |
|  | 茶 | 98 | 60 | 71 |
|  | 砂糖 | 8 | 6 | 2 |
|  | 葉タバコ | 4 | 5 | 5 |
|  | 生薬 | 5 | 8 | 11 |
|  | 果実・野菜 | 5 | 11 | 12 |
|  | 穀物 | 0 | 0 | 20 |
|  | 豆・豆カス | 5 | 21 | 88 |
|  | 採油用種子・油カス | 0 | 6 | 44 |
|  | 植物性油脂 | 3 | 11 | 32 |
|  | 木材 | 0 | 1 | 8 |
|  | その他植物性産品 | 14 | 20 | 26 |
|  | 鉱物（含む石炭） | 0 | 4 | 35 |
|  | その他一次産品 | 26 | 36 | 14 |
|  | 小計 | 304 | 415 | 669 |
| 工業製品 |  | 54 | 70 | 83 |
| 総計 |  | 358 | 485 | 752 |

出所：海関統計（各年度版）より作成。

ら最も距離的に離れていた中国は、工業原料を提供できる未開拓地であった。

　中国の一次産品輸出は、①財の性格、②輸出市場、③主要産地のそれぞれの分野で重層的な発展が見られた、という特徴がある。その特徴につい

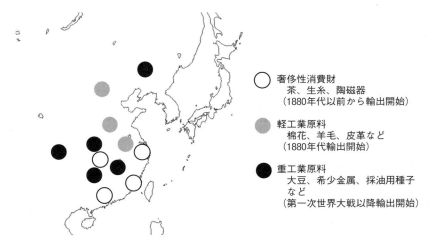

図 6-2　輸出産品の地域分布

て見たのが図 6-2 である。そもそも中国の伝統的な輸出品は、茶・生糸・陶磁器に代表されるように、支配層や富裕層に求められる奢侈性の高い消費財であった。そのような高価な財でなければコストに見合わず、貿易をする意味がなかったのである。19 世紀末になると工業原料の輸出が飛躍的に伸び、特に後発工業国であった日本、アメリカ向けの伸長が著しかった。例えば、棉花は勃興間もない日本の近代的な繊維産業の原料として、羊毛はアメリカの大衆的なカーペット原料として、皮革は西ヨーロッパの軍需衣料の原料として重宝された。この他に豚の毛は、歯ブラシの毛先として、樟脳はセルロイドの原料になるなど、一次産品の種類は豊富であった。中国の一次産品は先進国で現代的な消費を支える工業製品の原料であった。

　19 世紀後半期、欧米では機械工業と化学工業の本格的な勃興が見られ、産業構造がより多様化した。それは同時により多様な工業原料が需要されたことを意味する。特に中国で求められたのは、植物性の油脂であった（黒田 1994）。油脂の汎用性は高く、機械用の油、塗料、インク、石鹸、マーガリンなどの製造に利用された。さらに油を搾取した後に残ったカスは、

表 6-5　中国の輸出相手地域（1890-1914）
(単位：100 万元、1933 年価格、5 カ年平均)

| | | 1890-94 | 1900-04 | 1910-14 |
|---|---|---|---|---|
| アジア・オセアニア | 香港 | 140 | 192 | 210 |
| | マカオ | 6 | 12 | 9 |
| | 極東ロシア | 20 | 14 | 80 |
| | 日本（含む朝鮮・台湾） | 25 | 64 | 133 |
| | 東南アジア | 10 | 15 | 25 |
| | 英領印度 | 6 | 7 | 12 |
| | 中東・アフリカ | 3 | 7 | 9 |
| | オセアニア | 4 | 1 | 1 |
| | 小計 | 214 | 312 | 479 |
| ヨーロッパ | イギリス | 41 | 26 | 36 |
| | 大陸ヨーロッパ諸国 | 53 | 84 | 151 |
| | 欧州ロシア | 12 | 11 | 11 |
| | 小計 | 106 | 121 | 199 |
| アメリカ | カナダ | 1 | 1 | 2 |
| | 合衆国 | 37 | 50 | 71 |
| | 南アメリカ | 0 | 0 | 0 |
| | 小計 | 38 | 51 | 74 |
| 総計 | | 358 | 485 | 753 |

出所：海関統計（各年度版）より作成。

　肥料や家畜の飼料として利用できた。肥料としては日本に、飼料としては酪農が盛んな大陸ヨーロッパ諸国に向けて輸出された。表6-5に見る日本、そして大陸ヨーロッパ諸国への輸出の急速な伸びは、上記の経緯を数値的に裏付けている。

　20世紀初頭になると、中国に豊富に眠る鉱産物の開発が進む。先行したのは石炭である。満洲の撫順炭鉱、河北の開灤炭鉱は、外国資本により大規模な採掘が展開し、その石炭は中国市場のみならず広くアジア地域で消費された。次に希少金属が注目される。第一次世界大戦以降、欧米の軍

需産業は、強度の高い合金金属の開発を進め、その原料としてタングステン、アンチモニーに代表される希少金属が必要とされた。当初はベネズエラを中心とする南米地域に供給地が求められたが、中国に世界最大の鉱床が眠ることが明らかになると、その輸出が急増した。

　1880年代に本格化する一次産品輸出は、内陸部を含む広い範囲にわたり中国を国際貿易に巻き込んだ。図6-2の地図は輸出された一次産品の産地の広がりを示している。開港初期に至るまで中国の国際貿易は、主に華南地域を中心としていた。茶は福建、湖南、安徽。生糸は江蘇、広東が主要な産地である。つまり長らく中国の国際貿易は、特定の地域に偏っていた。1880年代からは、華北地域が国際貿易に本格的に参入する。棉花は河南、江北地方、羊毛・皮革は現在の河北から内蒙古、モンゴル一帯を主要な原産地とした。そして20世紀に入ると植物性油脂の産地として満洲、そして湖南、湖北、四川が登場し、さらに江西、広東の山岳地帯ではタングステンに代表される希少金属の開発が認められる。

　近代中国の一次産品輸出をイニスが挙げたカナダの事例と対比すると、その違いは先行する一次産品の輸出が衰退することなく、その品目が多様化していったことである。そのため表6-4に見るように茶・生糸のような伝統的な輸出品の規模は維持されつつ、輸出全体の規模が拡大する現象が見られた。イニスはカナダの事例を一次産品のシフト（移行）と見たが、中国の場合は多様化に特徴が見られる。そのため木越（2012）は近代中国の輸出に見られる特徴をモノカルチャー経済に対比して、ダイバーシティー経済（多様性ある農業経済）と総括した。

　プレビッシュ＝シンガー命題との関係について言えば、近代中国の一次産品価格は、恵まれた環境にあった。図6-3は、近代中国の輸出物価の推計である。中国の輸出物価は、開港から長らく価格が下落する局面にあったが、1880年代半ばから反転して、緩やかな上昇局面に入る。その趨勢は基本的に世界恐慌が中国に波及する1932年まで継続した。近代中国の一次産品価格が長期的に安定していたことは、輸出の堅調な拡大を維持す

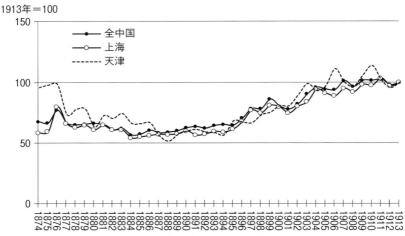

図 6-3　中国の輸出物価指数（1874-1913 年）

出所：木越（2012）。

る基本的な条件を形成したと考えられる。

### （4）　恐慌、戦争そして内戦

　中国の一次産品輸出に見られる多様性、輸出市場と産地の広がりといった基本的な特質は、20 世紀初頭までに顕在化した。第一次世界大戦以降の推移は、この基本的性質を継承しつつ、国内での近代工業の勃興という要素が加えられたもの、と総括されよう。表 6-6 から世界恐慌前までの輸出の商品構成を見ると、工業製品のほうが一次産品よりも輸出を伸ばしていることや、一次産品内では大豆の関係品がその増加の中心を占めつつ、他の一次産品の成長は緩やかになった点が認められる。

　しかし、後者の事実をもって、中国の一次産品の停滞を導き出すことはできない。なぜなら開港都市での産品の出回りはこの時期に急速に拡大しているからである。1920 年代の中国は、開港都市を拠点に「黄金期」と称される民族工業の発展が見られた。この時期の特徴は、一次産品の工業原料としての需要が国内で高まりを見せたことである。例えば代表的な繊

表6-6 中国の輸出の商品構成（1915-1929）

（単位：100万元、1933年価格、5カ年平均）

|  |  | 1915-19 | 1920-24 | 1925-29 |
|---|---|---|---|---|
| 一次産品 | 生糸・蚕繭 | 167 | 188 | 203 |
|  | 豆・豆カス | 97 | 147 | 219 |
|  | 採油用種子・油カス・油脂 | 95 | 100 | 117 |
|  | 小計 | 810 | 864 | 1,020 |
| 工業製品 | 綿製品 | 9 | 17 | 39 |
|  | 絹製品 | 38 | 41 | 36 |
|  | その他繊維製品 | 16 | 31 | 37 |
|  | 雑製品 | 32 | 52 | 54 |
|  | 小計 | 95 | 141 | 166 |
| 総計 |  | 905 | 1,005 | 1,186 |

出所：海関統計（各年度版）より作成。

維原料である棉花は、この時期に輸出よりも国内での消費が増大する傾向がある（木越2012：104）。

　中国経済の国内市場中心の経済成長は、世界恐慌以降、より顕著な特徴として見られる。世界恐慌の中国国内市場への影響は、中国が銀通貨圏にあったことや、世界市場に対する依存度の相対的な低さにより、緩慢なかたちでしか波及せず、折しも1930年に回復した関税自主権に基づく保護関税政策とあいまって、国内市場の拡張が続いていた。

　しかし、1931年の満洲事変、そして1932年の「満洲国」の成立と続く日本との確執は、19世紀末から続く中国の一次産品輸出を主体とした貿易構造にも改変を迫るものであった。表6-7は、1930・40年代に続いた中国の国際経済環境の難局における輸出の変遷を整理したものである。1935年の幣制改革による景気回復という短期的な要因を考慮しても、世界恐慌前後の1929-31年をピークとして中国の輸出は後退していった。商品構成を見ると先進国向けの消費財原料が軒並み減少していったのに対して、先進国の軍需向けの工業原料は現状維持あるいは日中戦争期まで増加

表 6-7　中国の輸出の商品構成（1929-1948）

(単位：100 万元、1933 年価格、5 カ年平均)

|  |  | 1929-31 | 1932-34 | 1935-36 | 1937-41 | 1942-43 | 1946-48 |
|---|---|---|---|---|---|---|---|
| 一次産品 | 生きている動物 | 7 | 10 | 8 | 7 | 0 | 13 |
|  | 羊毛・毛髪 | 32 | 31 | 48 | 41 | 2 | 33 |
|  | 皮革 | 51 | 35 | 37 | 23 | 1 | 9 |
|  | 卵 | 61 | 41 | 38 | 36 | 3 | 8 |
|  | その他の動物性産品 | 28 | 27 | 31 | 23 | 5 | 7 |
|  | 生糸・蚕繭 | 164 | 59 | 51 | 63 | 7 | 9 |
|  | 棉花 | 40 | 32 | 32 | 26 | 28 | 1 |
|  | その他繊維 | 10 | 10 | 13 | 6 | 5 | 1 |
|  | 茶 | 44 | 40 | 31 | 20 | 1 | 9 |
|  | 砂糖 | 0 | 0 | 0 | 0 | 1 | 9 |
|  | 葉タバコ | 6 | 4 | 5 | 3 | 1 | 1 |
|  | 生薬 | 13 | 12 | 11 | 10 | 4 | 4 |
|  | 果実・野菜 | 17 | 18 | 17 | 13 | 2 | 6 |
|  | 穀物・豆・豆カス | 297 | 240 | 239 | 171 | 102 | 7 |
|  | 採油用種子・油カス | 73 | 97 | 88 | 36 | 18 | 6 |
|  | 植物性油脂 | 72 | 48 | 99 | 57 | 12 | 51 |
|  | 木材 | 17 | 5 | 7 | 7 | 5 | 2 |
|  | その他の植物性産品 | 19 | 16 | 16 | 17 | 10 | 5 |
|  | 鉱石 | 10 | 7 | 14 | 27 | 5 | 10 |
|  | 金属 | 31 | 33 | 51 | 68 | 59 | 10 |
|  | 石炭 | 39 | 45 | 42 | 27 | 10 | 0 |
|  | 塩・石・鉱油 | 11 | 11 | 12 | 14 | 20 | 4 |
|  | その他 | 6 | 7 | 4 | 5 | 5 | 1 |
|  | 小計 | 1,048 | 828 | 894 | 702 | 307 | 207 |
| 工業製品 | 綿製品 | 50 | 53 | 30 | 44 | 2 | 95 |
|  | 絹製品 | 35 | 29 | 18 | 13 | 1 | 5 |
|  | その他繊維製品 | 49 | 45 | 48 | 52 | 4 | 15 |
|  | その他 | 44 | 27 | 31 | 44 | 19 | 9 |
|  | 小計 | 178 | 154 | 126 | 154 | 27 | 124 |
| 総計 |  | 1,226 | 982 | 1,021 | 856 | 333 | 332 |

出所：海関統計（各年度版）より作成。

していたことが確認される。表6-8は、同時期における中国の輸出相手地域の変遷である。1937年に日中戦争が勃発する前夜まで、ヨーロッパ、アメリカ向けの輸出が維持あるいは増加が見られたのは、上述の事情があったからである。一方で、香港・東南アジア向けの減少が顕著であった。この辺の事情については香港貿易の内実を究明することに史料的限りがあるため詳らかではないが、一つに同方面では日本の工業製品の輸出の発展が著しく、中国製品の後退が見られたことは先行研究で指摘されている（堀2009）。

　日本との戦争の影響について述べると、戦争がすぐに中国の国際貿易の崩壊を導いたわけではない。表6-7・表6-8で見るように、中国の貿易が激減するのは1941年12月の太平洋戦争勃発以降である。その後、貿易相手地域は、日本帝国圏に限られた。アメリカ、西ヨーロッパの市場を失ったことで、中国の一次産品輸出には、それまで見られた多様化のなかの成長という特徴は失われてしまった。なぜなら当時の日本の産業構造では、中国に求められたのは石炭、鉄鉱石など素材産業向けが多く、採油用種子や希少金属のような機械工業（特に自動車）向けの一次産品は有効に活用されなかった。これと同じことが戦後直後の国共内戦期についても言える。戦後、国民党は戦前に見られた中国の一次産品輸出の繁栄を復興するに至らなかった。

## 3. 一次産品輸出と国内経済

### （1） GDPと輸出

　戦前期中国の生産額の推計と対比させることで、一次産品輸出が国内経済に及ぼした影響をマクロ的に位置づける。最も流布している戦前期中国のGDP推計は、1933年のものである。1933年は戦前期中国で全国規模

表 6-8 中国の輸出相手地域 (1920–1948)

(単位:100万元、1933年価格、年平均)

| | | 1920-24 | 1929-31 | 1935-36 | 1937-41 | 1942 | 1946-48 |
|---|---|---|---|---|---|---|---|
| アジア・オセアニア | 香港 | 245 | 209 | 113 | 143 | 2 | 18 |
| | マカオ | 7 | 5 | 3 | 8 | 5 | 2 |
| | 極東ソ連 | 47 | 72 | 4 | 1 | 0 | 4 |
| | 日本(含む朝鮮・台湾) | 301 | 371 | 332 | 274 | 285 | 6 |
| | 東南アジア | 53 | 64 | 42 | 68 | 10 | 22 |
| | 南アジア | 16 | 23 | 24 | 24 | 2 | 38 |
| | 中東・アフリカ | 23 | 45 | 55 | 40 | 0 | 24 |
| | オセアニア | 2 | 2 | 5 | 5 | 0 | 5 |
| | 小計 | 694 | 790 | 578 | 563 | 304 | 119 |
| ヨーロッパ | イギリス | 63 | 88 | 83 | 51 | | 26 |
| | 大陸ヨーロッパ諸国 | 99 | 172 | 167 | 86 | 1 | 26 |
| | 小計 | 162 | 260 | 251 | 137 | 1 | 52 |
| アメリカ | カナダ | 2 | 4 | 6 | 6 | | 14 |
| | 合衆国 | 145 | 169 | 183 | 143 | 0 | 179 |
| | 南アメリカ | 0 | 1 | 3 | 3 | 0 | 7 |
| | 小計 | 147 | 175 | 192 | 152 | 0 | 200 |
| その他 | | | 1 | 0 | 5 | 10 | 0 |
| 総計 | | 1,005 | 1,226 | 1,021 | 856 | 315 | 372 |

出所:海関統計(各年度版)より作成。

の工場調査が実施された唯一の年である（劉 1937）。そのため GDP 推計も同年に集中する。2 つの推計が早期的に発表され、近来 3 つ目の推計が公表された。早期の推計は、巫宝三による推計（巫 1947）、次いで巫推計を修正した劉大中・葉孔嘉の推計がある（Liu and Yeh 1965）。そして劉推計を修正した南亮進・牧野文夫の最新の推計である（南・牧野 2014）。GDP の各推計額は、劉・葉推計が一番高い 297 億元、次が南・牧野推計の 229 億元、巫推計は最も低い 203 億元であった。三者の推計結果が異なる理由は、農業の生産額の推計の違いによる。劉・葉は戦前期中国の農業経済の規模を高く、逆に巫は低く見積もった。つまり、劉・葉推計に従えば、中国経済の産業構造は低く、より端的に言えばその後進性に力点が置かれることになる。劉・葉の推計は欧米圏で良く利用され、巫推計は中国本土および日本人の研究者に良く利用されてきた。ここでは劉・葉推計を利用する[6]。

さて、劉・葉の推計によれば、1933 年における中国の国内総生産は 298.8 億元であった。それに対して同年の輸出額は 9.9 億元である（含む満洲国）。つまり輸出が国内経済に占める位置は、経済全体のわずか 3.3% にすぎない。巫推計によれば同値は 4.8%、南・牧野推計によれば 4.3% になる。いずれの推計にせよ、戦前期中国の国富の 95% 以上は国内で生み出されたことを意味している。1933 年という年は、世界恐慌によって世界市場が収縮していたので、その部分を割り引いてみないといけないが、それでも戦前期中国の輸出は国内総生産の 5% 前後という評価は変わりがないであろう。

しかし、この 5% 弱という数値を軽視することはできない。例えば、アメリカ、日本の輸出が国内総生産に占める比率も 10% を超えることはなかった。いわゆる経済学上の「大国」においては、国内での経済活動が圧

---

6　ここで劉・葉推計を利用するのは、それが一番優れているからではなく、これまで最も多く引用されてきたという理由による。劉・葉推計は経済学で最も権威があるとされる *American Economic Review* に掲載されたことも、最も利用される背景の一つである。

倒的な比重を占めるほうが普通である。その意味で輸出の対 GDP の比率の低さが中国の後進性を示すものではない。大国においても輸出が重要であるのは、国内総生産にプラスの成長を加えるからである。戦前期中国の例に戻れば、輸出は GDP に 3.3〜4.8% の成長を加えたことになる。経済成長率に見立てるならば、戦前期中国の経済成長に輸出が与えた貢献は高く評価されよう。

　また過去の経済であればあるほど、国内で生産されたものがすべて市場で取引されなかった、という点にも留意が必要である。戦前期中国は途方もなく大きな農業的な経済であった。巨大な農業の土台の上に工業、商業、そして国家が乗っかっている社会と形容できよう。総人口約 5 億人のうち 73% の約 3 億 6500 万人が農業人口であった（Liu and Yeh 1965）。工業も手工業のほうが生産額、就業人口の両面で格段と大きく、その多くは農村に立地していた。そして何よりも農村経済においてかなりの部分が商品として生産されたのではなく、農民自身の生活の維持のために自給的に生産されていた。

　劉・葉は、1933 年における市場化の規模を試算している。サービス産業を除く、物的生産部分について、1920 年代に J・L・バック（John Lossing Buck）が行った中国農村調査に基づきながら、農家経済における支出構造の推計が求められた。農業、鉱業、工業の粗生産額の合計は 254.2 億元であった。そのうち農家で自己消費されるか、近隣住民との物々的な交換に供される分は、117.7 億元と推定され、この数値を粗生産額から引いた額 136.5 億元が、いわゆる市場販売額となる。このなかには当然ながら輸出も含まれる。市場販売額に占める輸出の規模は 7.2% である。このように輸出が戦前期中国の市場経済を牽引した点については高く評価される。

### （2）　ミント＝イニス的成長の数字的輪郭

　戦前期中国は、きわめて農業的な経済であったが、すべての農産物が高い比率で輸出されたわけではない。木越（2012）は、一次産品の輸出が盛

んであった地域が、満洲と長江流域である点を確認し、この2つの地域で工業の成長も顕著であった点を見出した。一次産品の輸出が拡大した地域では、同時に工業製品の消費量の増大が見られた。さらに、工業が主要な都市で勃興するに伴い、原材料に対する需要も喚起され、いわゆる工業と農業の均斉的な成長が躍動することで、1930年代半ばに中国にもようやく国民経済と呼ぶことができる経済圏が立ち現れた。すなわち、戦前期中国の工業化は、一次産品輸出の発展を契機とする産業連関の波及効果の帰結であると、木越（2012）は展望したのである。その数値的な根拠として長江流域における生産物の国内交易規模の拡大を指摘した。

　ここでは一次産品輸出の規模が国内の生産額に占める位置を具体的に特定したい。その作業の目的は、輸出と国内経済の間の関係に対してより根拠ある数値的な輪郭を与えることである。この数値を得ることで、戦前期中国のどの部分が国際経済の一部となったのか、あるいはならなかったのかを知ることができる。

　では粗生産額（生産量×価格）と輸出額の比率の推定の結果を順番に見ることにしよう。表6-9にあるのは穀物である。主食となる米穀・小麦の輸出率は0.1％未満である。参考として穀粉の国内生産額と輸出額も下段に掲示したが、これも同じく0.1％未満である。穀物の粗生産額の合計116億元とは、中国のGDPの約3分の1に該当する。このように中国経済の基幹たる穀物生産は、ほぼ国際経済とは無関係に置かれていた。この点は、タイ、ビルマ、ベンガルのように穀物輸出を主体に置いた後進国とは大きく区別される点である。

　次に表6-10から20世紀に入り急発展した採油用種子についてみよう。満洲を主要産地とする大豆とその関連製品の輸出率は高く、大豆三品を合わせると18％に達する。落花生以下の産品は主に長江中上流域で生産されるもので、おおむね5％前後の輸出率に留まっているものの、なかには桐油のように65％の高い輸出率を誇っているものも存在した。

　繊維関係については表6-11にまとめている。総じて繊維関係の輸出率

表6-9　穀物の粗生産額と輸出率（1933年）

（単位：100万元、1933年価格）

| 品名 | 粗生産額 | 輸出額 | 輸出率(%) |
|---|---|---|---|
| 米穀 | 5,600 | 0.31 | 0.0 |
| 小麦 | 2,460 | 0.10 | 0.0 |
| 粟 | 917 | 14.50 | 1.6 |
| 高粱 | 704 | 3.46 | 0.5 |
| トウモロコシ | 539 | 1.95 | 0.4 |
| えんどう豆 | 222 | 0.92 | 0.4 |
| そら豆 | 265 | 1.16 | 0.4 |
| 緑豆 | 120 | 3.36 | 2.8 |
| 黒いんげん豆 | 69 | 1.10 | 1.6 |
| 蕎麦 | 72 | 3.28 | 4.5 |
| 馬鈴薯 | 610 | 0.51 | 0.1 |
| 合計 | 11,578 | 30.65 | 0.3 |
| 穀粉（除く小麦粉） | 5,244 | 0.06 | 0.0 |
| 小麦粉 | 2,645 | 0.06 | 0.0 |

出所：粗生産額、Liu and Yeh（1965）。輸出額、海関統計（各年度版）より計算。

は高い。とりわけ生糸、羊毛は、国内生産の50％ないしそれ以上が輸出に向けられたことが示すように、代表的な輸出産業として位置づけることができる。さらに輸出率の比率の高さが印象深いのが鉱産物である（表6-12参照）。アンチモニー、タングステンのように生産額を超える輸出があることから、ほぼすべてが輸出されたものもあった。すべてとは言わないまでも、塩を除いて、中国の土壌で掘り出された鉱物のほとんどが輸出産業として成立したことを数値は示している。これ以外に輸出率が10％を超えるものをまとめたのが表6-13である。重要輸出品である卵の加工製品は、完全な輸出産業であった。この加工製品は非食用の工業原料である。表には掲載しなかったが食用の卵の国内生産額は2.3億元で非食用の約7

表6-10　採油用種子産品の粗生産額と輸出率（1933年）
（単位：100万元、1933年価格）

| 品名 | 粗生産額 | 輸出額 | 輸出率（％） |
| --- | --- | --- | --- |
| 大豆 | 920 | 162.95 | 17.71 |
| 大豆油 | 100 | 8.10 | 8.09 |
| 大豆油カス | 142 | 45.71 | 32.21 |
| 落花生 | 350 | 27.27 | 7.79 |
| 落花生油 | 132 | 5.84 | 4.43 |
| 落花生油カス | 25 | 0.85 | 3.43 |
| 菜種 | 250 | 1.66 | 0.67 |
| 菜種油カス | 68 | 1.07 | 1.59 |
| 棉実 | 80 | 3.29 | 4.11 |
| 胡麻 | 150 | 10.10 | 6.73 |
| 桐油 | 49 | 31.68 | 64.66 |
| 香油 | 1 | 0.47 | 38.76 |
| その他植物性油脂 | 74 | 1.62 | 8.12 |
| その他油カス | 19 | 3.33 | 17.63 |
| 合計 | 2,359 | 303.94 | 12.88 |

出所：粗生産額、Liu and Yeh（1965）。輸出額、海関統計（各年度版）より計算。

倍の生産規模を持つが、輸出は600万元程度に過ぎなかった。同表で注目されるのは茶である。ここでの茶の生産額は、加工産業としての製茶業の生産規模である。茶は開港以前から中国を代表する輸出品であるが、1930年代までに輸出額の規模は衰退傾向にあり、輸出率は20％に留まっている。

　以上のように、穀物を除いて、これまでに挙げた産品の輸出額の合計は690億元となり、全輸出額の70％を占める。そのうち繊維関係の規模は20％程度、残りの50％が油脂・鉱物でほぼ占められた。このように戦前期中国の一次産品輸出は、先進国の重化学工業で需要される原材料の発展という形で一つの頂点に達したと言えよう。

表6-11　繊維関係産品の粗生産額と輸出率（1933年）
(単位：100万元、1933年価格)

| 品名 | 粗生産額 | 輸出額 | 輸出率（％） |
|---|---|---|---|
| 棉花 | 600 | 35.17 | 5.86 |
| その他植物繊維 | 140 | 7.51 | 5.36 |
| 羊毛 | 20 | 12.91 | 65.19 |
| ヤギ毛 | 6 | 2.24 | 40.74 |
| 蚕繭 | 120 | 0.95 | 0.01 |
| 綿糸 | 647 | 49.03 | 7.58 |
| 綿布 | 778 | 17.09 | 2.19 |
| 生糸 | 141 | 69.35 | 49.05 |
| 絹織物 | 281 | 21.46 | 7.64 |
| 毛織物 | 34 | 5.23 | 15.60 |
| 合計 | 2,767 | 220.94 | 7.99 |

出所：粗生産額、Liu and Yeh (1965)。輸出額、海関統計（各年度版）より計算。

## おわりに

　これまでの数値の分析を総括するならば、戦前期中国経済と国際経済との関係は、次のように整理できる。第1の特徴は、5億人とも呼ばれる人口を支える食料、衣料の生産部分は、絶対的にみて国際経済とは関係が希薄であった点である。表6-9に掲載した穀物以外でも、輸出率は極めて低い。例えば食品関係で主なものをあげると、野菜1.14％、果物1.01％、葉タバコ1.14％、紙巻タバコ0.34％、酒0.43％、水産物0.67％、砂糖0.05％となり、これらの産業は中国人のために存在していたことは自明である。この他に衣類は2.65％、マッチ0.64％、レンガ1.05％、木材0.92％、紙2.67％など生活雑貨と建設資材についても同様の傾向を指摘できる。もう少し踏み込んだ評価を下せば、明清時代に成立した中国の農業とそれを取り囲む手工業に基盤に置いた経済、仮にこれを伝統経済と称するならば、この

表6-12 鉱産物の粗生産額と輸出率（1933年）
（単位：100万元、1933年価格）

| 品名 | 粗生産額 | 輸出額 | 輸出率（％） |
|---|---|---|---|
| 石炭 | 142 | 45.83 | 32.28 |
| 鉱油 | 13 | 1.32 | 10.15 |
| 鉄鉱石 | 9 | 2.51 | 27.94 |
| 鉄・鉄鋼 | 33 | 10.15 | 30.39 |
| アンチモニー | 2 | 3.44 | 140.41 |
| タングステン鉱 | 3 | 3.65 | 121.70 |
| 錫 | 19 | 21.23 | 111.74 |
| 銅 | 1 | 0.19 | 33.29 |
| ドロマイト | 1 | 0.23 | 22.76 |
| マグネサイト鉱 | 0 | 0.11 | 113.64 |
| マグネサイト | 1 | 0.50 | 50.42 |
| 亜鉛鉱 | 0 | 0.05 | 78.50 |
| 天然ソーダ | 1 | 0.56 | 56.45 |
| 天然塩 | 66 | 4.85 | 7.34 |
| 精塩 | 17 | 0.99 | 5.77 |

出所：粗生産額、Liu and Yeh (1965)。輸出額、海関統計（各年度版）より計算。

部分は開港以降も国際経済から受けた影響や変化は、数字で見る限りはかなり小さく、1930年代に至っても相当温存されていた。

　一方、第2の特徴は、輸出産業として20世紀初頭にまで大発展した産品の産地の多くは、満洲、長江上流域に代表されるように、近代になって急速に開発と入植が進んだ地域であった点である。しかも、その生産物の多くは、中国の伝統経済のなかでは利用方途が限られ、需要量もそれほど大きなものではなかった。開港以前からの中国の輸出品である茶・生糸を凌駕する形で新たに多様な一次産品が興隆した。そこにはイニスが述べたステープル・シフトが見られるし、また国内で余っていたものという意味ではミント的な特質も見いだされる。

　このように近代中国の一次産品輸出は、伝統経済の延長で発展したので

表6-13 輸出率が高いその他の産品（1933年）
（単位：100万元、1933年価格）

| 品名 | 粗生産額 | 輸出額 | 輸出率（％） |
|---|---|---|---|
| 卵製品 | 32 | 31.99 | 99.04 |
| 木炭 | 1 | 0.35 | 58.71 |
| にかわ | 1 | 0.21 | 42.26 |
| 茶 | 177 | 35.48 | 20.05 |
| ガラス | 11 | 1.42 | 12.43 |

出所：粗生産額、Liu and Yeh（1965）。輸出額、海関統計（各年度版）より計算。

はなく、先進国の産業構造の高度化に応じて19世紀末から急速に形作られたものであった。この新興一次産品産業が、中国の伝統経済を破壊することなく発展したので、中国には一次産品輸出の雁行型あるいは多様化という現象が見られたと言えよう。

　最後に、人民共和国時代における展開について、若干の見通しを述べる。近代に見られたイニス＝ミント的な趨勢は1950年代まで続いた。しかし、1960年代になると中国でも農業の近代化が政策的に推進された。農業の機械化および化学肥料の多投入を経て、イニス＝ミント的成長は歴史的使命を終えた。以後、農業の生産性上昇を通じて、中国でも農工転換が進展して行く。その具体的な様相の検討については今後の課題である。

**参考文献**
（日本語）
エクスタイン・A　石川滋監訳（1980）『中国の経済革命』東京大学出版会
木越義則（2012）『近代中国と広域市場圏──海関統計によるマクロ的アプローチ』京都大学学術出版会
木越義則（2014）「戦時期中国の貿易」久保亨・波多野澄雄・西村成雄編『戦時期中国の経済発展と社会変容』慶應義塾大学出版会
黒田明伸（1994）『中華帝国の構造と世界経済』名古屋大学出版会
新保博（1995）『近代日本経済史──パックス・ブリタニカのなかの日本的市場経済』創文社

末廣昭（1993）『タイ―開発と民主主義』岩波新書
トダロ・P・マイケル、スミス・C・ステファン　森杉壽芳監訳（2010）『トダロとスミスの開発経済学　原著第10版』ピアソン社
ヌルクセ・R　大畑弥七訳（1960）『外国貿易と経済発展』ダイヤモンド社
堀和生（2009）『東アジア資本主義史論〈1〉形成・構造・展開』ミネルヴァ書房
南亮進・牧野文夫編（2014）『アジア長期経済統計　3　中国』東洋経済新報社
牧野文夫・王玉茹・木越義則（2014）「物価・賃金―戦前期の推計と分析」南亮進・牧野文夫編『アジア長期経済統計　3　中国』東洋経済新報社
宮田道昭（2006）『中国の開港と沿海市場―中国近代経済史に関する一視点』東方書店
ミュルダール・G、キング・S　板垣與一監訳（1974）『アジアのドラマ―諸国民の貧困の一研究』東洋経済新報社
山本有造（2003）『「満洲国」経済史研究』名古屋大学出版会

（中国語）
中国国家統計局編（1999）『新中国五十年統計資料匯編』中国統計出版社
中国国家統計局編（2017）『中国統計年鑑2016』中国統計出版社
巫宝三（1947）『中国国民所得1933年（上・下冊）』中華書局
劉大均（1937）『中国工業調査報告（上・中・下冊）』軍事委員会資源委員会

（英語）
China Maritime Customs (1933) *The Trade of China, 1932, Vol. IV. Foreign Trade : Analysis of Exports.*
Feuerwerker, Albert (1995) *The Chinese Economy, 1870-1949*, The University of Michigan.
Hsiao, Liang-lin (1974) *China's Foreign Trade Statistics, 1864-1949*, Harvard University Press.
Innis, H. A. (1927) *The fur-trade of Canada*, University of Toronto Library.
Liu, Ta-chung and Yeh, Kung-chia (1965) *The Economy of the Chinese Mainland : National Income and Economic Development, 1933-1959*, Princeton University Press.

第 7 章

# 中国の繊維産業
――技術者養成からの視点――

富澤芳亜

はじめに

　本章では、世界最大の繊維生産・輸出国としての中国が改革開放政策以前から胎動を開始し、それには清朝末期・中華民国期からの蓄積が重要であったことを、戦時期からの技術者養成をとおして解明する。
　まず、中国紡織業の現状を確認する。2015 年の中国の綿糸生産量 3538 万トンは、日中戦争前の最高だった 1936 年の 53 万トンの約 67 倍に達し、2015 年の世界での付加価値額のシェアでは、繊維産業で 42%、衣料アパレル産業で 36.6% を占めて、それぞれ 2 位のアメリカの 7.6%、バングラデシュの 6.6% に大きく水をあけている。現在の中国は紛うことなき繊維大国である[1]。しかし 120 年ほど前の中国は、インドや日本から多くの綿製品を輸入していた。こうした中国の紡織工業の自立的な発展の条件の一つが、工場内における階層的組織の確立であり、その鍵は工場長から生産ラインの管理者にいたる各層の技術者の養成にあった。そのためには高級技術者養成の工業大学、中級技術者養成の工業学校のように、階層的な教育体系を整備する必要があったのである。清末から日中戦争前にかけては、

---

1　中華人民共和国国家統計局（2016）『中国統計年鑑　2016』中国統計出版社、450 頁。United Nations Industrial Development Organization（国際連合工業開発機関）(2017) International Yearbook of Industrial Statistics 2017, p. 63.

国内での紡織工業教育の必要性が強く意識された時期だった。それは、日本法人在華紡績業（以下、在華紡と略称）が、中国の綿紡織業の設備の約半数を所有し、その各工場では日本人技術者、中国人技術工・労働者による階層的組織を形成して、中国法人紡績業（以下、中国紡と略称）よりも高付加価値製品を生産し、高い競争力を持ったためだった（富澤 2012）。そのため民国期には、欧米や日本への留学経験者により紡織工業教育機関が設立され、南京国民政府期に階層的な学校体系も整備されたことで、在華紡の追随が技術的にも可能となった。そして中国紡の生産組織も、それまでの請負（「包工」）制から階層的組織へと変化したのだった（富澤 2017）。

　本章で取り上げるのは、まず日中戦争時から戦後にかけての工業教育機関存続への取り組みである。戦時中には、日本の侵略を避けて、教育機関は国民政府統治区や租界へと疎開したが、工業教育機関も同様だった。また終戦による日本人技術者の引揚げにともない、この穴埋めのための中国人技術者の養成は急務となった。次に中華人民共和国における展開である。建国直後から、紡織工業部が主導して紡織工業教育機関を再編した。その後の紡織工業技術者養成は、1958 年の「大躍進」政策から文化大革命を経て、改革開放政策の開始まで、政治的影響により大きな打撃を受けた。しかしこうした期間においても、綿製品は外貨獲得のための重要な輸出品であり続けた。本章では、こうした綿製品輸出と紡織技術者養成の関係についても分析する。

## 1. 戦時・戦後期における紡織工業と技術者養成

　図 7-1 のように、日中戦争の勃発によって中国の紡織工業教育機関はいずれも大きな影響を受けた。河北工業学院は休校、杭州高級工業は解散に追い込まれた。南通学院と蘇州工業は上海の租界に、北平大学は陝西省の国民政府統治区へと、いずれも日本軍の力の及ばない地域へと疎開した。

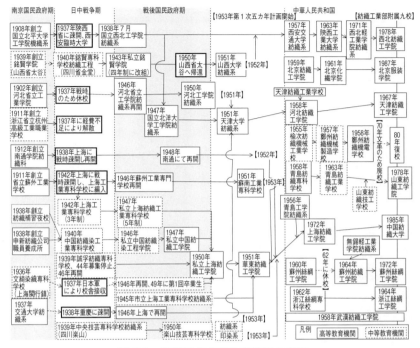

図 7-1　紡織関係主要教育機関の変遷

出所：同書編集委員会（1997）『中国近代紡織史』（上巻）、中国紡織出版社：表 109、表 110；私立上海紡織専科学校（1948）『私立上海紡織専科学校一覧』；中国国民党中央委員会党史委員会（1972）「国立西北工学院沿革及現状」『革命文献』60 輯；沈承育、徐善熾（1951）「全国紡織教育調査」『南通学院紡織科民 38 年級畢業紀年刊』南通、出版者不詳；同書編写組（2001）『天津紡織工学院校史』天津科学技術出版社；銭之光主編（1984）『当代中国的紡織工業』中国社会科学出版社：11 章；青島市紡織工業志編纂委員会編（1994）『青島市紡織工業志』青島海洋大学出版社；山東省省地方志編纂委員会（1995）『山東省志・紡織工業志』山東人民出版社。

しかし戦時・戦後ともに疎開した学校での修学環境は厳しく、南通学院紡工系に 1940 年 9 月に入学した 65 名のうち、45 年に卒業できたものは 41.5％にあたる 27 名に過ぎなかった（南通学院紡織科学友会 1944）。また上海工業専科学校は、1948 年までに卒業生を 4 回送り出したが、卒業生 145

名は入学生 668 名の 21.7％ に過ぎなかった[2]。

　しかし戦時・戦後期を通じて、専門技術者への需要は存在し続けた。上海の工商業の活動は 1938 年初頭には復調し、しかも租界の安全性を求めて大量の資本と人が流入したため、41 年までの「孤島の繁栄」と呼ばれた経済的活況に沸くことになった。その中で紡織企業は、中国西南地方と東南アジアへの輸出を急増させていた。この「紡織ブーム」の中で中国紡各社は設備を拡大したが、専門技術者は大幅に不足しており、図 7–1 のように、1939 年の誠孚紡織専科、40 年の中国紡織染工業専科、42 年の上海工業専科と紡織学校の設立が相次いだのである[3]。また重慶国民政府統治区では、日本軍の経済封鎖により沿海地域からの綿製品流入が規制されたため、この区域内の紡織企業に有利な市場環境が形成され、各企業は 1939 年から 41 年の間に高収益をあげていた。そのため、工場新設と既設工場の設備拡張が進められた（久保 2009：2 章）。しかしここでも技術者不足は深刻であり、これへの対応が図 7–1 の西北工学院や中央技芸専科学校の紡織系の設立だった。しかし戦時中の紡織工業教育機関の直面した問題は、紡織染の各種機械など実習設備の不充分さだった。既設校は疎開の途中や日本軍による接収で設備を喪失し、新設校は経費不足で入手できなかったのである。以下では各校について概観する。

### （1）　重慶国民政府統治区

　図 7–1 のように、陝西省城固に疎開した北平大学紡織系を基礎とした西北工学院、四川省へと疎開した銘賢学院、教育部が 1939 年 1 月に新設した中央技芸専科学校の三校に紡織系が存在した（蔣 1982）。

　西北工学院紡織工程は、表 7–1 のように 1938 年から 49 年までに、北平大学時代を上回る 264 名の卒業者を送り出した。戦後に西安に移転するが、悪性インフレーションと内陸部のモノ不足による生活苦から、教員の離職

---

　2　周承佑「告畢業同学」私立上海紡織専科学校（1948）『第二、三、四屆畢業紀念刊』。
　3　唐偉章「我国紡織教育之展望」『紡織建設月刊』創刊号、1947 年 12 月 25 日。

表7-1 中華民国期の主要紡織工業教育機関の卒業数（1915-49年）

| 校名／年度 | 1915-37 小計 | 1938 | 1939 | 1940 | 1941 | 1942 | 1943 | 1944 | 1945 | 1946 | 1947 | 1948 | 1949 | 小計 | 合計 |
|---|---|---|---|---|---|---|---|---|---|---|---|---|---|---|---|
| 北平大学、西北工学院 | 203 | 12 | 7 | 5 | 8 | 9 | 18 | 22 | 21 | 32 | 34 | 41 | 55 | 264 | 467 |
| 河北省立工業学院 | 271 | | | | | | | | | | | | | | 271 |
| 私立銘賢学院紡織系 | | | | | | | 4 | 9 | 5 | 6 | 6 | 5 | 7 | 36 | 36 |
| 南通学院紡織科 | 515 | | 20 | 18 | 14 | 34 | 57 | | 41 | 31 | 64 | 61 | | 340 | 855 |
| 蘇州工業専門学校 | 355 | | 59 | 73 | 55 | 82 | | | | 11 | | | | 280 | 635 |

出所：南通学院紡織科学友会（1949）『南通学院紡織科学友録』；蘇州工業専門学校（1947）『蘇工校友録』；資源委員会（1941）『中国工程人名録』商務印書館：畢業生名単目録 32-35；河北省立工業学院出版委員会『河北省立工業学院』出版地出版年不詳（張研、孫燕京主編（2009）『民国史料叢刊』1073巻、大象出版社：139-147 によった）；天津紡織工学院工友総会籌備委員会（1988）『校友録 第1集』天津紡織工学院校友会総会（1988）；西北紡織工学院：西北紡織工学院校友通訊録 1912-1987』。

第7章　中国の繊維産業　203

が相次ぎ、残留教員は張漢文、郭雁賓、傅道伸の3名のみとなった[4]。しかし北平大学から続く工学教育の人脈や系譜は、同校を経て人民共和国期の西北紡織工学院に継承されたのだった。

中央技芸専科学校紡織系は、設立時には二年制だったが1940年から三年制に改められ、39年から53年までに208名の卒業生を送り出した。そして図7-1のように人民共和国成立後の1953年に紡織系が天津大学、印染系が華東紡織工学院に移設され、両校の基礎となった（沈・徐1951；蔣1982）。

銘賢学院紡織系は、張承洪と王祖舜により創設され、表7-1のように1943年から49年までに36名を卒業させていた（沈・徐1951；蔣1982）。

（2）上海

以下では適宜、図7-1および表7-1を参照してほしい。民国期中国を代表する紡織工業教育機関だった南通学院紡織科は、1938年に上海へ疎開し、安達紡、聯華布廠、泰山布廠の協力により、こうした工場で実習を行いつつ、戦時・戦後期にも340名を卒業させた（南通学院紡織科学友会1944）。

蘇州工業専門学校は1942年の上海への疎開の後に、経費不足により休校に追い込まれ、戦後の46年に蘇州で再開されるが、それまでに269名を卒業させていた。この蘇州工専の継承校が私立上海工業専科学校であり、42年に安達紡を経営する劉丕基や劉国鈞などにより創設された。鄧邦逖蘇州工専前校長（英マンチェスター大紡織科卒業）を校長に招聘し、蘇州工専の在学生を2、3年生として収容した。47年に五年制に改組され、私立上海紡織工業専科学校として教育部の認可も受けている。同校は48年までの6年間で145人を卒業させている[5]。

誠孚高級職員養成所は、紡織工場の委託経営会社である誠孚信託公司の李升伯取締役により1939年に創設された。校名は日本軍の干渉を避ける

---

4 「張漢文先生会談記」『紡織周刊』9-14、1948年4月9日。
5 私立上海紡織専科学校（1948）『私立上海紡織専科学校一覧』。

ためのもので、実態は二年制の専門学校であり、前述の鄧邦逖が教務長に就任し、後に校長に昇任した。1942、43、44 年度の卒業生の合計は約 180 人であり、その半数にあたる約 80 人が重慶国民政府統治区の紡織工場に就職（重慶豫豊紡、裕華紡、紗市申新紡などに約 30 人、合川豫豊紡、成都宝星紡に約 20 人、湖南第三紗廠に 3 人、昆明裕滇紡、雲南雲茂紡、開遠紡に約 20 人）したために、44 年に日本軍により休校を命じられた。戦後に再開されると、誠孚紡織専科学校として教育部の認可を 46 年に受けている（中国科学技術協会 1996：96-97)[6]。

文綺染織専科学校は、1936 年に啓明絲光染廠の経営者である諸文綺（名古屋高工色染科卒業）が創設したが、翌 37 年には日本軍により接収、閉鎖された。戦後の 46 年に再開され、49 年に最初の卒業生を送り出している（蔣 1982；中国科学技術協会 1996：20-26）。

中国紡織染専科学校は、黄希閣が設立した紡織補習夜校と申新紡が 1938 年に設立した申新紡織職員養成所を前身とした。申新紡第九廠の出資により、40 年に三年制の私立中国紡織染専科学校に改組されたが、翌年の太平洋戦争の開戦により解散に追い込まれた。戦後の 1947 年に、私立中国紡織染工学院として単科大学に改組され、栄鴻元が校長に就任した（沈・徐 1951；蔣 1982）。

市立上海工業専科学校は、戦後の 1945 年 11 月に、上海市教育局が楊樹浦平涼路にあった日本工業学校を接収し創設した。日本人技術者の引揚げによる技術者需要の急増に応えるために「高級職業部」（定時制課程）も附設されていた。

戦時期の上海では一定数の紡織学校が維持されたが、これらの学校の運営者は同一人物であることが多かった。私立上海工業専科学校と誠孚高級職員養成所の校長は鄧邦逖前蘇州工専校長であり、理事は実習先だった安達紡を経営する劉丕基と劉国鈞だった。彼らは日本の干渉によるリスクを

---

6　澹明（1948）「九年来之誠孚紡織専科学校」『紡織周刊』9-7。

避けながら、戦時中も上海の租界で紡織技術者を養成し、国民政府統治区の工場にまで供給していたのである。

そして終戦により在華紡の各工場は国民政府により接収され、中国紡織建設公司（以下、中紡と略称）へと再編された。それまで在華紡の各工場は、日本人技術者を階層的に配置して運営されており、戦時中の1940年の時点でも1717名の日本人技術者が在籍していた（島津1941）。終戦により彼らの大部分が日本へ引揚げたことで、中国人技術者の養成が急務となったのである。戦後の交通大学紡織系、蘇州工専、河北工業学院の相次ぐ再開や市立上海工業専科学校の新設は、これに応えるものだった。そして中華人民共和国期には、これらの学校を三校に集約することで、技術者養成の増加が図られることになる。

## 2. 中華人民共和国期の紡織工業技術者の養成

### （1） 建国から第一次五カ年計画期まで（1949～57年）

紡織工業部は中華人民共和国の建国とほぼ同時の1949年10月に設立された。当時の紡織工業は中国の工業生産額の38％を占める最大の工業部門であり、同部は全国の国営・中央公私合営紡織工場を統轄するとともに、計画的に各層の技術者を養成する任務を負ったのである。この時期の紡織工業において技術者が職工に占める比率は1.09％に過ぎず、技術者不足は大きな課題となっていた（銭1984：32、356）。

この紡織工業部において、1949年から82年までの33年もの間、教育担当の副部長だったのが陳維稷（1902-84）である。陳は、1928年にイギリスのリーズ大学の染色化学専攻を卒業し、ドイツの染料工場での実習を経て帰国した。29年からは、曁南大学、復旦大学、北平大学工学院の教授、南通学院紡織科染化系主任を歴任した。戦時中の39年から44年に重

慶合作事業管理局合作物品供銷処の協理を経て、その後45年まで重慶の民治毛紡織廠の総経理をつとめた。この間の39年に中国共産党に入党し、統一戦線業務に関わる秘密党員となった。戦後には45年からの中紡上海第一印染廠廠長を経て、46年からは中紡の総工程師を務めるとともに、47年からは交通大学紡織系主任を兼任した。そして中華人民共和国建国後には、華東紡織管理局顧問を経て49年11月に紡織工業部副部長に就任したのである（薛ほか1997：11-83；中国科学技術協会1996：232-250）。

その陳により重用された技術者が張方佐（1901-80）であり、奇しくも張も中紡の総工程師と交通大学紡織系主任を兼任していた。張は、1924年に東京高等工業学校紡織科を卒業し、長崎紡織と日本原毛での実習を経て帰国した。25年からは、上海の在華紡喜和紡の訓練主任を皮切りに、振新紡、通恵公紡、申新第二廠の工程師を、35年からは大生紡副廠、新裕紡第二廠の工場長を歴任した。戦後は中紡と交通大のほかに、前述の誠孚紡織学校の校長兼教務長を務め、中華人民共和国建国後には華東紡織管理局副局長に就任していた。張は51年から準備委員会主任として華東紡織工学院（以下、華紡院と略称）の設立準備を担い、56年には北京に異動し、紡織工業部直属の研究機関である紡織科学研究院の設立を主導して院長に就任し、59年から北京紡織工学院の院長も兼任していた（徐・丁 2016：1-119；中国科学技術協会 1996：163-179；中国紡織大学校史編写組 1989：1編）。

張の北京異動後に、副院長兼教務長として華紡院を支え続けたのが銭宝鈞（1907-1996）だった。銭は1929年に南京の金陵大学工業化学科を卒業し、卒業後には同大学の物理系で助教と講師を務めた。そして義和団賠償金返還金の留学生として、35年からイギリスのマンチェスター理工学院紡織化学系修士課程に留学してレーヨン製造を学び、修了後には著名な兵器メーカーであるスウェーデンのボフォース社や、エストニアのタリンの紡織工場での実習を経て、戦時下の38年末に帰国した。39年からは四川省に疎開した金陵大学の化工系教授・主任や銘賢専科学校の化工系教授・主任を、戦後には上海公益研究所研究員を務めた。人民共和国の建国後に

は、51年の華紡院の設立後から79年まで副院長を務め、同年に院長に就任して84年に退職している（銭之光伝編写組 2011：485-486；中国科学技術協会 1996：311-321；中国紡織大学校史編写組 1989：1編）。

　1980年代までの中国において、紡織工業教育を支えたのは、彼ら3人のように、民国期に国内外の教育機関での養成・実習を経て、紡織企業や教育機関で研鑽を積んだ多くの技術者たちであった（富澤 2017）。

　1953年からの第一次五カ年計画では、17.5億元を投資し、華北・華中・西北の綿花生産地域に30の紡織工場を新設することとなった。当初の生産規模240万錘は、毛沢東の指示により300万錘へと拡大された（銭 1984：40-44）。こうして急拡大した紡織業の技術水準を維持するために、新設工場では工場長から生産ラインまでの各層の技術者数の定数（「定額」）が定められ、職工数の3〜5%の技術者を配置しようとした。そのために上海からの6000人など、各地の既設工場から熟練技術者、技術工・管理幹部が、新設工場へと転籍した。また紡織工業学校の卒業生も新設工場の建設段階から現場へと投入され、転籍熟練技術者の指導下での現任訓練（OJT）を経験したのだった（銭 1984：358；紡織工業部研究室 1980：84）。

　紡織工業部は大規模な技術者養成のために、教育機関の再編を進めた。高等教育機関では上海の華東紡織管理局が、1951年に交通大学紡織系、市立上海紡織工学院と上海工業専科学校紡織科を統合して華紡院を新設した。そして1953年の第一次五カ年計画までに高等教育機関は、華紡院、西北工学院紡織系、天津大学紡織系の「一院二系」に統合された。これは少数の学校に教員などの教育資源を集中し、効率的に技術者を養成する試みだった。さらに紡織工業部は、西北工学院と天津大学紡織系をも統合し、咸陽紡織工学院を新設しようとした。その規模は学生数5000人、総投資1684万元、総建築面積14.3万$m^2$であり、1956年4月には第一期の定員1000名分の校舎が竣工したが、関係方面の不一致から、57年3月には建設を停止していた（陝西省志・紡織工業志編纂委員会 1993：426）。

　また中級技術者や技術工を養成する中等専門学校と技工学校（職業訓練

校）が、紡織工業の重点地区に建設された（銭 1984：366）。紡織工業部直属の 7 校の中等専門学校として、上海[7]、天津、鄭州、咸陽、成都の紡織工業学校と成都絲綢工業学校および鄭州紡織機械製造学校が設置された。また地方政府所属の中等専門学校として、江蘇省が 1958 年に無錫紡織工学院[8]と滸墅関（蘇州）蚕糸学校（後に蘇州絲綢工学院）を、河北省は 54 年に石家荘紡織工業学校[9]を設置した。なかでも無錫紡工の 1958 年から 61 年の卒業生は 804 名に達している（江蘇省地方志編纂委員会 1997：331）。

紡織技工学校として紡織工業部は、上海、河南、西北、河北第一、第二の五校を新設した。例えば河北第一紡織技工学校には、高級技術工の養成を目的に、打綿、梳棉、粗紡、精紡、準備、織機保全と紡織工場の工程をなぞった専攻を置いた（河北省地方編纂委員会 1996：373）。

また企業内教育として、職工業余学校の開設と各種の技術訓練が実施され、識字率の向上などを通して労働者の技能の向上が図られた。例えば江蘇省の紡織工場では、識字教育が業余文化教育として 1950 年から取り組まれた結果、1949 年に 75％ だった非識字・半識字率は 50 年代末に 21％ にまで低下し、蘇州蘇綸紡、常州大成紡は非識字者の存在しない「文化工場」になったという。また各工場では民国期の「工人養成所」、「芸徒班」の流れをくむ技能訓練も実施されていた（江蘇省地方志編纂委員会 1997：332-333）。初等教育の徹底と業余教育による労働者の識字率の向上は、清末・民国期からの課題であり、この時期に大きく改善されたのだった。

こうした教育機関の再編により、高等教育機関の在学生は 1951 年の約 1200 人から 56 年の約 3000 人に倍増し、第一次五カ年計画期の卒業生は

---

7　上海紡織工業学校は、1952 年から文革による 69 年の廃校までに 5750 人を卒業させた（上海紡織工業志編纂委員会 1998：693）。

8　蘇州五一紡織技校など既設 4 校を合併して設立された。1962 年に無錫軽工業学院に併入され紡織工程系に改組された（江蘇省地方志編纂委員会 1997：327-330）。

9　1954 年に石家荘工業専門学校の紡織と印染の両専攻を独立させて設立され、58 年 7 月に地方政府が中等専門学校を管轄することになり、河北省紡織工業局に移管された（河北省地方志編纂委員会 1996：371-372）。

3096名に達した。また中等教育機関の在学生は、紡織工業部直属校のみでも、1956年に建国時の4倍に当たる7360名であり、第一次五カ年計画期に卒業生は6814名に達した。この時期に民国期よりも大規模な技術者養成が可能となったのである。

しかし華北・西北地区での紡織工場の急増は原綿需要を急伸させて、小麦などの食糧生産と緊張関係（「糧棉争地問題」）をもたらした（久保2011）。綿花生産の限界を見越して、1954年には華紡院の染化系に化学繊維専攻が設置され、58年には2年制の化学繊維専修科も増設された。同年には河北紡織工学院、59年には北京紡織工学院（後に北京化繊学院に改組）にも化学繊維専攻が置かれた。また54年から華紡院などの教員・学生が化繊製造の研修にソ連と東ドイツに赴いていた（銭1984：359；中国紡織大学校史編写組1989：8-9；天津紡織工学院校史編写組2001：48）。

また第一次五カ年計画の始まった1953年から、計画的養成の強化のために、高等教育機関ではソ連式へのカリキュラム改革が実施された。民国期には系（学部）―科（学科）のみだった組織を、系―科―専業（専攻）―専門化（コース）へと細分化し、「綿紡」、「毛紡」、「麻紡」、「製糸」などの各専門化では画一的なカリキュラムに拠って技術者を養成した。民国期の紡織工業教育のカリキュラムは、学校種が中等から高等へと上昇すると、専門性とともに汎用性に配慮するよう工夫がされていた。それは高等教育機関により養成される高級技術者の職務は、工場全体を俯瞰すべきものだったからである。後にソ連式のカリキュラムは、民国期の紡織工業教育を否定し、中国の現実を無視した硬直的な変革であり、単位（「学分」）制と選択（「選修課」）制を廃止したことで、「学生を画一的モデルにあてはめ、彼らの主体性発揮に不利となった」と評価され、修正されることになった（富澤2017；銭1984：367-368）。

### （2）「大躍進」から「経済調整路線期」まで（1958～65年）

1957年の「反右派闘争」を契機とした政治運動の激化は、技術者養成

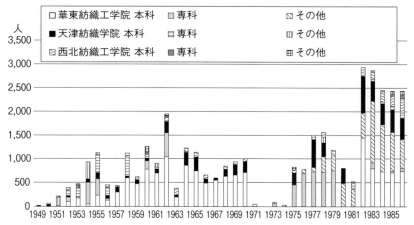

図 7-2 華東紡織工学院、天津紡織学院、西北紡織工学院各系統校の本科、専科別卒業生数（1949-1986）

出所：同書編写部（1989）『中国紡織大学校史』上海科学技術出版社：173-174；天津紡織工学院校友会総会籌備委員会（1988）『校友録第 1 集』天津紡織工学院：421-477；西北紡織工学院校友会総会（1988）『西北紡織学院校友校友通訊録 1912-1987』。

注 1）華東紡織工学院は、1972 年に上海紡織工学院、1985 年に中国紡織大学に改組されている。
  2）天津紡織学院の卒業生には、北洋大学工学院紡織工程系、天津大学紡織工程系、河北紡織管理局技訓班、天津紡織工業学校、河北紡織工学院の卒業生が含まれる。
  3）西北紡織工学院の卒業生には、西北工学院紡織系、山西大学紡織系、西安交通大学紡織系、陝西工業大学紡織系、西北軽工業学院紡織系の卒業生が含まれる。

に大きな影響を及ぼした。58 年からの第二次五カ年計画（「大躍進政策」）による生産の急拡大への対応として、図 7-2 のように「一院二系」の卒業生数は、前の時期と比べて本科生で 4.3 倍、全体で 2.1 倍と急増した。しかし学校教育には相応の時間が必要である。華紡院の本科の入学生数は、1957 年の 673 名から、大躍進政策にあわせて 58 年に 1146 名、59 年に 1019 名、60 年に 1127 名へとほぼ倍増された。大躍進政策の失敗により表 7-2 のように 60 年以降に綿糸布生産が急減すると、入学生数も 61 年には 449 名まで削減された。ところが華紡院の本科は、59 年 4 月から五年制を採っ

表 7-2 中国の綿製品生産と輸出、綿花輸入 (1936-1983)

| 年 | 綿糸（万トン） | | | 綿布（億平方メートル） | | | | | 金額（万米ドル） | | |
|---|---|---|---|---|---|---|---|---|---|---|---|
| | 生産量 | 輸出量 | % | 生産量 | 輸出量 | | | | 全国綿製品輸出 | 上海綿糸布輸出 | 全国綿花輸入 |
| | | | | | 全国(a) | % | 上海 | aの% | | | |
| 1936 | 53.0 | | | | | | | | | | |
| 1937 | 42.6 | | | | | | | | | | |
| 1938 | 32.2 | | | | | | | | | | |
| 1939 | 14.6 | | | | | | | | | | |
| 1940 | 13.9 | | | | | | | | | | |
| 1941 | 15.4 | | | | | | | | | | |
| 1942 | 9.4 | | | | | | | | | | |
| 1943 | 9.1 | | | | | | | | | | |
| 1944 | 7.3 | | | | | | | | | | |
| 1945 | 7.5 | | | | | | | | | | |
| 1946 | 28.0 | | | | | | | | | | |
| 1947 | 35.8 | | | | | | | | | | |
| 1948 | 30.5 | | | | | | | | | | |
| 1949 | 32.7 | | | 18.9 | | | | | | | |
| 1950 | 43.7 | 1.01 | 2.31 | 25.2 | 0.28 | 1.11 | | | 776 | | 11,102 |
| 1951 | 48.7 | 0.07 | 0.14 | 30.6 | 0.22 | 0.72 | | | 625 | | 5,083 |
| 1952 | 65.6 | 0.06 | 0.09 | 38.3 | 0.16 | 0.42 | | | 454 | | 6,368 |
| 1953 | 74.5 | 0.10 | 0.13 | 46.9 | 0.44 | 0.94 | | | 1,168 | | 1,650 |
| 1954 | 83.4 | 0.48 | 0.58 | 52.3 | 0.76 | 1.45 | | | 2,782 | | 4,577 |
| 1955 | 72.0 | 4.46 | 6.19 | 43.6 | 1.80 | 4.13 | | | 5,820 | | 7,305 |
| 1956 | 95.2 | 7.19 | 7.55 | 57.7 | 3.55 | 6.15 | | | 10,149 | | 3,636 |
| 1957 | 84.4 | 5.51 | 6.53 | 50.5 | 3.50 | 6.93 | 3.34 | 95.37 | 11,181 | 6,814 | 4,185 |
| 1958 | 126.2 | 5.95 | 4.71 | 64.6 | 4.60 | 7.12 | 3.77 | 81.94 | 14,191 | 7,592 | 5,929 |
| 1959 | 153.1 | 10.43 | 6.81 | 75.7 | 6.29 | 8.31 | 4.69 | 74.55 | 22,225 | 12,652 | 4,199 |
| 1960 | 109.3 | 12.90 | 11.80 | 54.5 | 5.91 | 10.84 | 3.40 | 57.50 | 21,068 | 10,488 | 7,566 |
| 1961 | 66.9 | 10.57 | 15.80 | 31.1 | 5.90 | 18.97 | 3.63 | 61.56 | 21,890 | 9,935 | 4,186 |
| 1962 | 54.8 | 12.03 | 21.95 | 25.3 | 5.49 | 21.70 | 3.26 | 59.34 | 21,312 | 8,803 | 2,918 |
| 1963 | 67.8 | 12.38 | 18.26 | 33.4 | 6.02 | 18.02 | 3.71 | 61.61 | 21,829 | 9,321 | 8,005 |
| 1964 | 97.0 | 12.92 | 13.32 | 47.1 | 7.37 | 15.65 | 4.59 | 62.22 | 26,539 | 11,549 | 10,863 |
| 1965 | 130.0 | 17.25 | 13.27 | 62.8 | 8.03 | 12.79 | 4.94 | 61.56 | 28,094 | 12,224 | 14,695 |
| 1966 | 156.5 | 12.47 | 7.97 | 73.1 | 9.51 | 13.01 | 5.65 | 59.40 | 28,875 | 12,410 | 8,282 |
| 1967 | 135.2 | 11.55 | 8.54 | 65.6 | 8.41 | 12.82 | 4.98 | 59.18 | 25,475 | 10,720 | 6,864 |
| 1968 | 137.7 | 13.68 | 9.93 | 64.3 | 7.83 | 12.18 | 4.62 | 58.99 | 27,311 | 10,270 | 5,583 |
| 1969 | 180.5 | 11.89 | 6.59 | 82.1 | 7.44 | 9.06 | 4.04 | 54.35 | 28,703 | 10,217 | 5,275 |
| 1970 | 205.2 | 12.17 | 5.93 | 91.5 | 6.96 | 7.61 | 3.97 | 56.99 | 28,420 | 10,101 | 6,036 |
| 1971 | 190.0 | 12.32 | 6.48 | 84.2 | 7.53 | 8.94 | 4.26 | 56.63 | 31,733 | 11,002 | 9,949 |
| 1972 | 188.6 | 10.80 | 5.73 | 83.5 | 9.51 | 11.39 | 5.51 | 57.92 | 42,054 | 15,183 | 17,873 |
| 1973 | 196.7 | 16.38 | 8.33 | 87.1 | 9.61 | 11.03 | 5.14 | 53.46 | 69,844 | 23,795 | 41,533 |
| 1974 | 180.3 | 12.68 | 7.03 | 80.8 | 7.39 | 9.15 | 4.45 | 60.19 | 70,968 | 24,369 | 49,017 |
| 1975 | 210.8 | 18.06 | 8.57 | 94.0 | 10.72 | 11.40 | 4.43 | 41.37 | 77,511 | 19,488 | 24,243 |
| 1976 | 196.0 | 14.61 | 7.45 | 88.4 | 9.46 | 10.70 | 3.78 | 39.91 | 80,367 | 17,844 | 26,117 |
| 1977 | 223.0 | 11.75 | 5.27 | 101.5 | 7.72 | 7.61 | 3.16 | 40.98 | 90,662 | 18,993 | 33,298 |
| 1978 | 238.2 | 12.88 | 5.41 | 110.3 | 10.96 | 9.94 | 4.19 | 38.21 | 121,524 | 24,877 | 71,286 |
| 1979 | 263.5 | 13.37 | 5.07 | 121.5 | 11.09 | 9.13 | 4.15 | 37.46 | 152,157 | 28,470 | 84,917 |
| 1980 | 292.6 | 17.11 | 5.85 | 134.7 | 10.86 | 8.06 | 3.96 | 36.49 | 170,260 | 29,552 | 149,151 |
| 1981 | 317.0 | 18.55 | 5.85 | 142.7 | 12.78 | 8.95 | 3.76 | 29.42 | 181,750 | 28,383 | 153,012 |
| 1982 | 335.4 | 22.93 | 6.84 | 153.5 | 11.79 | 7.68 | 3.25 | 27.61 | 162,714 | 24,183 | 71,150 |
| 1983 | 327.0 | 56.23 | 17.20 | 148.8 | 13.71 | 9.21 | 3.85 | 28.05 | 183,714 | 27,729 | 33,854 |

出所：1949-1983 年は国家統計局工業交通物資統計司（1985）『中国工業経済統計資料 1949-1984』中国統計出版社：43；国家統計局貿易物価統計司（1984）『中国貿易物価統計資料 1952-1983』中国統計出版社、1984：499、504、505、514；同書編集委員会『上海対外貿易誌（上）』上海社会科学院出版社、2001：545-546）を換算（1 匹＝40 平方ヤード≒33.4m$^2$）。

注：全国綿製品は、綿糸、綿布、綿織品と綿メリヤス品、ドローンワーク（抽紗）の合計額。

ており、大躍進期に入学した大量の学生が卒業して、工場の現場に入ったのは経済調整政策後期になった（中国紡織大学校史編写組 1989：44、155）。

　紡織工業部直属校では既設校の拡大のほかに、図7-1のように改組や新設がなされた。58年に河北紡織工学院と武漢紡織工学院、59年に北京紡織工学院、60年に蘇州絲綢工学院、61年に鄭州紡織機電学校が改組や新設されている。また地方政府も紡織教育機関を増設した。高等教育機関が、青島のほかに瀋陽、武漢、安徽、江西、長春にも新設され、鄭州、無錫、上海、浙江では既設中等専門学校が改組され昇格した。こうして1953年の「一院二系」から、60年には高等紡織教育機関は20学部24専攻で在校生約1.13万人に、中等紡織専門学校も35校で在学生約1.3万人へと激増した（銭 1984：368-370）。こうした急激な拡大は、教育の質に懸念を持たせることになった。しかし教授層の多くは共産党員ではなく、「反右派闘争」以後の政治運動の激化の中で、学内や教育行政においてその懸念を公表すれば、職場に残ることは困難だったのであり、彼らが主体的に教育の質の低下に抗うことはできなかった[10]。

　この時期の中国では、政策的失敗と天災による農作物の不作によって大規模な飢餓が発生していた。これに対応する穀物増産の必要性から、1960年の綿花収買量は、前年から1000万担も減少し1924万担にとどまった。こうして翌61年の綿糸布生産量は、表7-2のように大幅な減産となった。そのため紡織工業部は、全面的な学校の整理を進めた。直属校では62年に蘇州絲綢工学院を休校とした（江蘇省地方志編纂委員会 1997：327）。また紡織工業部が、統一的な教学計画・大綱の制定し、教員や実験室基準を厳格に運用し、これに達しないものを廃止した。こうして65年には高等教育機関は10学部で在学生約6800人、中等専門学校は9校7000人にまで縮小されたのである（銭 1984：370-371）。

---

10　1964年の華紡院の正副教授80名の党派は、民主諸党派の民主連盟32名、九三学社16名、党派無し24名、中共党員は民主連盟の二重党籍者1名を含めて8名だった。「華東紡織工学院正副教授名単」（1964年）（上海市档案館［以下、上档と略称］A23-2-984-60）。

前述の原綿不足は、化学繊維工場の建設を加速した。紡織工業部は1958年に建設した遼寧省丹東と河北省保定の工場で人造繊維の試作をすすめ、ここでの経験と国外のレーヨン製造の技術を基礎とした国産設備による中規模工場を南京、河南省新郷、上海、浙江省、吉林省に新設した。また日本とイギリスから新たな合成繊維としてビニロンとアクリルの製造プラントが導入され、1963年に年産1万トンの北京維尼綸（ビニロン）廠と、年産8000トンの蘭州化繊廠が建設された（銭1984：55）。

　そして紡織業には、新たに重要な役割が課せられた。前述の飢餓に対応する食糧輸入費を稼ぐ役割を担うことになったのである。前の時期の生産拡大がほぼ国内向けだった（久保2011）のとは異なり、海外輸出、特に資本主義市場で外貨を獲得しようとした。しかし前述のように国産原綿は不足していたため、輸入原綿を製品に加工して輸出した。その結果は、「紡織製品の外貨獲得力は強く、1ドル分の輸入原綿を加工した製品を輸出すると1ドルの純益を得ることができた」のであり（紡織工業部研究室1980：137）、1961年から63年に、紡織品輸出により得られた外貨は15.6億米ドルとなり、外貨収入30〜36％をしめた（銭1984：52）。この綿製品輸出については、次節で詳述する。

### （3）　プロレタリアート文化大革命期（1966〜76年）

　この時期には紡織教育も重大な被害を受けた。1966年から70年の5年間、高等教育機関では基本的に学生募集が停止され、華紡院では66年から76年の文革期を通して本科生の募集が無かった（中国紡織大学校史編写組1989：28-31、156）。また紡織中等学校と技工学校のほとんども廃止された。紡織技術者養成は、教員・技術者への迫害、教育施設の破壊、校舎の占拠などにより、ほぼ麻痺し、職工中の技術者の比率も63年の3％から77年の1.5％にまで落ち込んだのだった（銭1984：371）。

　入学は4〜5年前のため、図7-2のようにこの時期でも前半期には相当数が卒業していたが、華紡院では1968年8月に労働者と人民解放軍の「毛

沢東思想宣伝隊約1000人が同校に進駐し、闘争、批判、改造を指導」することで大混乱に陥っており、実際には学生への教育の質では問題があった（中国紡織大学校史編写組 1989：28-31）。また天津紡織工学院と西北紡織工学院は、もともと華紡院よりも小規模だったが、前の時期と比べてこの時期の卒業生は減少している。両校の役割は、第一次五カ年計画期に急増した華北・西北地区の工場への技術者供給だった。そのため文革期の同地区の工場では、職工中の技術者の比率が1％を下回り、最新の国産設備の配置にもかかわらず、不適切な管理により生産は伸びなかった。一方、上海は第一次五カ年計画期に、6000名もの熟練技術者と技術工を各地の新工場の建設支援に送り出したが、高い技術水準を維持し続けた。1978年時点での上海の繊維工業の技術者数は9400人（総工程師115人、工程師1319人を含む）に達し、職工中比率は2.3％、特に綿紡織工場では3％以上に達した。後述の綿製品輸出は、こうした上海の工場の技術力によって担保されていたのである（紡織工業部研究室 1980：83-84）。

　参考文献にある『新中国紡織工業三十年』は、紡織工業部がこの時点までの経験を総括し、非公開形式で出版したものであり、彼らの率直な意見を知ることができる。技術者養成に関しては、1958年以降の政治的な変動によって、図7-1にある教育機関の改廃や、毎年の入学者数の大幅な変動にともない、図7-2のように卒業者数も激変し、その実態が計画養成と乖離していたことを認めている。例えば鄭州紡織機電学校は、1958年と60年に大学へと改組されたが、59年と61年の二度にわたり中専に降格され、3回も新入生募集を停止され、建校25年で卒業は僅かに5回のみで、1回の平均卒業生は60名に過ぎず、教員数も168名から50名まで削減されていた。彼らは「（これまでの）実践により証明されたように、教育とは百年の計（「百年樹人」）であり、長期的な計画と相対的な安定があれば、経験を蓄積し、教学の質を向上させて、多くの人材を養成できる」として、今後の教訓とすべきともしていた（紡織工業部研究室 1980：79-91）。

### （4） 改革開放政策（1977 年～）

　文革の終了により 1977 年から大学入試が再開され、華紡院では 12 年ぶりに 728 名の本科生を入学させた（中国紡織大学校史編写組 1989：33、157）。また文革中の 70 年に軽工業部に併合された紡織工業部も、1978 年の改革開放政策の開始により復活した（銭 1984：2 章）。その一方で、技術者養成は計画養成から需要に応じた養成に変化し、各層の地方政府や各工場の管轄する様々な教育機関が爆発的に増加した。主要三校の 84～86 年の本科、専科（本科よりも履修年数が短く、実務的な専門教育を行う）、その他を合計した卒業生数も、毎年 2500 人程度で安定している（図 7-2）。80 年代初頭には、13 校の紡織高等教育機関が存在し、17 校の工業高等教育機関に紡織工程、化学繊維、染色整理工程、染色美術などの紡織関連の専攻が設置されていた。これら 30 校の 82 年末の在学生数は、本科生 1 万 3720 名、専科生 1379 名に達した。また中等紡織学校なども次々に再開され、82 年末の在学生数は中等紡織学校 41 校に 1 万 1952 名、技工学校 225 校に 2 万 8100 名が在籍していた（銭 1984：372）。

　上海でも文革中に廃止された中等専門学校の新設が 1978 年に相次いだ。まず上海市紡織局と上棉二二廠により聯合中等専業学校が新設され、これは 84 年に学生数 1200 人の上海第一紡織工業学校に改組された。市紡局は上棉三一廠とも聯合中専を新設し、同校は 87 年に学生数 960 人の上海第二紡織工業学校に改組されている。また上海市紡織機械器材工業公司と中国紡織機械廠も聯合中学を設立し、88 年に学生数 640 人の上海紡織機電工業学校に改組されている（上海紡織工業志編纂委員会 1998：692-695）。

　江蘇省には、紡織高等教育機関として無錫軽工業学院紡織系、蘇州絲綢工学院が存在しており、文革中の 1972 年から専科生の募集を再開したが、76 年時点で両校の繊維関係の在校生は約 360 人に過ぎなかった。77 年から四年制の本科生の募集が再開され、80 年に南通紡織専科学校が新設され、同校は 85 年に南通紡織工学院として大学に昇格した。こうして 87 年までに紡織工業部管轄 3 校、江蘇省管轄 2 校、各市管轄 8 校の計 13 校の

高等教育機関（うち職工大学7校）にまで拡大し、在学生は80年と比較しても4.4倍の3073名に達した。中等教育では87年までに中専6校、技工学校5校、職工中専の計18校が設置され、在学生は80年と比較して24倍の5533名に達したのである（江蘇省地方志編纂委員会 1997：327-330、340-341）。

## 3. 中華人民共和国期の対外輸出

繊維製品輸出は、中華人民共和国において一貫して外貨獲得の重要な手段であり、1957年には2.8億米ドルで、輸出総額の17.7%を占めていた（銭1984：637）。綿製品輸出も50年から開始され、図7-3のように59年には約29倍の2億2225万ドルまで拡大した。文革期にも2.5億ドルを下回ることなく、71年以降は一貫して上昇することになる。また改革開放政策の本格化まで、輸出製品の大半は図7-3と表7-2のように、輸入原綿も使用しつつ上海で生産されていた[11]。70年代半ばから輸出綿製品に占める上海の役割は低下し、改革開放政策の下で、他の地域の製品も大量に輸出されることになる。輸出先は、表7-3のように50年代にはソ連や東欧などの社会主義国も上位に含まれたが、60年代以降は、イギリスなどの西欧諸国、香港、インドネシアやミャンマーなどの東南アジア諸国などの資本主義国市場が大半を占めるようになり、香港・東南アジア市場で日本製品と競争することになった（紡織工業部研究室 1980：136）。

注目すべきは、初期の輸出綿布の四つの商標の中に、「龍頭」細布（裕豊紡）と「四君子」加工布（内外綿）という、民国期における在華紡の東南アジア市場向け製品が含まれた点である（銭1984：535；上海紡織工業志編纂委員会 1998：319）[12]。また紡織品出口公司は、58年に上海国棉一七廠

---

11 図7-2の金額は、全国は綿製品全体、上海は綿糸と綿布のみのため、本当の上海の数字はより大きなものである。

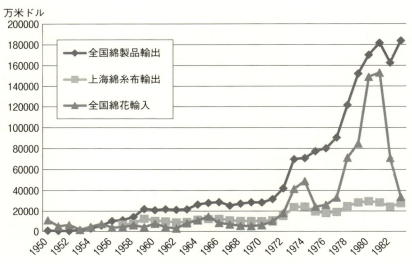

図 7-3　中国の綿製品輸出と綿花輸入 (1950-83)
出所：国家統計局貿易物価統計司 (1984)『中国貿易物価統計資料　1952-1983』中国統計出版社：499、504、505、514；同書編集委員会 (2001)『上海対外貿易誌』（上）、上海社会科学院出版社：549-550。

(旧裕豊［東洋］紡) に対して「藍鳳」商標を使用せぬように指示していた。それは「藍鳳」とは、国棉六廠（旧日華第三、四工場）が在華紡時から使用する輸出綿糸の商標だったためである[13]。ここから中華人民共和国期において、旧在華紡だった各工場には、在華紡時の製品と商標を継承させ、従来からの販路を確保しようとしていたことが分かる（上海紡織工業志編纂委員会 1998：315-316）。また 54 年から国棉一九廠（旧公大［鐘］紡）が香港・東南アジア市場向けに生産し、日本製品と激しい競争をした平織布の「跳鯉」は、これらの市場の外国製品の分析を経て、経糸に 30 番手、

---

12　左旭初 (2006)『民国紡織品商標』東華大学出版社：261。元木光之 (1937)『内外綿株式会社五十年史』内外綿株式会社：108。

13　「為告国棉十七、三廠出口棉紗品質低劣和商標使用問題的函」(1958 年 2 月 27 日)（上档 B134-1-205-20）。

表 7-3　上海の綿糸布輸出額による輸出先順位

綿糸

| 年度 | 1 | % | 2 | % | 3 | % | 4 | % | 5 | % | 6 | % |
|---|---|---|---|---|---|---|---|---|---|---|---|---|
| 1957-1960 | インドネシア | 46.1 | ミャンマー | 26.3 | ベトナム | 9.1 | ルーマニア | 6.4 | アルバニア | 6.3 | 香港 | 5.8 |
| 1961-1974 | インドネシア | 21.6 | 香港 | 20.7 | ミャンマー | 11.9 | スウェーデン | 6.7 | シリア | 5.3 | スイス | 5.0 |
| 1975-1984 | 香港 | 41.0 | オーストリア | 23.6 | スイス | 8.6 | 日本 | 8.4 | 西ドイツ | 7.7 | ルーマニア | 3.1 |

綿布

| 年度 | 1 | % | 2 | % | 3 | % | 4 | % | 5 | % | 6 | % |
|---|---|---|---|---|---|---|---|---|---|---|---|---|
| 1957-1960 | 香港 | 18.2 | ソ連 | 16.6 | インドネシア | 15.3 | イギリス | 13.5 | ミャンマー | 5.5 | 東ドイツ | 4.8 |
| 1961-1974 | 香港 | 14.6 | キューバ | 7.5 | イギリス | 6.5 | シンガポール | 6.4 | オーストラリア | 6.3 | ミャンマー | 4.1 |
| 1975-1984 | 香港 | 10.6 | オーストラリア | 9.1 | シンガポール | 5.7 | アメリカ | 4.3 | キューバ | 4.3 | 東ドイツ | 4.3 |

出所：同書編集委員会（2001）『上海対外貿易誌』上海社会科学院出版社：549-554

緯糸に 36 番手という高番手糸を使用した製品だった（紡織工業部研究室 1980：136；上海紡織工業志編纂委員会 1998：320）。このように 1950 年代以降の上海製綿製品の輸出において、旧在華紡の設備と商標・製品は大きな役割を果たしていた。

　イギリス、西ドイツ、フランスなどへの紡織製品輸出は 1957 年から始まった（上海対外経済貿易志編纂委員会 2001：842、847、853）。こうした西欧諸国への輸出は 1959 年以降に本格化し、図 7-3 のように綿製品の輸出額も急増した。資本主義市場向け製品は、競争に勝ち抜くために品質に十分な配慮がなされた。前述のように深刻な原綿不足となった 1960 年には、配分される原綿品質の悪化により、資本主義市場向け綿布の不合格率が 3 月の 8.75％ から、5 月には 25.09％ へと急上昇し、5 月末には契約を履行できない綿布が 1586 万 $m^2$ に達した。そのため 6 月には上海の各工場への本来の配分原綿 1 万 6000 トンのほかに、エジプト綿などの輸入原綿 3900 トンを含む優良原綿 7200 トンが措置された。これらは一級綿糸 1.5 万トンを含む 1.9 万トンの綿糸に加工されて、その中で輸出向けとされたのは一級綿糸 1 万トンを含む 1.1 万トンだった。すなわち優良綿糸の 2/3 は輸出向けに使用されたのであり、しかもこうした綿製品の生産は、合格率の高い工場のその中でも合格率の高い工具に集約された。また一人当たりの管理台数も減らされるなど、品質管理には十分な配慮が払われた。また前述のように輸入原綿を使用しても充分な利益を見込めたため、60 年に上海市政府は中央政府の認可を得て、自前で外貨を準備して国際市場から調達した原綿を製品に加工して輸出し（「以進養出」、輸出を輸入で養う）、輸出で得られた外貨を継続して運用（「地方周転外滙」、地方運用外貨）し始めた（上海対外経済貿易志編纂委員会 2001：930）[14]。こうして図 7-3 のように綿花輸入量は 63 年から 65 年に増加し、71 年以降も次第に増加したの

---

14 「密件　上海市対外貿易局　関于当前紗布出口問題的報告（80）滬紡業二密字第 0925 号」（1960 年 6 月 20 日）（上档 B170-2-931）。この文章に「地方周転外滙」による輸入原綿の使用が見られる。

である。

　輸出の維持・拡大のために、各工場は発注主からの様々な要求に応えていた。1966年には綿布だけで760種の商品を揃え、綿布の幅や繊維の密度、使用綿糸の番手の変更にも対応した。そのため国綿九廠（旧上海紡第三と同興二廠）の織機は、四半期ごとに半数にあたる1420台を製品に合わせて調整していた。こうした対応は、上海紡織業の持つ高い技術力により可能となったと言える。また1958年から綿布の一部は、「中性包装」という形態で輸出されていた。これは製品に「Made in China」を記さず、香港を経由し、一部は香港で加工されて、第三国へ輸出されるものだった。この形の綿布輸出は、1966年には1億6834万$m^2$に達しており上海の輸出総量の30%を占めていたのである[15]。

　上海が1970年代半ばには、輸出綿布でも主要産地の一つという位置づけに変化したことは史料からも確認できる。78年8月に、計画以上に拡大した砂糖輸入分の外貨を獲得するため、国内向け綿布1億$m^2$を輸出に転用することになり、中央政府から各産地の担当局に割当が通知された。割当は上海、江蘇、陝西に1.5千万$m^2$、河北、湖南、山東、河南に1千万$m^2$、浙江、安徽、山西に5百万$m^2$となった。これに対して上海市紡織工業局は、在庫品は輸出には不適格であり、国内向け製造ラインを改造し、綿布のほかに化繊との混織布も含めることで、年内に割当量を生産することを返答していた[16]。

---

15　「上海市革命委員会在貿組関于棉布出口経営方向的調査報告」（1969年6月21日）（上档B248-2-146-10）。

16　「対外貿易部、商業部、紡織工業部関于従内銷額度転一億米布出口的通知」（上档B123-10-468-7）。「滬紡経（78）第242号　上海市紡織工業局（報告）」（1978年8月5日）（上档B123-10-468-9）。

## おわりに

　これまでの分析から得られた結論を簡単にまとめれば、以下のようになる。

　日中戦争前に確立された中国の紡織工業教育機関は、戦時中には国民政府統治区や上海の租界へと避難することで技術者養成を継続し、戦後の日本人技術者の引揚げへの対応も可能となった。

　人民共和国の建国後には、紡織工業部のもとで、戦時・戦後期に増加した教育機関を「一院二系」に統合して教育資源を集約することで、大量の技術者を計画養成して生産の拡大に対応しようとした。こうした教育の現場を担当したのは民国期から継承された技術者であった。1950年代の汎用性の欠如したソ連式カリキュラムの導入や、60年代からの政治運動の続発による技術者養成の停滞などの問題はあったが、改革開放期までには紡織工業教育も安定し、その後に技術者養成は爆発的に拡大してゆく。

　こうした技術的な条件下で、1950年代からの綿製品輸出は可能となった。民国期からの技術水準を保持した上海の綿製品は、輸出開始当初から競争力を有し、60年代に本格化し、文革期にも継続された対資本主義市場輸出でも、様々な努力のもとで国内向け製品とは異なる高い品質が維持され続けた。これを保証したのが、民国期から継承した技術者養成のための教育機関や人材だったのである。

**参考文献**
（日本語）
久保亨（2009）『20世紀中国経済史の探究』信州大学人文学部
久保亨（2011）「1950年代の中国綿業と在華紡技術」富澤芳亜・久保亨・萩原充
　　　編『近代中国を生きた日系企業』大阪大学出版会
島津長次郎（1941）『支那在留邦人人名録　第31版中支版』金風社
富澤芳亜（2012）「紡織業史」久保亨編『中国経済史入門』東京大学出版会

富澤芳亜（2017）「近代中国における工業教育と紡織技術者の養成」『経済史研究』20

（中国語）
河北省地方志編纂委員会（1996）『河北省志・紡織工業志』方志出版社
江蘇省地方志編纂委員会（1997）『江蘇省志・紡織工業志』江蘇古籍出版社
上海対外経済貿易志編纂委員会（2001）『上海対外経済貿易志』上海社会科学院出版社
上海紡織工業志編纂委員会（1998）『上海紡織工業志』上海社会科学院出版社
徐暁雄・丁軍華（2016）『紡織教育家張方佐伝』浙江大学出版社
蔣乃鏞（1982）「七十年来中国紡織専科大学的建立和発展」『中国紡織科技史資料』9
沈承育・徐善熾（1951）「全国紡織教育調査」南通学院紡織科『南通学院紡織科民三八級畢業紀年刊』南通、出版者不詳
薛慶時・蔡静淵・卜大乾（1997）『陳維稷伝』中国紡織出版社
銭之光主編（1984）『当代中国的紡織工業』中国社会科学出版社
銭之光伝編写組（2011）『銭之光伝』中共党史出版社
陝西省志・紡織工業志編纂委員会編（1993）『陝西省志・紡織工業志』三秦出版社
中国科学技術協会（1996）『中国科学技術家伝略　工程技術編紡織巻1』中国紡織出版社
中国紡織大学校史編写組（1989）『中国紡織大学校史』上海科学技術出版社
天津紡織工学院校史編写組（2001）『天津紡織工学院校史』天津科学技術出版社
紡織工業部研究室（1980）『新中国紡織工業三十年　上巻』紡織工業出版社
南通学院紡織科学友会（1944）『南通学院卒業紀年冊（民33年級紡工系）』

第 8 章

# 中国の重工業化
——上海市の鉄鋼業を事例として——

加島　潤

　　はじめに

　東アジアの工業化については、19 世紀後半以降、日本および日本帝国圏に属した台湾・朝鮮・満洲国、そして中国（とりわけ沿海部）において、第二次大戦終結時までに一定の進展が見られたことが知られている（堀 2009；久保ほか 2016）。しかし、第二次大戦後の展開に関しては、重工業を柱とする日本の高度経済成長と、輸出指向型工業化による韓国・台湾・香港の急成長が「東アジアの奇跡」として注目された一方で（世界銀行 1994）、中国の工業化の過程は極めて大きな曲折を経てきた。

　周知の通り、第二次大戦後の中国は、1949 年の中華人民共和国の成立以後、1950 年代に計画による資源配分と生産手段の公有を柱とする社会主義体制を形成した。そして「重工業優先戦略」を政策方針として掲げ、その計画経済期（1949–78 年）において政府主導の重工業化を強力に推進した。その結果、製造業生産額中の重工業比率は、1953 年の 17.9％ から 1980 年の 59.9％ へと急激に上昇し（久保ほか 2016：73）、中華民国期（1912–49 年）までに形づくられた軽工業を中心とする構造は大きく転換した。こうした中国の急速な重工業化は、中国政府の情報統制によりその成果のみが強調されたこともあり、同時代において世界の注目を集めた。

　しかし、1978 年の改革開放政策の開始以降、徐々に当時の情報が開示

されるなかで、計画経済期の重工業化の実態も明らかになっていった。特に後の研究によって指摘されたのが、社会主義体制の非効率な制度と国防重視の内陸投資政策に起因する、重工業の投資効率の傾向的な低下である（丸川 2000：17-27）。改革開放以降の中国工業が、郷鎮企業の躍動や、経済特区を基礎とした輸出指向型工業化の進展によって脚光を浴びたこともあり、計画経済期の重工業化はその非効率性が強調されるようになっていった。

　本章の問題意識は、こうした一般に「失敗」と見なされる計画経済期の重工業化の実態について、中華民国期までの歴史的背景を踏まえつつ再検討し、その中国および東アジアの工業化における位置づけを考察することにある。

　誤解を避けるために明らかにしておくと、ここでの再検討の重点は、計画経済期の重工業のパフォーマンスを再評価し、その非効率という評価を覆すことにあるのではなく、その非効率を生み出すメカニズムを検証し、計画経済期の重工業化の特徴と中国の工業化の過程に対するインパクトを明らかにすることにある。計画経済期は、長期的に見れば、中国工業の勃興期である中華民国期と、それが全面的に展開した改革開放期を繋ぐ時期であり、同時期における社会主義体制下での政府主導の重工業化が、中国の工業化の過程全体にどのような影響を与えたのかという問題は、考察に値するであろう。また、19世紀後半以降の東アジアの工業化を統一的に理解する上でも、中国の計画経済期における重工業化を適切に位置づける作業は不可欠である。

　こうした問題意識にもとづき、本章が具体的に取り上げるのは、計画経済期における上海市の鉄鋼業の事例、とりわけその粗鋼生産と銑鉄供給の関係である。

　鉄鋼業は、一般に重工業の主要産業とされるが、それに加えて、計画経済期の中国においては、「以鋼為綱」（鉄鋼生産を要とする）という政策スローガンや、毛沢東による中国の粗鋼生産は15年でイギリスを追い越す

といった発言[1]に代表されるように、その「重工業優先戦略」のシンボルとして位置づけられていた。一方、上海市は、周知の通り中華民国期までの中国における軽工業発展の一大拠点であり、それゆえ計画経済期における政府主導の重工業化の影響を極めて強く受けた都市であった。とりわけその鉄鋼業は、後述するように、計画経済期に粗鋼生産で全国第2位のシェアを占めるなど中国の重工業発展において重要な役割を担う一方で、その銑鉄供給は他地域に依存するという、銑鋼一貫型とは異なる構造を持っていた。こうした上海市の鉄鋼業は、計画経済期の重工業化の実態を検討する上で興味深い事例と言えるだろう。

　また、上海市の鉄鋼業を分析する際に本章が特に注目するのは、その鉄鋼業の展開における地方（上海市）政府の役割である[2]。社会主義体制の制度的特徴は、資源分配における政府の主導的な役割にあるが、特に中国の社会主義体制については、その体制内での地方政府の重要性が指摘されてきた。例えばエルマン（1982）は、中国の社会主義体制において、中央計画が主であることを認めつつ、中央管轄部門による垂直的調整ではなく、地方的な水平的調整が重要であった点を指摘している。同じく田島（1978：1990）も、計画経済期から改革開放期にかけての鉄鋼業に注目し、中央政府所属の大規模な企業と地方政府所属の分散的な中小企業の併存という特徴を指摘し、そのなかで地方政府が果たした役割の重要性を強調している。こうした制度的特徴を踏まえて、本章では上海市における鉄鋼業と地方政府の関係に注意を払いつつ分析を行う。

　以上のような問題意識と研究視角に関連する先行研究としては、まず計画経済期の中国鉄鋼業全般を総合的に取り扱ったWu（1965）、尾上（1971）、『中国鋼鉄工業五十年』編輯委員会（1999）などがあり、また上海市の鉄鋼業を概観した基本文献として『上海鋼鉄工業誌』編纂委員会（2001）が

---

1　同発言は、1957年11月にモスクワで開催された社会主義12ヵ国党指導者会議でのものとされる（宇野ほか1986：157）。
2　計画経済期の上海市政府と地方企業の関係については、加島（2018）を参照。

挙げられる。一方、中国近現代経済史分野では、中華民国期の鉄鋼業を分析した萩原（2000）、鞍山製鉄の1949年前後の連続性・非連続性について論じた松本（2000）などがある。また、改革開放期の中国鉄鋼業の発展については、大企業と中小企業の併存状況を論じた杉本（2000）および上述の田島（1978；1990）、首都鋼鉄公司の事例研究である李（2000〔日〕）などが重要な先行研究である。

ただし、これらの先行研究においては、全国レベルと企業レベルに分析が集中しており、計画経済期の各地方の実態にもとづいた事例分析は必ずしも十分行われていない。そこで本章では、地方レベルの事例研究として、上海市檔案館所蔵の一次史料を利用しつつ、計画経済期における上海市の鉄鋼業について、その粗鋼生産と銑鉄供給の関係に焦点を当てて分析を行う。こうした分析を通じて、中国の計画経済期における重工業化の実態を明らかにすることが、本章の目的である。

## 1. 中国鉄鋼業と上海

まず、議論の前提として、中国全体の鉄鋼業の歴史的展開と、そのなかでの上海の位置について確認しておこう。

### （1） 中国鉄鋼業の発展過程

中国における近代鉄鋼業の本格的な勃興は、1890年に湖北省に設立された国営の漢陽鉄廠に求められる。しかし、その後の中国資本による鉄鋼業の展開は必ずしも順調ではなかった。1908年に漢陽鉄廠、萍郷炭鉱、大冶鉄鉱を合併して成立した漢冶萍公司は、経営難から製鉄事業を中断し、日本からの借款の規定により日本への石炭・鉄鉱石の輸出を主な業務とする存在となってしまう（久保ほか 2016：64-66）。また、1927年に成立した南京国民政府の下では、南京近郊の馬鞍山に中央鋼鉄廠を建設する計画が

立てられたが、日中戦争の勃発と拡大により計画は頓挫せざるを得なかった（萩原 2000）。

　一方、日本の進出が本格化した満洲（中国東北地方）では、1910 年 5 月に本渓湖製鉄所、1916 年 10 月に鞍山製鉄所という生産拠点が形成された。また、日中戦争中には日本占領下の北平（現在の北京）近郊に石景山製鉄所（後の首都鋼鉄公司）が建設されるなど、日本資本による開発が進んでいた（久保ほか 2016：66-68）。

　表 8-1 は、1910-30 年代の中国と日本の銑鉄・粗鋼生産量を示したものである。なお、後述の計画経済期に関する議論との連続性を重視し、ここでは中国に満洲を含めることとする。同表からまず明らかになるのは、中国鉄鋼業における満洲の比率の際立った高さである。それは 1930 年代に中国全体の過半を超え、1937 年には銑鉄・鋼ともに 90％ 以上に達していた。これらの満洲の鉄鋼業は日本資本によるものであり、その製品を主に日本へと供給し、中国本土の工業化とは独立した形で展開されていた点で特徴的であったとされる（久保ほか 2016：66-68）。

　次に、日中両国の生産量の推移を比較すると、中国鉄鋼業は満洲を含めてさえ、銑鉄・粗鋼生産量において日本との格差が持続的に拡大しており、特にそれは鋼生産において顕著であった。その意味で、1949 年以前の中国の鉄鋼業は、国民政府統治地域での開発など様々な試みがなされたとはいえ、日本へのキャッチアップが進展していた軽工業と比較すれば、依然として本格的な発展を待つ段階にあったと言える。

　こうした歴史的背景を持つ中国の鉄鋼業は、第二次大戦後にどのように展開したのであろうか。図 8-1 は、1955-2000 年のアメリカおよび東アジア諸地域の粗鋼生産量を示したものである。まず目につくのは、1955 年段階でのアメリカと東アジア諸地域の大きなギャップであるが、日本の生産量は高度経済成長期に急激に増加し、1970 年代にはアメリカとほぼ同水準に達した。一方、中国に関して言えば、大躍進期（1958-60 年）の増産によって一時的に日本との差を縮めたが、それ以降は計画経済期を通じ

表 8-1　中国・日本の銑鉄・粗鋼生産量（1912-37年）

単位：万トン

| | 中国 | | | | | | | | 日本 | |
|---|---|---|---|---|---|---|---|---|---|---|
| | 銑鉄 | | | | 鋼 | | | | 銑鉄 | 粗鋼 |
| | 中国本土 | 満洲 | 比率(%) | 合計 | 中国本土 | 満洲 | 比率(%) | 合計 | | |
| 1912年 | 17.8 | … | … | 17.8 | 2.5 | | … | 2.5 | *18.8 | *25.2 |
| 1920年 | 13.4 | 12.4 | 48.1 | 25.8 | 6.8 | | … | 6.8 | 52.1 | 81.1 |
| 1933年 | 3.5 | 43.3 | 92.5 | 46.8 | 1.0 | 2.0 | 66.7 | 3.0 | **116.2 | **228.9 |
| 1937年 | 3.0 | 76.2 | 96.2 | 79.2 | 3.6 | 52.0 | 93.5 | 55.6 | ***190.7 | ****470.4 |

出所：厳ほか1955：141-142, 146；Wu 1965：23-24；三和・原 2010：14
注：*=1910年，**=1930年，***=1935年。「…」はデータなし。
中国の「鋼」の原表定義は不明だが，Wu（1965：23-24）は「Steel Ingot」（鋼塊）と訳している。

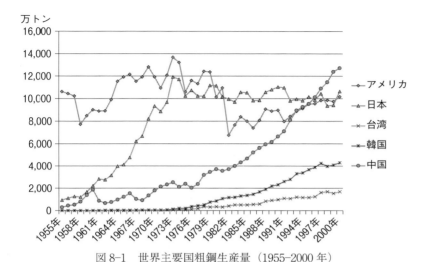

図 8-1　世界主要国粗鋼生産量（1955-2000 年）
出所：World Steel Association（various years）；三和・原 2010：14

て相対的に緩やかな増加にとどまり、日本との差はむしろ拡大していった。このように、計画経済期の中国の鉄鋼業は、日本やアメリカなどと比較すれば相対的に小さな生産規模に止まっていたのである。

　中国鉄鋼業が飛躍的な拡大を遂げるのは、1978 年の改革開放政策の開始以降のことである。同年に新日本製鐵の設備供給により銑鋼一貫型の上海宝山鋼鉄総廠の建設が開始され、以後順調な発展を遂げた中国鉄鋼業は、1990 年代には粗鋼生産量でアメリカ・日本を抜いてトップに躍り出る。なお、図 8-1 は 2000 年までの趨勢のみを示しているが、2000 年以降の中国の粗鋼生産量はさらに急激な増加を見せ、2013 年には 8 億トンに達する。同年の日本の生産量は 1 億 1000 万トン程度であり、その生産規模の大きさは他の追随を許さない水準に達している（World Steel Association (various years)）。

　次に、表 8-2 により計画経済期の中国の銑鉄・粗鋼生産量および地域別比率の推移を見てみると、銑鉄・粗鋼生産量ともに、図 8-1 で見たような

表8-2 中国銑鉄・粗鋼生産量・地域別比率（各期間年平均）

| | 銑鉄全国生産量（万トン） | 地域別比率（%） | | | | 粗鋼全国生産量（万トン） | 地域別比率（%） | | | |
|---|---|---|---|---|---|---|---|---|---|---|
| | | 遼寧省 | 北京市 | 上海市 | 湖北省 | その他 | | 遼寧省 | 北京市 | 上海市 | 湖北省 | その他 |
| 1949-52年 | 115.2 | 63.3 | 13.1 | 0.0 | 0.6 | 23.0 | 75.2 | 74.1 | 0.2 | 3.9 | 1.6 | 20.1 |
| 1953-57年 | 399.6 | 64.4 | 10.8 | 0.0 | 1.0 | 23.8 | 333.4 | 61.0 | 0.3 | 9.6 | 3.3 | 25.8 |
| 1958-60年 | 2,091.9 | 34.0 | 4.0 | 0.5 | 4.8 | 56.8 | 1,351.2 | 49.3 | 2.5 | 12.3 | 4.8 | 31.1 |
| 1961-65年 | 961.0 | 46.8 | 9.5 | 2.3 | 8.6 | 32.8 | 897.3 | 45.9 | 2.3 | 19.1 | 9.0 | 23.7 |
| 1966-69年 | 1,108.8 | 47.8 | 9.4 | 2.1 | 8.5 | 32.1 | 1,199.7 | 38.5 | 4.5 | 20.3 | 8.4 | 28.3 |
| 1970-73年 | 2,162.7 | 35.6 | 6.8 | 3.6 | 10.2 | 43.8 | 2,192.6 | 31.5 | 6.3 | 16.8 | 10.2 | 35.3 |
| 1974-78年 | 2,545.6 | 33.3 | 7.8 | 4.6 | 8.1 | 46.2 | 2,420.0 | 30.5 | 7.0 | 17.0 | 7.5 | 38.0 |

出所：冶金工業部生産司 1992：3, 23-39

注：本表の上海市銑鉄生産量は、本章の他の図表で利用する『上海鋼鉄工業誌』編纂委員会 (2001)、上海市統計局 (1992) の数値と、1年当たり最大約6万トン程度の差異があるが、『上海鋼鉄工業誌』編纂委員会 (2001) の原資料としての整合性を考慮し、修正は加えていない。なお、銑鉄の地域別生産量については、『中国鋼鉄工業五十年』編輯委員会 (1999：232-235) の数値も利用可能であるが、同表は各省・市・自治区の合計が同表合計と一致しない。上海市の数値が冶金工業部生産司 (1992)、『上海鋼鉄工業誌』編纂委員会 (2001)、上海市統計局 (1992) の数値と大幅に異なるなど問題が多いため、本表では採用しない。

1958-60年の急増とその後の急減を経験し、1970年代にかけて緩やかに増加している。両者は生産量もほぼ同じ水準であり、また計画経済期の鉄鋼業に関する輸出入の大部分が鋼材の輸入であったことから（『中国鋼鉄工業五十年数字彙編』編輯委員会 2003：136-137)、粗鋼生産が基本的に国内の銑鉄を原料としていたことが推察される。

また、地域別比率について見ると、銑鉄・粗鋼ともに指摘できるのが、中華人民共和国成立当初の遼寧省の圧倒的な比率の高さと、それ以後の緩やかな低下である。同省の1949-52年の比率は銑鉄で63.3％、粗鋼で74.1％に達したが、1974-78年には30％程度にまで低下している。1949-52年時点での比率の高さは、先に見た戦前の日本資本による開発の結果であるが、計画経済期を通じたその比率の低下は、上海市、湖北省、北京市といった主要生産地や、それ以外の無数の地域における生産拡大がもたらしたものと見られる。特に、その他地域の生産増加は、国防を意識した内陸部投資政策によるものであった。

ここで、本章で対象とする上海市に注目してみると、銑鉄に関しては1950年代の1％未満の段階から1974-78年に4.6％まで拡大しているものの、基本的にはその他の主要生産地と比べて小規模であった。これに対して、粗鋼の比率は1949-52年の3.9％から最も高い1966-69年には20.3％にまで達しており、単独の地域としてはほぼ一貫して遼寧省に次ぐ第2位の位置を占めていた。これは、上海市が、銑鉄生産においては相対的に低位に止まる一方で、粗鋼生産では極めて重要な位置にあったことを意味していた。つまり、上海市の鉄鋼業は計画経済期において、遼寧省のような銑鋼一貫型とは異なる形で発展を遂げたのである。

### (2) 上海鉄鋼業の基本構造

こうした上海の鉄鋼業の構造について、その歴史的な発展過程に目を向けると、中華民国期からすでに粗鋼および鋼材生産を中心とするものであったことがわかる（以下の叙述は、主に『上海鋼鉄工業誌』編纂委員会 2001：

2-17；萩原 2000：25-34 による)。

　上海での銑鉄生産は、1918 年の和興化鉄廠の煉鉄炉（20 トン・25 トン高炉、1918-45 年累計 5 万トン）設置を嚆矢とするが、その後は大きな発展は見られず、1943 年に日本資本の中華製鉄株式会社の浦東煉鉄工場（20 トン溶鉄炉、1943-45 年累計 5000 トン余）が設立されるも、いずれも小規模で 1945 年前後に生産停止に追い込まれている。

　一方、粗鋼・鋼材生産については、1890 年に江南製造局煉鋼廠が設立（翌年生産開始）されると、1910-30 年代には機械工業の発展による需要増加に刺激され、中国資本の鉄鋼企業の勃興が見られた。その代表が、1934 年に設立された大鑫鋼鉄廠である。その後、日中戦争中は日本資本の進出が顕著に見られたが、1945 年の終戦後は、1946 年に設立された官商合辦の上海鋼鉄股份有限公司が、旧日本資産接収の受け皿となった。なお、粗鋼生産の原料となる銑鉄の供給は、中華民国期を通じて主に輸入と国内他地域（河南省・六河溝鉄廠等）に依存していたとされる。

　1949 年時点での上海市の銑鉄・粗鋼・鋼材の生産能力および生産量は、銑鉄の生産能力・生産量が僅少（データなし）、粗鋼が生産能力 3 万トン、生産量 0.5 万トン、鋼材が生産能力 7～9 万トン、生産量 1.5 万トンであった（『上海鋼鉄工業誌』編纂委員会 2001：4）。このことから、上海の鉄鋼業は、その機械工業の発展に合わせて粗鋼・鋼材を生産・供給することに特化していたことが見て取れる。

　こうした構造は、1949 年の中華人民共和国の成立以後、社会主義体制が形成されるなかで、形を変えつつ引き継がれていく。1949 年以後の大きな変化として挙げられるのは、社会主義改造（民間企業の国営・半国営化）を通じた産業組織の再編である。鉄鋼業の社会主義改造は相対的に早期に実施され、1949 年の段階で大鑫鋼鉄廠、亜細亜鋼鉄廠等の国営化、上海鋼鉄股份有限公司の公私合営（半国営）化が実施された。そして、1958 年には中央政府の管轄企業であった上海鋼鉄股份有限公司が上海市に下放（移譲）され、上海市冶金工業局として市政府の一機関に改組される。こ

こにおいて、上海市政府による市内の鉄鋼生産の管理体制が成立することとなる。

一方で、粗鋼・鋼材生産を中心とする上海市の構造は、そのまま維持された。銑鉄生産の生産設備拡大としては、1959 年に上海第一鋼鉄廠に高炉 2 基が設立（年産 25 万トン）されるが、確認できる限りこれは計画経済期の上海市内における唯一の高炉建設である。なお、上海市の管轄でありながら上海市外に立地する製鉄所として、1970 年に江蘇省南京市の梅山鉄鉱付近に設立された「九四二四廠」（1969 年 4 月 24 日に建設決定、年産 110 万トン、1984 年に上海梅山冶金公司と改称）がある。

これに対して、粗鋼の生産設備が計画経済期を通じて着実に拡大されたことは、表 8-2 の上海市比率の上昇、および図 8-2 の上海市粗鋼生産量の増加から明確に見て取れる。また、上海では 1950 年代に平炉から転炉・電炉への転換が図られ、平炉生産は 1949 年の全市粗鋼生産の 70.9% から 1957 年には 28.7% まで低下した。このように、中華民国期までに形成された上海の粗鋼・鋼材生産中心、銑鉄生産の低位という特徴は、基本的には計画経済期に引き継がれ、社会主義体制下においてそのギャップはさらに拡大されていたのである。


## 2. 上海市の粗鋼生産と銑鉄供給

ここで問題になるのは、上海市が全国第 2 位の粗鋼生産を維持するために、どのようにその原料である銑鉄の供給を確保していたのかという点である。本節ではその実態について、利用可能な統計データと当時の一次史料に記載された記述情報にもとづき検討を行う。

なお、粗鋼生産の原料としては屑鉄も用いられるが、データの不足によりその実態は十分検討できない。数少ない利用可能な史料によれば、1969 年の上海市に移送された銑鉄が 170.2 万トンだったのに対し、屑鉄の移送

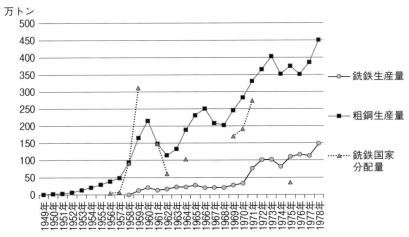

図 8-2　上海市銑鉄・粗鋼生産量と銑鉄国家分配量
出所：B109-1-480-63；B109-1-583-44；B109-3-142-59；B109-3-242-231；B112-5-443；B276-1-2-74；『上海鋼鉄工業誌』編纂委員会 2001：549、554-555
注：「銑鉄国家分配量」は、計画上の数値ではなく、実際に分配された量を示す。ただし、1962年は同年11月24日時点での原表作成者の予想値、1970年は1-9月の分配量にもとづく筆者の推計値である。

量は 28.6 万トンであったとされることから、粗鋼生産の原料として一定の比率を占めていたものと見られる[3]。

　また、銑鉄は製鋼だけでなく鋳物製造にも用いられる。上海市における銑鉄の用途については通時的な統計が得られないが、1961 年に上海市内で供給された銑鉄 171.84 万トンのうち製鋼用が 145.55 万トン、鋳物用が 26.29 万トン（総供量の 15.7％）、1962 年は供給量（予測）86.58 万トンのうち製鋼用 80.93 万トン、鋳物用 5.65 万トン（6.5％）、1963 年は需要量（予測）109.6 万トンのうち製鋼用 91.55 万トン、鋳物用 18.05 万トン（16.5％）であったとされ、数％から十数％程度は鋳物用に回されていたようである[4]

---

3　上海市檔案館所蔵檔案 B112-5-443（全宗番号―目録番号―案巻番号を表す。以下同じ）、上海市冶金工業局革命委員会（報告）「関於請求加強生鉄、廃鋼鉄調運的緊急報告」滬革 70 第 001 号、急件、密件、1970 年 1 月 3 日。

（1） 上海市の銑鉄・粗鋼生産と国家分配

　まず、上海市の銑鉄供給の状況を数量的に確認する。図 8-2 は、上海市における銑鉄・粗鋼生産量と、国家計画から上海市に分配される銑鉄の「国家分配量」の推移を示したものである。

　図 8-2 からあらためて見て取れるのは、表 8-2 の地域別生産量比率でも示唆された、銑鉄生産量と粗鋼生産量のギャップである。粗鋼生産量は、1960、66、73 年をピークとする何度かの急激な増減を繰り返しつつ、全般的には計画経済期を通じて増加傾向にあった。これらの増減は、いずれも大躍進政策などの工業生産拡大政策とその揺り戻しに対応しており、中央政府による政策的な生産ノルマの引き上げが影響していたと見られる。

　これに対して、銑鉄生産量は、1959 年から 1970 年にかけて一貫して 10-30 万トン程度で推移しており、粗鋼に比べれば目立った増加は見られない。唯一、計画経済期中の大幅な増加として確認できるのは、1970 年の 32.43 万トンから 72 年の 104.05 万トンへの急増であるが、これは先に触れた南京市梅山の「九四二四廠」の生産量を組み入れたものと見られる。なお、同製鉄所で生産された銑鉄は、主に上海市を供給先としていたとされる。

　一方、注目すべきは国家分配の数量と推移である。統計データの不足により通時的な分析は困難であるが、利用可能な年度の数値から見ると、① 1958-59 年の急増、② 1961-62 年の急減、③ 1969-71 年の急上昇という大まかな傾向が確認できる。ただし、1975 年のみ 36 万トンという極めて少量の数値が示されているが[5]、詳細は不明である（数値の異常の可能性がある）。これらの動向は、おおむね粗鋼生産の推移と一致しており、先に述べた屑鉄の粗鋼生産原料としての使用と銑鉄の鋳物使用を考慮しても、上

---

4　B109-1-480-63、上海市物資局綜合計画処「関於 1963 年国家分配本市主要物資情況匯報」1962 年 11 月 24 日。
5　同数値の出所は以下の史料である。B109-3-242-231、上海市物資局翻印「1976 年主要原材料国家分配計画（草案）」1976 年 2 月。

表 8-3　主要企業・各省から上海市への銑鉄供給計画（1959 年）
単位：万トン

| 企業・地域名 | 発送量 | % |
| --- | --- | --- |
| 鞍山鋼鉄公司 | 5.1 | 1.8 |
| 本渓鋼鉄公司 | 8.0 | 2.9 |
| 石景山鋼鉄公司 | 2.0 | 0.7 |
| 包頭鋼鉄公司 | 2.8 | 1.0 |
| 武漢鋼鉄公司 | 9.1 | 3.2 |
| 安徽省 | 119.5 | 42.6 |
| 山東省 | 69.1 | 24.6 |
| 江西省 | 15.5 | 5.5 |
| 福建省 | 6.0 | 2.1 |
| 江蘇省 | 24.8 | 8.8 |
| 浙江省 | 13.0 | 4.6 |
| 河南省 | 5.5 | 2.0 |
| 合計 | 280.3 | 100.0 |

出所：B276-1-4、上海市原材料指揮部「1959 年生鉄、煤炭、木材、鋼材調運情況」1959 年 10 月 20 日
注：「合計」の数値は各項目の合計と一致しないが、原史料のまま。

海市における銑鉄供給は、基本的には国家分配を中心にまかなわれていたことが確認できる[6]。

また、国家分配の銑鉄の発送元地域については、通時的な統計は利用できないが、表 8-3 から国家分配量が急増した 1959 年の計画数値を知ることができる。同表によれば、鞍山鋼鉄公司や本渓鋼鉄公司といった東北の大企業からの送付が比較的小さな比率に止まっていた一方で、安徽省が過半に迫る比率を占め、それに山東省、江蘇省が続く形であった。このように、上海市の銑鉄供給は、東北の主要鉄鋼企業に依存する形ではなく、比

---

[6] なお、当時の粗鋼生産 1 トン当たりに必要な銑鉄量については、以下の記述がある。「下半期に（粗鋼：訳者注）55.53 万トンを生産しなければならないとすると、総合基準（粗鋼 1 トン＝銑鉄）796kg にもとづいて計算すれば、銑鉄は 44.2 万トン必要である」。B109-1-364、上海市金属供応公司「関於 1962 年下半年生鉄安排情況彙報」1962 年。

較的多数の地域からの移送によってまかなわれていたのである。

　しかし、こうした国家計画による上海市への銑鉄供給体制は、その執行過程において、社会主義体制の制度的特徴に起因する様々な問題を表出させていた。以下では、上海市政府の関連部局の公文書史料をもとにその実態を検討する。

　　（２）　銑鉄供給の実態

　銑鉄供給における第１の問題点は、上海市の銑鉄需要の急激な変化に各地からの移送が十分対応できないことにあった。上海市の物資調達と供給を管轄する上海市物資局の公文書において数多く見られるのが、国家計画にもとづく各地からの銑鉄送達の遅れを指摘し、早期の移送を訴えるものである。

　こうした訴えは、とりわけ上海市での銑鉄需要、すなわち粗鋼生産の拡大が見られた時期に多い。その代表例が、大躍進期にあたる1958-60年であり、図8-2で見たように、同時期は粗鋼生産が急激に拡大され、原料である銑鉄の需要量も急増した。しかし、各地からの移送は必ずしも順調にいかず、中国共産党上海市物資局委員会の1960年9月の文書は、各地からの銑鉄の送達状況を報告するなかで、「この５日間の各地の銑鉄発送状況は前の５日間より好転した……しかし、国家計画の進度および各省の発送計画の進度に比べると、未発送が非常に多い[7]」と不満を述べている。

　一方で、大躍進期が終了した1962年には、図8-2の粗鋼生産量および国家分配量の低下からも見て取れるように、粗鋼生産の縮小から一転して上海市において銑鉄需要が低下する局面が現れる。こうした状況に対して、上海市物資局は、事前に他地域に注文した銑鉄20万トンのキャンセルを申し出ている[8]。

　そして文化大革命（1966-76年）初期の生産停滞から回復の兆しが見ら

---

7　B109-1-189、中共上海市物資局委員会「生鉄調運情況報告（9月6-10日）」滬物委（60）字第188号、1960年9月11日。

れた1968年後半になると、再び粗鋼生産の拡大により、銑鉄不足の局面が到来する。上海市の鉄鋼生産を管理する上海市冶金工業局革命委員会は、この状況に対して、1968年11月に「銑鉄に関する緊急報告」と題する報告を行い、「各地の大型鉄鋼工場の革命情勢は日に日に好転し、生産が急激に上昇し、銑鉄の自家使用量が増加し、他地域への供出量が相対的に減少し、10月末までの各地から上海に分配される銑鉄はわずかに14万4700トンで、計画の65%である[9]」と国家計画委員会に訴えている。

このように、中央政府の政策によって激しく変動する粗鋼生産ノルマ、およびそれに伴う銑鉄需要の変化により、各地から銑鉄の移送を受ける上海市政府は、その対応に追われていたのである。

次に挙げられるのが、各地から送られてくる銑鉄の品質に関する問題である。当時の中国においては、銑鉄の区分として、近代的な工場で生産されたもの以外を「土鉄」（土法製鉄。「土」は在来あるいは旧式という意味）と呼んでいたが、表8-3の1959年供給計画における発送元地域の分布、および表8-4の中央分配中の土鉄量推計から示唆されるように、上海市に供給されていた銑鉄の多くは土鉄であった。土鉄はしばしば品質が劣悪で、特に問題となったのは硫黄含有率の高さである。1959年7月の中国共産党上海市委員会工業生産委員会の報告によれば、1959年1-3月に上海市に送られてきた土鉄のうち、基準値の硫黄分0.4%を超えたものの全体に占める比率は31.9%であり、同比率は同年4月から6月15日に送達した分でも25%に上っていたとされる[10]。特に、同年1-3月の山東省からの土鉄の基準値越えの比率は94%にも上った。

---

8　B109-1-364、上海市物資局発文稿紙（手書き）「関於要求減少下半年生鉄調入量的報告」主送：国家経済委員会、冶金部、物資管理総局、1962年6月27日、(62)滬物綜字第410号、1962年6月28日封発。

9　B112-5-218、上海市冶金工業局革命委員会（報告）「生鉄告急緊急報告」冶革68第0393号、1968年11月4日。

10　A38-2-511、〔中共上海市委工業生産委員会〕「関於当前生鉄質量情況的報告」1959年7月1日。

表 8-4　上海市への「土鉄」供給に関する欠損額の推計（1959 年 1-3 月）　　　　単位：トン、元

| 発送元地区 | 1-3月中央銑鉄分配量（トン） | うち土鉄（推計、トン） | 産地の送出価格（元） | 輸送コスト（元） | 上海までの費用合計（元） | 供給価格（元） | 欠損額（元） | 合計欠損額（元） |
|---|---|---|---|---|---|---|---|---|
| 山東 | 160,000 | 160,000 | 400 | 50 | 450 | 140 | 310 | 4,960万 |
| 江蘇 | 40,000 | 40,000 | 140 | 25 | 165 | 140 | 25 | 100万 |
| 安徽 | 230,000 | 153,300 | 400 | 40 | 440 | 140 | 300 | 4,599万 |
| 浙江 | 50,000 | 50,000 | 240 | 40 | 280 | 140 | 140 | 700万 |
| 江西 | 20,000 | 20,000 | 300 | 60 | 360 | 140 | 220 | 440万 |
| 福建 | 30,000 | 30,000 | 370 | 50 | 420 | 140 | 280 | 840万 |
| 本渓鋼鉄 | 20,000 | | | | | | | |
| 鞍山鋼鉄 | 30,000 | | | | | | | |
| 武漢鋼鉄 | 10,000 | | | | | | | |
| 上海 | 50,000 | | | | | | | |
| 合計 | 640,000 | 453,300 | | | | | | 11,639万 |

出所：B109-2-189，上海市物資局〔編〕「請示外地調滬土鉄亏損部分如何処理的報告」1959 年
注：「発送元地区」の「上海」は、上海市で生産された銑鉄の上海市への分配量を示すものと見られる。

第 8 章　中国の重工業化　241

この硫黄含有率の高さは、粗鋼生産の効率と製品の品質に影響を与えるのみならず、粗鋼生産設備の損傷という点でも問題視されていた。こうした状況を反映して、上海市では粗鋼生産の主要設備の転換が推進され、1949年以来、粗鋼生産の中心設備は酸性転炉（ベッセマー転炉）であったが、1950年代半ばから土法製鉄の高リン酸・高硫黄銑鉄を処理するのに適した塩基性転炉（トーマス転炉）への転換が行われた（『上海鋼鉄工業誌』編纂委員会 2001：2-17）。このように、各地から移送される銑鉄の品質は、上海市における粗鋼生産設備の選択にも影響を与えていたのである。

　そして、銑鉄の移送に伴う問題として同様に深刻であったのが、銑鉄の価格設定である。表8-4は、上海市物資局が、1959年1-3月に各地から上海市へ送られてきた土鉄について、その調達コストと上海市での供給価格のギャップが生む欠損額を推計したものである。これによると、産地ごとに送出価格および上海市までの輸送コストが異なっていたにもかかわらず、上海市内では同一の供給価格が設定されており、しかもその供給価格はほとんどの地域の送出価格を下回っていた。その結果、全ての地域との土鉄取引において欠損が見込まれており、特に分配量の大きい山東省と安徽省との取引においてその欠損額は極めて大きくなっていた。こうした状況に対して、上海市物資局は、市財政による補填を提案している[11]。

　このように、上海市の銑鉄供給は、中央政府の国家分配により、数量的に見ればその供給がカバーされていたものの、実際の銑鉄分配過程においては、その指令にもとづく（市場によらない）物資分配システムや硬直的な価格体系といった社会主義体制の制度的特徴に起因する多くの問題を抱えていた。そして、これらの問題が、上海市における銑鉄需要が急拡大した時期に集中して起こっていた点は注目される。このことは、社会主義体制の制度的な問題とともに、中央政府の短期的な工業生産拡大政策（例えば、大躍進政策）の実施が問題の発生に影響を与えていたことを示してい

---

11　B109-2-189、上海市物資局〔稿〕「請示外地調滬土鉄亏損部分如何処理的報告」1959年。

る。

## おわりに

　本章は、計画経済期における上海市鉄鋼業の、とりわけその粗鋼生産と銑鉄供給というごくわずかな一側面を検討したに過ぎない。しかし、そこには中国の社会主義体制下で進行した重工業化の実態を理解する上で重要な要素が含まれている。

　本章の検討で明らかになったのは、以下のような構造である。計画経済期の上海市は、中央政府の「重工業優先戦略」の下、粗鋼生産で遼寧省に次ぐ第2位の生産拠点として発展した。その一方で、銑鉄生産の増加は相対的に低い水準に止まり、地域的に見れば、中華民国期から存在していた粗鋼生産と銑鉄生産（粗鋼生産への原料供給）の間のギャップが拡大する形となった。その結果、上海市の粗鋼生産に対する銑鉄供給は、中央政府の国家計画にもとづく他地域からの移送に依存することとなるが、そこで看取されたのは、需給タイミング・品質・価格のミスマッチによって生じる様々な問題であり、またその対応に追われる地方政府の姿であった。

　これらの問題は、社会主義体制の根幹である計画による物資配分が本来的に抱えるものであると同時に、それが中央政府による短期的な工業生産拡大政策の実施に伴って顕著になっていた点を見逃してはならない。国家計画を基礎とした資源配分システムは、急激な需給変動への対応が困難であり、計画上は十分な量の銑鉄が割り当てられていても、実際の銑鉄供給の過程では制度の運用面での問題が生じていた。こうした制度的要因と政策的要因が複合的に作用して、鉄鋼業の非効率性を上昇させる一因となっていたと考えられる。

　この上海市鉄鋼業のケースをもとに、中国の計画経済期の重工業化が抱えていた非効率発生のメカニズムについて、以下のような構造を想定する

ことができる。すなわち、中央政府による計画の策定、地方政府による計画の実施という分業関係におけるミスマッチである。本来、中央政府は、計画の策定者である以上、地方政府が計画を実施する（生産ノルマを達成する）上で必要な原料などの投入財を適切に分配する責任を負うはずである。しかし、現実には、中央政府は投入財の需給を左右する工業生産拡大政策を実施する一方で、それらを適切に分配する制度は——国家計画上の割り当て量は十分であっても——未整備であった。その結果、生じたミスマッチの解決を地方政府が担わざるをえなかったのであり、このことが、地方政府が社会主義体制の下で重要な役割を果たすことになる背景であった。とりわけ重工業においては、国家計画による投入財の物資統制が強力であったため、この種のミスマッチが強く表れたと考えられる。

　最後に、本章で検討した上海鉄鋼業の事例から、計画経済期の重工業化が中国の長期的な工業化、および東アジアの工業化に与えたインパクトについて考察しよう。上海鉄鋼業の事例が示唆するのは、中国においては、社会主義体制という政府が非常に強い決定権を握る制度の下で重工業化が推進されたことで、かつてないほどの大規模な重工業投資が可能になった一方、重工業の発展自体が制度・政策に強く規定されざるをえなかった点である。

　上海鉄鋼業について言えば、中華民国期に形成された粗鋼・鋼材を中心とする構造は基本的に計画経済期にも継続し、むしろその構造がさらに強化される形で粗鋼生産への投資が行われた。しかし一方で、第二次大戦後の日本をはじめとする東アジア諸地域での銑鋼一貫型による鉄鋼業の発展を想起すれば、戦後の時点で東アジア有数の沿海工業都市であった上海は、同様に銑鋼一貫型での発展の可能性もありえたはずである。そのことは、1978年に上海において沿海立地・銑鋼一貫型の宝山鋼鉄総廠が建設されたことが、間接的に裏づけていると言える。しかし、現実の計画経済期における上海鉄鋼業の展開は、本章で検討した通り、中国政府の制度・政策と当時の国際環境に強く規定されたものであった。そしてそのことは、第

二次大戦後の中国鉄鋼業と、日本をはじめとする東アジア諸地域の鉄鋼業の発展経路におけるギャップを、極めて象徴的に表しているのである。

**参考文献**
（日本語）
宇野重昭・小林弘二・矢吹晋（1986）『現代中国の歴史　1949〜1985』有斐閣
尾上悦三（1971）「鉄鋼業」『中国の産業立地に関する研究』アジア経済研究所
エルマン・M　佐藤経明・中兼和津次訳（1982）『社会主義計画経済』岩波書店
加島潤（2010）「計画経済期上海のセメント需給と物資管理制度」田島俊雄・朱蔭貴・加島潤編著『中国セメント産業の発展—産業組織と構造変化』御茶の水書房
加島潤（2018）『社会主義体制下の上海経済—計画経済と公有化のインパクト』東京大学出版会
川端望（2005）『東アジア鉄鋼業の構造とダイナミズム』ミネルヴァ書房
久保亨・加島潤・木越義則（2016）『統計でみる中国近現代経済史』東京大学出版会
ヤーノシュ，コルナイ　盛田常夫編訳（1984）『「不足」の政治経済学』岩波書店
佐藤創編（2007）『アジアにおける鉄鋼業の発展と変容』アジア経済研究所
杉本孝（2000）「鉄鋼産業—規模の経済と諸侯経済のせめぎ合い」丸川知雄編『移行期中国の産業政策』アジア経済研究所
世界銀行　白鳥正喜監訳、海外経済協力基金開発問題研究会訳（1994）『東アジアの奇跡—経済成長と政府の役割』東洋経済新報社（原著：World Bank (1993) The East Asian Miracle: Economic Growth and Public Policy, A World Bank policy research report, Oxford University Press）
田島俊雄（1978）「中国における中小鉄鋼企業の存立条件」『中国研究月報』369号
田島俊雄（1990）「中国鉄鋼業の展開と産業組織」山内一男・菊池道樹編『中国経済の新局面』法政大学出版局
長岡新吉・西川博史編著（1995）『日本経済と東アジア—戦時と戦後の経済史』ミネルヴァ書房
萩原充（2000）『中国の経済建設と日中関係—対日抗戦への序曲　1927〜1937年』ミネルヴァ書房
堀和生（2009）『東アジア資本主義史論Ⅰ—形成・構造・展開』ミネルヴァ書房
松本俊郎（2000）『「満洲国」から新中国へ—鞍山鉄鋼業からみた中国東北の再編過程　1940-1954』名古屋大学出版会

丸川知雄（2000）「中国の産業政策—清朝末期から1990年代まで」同編『移行期中国の産業政策』アジア経済研究所
三和良一・原朗編（2010）『近現代日本経済史要覧』補訂版、東京大学出版会
李捷生（2000）『中国「国有企業」の経営と労使関係—鉄鋼産業の事例〈1950年代—90年代〉』御茶の水書房

（中国語）
厳中平等編（1955）『中国近代経済史統計資料選輯』科学出版社
国家統計局工業交通物資統計司編（1985）『中国工業経済統計資料（1949-1984）』中国統計出版社
国家統計局国民経済綜合統計司編（2010）『新中国六十年統計資料彙編』中国統計出版社
『上海鋼鉄工業誌』編纂委員会編（2001）『上海鋼鉄工業誌』上海社会科学院出版社
上海市統計局編（1984）『上海統計年鑑　1983』上海人民出版社
上海市統計局編（1992）『新上海工業統計資料（1949-1990）』中国統計出版社
『上海物資流通誌』編纂委員会編（2003）『上海物資流通誌』上海社会科学院出版社
『中国鋼鉄工業五十年』編輯委員会編（1999）『中国鋼鉄工業五十年』冶金工業出版社
『中国鋼鉄工業五十年数字彙編』編輯委員会編（2003）『中国鋼鉄工業五十年数字彙編』冶金工業出版会
『宝鋼誌』編輯部編（1986）『宝鋼誌』一期工程部分、出版社不明
冶金工業部情報研究総所技術経済室（1981）『国内外鋼鉄統計　1949〜1979』冶金工業出版社
冶金工業部生産司編（1992）『鋼鉄生産統計資料彙編（1949〜1990）』冶金工業出版社

（英語）
World Steel Association（various years）*Steel Statistical Yearbooks*
Wu, Yuan-Li(1965) *The Steel Industry in Communist China*, Hoover Institution on War, Revolution, and Peace by F. A. Praeger

第 9 章

# 中国の化学工業の発展
――肥料工業を事例に――

峰　　毅

## はじめに

　化学工業は一国経済に中間生産物を供給する産業である。経済発展と共に有機化学が重要になるが、工業化初期の段階では一国経済を支える産業は農業と軽工業であり、この段階では無機化学である酸・アルカリ工業が中心である。酸・アルカリ工業を代表するのは硫酸を大量に使用する肥料工業と、幅広い用途を持つソーダ工業である。通常、硫酸の生産開始をもって化学工業の始まりとする。東アジアにおける硫酸の生産開始年は、日本1871 年、中国 1876 年と日中両国がほぼ同時期である[1]。
　現代中国の化学工業は有機（合成）化学である石油化学抜きには語れない。しかし、計画経済時代の中国は石油化学の国産化に失敗し、改革開放政策後に日米欧から技術導入して急速に発展した。従って、石油化学の考察は改革開放後からに意味がある。中国化学工業を歴史的な観点で論ずるには、長い歴史を持ち酸・アルカリ工業の延長にある肥料工業が最も好ましい。肥料工業を舞台に中国の化学工業の発展を考察したい。
　作物が成長のために大量に必要とする要素は窒素、燐、カリである。農業生産が高度化すると燐やカリが必要になるが、初期の農業においては窒

---

1　日中両国の他、台湾では 1900 年代、朝鮮では 1910 年代に化学工業がスタートを切っている。

素肥料を投入するだけで農業生産性が大きく上昇する。加えて、窒素、燐、カリを生産面でみると、カリ生産には化学反応工程がほとんどなく、基本的に鉱業である。燐は燐酸として供給されるが、燐酸の生産は基本的に燐鉱石と硫酸を混ぜるだけである。それに対し、幅広い誘導品が生成され重要な役割を果たしたのはアンモニアを出発原料とする窒素肥料工業である。そこで、化学肥料を単に肥料と記す場合は窒素肥料を意味するものとして、中国の肥料工業の歴史的な発展をみる。

　肥料原料アンモニアの生産は、高温高圧下で触媒を使用する典型的な近代装置産業である。工場建設にも運転にも高度の技術水準が必要であり、戦前の世界の化学工業における最先端技術分野であった。アンモニアからは肥料以外に幅広い誘導品が得られるが、その中で特別に重要なものは爆薬原料の硝酸である。そもそもアンモニア生産技術は爆薬原料硝酸のために開発された。

　それゆえ、肥料原料として、爆薬原料として、アンモニア生産は一国経済で特別に重視される。独立した一国経済の維持のためにはアンモニア工場を持つことが不可欠の条件である。戦前、日本の肥料メーカーの反対で実施されなかった大連における満洲化学の肥料工場建設計画が、「満洲国」（以下、「」をはずし満洲国と記す）成立後、満洲国の独立した経済運営を目指す関東軍の意向で実行に移されたのは、その具体的な一事例である。

　以下において、中華民国時代、満洲国時代、計画経済時代、改革開放後の中国の化学工業の発展を、肥料工業を事例に順次考察する。

## 1. 中華民国時代

　最初に、中国において化学肥料が使用される以前の状況を概観しよう。中国においては古代より肥料が使用されたが、特に大きく発展したのは明代である。うまごやし・れんげ等の緑肥、大豆・ゴマ・綿実・桐実等の絞

表 9-1　1920 年代硫安輸入量

| 年 | 輸入量（トン） |
|---|---|
| 1924 | 16,984 |
| 1925 | 23,611 |
| 1926 | 49,478 |
| 1927 | 54,815 |
| 1928 | 105,269 |
| 1929 | 111,419 |
| 1930 | 187,968 |
| 1931 | 138,816 |
| 1932 | 111,873 |
| 1933 | 100,432 |

出所：陳歆文 2006：76
注：輸入量の原データは担。16.67 担＝1 トンで換算。

り粕が肥料として利用されたが、最も重要な肥料として定着するのは大豆粕で、主に経済作物に使用された。この豆粕に取って代わったのが化学肥料である。それは 20 世紀に入ってからのことであった。

　中国の化学肥料の使用の始まりは清朝末期の 1909 年である。この年に少量の硫安が輸入され、河北省保定、吉林省公守嶺の農事試験場でためされた。しかし当時の一般の中国農村は貧しく化学肥料を買う余裕がなかった。一般の農村では肥料は専ら人や家畜の排泄物に依存した。結局、輸入肥料を使用したのは福建省、浙江賞、江蘇省、広東省の経済作物である。輸入肥料の 90％ は硫安であった。硫安以外では過燐酸石灰が少量輸入された。

　中華民国時代の肥料の中心は硫安である。表 9-1 に 1920 年代半ば以降の硫安輸入量を示した。中国の硫安輸入量は 1920 年代後半から急増する。1928 年には輸入量が 10 万トンを超え、以後、農業事情や経済情勢により年々の輸入量は大きく変化するものの、常に 10 万トンを超える輸入数量が続いた。そのために中華民国政府は 1930 年頃から肥料国産化を計画するようになった。

当時の中国に硫安を供給したのは、世界市場で覇を唱えるイギリスのインペリアル・ケミカル・インダストリーズ（Imperial Chemical Industries：ICI）とドイツのイーゲー・ファルベンインドゥストリー（Interessen-Gemeinschaft Farbenindustrie：IG）である。1933年の輸入量10万432トンの内、ICIが51％、IGが39％であった。中国の国産化計画を知ったICIとIGは、中国における硫安生産の共同事業を提案した。実業部はこれに応じてICI・IGとの共同事業構想を一旦は仮契約した。しかし、外資の参加があると企業経営上の制約を受ける。加えて、アンモニア生産は硝酸生産を伴うので軍事上の判断も必要である。そのために最終的には実業部は共同事業構想を破棄した。

　ここでソーダ事業の成功で一段と力をつけた民族資本家范旭東がアンモニア・硫安国産化進出を表明した。ソルベー法（アンモニア・ソーダ法）によるソーダ生産では原料として工業塩以外にアンモニアを大量に消費する。塩業からスタートして資本蓄積した范旭東が、塩業の誘導品であるソーダ事業でも成功し、さらには、ソルベー法ソーダの原料アンモニアを次の事業として国産化に取組んだのである。

　范旭東は日本に留学して京都大学で応用化学を学び、帰国後は財政部に勤務した。やがて天津で久大塩業公司を設立し、財政部の支援も受けて塩業で成功し資本蓄積をした。范旭東は塩を原料にソーダ事業への進出を図り、ソーダ国産化のために1916年に永利製鹼股份有限公司を天津に設立した。技術は旧式のルブラン法ではなく、新しいソルベー法を選んだ。

　ここで范旭東が注目して引き抜いた技術者が侯徳榜である。侯徳榜は中国化学工業育ての親とよばれる逸材で、清朝末期の1911年に北京清華留米予備学堂[2]が設立されると、その第1回目の学生として入学し、第1回米国留学生としてMITで学んだ。MIT卒業後はセメント・硫酸・染料・

---

2　北京清華留米予備学堂は、米国が義和団事件の賠償金として得た資金を拠出して設立した米国留学予備校で、1912年に中華民国新政府の下で清華学校となり、1928年には国立清華大学と改名された。

コークス工場で実習した後、コロンビア大学で 1921 年に博士号を取得した。

当初、范旭東自身は侯德榜との接点はなかったが、侯德榜の令名を耳にした范旭東は諸々のルートから在米中の侯德榜にアプローチをして、ソルベー法によるソーダ灰国産化への協力を要請した。侯德榜はこれに応えて、1921 年に博士号を取得した時点で帰国し、范旭東のソルベー法工場プロジェクトを成功させた[3]。

范旭東はソルベー法ソーダ工場建設で実績をあげた侯德榜を肥料計画の責任者とした。責任者に指名された侯德榜は再び訪米して計画を練り、NEC（Nitrogen Engineering Corporation）法を採用することを決めて帰国した。こうして永利は NEC 技術者の応援を受けて年産 3.3 万トンのアンモニア設備を柱にした肥料工場建設に入り、硫酸、硫安、硝酸設備を持つ肥料工場が南京に 1936 年末完工した。

アンモニア合成はそれまでの化学と異なり高温高圧の下で触媒を使用した化学反応で、技術的には格段に難しい。しかし、これを克服して 1937 年 2 月より営業運転を開始した。戦前、世界第 2 位の生産国であった日本がアンモニア生産を開始したのは 1923 年である。中国のアンモニア生産

---

3　通常、ソーダ工業の誕生はルブラン法による。ルブラン法は技術的にやさしいが、大量の硫酸を必要とする。ところが中国大陸は硫酸の原料となる硫黄資源に恵まれていない。范旭東は原料問題からあえて困難なソルベー法に挑戦した。一方、世界のソーダ市場を独占するブラナモンドは技術の供与を拒み、独力でソルベー法ソーダ工場を建設する道しかなかった。永利は 1919 年アメリカで設計業務を開始し、1920 年天津で建設工事を開始した。1921 年アメリカ留学中の侯德榜を帰国させて戦列に加え、また、アメリカの専門技術者を招聘し、1922 年に設備が完成して試運転を開始した。この時の最終製品は満足できるものではなかったが、侯德榜を中心とする永利の技術陣の奮闘で 1926 年に品質問題を解決し、この年米国フィラデルフィアで開催された万博では金賞を得た。この時期に中国が独力でソルベー法によりソーダ工場を作り、そして品質問題を解決したのは高く評価されてよい。日本のソーダ生産はルブラン法で始まり 1916 年にソルベー法に転換した。しかし、品質問題が解決できず苦しんだ。この間、世界市場を独占するブラナモンドからのダンピング攻勢を受け、日本業界は大いに悩まされた。官民挙げた対策でようやく品質問題を解決するのは 1929 年である。中国は一足早く 1926 年に品質問題を解決し、品質問題を解決できない日本市場に輸出をしてブラナモンドと争っている。中国で誕生したばかりのソーダ工業は既に世界のトップ水準に近かったと言える。

第 9 章　中国の化学工業の発展　|　251

表9-2 主要国アンモニア生産開始年

| 国 | 生産開始年 |
| --- | --- |
| ドイツ | 1910年 |
| フランス | 1919年 |
| イギリス | 1924年 |
| イタリア | 1923年 |
| ソ連 | 1928年 |
| アメリカ | 1924年 |
| 日本 | 1923年 |
| 中国 | 1937年 |

出所：石川（1934）：168-169

は日本と比べると14年の遅れである。

　表9-2は主要国のアンモニア生産開始年をまとめたものである。中国のアンモニア生産開始年は、別格のドイツ以外では、フランスと18年、イタリアと14年、イギリスと13年、アメリカと13年、ソ連とは9年の遅れにすぎない。建設にはアメリカのエンジニアリング会社の応援を受けてはいるものの、基本的に中国側が主体として設備が建設され、工場運転に入っている。民国期の中国化学工業は1930年代後半にはかなりの水準に達していたといえる。

　しかし、1937年8月日中戦争が始まると、華東に侵入した日本軍が2月に営業運転を開始したばかりの肥料工場を12月接収した。工場接収した日本軍はその経営を三井グループに委託した。陸軍から要請を受けた三井グループは、1938年3月に東洋高圧と三井物産から専門家を派遣して設備診断した。現地調査の結果、日本軍が接収した硫安工場は最新の技術により建設された設備を持ち、空爆による破損は硫酸工場が主であり、工場の心臓部であるアンモニア工場や硫安工場・硝酸工場は被害を受けていないことがわかった。

　この現地調査を基に三井グループは経営受託を決定した。経営を引き受けた三井グループは、南京に親日政府が誕生していたので、接収した硫安

工場を日中合弁の新会社である永礼化学工業株式会社に改組して経営した。出資比率は東洋高圧40％、三井合名20％、実業部40％であった。社長は中国側ではあったが、東洋高圧が専務を派遣して実質的に経営した。本社は三井物産上海支店内に設置した。

　実質的な経営にあたった東洋高圧は1938年4月より技術者を派遣して日本軍の爆撃で破損した工場を復旧した。工場再建は順調に進行して1939年7月に試運転に入り、10月より営業運転を開始した。硫安の販売は三井物産が担当した。永礼の硫安は、中国各地以外に、一部が日本でも販売された。

　南京ではダイナマイトと硝安爆薬生産のために原料に硝酸工場を建設予定であり、日本軍が接収した工場内にはそのための機器が既に工場内に手配されていて、遊休状態にあった。一方、東洋高圧は軍当局から火薬・爆弾原料の硝酸増産を要請されていたため、南京の工場内で遊休設備となっていた硝酸設備を東洋高圧の大牟田工場に移設した。

　日本敗戦後、この硝酸設備は中国から返還要請を受けた。中国を代表して侯徳榜が来日し、当時の日本は戦勝国である連合国軍最高司令官GHQ（General Headquarters：総司令部）の管轄下にあったため、交渉はGHQとの交渉になった。侯徳榜は大牟田に2度足を運び、また、GHQ最高司令官であるD. マッカーサー（Douglas MacArthur）を訪問して任務を全うした。返還された硝酸設備は1948年4月に南京の工場に到着した（李・陳 2001：171-178）。

## 2.　満洲国時代

　満洲国の肥料の中心も硫安である。満洲では撫順炭鉱・鞍山製鉄・大連都市ガス・撫順オイルシェール等の副生品として1910年代から硫安を生産していた。アンモニアを出発原料とする本格的な硫安計画が1928年8

月に政府認可を得た。技術導入交渉も当時の最新技術とされていたドイツのウーデ法で 1929 年 6 月にまとまった。しかし、日本国内への製品流入を恐れる日本業界からの反対の声が強く、計画は実行されなかった。

ところが、日本業界との関係は満洲国の成立で一挙に解決した。1932 年満洲国が成立して経済でも実権を持つに至った関東軍が、この計画の実施を強く推進したからである。1933 年 5 月大連に満洲化学が設立され、直ちに年産アンモニア 5 万トン、硫安 18 万トンの肥料工場建設工事に入り、1935 年 3 月に運転を開始した。

満洲化学の株主には、設立時の日本業界との関係から、肥料消費者である全購連が株主になった。そのため、満洲化学は満洲国の特殊会社の性格を持つにもかかわらず、日本法人として設立された。満洲化学は日本帝国圏内の副生硫安を除く硫安工場の約 10% の生産能力を持った。

満洲化学が日本農業と強い関係を持ったことの一面を示すのは、日本には満洲化学の硫安のみが出荷されたことである。撫順炭鉱や鞍山製鉄などからの副生品は台湾・朝鮮・民国に出荷されて、日本国内には出荷されていない。これは日本農家が、黄や赤系統の着色があって粉末が多く品質面で劣る副生硫安を好まないためである（社史編さん委員会 1981：385）。

1935 年に順調な工場運転を開始した満洲化学は 1937 年に硫安生産能力を年産 24 万トンに増加した。しかしながら原料手当てが十分でなく、1937 年から 1940 年の 14 万トン台の生産量をピークにして、1940 年代は一貫して年間生産量を落としていった。生産がピーク時の 1937 年から 1940 年においても、生産能力に対する稼働率は 60% 程度で終わっている。

戦争が本格化すると満洲化学は肥料工場ではなく爆薬工場に変化した。戦後中国に残留した佐伯千太郎[4]が東北行営経済委員会の要請で作成した報告書には、満洲化学の経営は「満洲国政府並ニ関東軍ノ指導監督下ニ置カレ」、1944 年からは肥料製造会社ではなく「純然タル硝酸製造工業会社

---

4　佐伯千太郎は、満洲国の統制経済への移行と共に満鉄から分離され特殊会社に指定された日満商事の企画部で化学品の配給統制実務を担当した。

ニ進展シ今日ニ至ッタ」と書かれている（佐伯 1946b：1-2）。

　日本敗戦後の大連ではソ軍の駐留が継続された。その中で共産党が次第に実権を持ち、満洲化学、満洲曹達、大華工業（鉄鋼）等の旧日系工場を統合した建新公司を 1947 年 7 月設立した。日本人留用技術者が復旧作業と建新公司の運営に協力した。大連での共産党工作活動を担当した華東局は、李一氓を建新公司の政治委員に任命して建新公司の円滑な運営に当たらせた。李一氓は通常業務には関与せずに政治活動に専念し、技術を持った専門家を中心とした工場運営で生産性をあげるように努めた。

　1948 年 11 月遼瀋戦役勝利で東北は事実上共産党の支配下になり、共産党軍は華北でも平津戦役で勝利を収め、さらに南下して淮海戦役でも勝利した。遼陽戦役、平津戦役、淮海戦役は国共内戦の三大戦役といわれるが、最も激しい戦闘が淮海戦役であった。地の利と人数で共産党が優位の遼瀋戦役と平津戦役と比べ、淮海戦役はそうではなかった。共産党軍の淮海戦役の勝利に貢献したのは、李一氓の下で再構築された大連の建新公司からの豊富な火薬や砲弾の供給であった（飯塚 2009：25-27）。

　別途、日本が華北に軍事進出した際、陸軍が華北での肥料工場建設を計画した。満洲における満洲化学と同じ役割を果たす工場を華北にも求めたのである。日本窒素の野口遵が陸軍の要請に応えた。山西省太原に華北窒素を設立して大型硫安工場建設に入った。しかし、建設資材入手難で 1943 年工場建設は中止された。


## 3. 計画経済時代

　計画経済時代初期の肥料は硫安と硝安が主役である。新政府樹立直後の経済復興では東北復興が最優先されて全国から選ばれた技術者が東北に投入され、中国に残留した日本人留用技術者と共に戦後復興に貢献した。旧満洲化学と満洲曹達は統合されて大連化学廠となり、早くも 1951 年 6 月

に生産再開した。大連の復興工事で技術を習得した中国人技術者の貢献で旧永利の南京工場も再建された。さらに、大連や南京で技術を習得した技術者は全国に散らばり、その後の中国アンモニア生産で活躍した。

　他方、1953年から実施された第一次五ヵ年計画では新たに硝安工場が建設された。ソ連援助の下で吉林、太原、蘭州3か所に大規模な化学工場基地が誕生し、吉林、太原、蘭州には5万トン／年のアンモニア新工場を柱とする化学工業基地が建設され、新3工場にはいずれも新しい肥料である硝安工場が建設された。

　計画経済時代から改革開放初期にかけてのアンモニア工場を、西側技術による大型工場、戦前の最新技術による中型工場、中国技術による小型工場に分けたのが表9-3である。大型工場は米中和解直後に契約された西側技術による13基の肥料プロジェクトで年産33万トン（日産1000トン）の能力を持つ。大型工場に関しては後述する。

　表で明らかなように1960年代までは中型工場が主力であった。1952年における中型2工場は再建された大連と南京である。1957年の中型3工場とは、1952年時点での2工場、および第一次五ヵ年計画で最初に完成した吉林の年産5万トン工場である。さらに、中型工場は第一次五ヵ年計画で太原、蘭州でも建設され、そのコピープラントが浙江省衢州、上海市呉涇、広東省広州で建設された。以後も引き続き中型工場が建設された。

　その結果、1960年代までの中国アンモニア生産は中型工場が主力であった。建国初期はほぼ100％が中型工場で生産された。やがて割合が低下するものの、1965年でも88％が中型工場で生産された。しかし、1960年代後半から中型工場の割合が次第に低下し、1983年では22％まで低下した。中型工場で生産された主な肥料は硫安と硝安である。

　中型工場の割合を補う形で増加したのが小型工場である。特に、1960年代後半から小型工場が増加した。小型とは、年産800トンおよび2000トンをモデルとするアンモニア工場で、小型工場で生産された肥料は炭安（炭酸水素アンモニウム：$NH_4HCO_3$）である。小型肥料工場の急速な普及は

表9-3 大型・中型・小型別アンモニア生産状況

| 年 | 大型 | | | 中型 | | | 小型 | | | 全国生産数量 |
|---|---|---|---|---|---|---|---|---|---|---|
| | 工場数 | 生産数量 | | 工場数 | 生産数量 | | 工場数 | 生産数量 | | |
| | | 1000t | % | | 1000t | % | | 1000t | % | |
| 1952 | | | | 2 | 37 | 97 | 1 | 1 | 3 | 38 |
| 1957 | | | | 3 | 153 | 100 | | | | 153 |
| 1962 | | | | 8 | 455 | 94 | 45 | 28 | 6 | 483 |
| 1965 | | | | 22 | 1,301 | 88 | | 185 | 12 | 1,484 |
| 1970 | | | | 30 | 1,445 | 59 | 300 | 1,000 | 41 | 2,445 |
| 1973 | | | | 38 | 2,155 | 45 | 961 | 2,589 | 55 | 4,744 |
| 1974 | | | | 42 | 2,074 | 44 | 1,078 | 2,651 | 56 | 4,725 |
| 1975 | | | | 45 | 2,533 | 42 | 1,199 | 3,544 | 58 | 6,077 |
| 1976 | 4 | 170 | 3 | 47 | 2,334 | 38 | 1,319 | 3,681 | 59 | 6,185 |
| 1977 | 5 | 1,245 | 14 | 49 | 2,579 | 30 | 1,450 | 4,880 | 56 | 8,704 |
| 1978 | 8 | 2,061 | 17 | 53 | 3,190 | 27 | 1,533 | 6,584 | 56 | 11,835 |
| 1979 | 10 | 2,706 | 20 | 54 | 3,518 | 26 | 1,539 | 7,257 | 54 | 13,481 |
| 1980 | 13 | 3,127 | 21 | 56 | 3,655 | 24 | 1,439 | 8,194 | 55 | 14,975 |
| 1981 | 13 | 3,359 | 23 | 56 | 3,667 | 25 | 1,357 | 7,808 | 52 | 14,833 |
| 1982 | 13 | 3,448 | 22 | 56 | 3,637 | 24 | 1,279 | 8,378 | 54 | 15,464 |
| 1983 | 13 | 3,631 | 21 | 56 | 3,683 | 22 | 1,244 | 9,457 | 57 | 16,771 |

出所:《当代中国》叢書編輯部（1986）:付表、表5より筆者作成。
注：大型は西側技術、中型は年産1万トン以上の国産（含ソ連援助）、小型は年産1万トン以下。

中国を取り巻く国際政治環境による。

　すなわち、米ソ2大国から強力な封じ込め政策を受けた中国は、毛沢東の指導の下で自力更生政策をとり、地方に分散された小規模生産を志向した。米ソ両国と鋭く対立していた当時の中国は、米ソからの軍事攻撃に備えて、内陸の農村地帯に小規模の工場を建設した。大規模工場は軍事攻撃を受けた時のリスクが高く、沿岸部はアメリカ艦隊、国境地帯はソ連戦車による攻撃を受けやすいからである。

　自力更生時代の地方政府は火薬や爆薬も自給する必要があったが、その

ためにも内部にアンモニア工場を持つ必要性があった。小規模生産で毛沢東時代の経済社会を支えた小規模生産は五小工業（肥料、セメント、鉄鋼、電力、機械）と言われる。五小工業で最も高い評価を受けたのが炭安を肥料として使用したことである。

　自力更生時代の中国農業を支えた炭安は、中国全土で豊富に産出する石炭を出発原料にして、尿素と同じく、石炭からのアンモニアと炭酸ガスから製造される。ただし、炭安は不安定な化学物質なので、肥料として使用するのは問題が多い。世界で中国のみが炭安を肥料として使用した。

　肥料としての炭安の技術開発は、旧満洲化学と旧満洲曹達の設備を利用して大連でなされた。その後、研究開発の拠点は上海に移され、本格的な設備は上海で建設された。炭安は含有窒素成分が小さく、加えて、輸送中や倉庫での保管中に窒素成分が流亡する。しかし、ステンレス等特殊鋼を使用しない工場設備の建設は安くて簡単で、設備運転も容易であり、生産コストは非常に安い。工場は需要地の農村に建設されたので、輸送中や保管中の製品劣化をカバーした。

　中国が炭安を肥料として使用したのは当時の中国の国情にかなっているとアメリカの中国研究者は早くから評価している。E・シューマッハー（Ernst Friedrich Schumacher）の言葉を借りると炭安を肥料として使用する技術開発は「中間技術」（あるいは国連など国際機関がいう「適正技術」）による産物といえよう。

　同時に、自力更生と地域自給の政策下で、炭安は地方政府の自由裁量下にあったことが炭安の急速な普及に貢献した。硫安や硝安や尿素は、「統購統銷」（統一買付・統一販売制度）の下で、中央政府が工場建設・生産・販売を統制した。しかし、炭安は自力更生と地域自給の政策下で、地方政府の自由裁量下にあった。地方政府は炭安生産に意欲的であり、その結果、農村地帯に炭安が広く普及した。

　新中国初期に生産された窒素肥料は、中華民国および満洲国時代からの硫安、第一次五ヶ年計画によりソ連から導入された硝安が中心で、その後、

表9-4　窒素肥料供給不足国と供給余力国（1973 肥料年度）

| 順位 | 供給不足国 | | 順位 | 供給余力国 | |
|---|---|---|---|---|---|
| | 国名 | 1,000N トン | | 国名 | 1,000N トン |
| 1 | 中国 | 1,224 | 1 | 日本 | 1,317 |
| 2 | インド | 778 | 2 | ソ連 | 985 |
| 3 | エジプト | 307 | 3 | アメリカ | 861 |
| 4 | デンマーク | 301 | 4 | オランダ | 800 |
| 5 | トルコ | 295 | 5 | ベルギー | 475 |

出所：日本硫安工業協会（1981）：204（原資料はFAO）

尿素生産も始まった。しかし、硫安生産には硫酸を要し、硝安生産には硝酸を要する。硫酸工場には鉛が、硝酸工場や尿素工場にはステンレスが必要である。そのため、硫安、硝安、尿素による肥料供給は、鉛やステンレス不足による制約を受ける。また、中国は硫酸原料の硫黄資源も恵まれていなかった。このような制約を受けない窒素肥料として選ばれたのが炭安であった。

ただし、炭安は外貨を獲得する綿製品・生糸・粟・食料油などの原料になる経済作物の栽培には不向きであり、炭安のみでは中国経済が成り立たない。窒素成分が高く肥料としての性能に優れた尿素や硫安は不足分を国際市場で調達した。この時に中国に肥料を供給したのが日本である。表9-4は1973年の窒素肥料不足の上位5か国と過剰の上位5か国を示したものである。不足ナンバーワンは中国であり、過剰ナンバーワンは日本であった。その結果、大量の肥料が日本から中国に輸出された。この時代、肥料は鉄鋼と並ぶ日中貿易の最重要品目であった。表9-5は当時の日本の肥料業界がいかに中国市場に依存していたかを示している。

表9-5　日本の窒素肥料主要輸出先（1973肥料年度）

単位：トン

| 輸出先 | 尿素 | 硫安 | 塩安 |
|---|---|---|---|
| 中国 | 1,151,980 | 538,800 | 564,900 |
| インド | 342,306 | | |
| インドネシア | 335,000 | 34,485 | 7,000 |
| フィリピン | 139,050 | 65,100 | 12,500 |
| スリランカ | 20,000 | 93,400 | |

出所：日本硫安工業協会（1981）：204

## 4. 改革開放後

　毛沢東は自力更生を強調したが鎖国政策を取ったのではない。毛沢東時代の中国は国際政治情勢が緩和した時期を選び、西側諸国から大規模な先進技術を2度導入した。第1回目の西側技術導入は1963-66年で、日本およびヨーロッパから大規模な肥料・合繊・石油化学プラントの輸入契約をした。

　しかしながら、第1回目の西側技術導入は台湾やアメリカから妨害工作を受け、加えて、妨害工作にもかかわらず契約実施のために訪中した外国人技術者は、折りしも勃発した文化大革命のため、中国国内でプラント建設工事を実施できなかった。その結果、第1回目では早期に実施されたクラレのビニロンプラント以外は、実際に化学生産に貢献したプラントは皆無に近かった。

　第2回目の西側技術導入はR・ニクソン訪中による米中和解の産物である。この時は日本とヨーロッパのみならずアメリカも加わり、肥料・合繊・石油化学・発電所・鉄鋼分野で大規模な西側技術導入をした。第2回目は殆ど全ての輸入契約が実行され、中国社会に大きな影響を与えた。

　この2度の技術導入で最も重視した分野は肥料と合繊を中心とした化学

である[5]。肥料が食料増産を目指したものであることはいうまでもないが、合繊も食料増産を目指したものであった。すなわち、国民全般が広く使用する綿製品の原料である綿花の生産が中国農業に重荷となっており、食糧増産の阻害要因となっていたのである。中国農業から綿花生産の重荷を軽減するために計画されたのが合繊プラント輸入であった。

　毛沢東・ニクソン会談で中国を取り巻く国際政治環境が激変すると、ニクソン訪中の翌1973年、中国は日本、アメリカ、ヨーロッパの企業と一挙に13基もの大型肥料プラント輸入を契約して世界を驚かせた。そのうち2基は日本の東洋エンジニアリングが受注した。13基の大型アンモニア工場で生産された肥料の中心は尿素である。以後も西側諸国から大型肥料プラント輸入が継続し、中国の尿素生産は大幅に増加した。

　一方、改革開放直後の農村における増産意欲は大きく、地方政府の積極的な増産方針の下で炭安生産も増加した。大規模生産の尿素と小規模生産の炭安が並存し、主力は尿素よりも炭安であった。図9-1は1978年以降の炭安と尿素のシェア推移をグラフにしたものである。

　グラフからわかるように、1978年の中国の窒素肥料の半分弱は炭安であり、尿素が20％強であった。炭安は改革開放直後にシェアが増加した。これは、改革開放政策が始まると手っ取り早く入手できる炭安が地方政府により増産され、農民は炭安を使用して農村の生産力を向上させたのである。炭安のシェアは1980年代末までは上昇している。これは炭安が当時の中国の国情に適合した肥料であったことを示している。1980年代は炭安と尿素は共に生産シェアが増加しており、他方でシェアを減少させたのは硫安や硝安である。

　ところが、1990年代になると、炭安のシェアは低下し始める。1997年には尿素が炭安に代わってシェアナンバーワンの肥料になった。以降、炭

---

5　第1回目の西側技術導入では契約額の40％が化学、32％が鉄鋼・非鉄金属であり、第2回目の西側技術導入では契約額の50％が化学、20％が鉄鋼・非鉄金属であった（陳慧琴1981：34-35）。

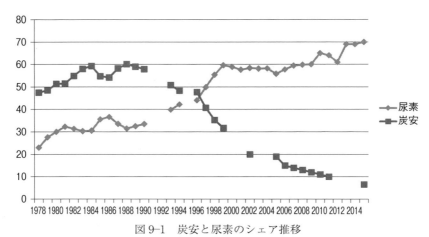

図9-1　炭安と尿素のシェア推移
出所：中華人民共和国化学工業部（各年版）およびインターネット・雑誌断片情報。
注：尿素と炭安以外の窒素肥料は硫安、硝安、塩安、アンモニア水、複合肥料など。

安のシェアは急速に低下する。『中国化学工業年鑑』の炭安に関する公式情報は、1999/2000年版に1998年炭安データがあるのが最後で、それ以降は炭安に関する記述がない。現在では炭安に関する情報は、中央政府の公式統計を見る限り皆無である。

　インターネットによる断片的な情報によると、第一二次五ヵ年計画における2015年の窒素肥料シェアは炭安が6.5％（尿素は70％）なので、現在でもごく一部の地域で炭安が生産されていると思われる。だが、沿岸部や大都市圏では炭安工場は既に姿を消していて、もはや見ることはできない。

## おわりに

　本章では中華民国、満洲国、計画経済時代、改革開放後の中国の化学工業の発展を、肥料工業を事例に考察した。アンモニアを出発原料とする窒素肥料工業の中心は長らく硫安であったが、戦後世界では尿素がそれに

とって代わった。ところが、ひとり中国においては、工場建設も生産も容易な炭安を肥料として利用することが毛沢東時代に考案されて実施され、炭安が中国農民の使用する主要な肥料であった。外部環境が激変した改革開放時代に入っても、炭安はしばらくの間最大のシェアを持つ肥料であった。だが、20世紀末から急速に尿素に代替され、現在では尿素が窒素肥料の中心である。

　紙面の制約から本章では論ずることができなかったが、炭安の急速なシェア減少の背景で注目すべきは、炭安工場が尿素工場に改造されたことである。現在、世界最大の尿素生産国である中国の生産は、西側技術による大型工場での生産も多い。しかしながら、炭安が改造された国産技術による小型工場での尿素生産の方がより多い。

　尿素生産において、小型工場の生産が大型工場の生産を上回るという現象は、世界に類を見ない。毛沢東時代は現代中国の産業構造に今なお影響を与えているとしばしば指摘されるが、炭安もその一つの事例であろう[6]。

**参考文献**
（日本語）
飯塚靖（2009）「国共内戦期・中国共産党による軍需生産―大連建新公司を中心に」『下関市立大学論集』52-3
石川一郎（1934）『現代日本工業全集13　化学肥料』日本評論社
佐伯千太郎（1946a）『満洲主要化学工業政策変遷史』（東北行営）経済委員会工鉱事処、遼寧省档案館史料"工鉱1466"
佐伯千太郎（1946b）『満洲主要化学工業会社設立経緯』（東北行営）経済委員会工鉱事処、遼寧省档案館史料"工鉱1478"
社史編さん委員会編（1981）『富士製鐵株式會社社史』新日本製鐵株式會社
シューマッハー、E. F. 小島慶三、酒井懋訳（1993）『スモール・イズ・ビューティフル―人間中心の経済学』（第11版）講談社
田島俊雄編著（2005）『20世紀の中国化学工業―永利化学・天原電化とその時代』（東京大学社会科学研究所研究シリーズNo.17）

---

6　目下、その状況を分析中であり、毛沢東の経済政策再評価、という視点で別稿を計画している。

日本硫安工業協会（1981）『続日本硫安工業史』
三井東圧化学社史編纂委員会（1994）『三井東圧化学社史』同社史編纂委員会
峰毅（2005）「戦間期東アジアにおける化学工業の勃興」（田島俊雄編著 2005 所収）
峰毅（2014）「中国化学工業発展史譚㉘　小型化と地方分散への道（2）」『化学経済』2014 年 1 月号
峰毅（2017）「ケムチャイナ（中国化工）とシノケム（中国中化）合併構想で思うこと」『化学経済』2017 年 2 月号

（中国語）
中華人民共和国化学工業部（各年版）『中国化学工業年鑑』中国化工信息中心
陳歆文（2006）『中国近代化学工業史』化学工業出版社
陳慧琴（1981）「我国三十年来技術引進工作経済効果初歩分析（上）」『復印報刊資料　工業経済』（16 号）中国人民大学書報資料社
《当代中国》叢書編輯部編（1986）『当代中国的化学工業』中国社会科学出版社
李一氓（2001）『李一氓回憶録』人民出版社
李祉川・陳歆文（2001）『侯徳榜』南開大学出版社

（英語）
Ashbrook, Arthur G. Jr.（1975）China : Economic Overview, 1975, *China, a reassessment of the economy : a compendium of papers submitted to the Joint Economic Committee, Congress of the United States*. U.S. Government Printing Office.
Sigurdson, Jon（1977）*Rural Industrialization in China*. Harvard University Press.

第 10 章

# 中国タバコ産業の発展と市場形成
# （1927〜1937 年）

皇甫秋実

はじめに

　近代の中国タバコ産業の発展を推し進めた最大の原動力といえば、紛れもなく多国籍企業の英米煙草会社（British American Tobacco Company）であろう。1902 年の設立から 1952 年に中国本土より撤退するまで、在華事業を一時的に中止した太平洋戦争期を除いて、英米煙草会社は一貫して中国最大のタバコ生産企業であった。1921〜1941 年にかけて、英米煙草会社が世界市場で販売した紙巻タバコは 2 兆本に達し、そのうち、約 40％が中国市場で消費された（Cox 1997：30-64）。英米煙草会社が中国の紙巻タバコ市場において絶対的な優位性を持っていたのは事実であるが、まったく競争が存在しなかったわけではない。高い利益率に刺激されて新規企業が中国のタバコ市場に次々と参入し、英米煙草会社と競争を展開した。そのなかで、簡氏家族の南洋兄弟煙草公司は 1915 年以降、英米煙草会社の最大のライバルであった。しかし、南京国民政府成立後、国民党政権の高額な税金と非公式的な搾取で南洋公司の競争力が低下し、それに伴って中国タバコ市場の「大企業競争の時代」（Cochran 1980：195）も終わった。

　1937 年の抗日戦争の全面的な勃発までの 10 年間、中国のタバコ市場には劇的な変化が起きた。中国の機械制紙巻タバコの消費量が減少し、さら

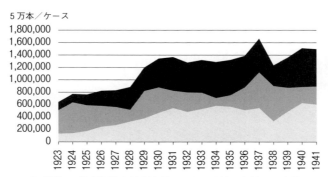

図 10-1　中国機械制タバコ販売量の推移（1923～1941 年）
出所：上海社会科学院経済研究所編（1983）：512、733

に民族系企業と外資系企業の市場シェアにも予想外の変化が起きた。英米煙草会社は 1929 年から販売量の成長率が鈍化し、1930 年から低下に転じた。1934 年になると、販売量が対前年比で 10％ 以上も減少し、市場シェアも史上最低の 54.9％ まで急落した。それに対して、民族系タバコ企業の販売量は 1931 年に若干減少したものの、1934 年まで緩やかな上昇を続け、1934 年にピークに達し、英米煙草会社との差を縮めた（図 10-1 を参照）。また、1925 年以降、華北地域と長江デルタで発達した手工制タバコ業は、1934 年に約 25％ の市場シェアを占めるようになり（Cox 2000：187）、1935 年にはさらに 38％ に達し（陳洪友 2012：35 の推計による）、英米煙草会社や民族系タバコ企業の無視できないライバルとなった。

　しかし、ここで一連の新たな疑問が次々と浮上する。英米煙草会社はなぜ南洋公司の没落後も中国タバコ市場を独占できず、逆に市場シェアが低下したのか？　英米煙草会社はそれにどのように対応したのか？　民族系タバコ企業はこのチャンスを掴んだのか？　なぜ、タバコ産業において機械工業から手工業への逆方向の代替が起きたのか？

　中国タバコ産業における民族系企業と外資系企業との競争は、中国近代経済史の一つの課題として大きく注目されてきた。しかし、既存の研究はほとんどタバコ企業のみに焦点を当て、在華企業の「現地化」と経済ナショ

ナリズムの視点から企業間の競争のあり方を検討してきた（大井 1944；Cox 1997：Cochran 1980）。本章では、タバコ市場の需給双方を視野に入れ、多国籍企業と民族系中小企業、手工制タバコ業がいかに外部経済環境の変化に適応したのかを考察するとともに、市場の需要と政府の政策が中国タバコ産業の発展に与えた影響を分析することを通じて、近代中国の工業化の特徴を検討する。

## 1. 市場需要の変化

中国タバコ産業の外部環境は、1937年までの10年間で大きな変化が起きた。最も直接的な影響は、1930年代の不況であろう[1]。1931～1935年末にかけて、世界範囲の経済恐慌の勃発、日本による中国東北地方の侵略及び上海への攻撃、長江の大洪水、一部の地域の干害、そして、国共両党の絶えざる武装衝突などの複合的な要因によって、中国の農村経済の破綻、都市商工業の衰退、金融システムの混乱、購買力の低下という危機的な局面が形成された[2]。

この間、中国の購買力は顕著に低下した。この時期の上海と天津の労働者の生活費指数から都市の購買力の変化をみてみると（図10-2）、農産物価格は工業製品の価格よりも急激に下落しており、農村購買力の減退がより厳しかったことが推察される（許・呉 2003：6-7）。危機が最も深刻な1934年は危機前のピーク時に比べ、製造業の収益が5.9％、農業の収益が31％も下落している（巫 1947：17-19）。

国内の購買力が著しく低下するなかで、タバコ市場の需要は低級品志向

---

1 城山（Shiroyama 2008）は大恐慌期における長江デルタの綿紡績業と製糸業を考察し、アメリカの恐慌が中国の金融と生産システムに波及するメカニズムを検討した。
2 Wright（2005：370-392）によれば、1930年代の中国には確かに経済恐慌が発生したが、世界大恐慌に比べて、日本の東北占領と二回の長江の大洪水による被害がより大きかった。

図10-2 上海と天津の職工生活費指数（1926～1936年）
出所：上海の職工生活費指数は上海社会科学院経済研究所（1958）：325、天津の職工生活費指数は孔（1988）：241

が強まった。当時の報告によれば、「農村の破綻、経済の衰退、購買力の日増しの低下によって、かつての高級タバコの消費者は、中級品に移行し、中級品の消費者は低級品に移った」[3]とされる。そのなかで、国産タバコの価格優位性は低級品タバコの市場需要に適合した。1932年に鉄道部が発行した『紙巻煙各牌名称価格表』によれば、民族系タバコはケースあたりの平均価格が135.24元であり、外資系タバコの202.27元に比べて著しく低くなっている（鉄道部1932：1-36）。国産タバコの販売量と市場シェアの成長期はちょうど1930年代の「国産品運動」の時期と重なったため、従来の研究の多くはナショナリズムの高揚が民族系タバコの成長を促したことを強調している。しかし、不況による消費需要の変化は、1930年代国産タバコの販売量と市場シェアが増大したもうひとつの要因であった。

需要構造の違いにより、購買力低下の打撃は民族系企業よりも英米煙草会社の方が大きかった。民族系企業の販売地域は、主に沿海部と大きな商業都市に集中し、販売量も市場の中心部から周辺部にかけて減少していった。言い換えれば、民族系タバコ企業は、市場の中心部（沿海部と都市部）において英米煙草会社よりも大きな市場シェアを有していた。しかし、よ

---

3 「去年国産巻煙営業極度衰落」『経済旬刊』4巻1号（1935年1月5日）：8-9。

り広い周辺地域（内陸部と農村部）では、英米煙草会社は督銷制により、中低級品タバコ市場で絶対的な優位性を有していた（大井1944：1-47；Cox 1997：30-64；Cochran 2000：57-60）。表10-1からわかるように、1931年の上海部（主に江浙地域）において、英米煙草会社の市場シェアは50％未満であった。それだけではなく、英米煙草会社は他の中心地域、例えば香港、広州、華南（汕頭、厦門、福州を含む）の市場シェアも相対的に低い。華北地域の北部（重要な商業都市の天津を含む）や北平（北京）でも、市場シェアは当該地域の周辺部より低くなっている。このように、民族系タバコ企業に比べて、周辺地域の市場は英米煙草会社にとってより重要であった。しかし、これらの地域は本来中心地域に比べて購買力が低いうえ、1930年代の大恐慌によって中心地域との格差がさらに広がったため、英米煙草会社の市場シェアは大きく縮小したのである。

## 2. 英米煙草会社の現地化の加速

　購買力の低下がもたらした危機に対応するため、英米煙草会社は原材料の供給や、製品の生産及び販売において、現地化のテンポを速めた。1931年から1935年にかけて、英米煙草会社は葉タバコ（黄色種）[4]の輸入量を大幅に削減し、国産葉タバコの購入を増やした。1935年には英米煙草会社の葉タバコ輸入量は全国輸入量の3％（表10-2・図10-3）と史上最低になり、同社の原材料に占める輸入葉タバコの比率は5％未満になった（図10-4）。

　1931年以降、国産葉タバコに対する中国タバコ産業の需要が大幅に増大し、国産葉タバコをめぐって民族系と外資系のタバコ企業は熾烈な競争を展開した。1925年までは、英米煙草会社が山東省、安徽省、河南省な

---

4　本章で言及する葉タバコには黄色種（中国語：烤煙）と在来種（中国語：晾晒煙）があるが、以下では特に断りのない限り、「葉タバコ」とは黄色種のことを指す。

表 10-1　1931 年の中国各地の紙巻タバコ販売量

| 部／区 | 英米煙草会社の銘柄 | | | 永泰和公司の銘柄 | | | 合計 | その他 | | |
|---|---|---|---|---|---|---|---|---|---|---|
| | 販売量(%) | ケース数 | 市場シェア | 販売量(%) | ケース数 | 市場シェア | 市場シェア | 販売量(%) | ケース数 | 市場シェア |
| 満洲部門 | 19.4 | 118,639 | 77.1% | 0.5 | 1,052 | 0.7% | 78% | 6.3 | 34,217 | 22.2% |
| 天津部 | | | | | | | | | | |
| 辺疆区 | 1.9 | 11,452 | 73.3% | 1.3 | 2,854 | 18.3% | 92% | 0.2 | 1,321 | 8.4% |
| 北方区 | 6.1 | 37,029 | 61.8% | 4.8 | 10,770 | 18.0% | 80% | 2.2 | 12,094 | 20.2% |
| 芦漢区 | 9.0 | 54,969 | 74.4% | 4.1 | 9,350 | 12.7% | 87% | 1.7 | 9,519 | 12.9% |
| 北平市 | 2.4 | 14,954 | 59.5% | 2.3 | 5,100 | 20.3% | 80% | 0.9 | 5,088 | 20.2% |
| 山東区 | 13.9 | 84,908 | 63.6% | 13.2 | 29,854 | 22.4% | 86% | 3.4 | 18,659 | 14.0% |
| 漢口部 | | | | | | | | | | |
| 河南区 | 5.0 | 30,329 | 60.2% | 6.3 | 14,294 | 28.4% | 89% | 1.1 | 5,783 | 11.4% |
| 湖北区 | 10.9 | 66,735 | 60.8% | 11.8 | 26,515 | 24.1% | 85% | 3.0 | 16,554 | 15.1% |
| 湖南区 | 2.5 | 15,353 | 59.5% | 0.5 | 1,121 | 4.3% | 74% | 1.7 | 9,323 | 36.2% |
| 江西区 | 1.3 | 7,767 | 31.7% | 2.2 | 4,998 | 20.4% | 62% | 2.1 | 11,714 | 47.9% |
| 四川区 | 1.5 | 9,424 | 57.3% | 2.5 | 5,615 | 34.1% | 91% | 0.3 | 1,418 | 8.6% |
| 上海部 | | | | | | | | | | |
| 上海 | 1.4 | 8,591 | 6.9% | 22.9 | 51,774 | 42.2% | 49% | 11.5 | 62,591 | 50.9% |
| 東方区 | 8.4 | 51,216 | 24.5% | 18.6 | 42,045 | 20.1% | 45% | 21.2 | 115,617 | 55.4% |
| 南京区 | 9.6 | 58,652 | 30.9% | 8.3 | 18,656 | 9.9% | 41% | 20.5 | 112,038 | 59.2% |
| 香港部 | | | | | | | | | | |
| 香港 | 1.7 | 10,346 | 37.2% | 0.0 | 0 | 0% | 37% | 3.2 | 17,481 | 62.8% |
| 広州 | 1.1 | 6,420 | 8.2% | 0.0 | 0 | 0% | 8% | 13.2 | 72,005 | 91.8% |
| 華南区 | 3.6 | 21,957 | 36.7% | 0.0 | 23 | 0% | 37% | 6.9 | 37,878 | 63.3% |
| 雲南区 | 0.4 | 2,288 | 58.8% | 0.7 | 1,600 | 41.2% | 66% | 0.4 | 1,959 | 50.5% |
| 広西区* | 0.0 | 0 | 0% | 0.0 | 0 | 0% | 0% | 0.0 | 0 | 0% |
| 合計 | 100.0 | 611,029 | 44% | 100.0 | 225,621 | 16% | 61% | 100.0 | 545,259 | 39% |

出所：上海社会科学院経済研究所（1983）：734-746
注 1）永泰和公司は中国最大の英米煙草会社の代理商である。
　　 2）香港部の広西区については1938年まで独立した販売資料がない。当時の英米煙草公司の市場シェアは52.1％と推算され、他のシェアはライバル社によって支配された。

表 10-2　葉タバコの全国輸入量及び英米煙草会社の市場シェア（1931～1937 年）

単位：1000 重量ポンド

| 年度 | 全国輸入量* | 英米煙草会社の輸入量 | % |
|---|---|---|---|
| 1931 年 | 160886 | 105498 | 65.57 |
| 1932 年 | 78715 | 31222 | 39.66 |
| 1933 年 | 53308 | 22771 | 42.72 |
| 1934 年 | 63294 | 24575 | 38.83 |
| 1935 年 | 14725 | 444 | 3.02 |
| 1936 年 | 22371 | 17375 | 77.67 |
| 1937 年 | 33509 | 19998 | 59.68 |

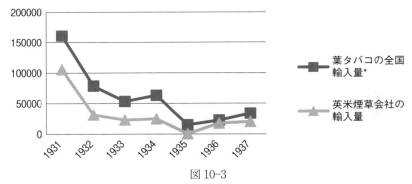

図 10-3

出所：上海社科院経済研究所編（1983）：420
注：＊東北地方は含まれていない。

どで買い取った国産葉タバコは、全国生産量の 85％ 以上を占めていた。北伐期には、戦争のため葉タバコの三大産地は生産量の低下が続き、1927 年には 1800 万ポンドという、過去 10 年間での最低水準を記録し、全国生産量に占めるシェアも 18％ まで低下した。英米煙草会社の仕入れネットワークも大きな打撃を受け、買取量と国産葉タバコ生産量に占めるシェアはいずれもどん底に陥り、特に安徽省と河南省では買取がほぼ停滞状態になった。しかし、1927 年以降、国産葉タバコの生産量が急増し、1935 年

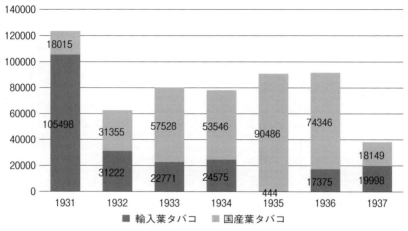

図10-4　英米煙草会社が買い取った輸入葉タバコと国産葉タバコの量
（単位：1,000重量ポンド）

出所：上海社科院経済研究所（1983）：369、420

には国産葉タバコは中国タバコ産業の原材料の90％を占めるようになった。さらに1937年には、総生産量は2億1000万ポンドに達し、1927年の12倍近くになった。三大産地のなかで河南省の増加が最も著しく、1929年から1930年にかけての1年間で、生産量が10倍になった。国産葉タバコへの需要の高まりを受け、英米煙草会社は1932年に河南省で許昌煙葉公司を設立し、河南産の葉タバコをめぐって、現地のタバコ商やその背後の民族系タバコ企業と激しい競争を展開した（皇甫 2016：26-42）。

　中国国内工場の生産能力の向上に伴い、英米煙草会社はタバコの現地生産によって輸入品の代替を図った。コックランの推計によれば、1916年に英米煙草会社が中国国内工場で生産したタバコは、国内の年間販売量の3分の1ないし半数に達した（Cochran 1980：16）。一方、1931年以降、中国のタバコ輸入は激減した。1930年の中国のタバコ輸入量は2100万金単位であったが、1931年には1000万金単位、1932年には270万金単位、1933年は140万金単位へと急減し、1935年1～6月はわずか50万金単位となっ

表10-3 戦前中国における紙巻タバコ販売量の比較

(単位：1,000本)

| 年度 | 国外完成品の輸入量 | % | 外資在華工場の販売量 | % | 中国企業の販売量 | % | 販売量合計 | % |
|---|---|---|---|---|---|---|---|---|
| 1932年 | 681,421 | 1.16 | 34,112,406 | 58.08 | 23,939,350 | 40.76 | 58,733,177 | 100 |
| 1933年 | 250,313 | 0.28 | 62,819,077 | 70.91 | 25,525,195 | 28.81 | 88,594,585* | 100 |
| 1934年 | 201,080 | 0.38 | 24,898,955 | 46.97 | 27,912,771 | 52.65 | 53,012,806 | 100 |
| 1935年 | 177,230 | 0.31 | 34,108,842 | 59.42 | 23,115,323 | 40.27 | 57,401,395* | 100 |
| 合計 | 1,310,044* | 0.51 | 155,939,280 | 60.50 | 100,492,639 | 38.99 | 257,741,963* | 100 |

出所：陳真ほか（1958）：131
注＊：原書では「国外輸入完成品の合計」が1,310,051、1933年と1935年の「販売量合計」がそれぞれ88,594,539と57,401,403、「各年度販売量合計」が257,741,935となっているが、いずれも誤植であるため訂正した。

た[5]。

　1932～1935年に海外から中国に輸入されたタバコは、中国のタバコ販売量全体の0.51％、外資系企業が中国国内で販売するタバコの0.83％に過ぎなかった（表10-3）。イギリスとアメリカから輸入されたタバコのすべてを英米煙草会社が販売したと仮定すれば、1931年以降、英米煙草会社の販売量に占める輸入タバコの比率は1916年の約3分の1から1931年の1.25％へと大幅に低下したことがわかる（表10-4）(Cochran 1980：16)。それと同時に、タバコ機械の輸入も顕著に増加した（表10-5）。これは、中国のタバコの現地化生産が急速に進んだことを意味していた。国内生産のタバコが市場シェアの大半を占めるようになり、外資系企業までが海外から直接タバコ完成品を輸入する戦略から現地生産にシフトしたのである。
　1931年以降の購買力の低下のほか、南京国民政府のタバコ税制もタバコの輸入代替を促した要因であった。中華民国成立後、国内のタバコ産業は一定の生産能力を備えるようになったが、タバコの輸入量がさほど減少

---

5 『孔祥熙関于暫緩提高巻煙税率的公函』中国第二歴史檔案館編（1997）『中華民国史檔案資料彙編』第5輯第1編、江蘇古籍出版社：390。

表10-4　中国のタバコ輸入量（1930〜1932）（単位：1,000本）

| 年度 | イギリス | アメリカ | 香港 | ロシア | 日本 | 英米合計 | 中国における英米煙草会社の販売量 | % |
|---|---|---|---|---|---|---|---|---|
| 1930年 | 3177282 | 1733636 | 1147134 | 25435 | 78581 | 4910918 | 43895250 | 11.19 |
| 1931年 | 2393353 | 59515 | 378089 | 71958 | 23913 | 2452868 | 41188200 | 5.96 |
| 1932年 | 412637 | 86804.5 | 181954 | 21214 | 16118 | 499441.5 | 39857300 | 1.25 |

出所：張偉賢（1934）「論国外巻煙輸入減退之原因」『商業月報』14-10：2-3
注：原資料では、英米煙草会社の販売量の単位は50000本／ケースであったが、筆者はそれを1000本単位に換算し、さらに販売量に占める輸入量の比重を推計した。

表10-5　輸入紙巻タバコ機械及びその部品の価値（1929〜1934）

| 年 | 1929年 | 1930年 | 1931年 | 1932年 | 1933年 | 1934年 |
|---|---|---|---|---|---|---|
| 価値（元） | 433,827 | 607,532 | 580,893 | 5,998,531 | 3,766,731 | 8,190,701 |

出所：王懿芳（1935）「中国近年来機械進口之統計」『実業統計』3-2：46

しなかった重要な原因の一つとして、不平等条約の保護により、輸入タバコの税率が国産のそれより低いことがあった。しかし、タバコの統税が実施されると、輸入タバコは税制上の優位性を失った。中国の関税自主権の回復は、輸入タバコの優位性をさらに弱めた。1931年以降、輸入タバコ税は海関によって徴収されることになった。国産タバコを保護する目的から、海関の新税制が輸入タバコの税率を50％と定めた結果、国産タバコの40％という統税の税率よりも高くなった（上海社会科学院経済研究所1983：913）。

　中国のネットワークを利用して販売コストを削減するために、英米煙草会社は督銷に地域の代理販売を委託し、その販売量に応じてボーナスを与えていた。督銷はその代理地域で大経理を任命する権限を持つと同時に、製品の種類と量を推算し、それに対して責任を負っていた（小林1943：252）。英米煙草会社の「督銷制」は1930年代に徐々に成熟化した。1937年の統計によれば、全国では12ヶ所の督銷が設立され、そのうち会社名義で設

立されたものが 7 ヶ所、個人名義で設立されたものが 5 ヶ所であった（陳曾年 1981：19）。英米煙草会社は「督銷制」を通じて中国内陸部と農村部の市場に浸透した。1936 年の国民党政府実業部中央農業実験所の統計によれば、農家が購入したタバコのブランド別の価格（1 ケースあたり）および全国農村市場に占める構成比は以下の通りである。英米煙草会社の中級タバコ「哈徳門」(150 元) 13.1％、「大嬰孩」(140 元) 6.0％、「大鶏」(125 万元) 4.3％、「仙島」(133 元) 3.6％、「粉包」(260 元) 3.1％、「双刀」(110 元) 2.5％、「多福」(155 元) 1.9％ であり（価格は鉄道部編 1932 による）、民族系のタバコ企業のシェアよりはるかに高かった。そのうち、「哈徳門」は青海、寧夏、甘粛など内陸の農村部で最もよく売れ、市場シェアはそれぞれ 84.6％、63.6％、52.2％ に達していた[6]。さらに、英米煙草会社は統一した階層的組織で地域的なネットワークを連結し、地域間の販売ネットワークの地域的制限を突破し、文字通りの全国市場を構築した。

　1931 年の満洲事変勃発以後、東亜煙草株式会社は中国での日本の軍事行動を機に、1927 年以降衰退しつつあった南洋兄弟煙草公司に代わって、英米煙草会社の中国での最大のライバルとなった。日本の侵略で東北市場が奪われることを懸念し、英米煙草会社は 1930 年に上海で新しい機構—啓東煙草公司を設立し、奉天煙廠及びロバート煙草公司（老巴奪煙草公司）を含め東北地域の全ての業務を委託した。1932 年 3 月の満洲国成立以後、啓東煙草公司は 1933 年から英米煙草会社の支店として東北地域で独立運営することになった（Cox 2000：192）。啓東煙草公司とロバート煙草公司はそれぞれ 1936 年 2 月 29 日、同年 8 月 1 日に満洲国の法人企業として再編し、日中知平が経理に就任した。1938 年に満洲国が『会社法』を制定すると、啓東煙草公司とロバート煙草公司はそれぞれ啓東株式会社とロバート株式会社に社名を変更した（柴田 2013：138）。また、満洲国が関内から輸入されるタバコに税金を課すため、英米煙草会社は満洲国でのタバ

---

6 「農家購買香烟之各種標牌所占之百分率」『農情報告』4-8（1936）：207-208。

コ生産の現地化を進めた。1934～1935 年度には、満洲国で生産されたタバコは消費量全体の 95％ を占めるようになった（Gibbs 1940：18）。

英米煙草会社は満洲国での現地化戦略によって企業の発展を実現した。1931～1937 年に英米煙草会社は常に 75％ の市場シェアを占めていた（上海社会科学院経済研究所 1983：734-746）。日本の東亜煙草会社や満洲煙草会社に比べ、東北地域における英米煙草会社の 3 つの支店——啓東煙草公司、ロバート煙草公司、拱石煙草公司は依然として著しい優位性を持っていた。1936 年において、啓東とロバート所有の紙巻タバコ製造機械が計 75 台に対し、東亜煙草公司は 42 台、満洲煙草会社は 15 台にすぎなかった。職工数でみると、啓東、ロバート、拱石は計 3908 人、東亜煙草公司は 1220 人、満洲煙草会社はわずか 150 人であった。生産能力は啓東が 96 億 9300 万本、ロバートは 30 億 9600 万本であり、市場全体の 59％ を占めていた。それと対照的に、東亜煙草公司の営口工場の生産能力は 26 億 5700 本、瀋陽工場のそれは 14 億本、市場シェアは 20％ にすぎなかった。満洲煙草会社の生産能力は 11 億 5200 万本であり、市場シェアは 5％ 程度であった[7]。

## 3. 狭間で存続を求める民族系タバコ企業

民族系タバコ産業の発展において第一の波となったのは、1905 年前後のアメリカ製品不買運動であった。その後の半世紀近くにおいて、民族系タバコ産業はナショナリズムの勃興と後退に伴い盛衰の軌跡を描いた。特に、1925～1927 年にかけて、民族系タバコ産業の発展は急激なものであり、上海だけでもタバコの生産設備を持つ民族系企業は 14 から 344 まで増加し、職工数も 1 万 5781 人に達した。しかし、1927 年の国民党政権成立後、政府がタバコの高税率を実施して民族系タバコ企業を搾取し、また

---

7　満洲国実業部臨時産業調査局編（1937）『煙草ニ関スル調査書（重要商品需給調整ニ關スル調査報告書第 12 篇、重要工業特殊調査報告書）』：89-91、105-107。

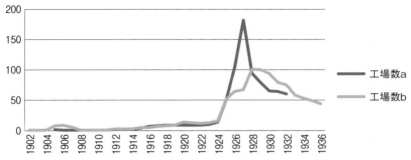

図10-5　上海における民族系タバコ工場の数（1902〜1936年）
出所：工場数aは「上海的中国巻煙廠」『中国経済雑誌』9-6：426
　　　工場数bは中国科学院上海経済研究所・上海社会科学院経済研究所（1958）：254-255

税率と税級の決定において英米煙草会社と結託したため、民族系タバコ企業の数は急激に減少し、その傾向は1930年代まで続いた（図10-5）。1930年代初めに倒産した民族系タバコ工場は130に達し、1935年前半の上海だけでも、25のタバコ工場が休業もしくは倒産した[8]。同じ時期に、民族系タバコ企業の販売量は増加しつづけ、タバコ生産機械数や職工数には大きな減少が見られなかった（中国科学院上海経済研究所・上海社会科学院経済研究所1958：254-255）。ここからわかるように、南京国民政府の時期には、民族系タバコ産業の企業集中が進み、より少ない企業でより多くのタバコを生産・販売した。そのなかで、南洋兄弟煙草公司と華成煙草公司の優位性が顕著であった。しかし、ほとんどの民族系タバコ企業にとって、1930年代の販売量の増加は利潤の成長をもたらさなかった。その背景として、南京国民政府のタバコ統税制度が民族系タバコ産業の利潤の成長を抑圧した重要な要因であると推察される。

　タバコ需要の低級品志向により、中国国内のタバコ産業では、民族系企業も外資系企業も中低級タバコを大量に生産するようになった。国民政府

---

8　「滬市卷烟業近況調査」『申時経済情報』総915号、烟業4号（1935）。

表 10-6　紙巻タバコ税率の推移（1928～1936 年）

| 1 ケース（50,000 本）の価格 | | 高級紙巻タバコ（推計価格 1,000 元） | | 中級紙巻タバコ（推計価格 400 元） | | 低級紙巻タバコ（推計価格 130 元） | |
|---|---|---|---|---|---|---|---|
| 税制 | 期間 | 税額（元） | 税率（％） | 税額（元） | 税率（％） | 税額（元） | 税率（％） |
| 七級制 | 1928.1-1928.12 | 178.88 | 17.89 | 64.13 | 16.03 | 20.25 | 14.67 |
|  | 1929.1-1930.10 | 258.38 | 25.84 | 93.63 | 23.41 | 29.25 | 21.20 |
| 三級制 | 1930.10-1931.2 | 225.00 | 22.50 | 56.00 | 14.00 | 32 | 23.20 |
|  | 1931.2-1932.3 | 305.00 | 30.50 | 81.00 | 20.25 | 39 | 28.26 |
| 二級制 | 1932.3-1933.12 | 95.00 | 9.50 | 95.00 | 23.75 | 55 | 39.86 |
|  | 1933.12-1937.4 | 160.00 | 16.00 | 160.00 | 40.00 | 80 | 57.97 |

出所：方（1989）：137

の統計によれば、1931 年上海で生産したタバコの中で、83％ 以上が低級タバコであった（方 1989：115-116）。そのため、国民政府は中低級タバコの統税税率を高め、財政収入の増加を図った。表 10-6 からわかるように、1928～1930 年に中高級タバコの税率は低級タバコのそれよりも高かったが、1930 年 10 月以降、高級タバコの税率は低級タバコよりも低い水準まで下がっている。また、中級タバコの税率が若干の増加に留まっているのに対し、低級タバコの税率は急増し、5 年間で 14.67％ から 57.97％ まで上昇し、高級タバコ税率の 3.6 倍になっている。「民衆」など 24 の民族系企業が国民政府に出した税率改定の提案によれば、「ある人は、300 元以上のタバコが現在一級税で 160 元が徴収されるから、税率が決して重くないわけではないと言っている。しかし、彼は 300 元以上のタバコの販売量が極めて少なく、しかも産地以外では 20 元の減税も認められ、事実上ゼロに近いことを知らない。率直に言えば、一級税はあくまで飾り物にすぎず、事実上実施されるのは二級税である」（上海社会科学院経済研究所 1983：924）とある。実際に機能する二級税の中で、明らかに低価格タバコの税率は高かった。1932 年の鉄道部の統計によれば、300 元以下の民族系タバコの平均価格が 128.83 元であり、300 元以下の外資系タバコの平均価格に

表10-7 南洋上海総公司及びその子会社の統税納税額
(1930～1936年)　　　　　　　　　単位：万元

| 年 | 販売額 | 統税額 | 販売額に占める統税の割合 (%) |
|---|---|---|---|
| 1930 | 645.7 | 42.4 | 6.6 |
| 1931 | 1445.2 | 297.6 | 20.6 |
| 1932 | 1837.2 | 459.9 | 25.0 |
| 1933 | 1955.4 | 539.1 | 27.6 |
| 1934 | 1922.7 | 668.7 | 34.8 |
| 1935 | 2203.4 | 810.9 | 36.8 |
| 1936 | 2384.3 | 877.5 | 36.8 |

出所：中国科学院経済研究所・上海社会科学院経済研究所 (1958)：382

比べて26.1元も低くなっている。したがって、ほとんどの民族系タバコ企業は税率がより高く、外資系企業との競争において不利な立場にあった。

実際に、二級税制度の実施以後、民族系タバコ企業の税金負担は1933年の1829万8403元から4121万8416元まで増加し、タバコ統税全体に占める比率も44.8%から52.6%まで上昇した（上海社会科学院経済研究所 1983：928）。表10-7をみてもわかるように、1930年以降、最大の民族系タバコ企業—南洋兄弟煙草公司が負担する統税は、金額でみても価格に占める比重でみても年々上昇している。しかも、ほとんどの民族系企業は高級タバコ市場で存立できず、外資系タバコ企業のように高級タバコの利益で中低級タバコの損失を補填することができなかったため、政府に税率の再調整を強く要請した。それと対照的に、英米煙草会社は調整後の税率にかなり満足している。1931年に英米煙草会社が華北地域で発表した調査報告では、「中国企業は新しい税率が彼らの事業を妨げたと考えている。彼らが生産した銘柄がかつての第七級タバコだったからである。しかし、我社にとってはかなり有利である」と述べている[9]。1935年に英米煙草会社は国民政府に75万英ポンドの資金を貸し、その代わりに二級税制度を

変更しないうえ、さらに割引を追加することを求めた（上海社会科学院経済研究所 1983：896-897）。これは、南京国民政府の二級税制度が事実上民族系企業の利益を侵害し、外資系企業にとって有利であることを示唆している。

ただし、二級税制から利益を得た民族系タバコ企業もある。華成煙草公司には「金鼠」と「小美麗」という二つの主要な銘柄があり、1ケースの販売価格はいずれも 300 元以下であった。例えば、1932 年に「小美麗」と「金鼠」の１ケースの販売価格はそれぞれ 260 元前後と、180 元前後で、いずれも普通の民族系タバコメーカーの中低級タバコの 2～3 倍の価格であったが、ケースあたりのタバコ税はまったく同じであった[10]。したがって、華成社は 1931 年から 1936 年にかけて、南洋兄弟煙草公司よりも高い利益率を実現し、民族系タバコ企業が全体的に衰退する中で特に躍進した（中国科学院上海経済研究所・上海社会科学院経済研究所 1958：467）。

税金負担の増加による需要減退が懸念されるなかで、内陸部への浸透は民族系タバコ企業にとってコスト削減の重要な手段となった。まず、外資系企業の工場開設が条約港に限られたため、内陸部ではタバコ産業の発展が遅れ、同業間競争も比較的小さく、さらなる市場の拡大が期待できた。また、内陸部の葉タバコ産地の拡大や販路の開拓によって、内陸部タバコ企業の原材料の供給や製品の販売距離は相対的に短く、家賃・給料などの費用も比較的低いため、生産と運輸のコストが節約でき、上海など中心部の企業に比べ価格優位性があった。また、税務署が徴収制度を再三強化したにもかかわらず、内陸部にはやはり十分に浸透できていなかった[11]。さらに、経済恐慌に伴うタバコ需要の中低級志向は、内陸部タバコ産業の発

---

9 「英美烟公司調査報告（天津、北平地区）」（1931 年 1 月 28 日）上海社会科学院経済研究所企業史資料研究中心所藏『英美烟档』[13] G：29。

10 中央工商行政管理局編（1958）「上海華成烟廠歴史資料（1924-1957）」（上海：社会科学院内部数据、未公開資料）：46。

11 金源雲（2003）「南京国民政府卷烟統税研究（1927-1937 年）」（河北師範大学歴史系修士論文）：22-33。

展に貴重な機会を提供した。そのため、タバコ産業は1932年以降にも上海などの中心部から内陸部へ拡散する傾向が見られた（陳・姚1957：65）。

しかし、条約港以外の地域のタバコ産業の発展は、南京国民政府の法律によって早くに途絶した。1933年末、タバコ統税の増収と税務機関の管理コストを抑えるため、国民政府は増税案においてタバコ工場の開設場所を上海、天津、漢口、青島に限定し、その他の地域で設立されたタバコ工場については一定期間内に移転することを命じた[12]。この政策は、上記4都市以外の地域のタバコ企業にとっては致命的な打撃であった。もともと資本力の脆弱な中小企業はすでに増加しつつあったタバコ統税によって強く圧迫されるなかで、さらに工場を移転することになれば、機械の解体と輸送に莫大な費用がかかるだけでなく、設備にも大きな損害を与えかねないため、「法令に従い移転するのは強制廃業と同然」であり、たとえ政府が定めた地域に移転できても、「設備条件が外資系企業に比べて劣っているだけでなく、日常の出費だけ見ても決して資本力の脆弱な小企業がカバーできる範囲ではないため、費用の増加により営業の中止を強要するのと同様である」[13]とみなしていた。

以上のように、中高級市場を独占する英米煙草会社は、税金負担と費用において優位性を持ち、安売りによって民族系企業に上から圧力をかけた。それと同時に、タバコ統税制度の制約を受けない手工制タバコ業が各地で盛んになり、より安価な手工制タバコを大量に生産し、下から民族系タバコ企業の存立基盤を圧迫した。民族系タバコ企業はこのように上と下からの二重の圧力を受けていたため、1930年代に民族系タバコ産業の衰退に関する報道が新聞で広く見られたのも決して偶然ではなかった。

---

12 「財政部規定設置烟廠地点」『工商半月刊』6-5（1934年3月1日）：96-97。
13 「財政部等辦理寧波中国韓岭烟廠等請国府収回新定巻烟税率并限期遷地設廠之成命案有関文件」（1934年4月-5月）、中国第二歴史档案館編『中華民国史档案資料彙編』第5輯第1編、財政経済（六）：321-322。

## 4. 手工制タバコ業の急成長

　機械制タバコメーカーが低価格タバコへの需要に対応できなかったため、市場の空白が発生し、手工制タバコ業の成長のチャンスとなった。それ以外にも、手工制タバコ業が1930年代に成長するのは、2つの要因があげられる。第1に、国産葉タバコの普及が手工制タバコ業に豊富かつ安価な原材料を提供した点である。第2に、手工制タバコ業は資金と技術において参入障壁が相対的に低いため、多くの失業者が生計を維持するために参入した点である（俞伴琴1933：16）。

　政府が「許可と登録なしの手工制私製タバコ及び私製原料」を取り締まる重点地域からみれば、手工制タバコ業の生産者は主に二つの地域に分布している。一つは長江流域、華北、華中などタバコの主要市場であり、もう一つは安徽省、河南省、山東省など葉タバコの産地である（楊2002：795、804）。

　安価な手工制タバコ業は機械制タバコ業の市場を奪い、国民政府の統税収入を妨げる存在になった。1935年1月から7月までのわずか半年間に、各機械制タバコ工場の生産量が急減し、毎月の国庫の損失は200万元にも達した（楊2002：801）。タバコ統税の税源を確保するため、南京国民政府は機械制タバコメーカーと協力し、タバコの外観、原材料、設備、販売地域と組織において、手工制タバコ産業への管理を強めた[14]。しかし、社会安定の考慮から、国民政府はただちに当該産業を取り締まることをせず、比較的寛大な調整を行った。すなわち、かなり長い期間にわたり、山東省、河南省、安徽省という葉タバコの三大産地周辺の手工制タバコ業の存在を許し、時期に分けて手工制タバコ業の数を減らし、さらにタバコ統税より

---

14　1930年代における手工制タバコ業への政府の介入に関する研究はすでに存在しているが、この時期の手工制タバコ業の勃興の要因ならびに生産・販売状況についてはまだ検討の余地がある（陳洪友2012を参照）。

もはるかに低い税率を維持したのである。それによって、低所得者の生計を保障し、彼らの転業に時間を与えた。1936年1月22日、財政部長孔祥熙は「手工土製巻煙取締規則」を公布し、4期に渡って手工制タバコ業を撤廃していった。その方法は、登録した手工制タバコ業者に同年1月、5月、9月、翌年の1月の抽選に強制参加させ、毎回選ばれた業者に対し4ヶ月以内に営業を中止させた。こうして1937年4月に手工制タバコ業は完全に取り締まられた[15]。ただし、市場にはまだ低価格タバコの空白があったため、大量な手工制タバコ業者はあえて政府の規制を無視し、機械制タバコを購入できない消費者に安価な手工制タバコを提供しつづけた[16]。

手工制タバコが機械制タバコよりも価格が安く、低価格の市場需要に適合できた要因は以下の点にあった。第1に、手工制タバコは税金負担面において機械制タバコが匹敵できない優位性を持っていた点である。1928年における手工制タバコと機械制タバコの税率は同じく32.5%であったが、その後、各地方政府及び手工制タバコ業者による頻繁な要請を受け、国民政府は国民生活と社会の安定に配慮し、手工制タバコの税率を1931年に1ケース（5万本）で価格が80元以下のものに15元、さらに1932年に1ケース40元以下のものに10元を課すように調整し、その後も同じ税率を維持した[17]。それと対照的に、1933年にタバコ統税の新二級制度が実施され、最も安い機械製タバコでも1ケース80元の税金が徴収されるようになった。

第2に、手工制タバコの生産コストが機械制のそれよりはるかに低かっ

---

15 「財部取締手工卷烟」『申報』（1936年2月4日）3版。
16 タバコ専門家Barnard Gibbsが1938年にアメリカ農業部に提出したレポートによれば、手工制タバコ業は依然としてタバコ消費量の10%を占め、「未登録の手工制タバコ業者が数千戸も存在し、巻紙の密輸を使い続けて」いた（Gibbs 1938：34, 66）。
17 「財政部呈文稿」（1936年1月）中国第二歴史档案館所蔵「民国時期烟草行業档案選編」檔案號：96-192-112、「皖省手工土制卷烟征税単行辦法」（二十二年三月修訂奉部令核准備案）、「魯豫区手工土制卷烟征税単行辦法」（二十二年九月修訂奉部令核准備案）、「修正山東省手工土制卷烟征税辦法」（二十二年十二月十二日核准）財政部財政年鑑編纂處編『財政年鑑』6篇：1015-1019。

た点である。葉タバコの産地に近い手工制タバコ業者は基本的に農家から黄色種と在来種の葉タバコを原材料として買い取り、タバコの市場に地理的に近い手工制タバコ業者は手刻みの職人（賃粉切り）から刻んだ黄色種と在来種の国産葉タバコを購入し[18]、あるいは捨てられた吸い殻を買い取って中から葉タバコを取り、それを乾燥して紙巻タバコの原材料として利用した。しゃがんで拾った「タバコの尻」で作った紙巻タバコは、「彎腰牌（屈み印）」あるいは「磕頭牌（土下座印）」とからかわれ、その生産者も「土下座実業家」と揶揄された。この現象は特に上海、南京の大都市でよく見られた[19]。

　1936年に浙江省嘉興市の民豊造紙廠がタバコの巻紙の生産に成功するまで、中国は巻紙を生産できず、巻紙はすべてフランス、イタリア、日本、アメリカなどから輸入していた（俞寧頗1930：2）。当時、製紙会社やタバコ工場は巻紙の発注と販売を行う場合、海関と税務の関連機構に登録し、購入許可と運輸許可を申し込むことが求められていた。また、手工制タバコ業者は税金から逃れるため、しばしば密輸の巻紙を購入した[20]。海外から条約港に密輸された巻紙は、梱包されて郵便システムを通じて配送されたり、鉄道で輸送されたり、あるいは汽車に乗る乗客の荷物に詰め込まれたりして、沿海部の港から内陸部に輸送された（楊2002：814）。さらに、耐燃性のない普通紙で紙巻タバコを造る業者もいた（楊2002：734-735）。

　ほとんどの手工制タバコ業者は原始的な木製ローラーを使い、一時間に約50～100本の紙巻タバコを生産した（Gibbs 1938：35）。また、規模が相対的に大きい一部の作業場は簡単な機械生産も行い、電気を動力とした鉄

---

18 「令冀晋察綏区統税局等十四機関通飭査禁各地刨烟絲店製銷巻烟用絲以絶私烟原料」『財政日刊』2100号（1935年3月11日）：3。
19 「拾烟尾」『文摘』1-4（1937年4月1日）：115；「禁止以地上拾得之紙烟頭制成紙烟向人兜售案」『南京市政府公報』118期（1932年10月31日）：65；「滬市巻烟業近況調査：手巻烟行突起竞，烟廠営業備受打撃，華菲烟草公司成立，生産採用最新機器」『申時経済情報』1426号（1935年）：1；滏倫「香烟外史」『東亜聯盟月刊』3-7（1943年7月30日）：104；「磕頭烟」『烟草月刊』2-6（1948年6月）：265。
20 鄔挺生『考察京皖豫鄂一帯手製巻烟状況報告書』：1。

製または鉄木混製の手回しローラーを使った。「手回し鉄製ローラーは機械制工場で使う機械と効率が等しく、生産の速度が極めて早い。具体的な生産効率を言うと、鉄製手回しローラーは1日7～8万本、約1.5ケースに相当する量が生産できるが、木製ローラーは1日の生産量が約3～5千本である」[21]。

そのほか、手工制タバコ業者の模倣と偽造も販売コストを節約した。各地の手工制タバコ業に対する徴税管理規定では、「手工制タバコの包装は20本と50本の2種類に分け、柔らかい紙で包装し、箱の表にはタバコと同じ標識あるいは印を明記すべきで、硬い紙ボックスなどを使用してはならない」とし、それによって紙巻タバコと区別した[22]。手工制タバコの価格は低く、大半は1箱50本の包装を採用し、サイズは機械制紙巻タバコと同じであった。蚌端口周辺の手工制タバコ業者は普通の製品に比べて2倍も長いタバコを生産していた。しかし、よりよく見られるのは、手工制タバコ業者が市場で流行っている機械制紙巻タバコの商標を偽造するものである。1931年開封市で行われた調査によれば、40余りの手工制タバコ業者が生産する紙巻タバコは、「すべて商標を偽造して安い価格で販売し、例えば仙島、哈徳門、双鼠、第一、美麗などの偽造品は特に多い」とされている。鄭州で調査された46戸の業者のうち、偽造品を生産していないのは1戸のみで、それ以外はすべて偽造品を生産していた（陳洪友2012：36）。1932年の安徽省蚌埠市では特に「歓迎牌」の偽造品が多かった[23]。また、1935年に湖南省、湖北省の両省で多かったのは、英米煙草会社の「哈徳門」、「黄金」、「三八牌」の偽造品であった[24]。

---

21 「湘鄂贛区統税局関於遵行財政部、税務署所頒取締私製購運手工卷烟使用器具等規則與各方往来文書」（1934年12月22日）、中国第二歴史档案館所蔵「民国時期烟草行業档案選編」档案号：96-192-112、「財政部税務署修改取締私製購運手工卷烟使用器具規定及有関文書」（1935年7月10日）、同上館所蔵「民国時期烟草行業档案選編」档案号：94-3（8）-7817。
22 「皖省手工土製卷烟征税単行辦法」（二十二年三月修訂奉部令核准備案）、「魯豫区手工土製卷烟征税単行辦法」（二十二年九月修訂奉部令核准備案）、「修正山東省手工土製卷烟征税辦法」（二十二年十二月十二日核准）財政部財政年鑑纂處編『財政年鑑』6編：1015-1019。
23 鄔挺生『考察京皖豫鄂一帯手製卷烟状況報告書』：1。

普通の消費者は外観だけからは真偽を判別できないため、偽造品の横行は機械制タバコ業者の怒りを買った。ただし、手工制タバコ業の生産者によれば、「我々は本来他人の銘柄をまねしたくないし、それと法律がどういうふうに関係するのかもよくわからない。ただよく売れるように、一番よく知られる銘柄を選んで、模倣しただけ」であり、彼らが流行っている銘柄を模倣するのは、客を惹きつけるためだった。客が買うたびに、必ず本物が欲しいのか偽物が欲しいのかを聞き、自分で選んでもらうから、客を欺く意図はない。また、一部の手工制業者は商標法がわからないため、自分で新しい商標を作る必要があることも知らず、市場で流行っている商標を商標局に登録したが却下された事件もあった。1930年代以降、政府の税務機関は手工制タバコ業の規制を強化し、商標名の不正使用を禁止した。しかし、生計を立てるために多くの業者は依然として機械制タバコ業者の商標を偽造しつづけた。それ以外に、2～3本の本物と7～8本の偽造品を機械制タバコの空き箱に一緒に入れ、機械制タバコに入れ混ぜて列車や旅館などで販売した業者もいた[25]。

　政府は手工制タバコ業者に対し、現地での販売のみを認め、営業免許を発行しなかった。1935年1月、英米煙草会社と巻煙緝私協助委員会が湖北・湖南両省において手工制タバコ業者に対して実施した調査によれば、手工制タバコは主に現地の露天商によって販売され、ごく一部店舗に入るものもあった。さらに、一部の業者は道端で葉タバコを巻いて直接販売した[26]。しかし、「現地販売」の規制を無視して他地域に販売する業者もいた。一部の地域の手工制タバコ業者は手工制タバコ協会を設立し、営業免許を不正発行し、偽造タバコの販売を行った[27]。しかし、税務署が頻繁に取り

---

24 「英美烟公司調査湖北湖南両省各市県私製手工卷烟報告表」（1935年1月10日）中国第二歴史档案館所蔵「民国時期烟草行業档案選編」档案号：94-3（8）-7817。
25 鄔挺生『考察京皖豫鄂一帯手製卷烟状況報告書』：1-2。
26 「英美烟公司調査湖北湖南両省各市県私製手工卷烟報告表」（1935年1月10日）、中国第二歴史档案館所蔵「民国時期烟草行業档案選編」档案号：94-3（8）-7817。
27 「財部咨請各省市査禁手工卷烟公会」『中央日報』（1935年7月4日）3版。

締まるため、一部の手工制タバコ業者は手工制タバコを箱に入れ、雑貨と偽装して各地の郵便局を通じて外地に輸送した（楊 2002：732）。英米煙草会社は税務署に次のように報告している。「河南省では、偽造タバコを箱に入れて雑貨と標識し、平漢鉄道を通じて北平などに輸送して販売する業者がいる。その後、鉄道部が平漢鉄道に運輸禁止の命令を出したが、郵便局を経由して小包で各地に輸送されるようになった」[28]。さらに、「軍隊の名義で不正輸送を庇う」手工制タバコの代理商もいたとされる（楊 2002：800-801）。

　これらの手工制タバコ業者は、消費市場と原材料の産地という地理的な優位性を利用し、黄色種と在来種の低級国産葉タバコ、ひいては回収したタバコの吸い殻を使っており、紙巻タバコの生産設備の投資と運営の費用もいらず、偽造の商標と包装を使ってただ乗りをし、さらに日増しに増大する税金の負担から逃れたため、その価格は一番安い機械制タバコよりもはるかに低かったのである。


## おわりに

　大恐慌の中での市場需要の変化は、異なるタイプのタバコ生産者に対し挑戦と同時に、機会をもたらした。まず、販売量の大幅な減少に対し、英米煙草会社は輸入代替戦略で対応し、輸入の葉タバコと紙巻タバコの数を減らす一方、国産葉タバコを利用して中国の現地生産を拡大し、製品価格を引き下げて市場の需要に対応した。また、大恐慌時期に財政問題に迫られた国民政府を利用し、政府のタバコ税制を自らに有利な方向に誘導した。東北市場の分裂危機に対して、英米煙草会社も同様に現地化戦略を取り、日本の在華タバコ工場との競争に耐え、東北地域において持続的な成長を

---

28　「財政部訓令」（税字第八五零一号）『財政日刊』1969号（1934年9月27日）：1-3。

実現した。

　次に、大恐慌時期に進んだ紙巻タバコの低級化志向は、民族系の中小タバコ企業にとって、販売量と市場シェアの成長の大きなチャンスとなった。しかし、民族系タバコ企業の統税負担は日増しに重くなり、政府が設定した立地規制も生産と販売コストがより低い内陸部への発展の可能性を奪ったため、価格の引き下げに迫られ、まして価格の引き上げはほとんど不可能であった。これらの構造的要因は民族系タバコ製品の利潤を圧迫した。

　さらに、一般的に見られる手工業から機械工業への発展というルートと異なり、機械制紙巻タバコが税制の制約により、低価格の紙巻タバコに対する消費者の需要を満足させられないなかで、統税の制約を受けず技術と資本のハードルも低い手工制タバコ業は、このチャンスを掴んで成長し、ある程度近代的な工業生産を行った民族系と外資系企業の機械制タバコの代替に成功した。それによって、1937年までの10年間に中国タバコ産業では手工業と工場制機械工業が並存する現象が現れたのである。

　1930年代の大恐慌のなかで、中国のタバコ市場には「市場の失敗」が起こらなかった。紙巻タバコの需給双方はいずれも外部経済環境の変化に応じて調整され、価格メカニズムによる資源配分は依然として有効的で、市場メカニズムも正常に働いた。民族系と外資系タバコメーカーによる低級機械制タバコの持続的な供給と、手工制タバコ業の速やかな発展があったからこそ、中国の紙巻タバコの消費量は購買力が顕著に低下する中でも高い水準を維持した。1930年代には中国と西側資本主義諸国においていずれも需給の不均衡が発生したが、中国で発生した経済恐慌は本質的に国際銀価の狂乱、地域的な戦争および自然災害などの一時的な要因による需要の急激な衰退であり、資本主義諸国にみられる相対的な生産過剰によるものではなかった。

　南京国民政府が紙巻タバコの専売制を実施しなかったにもかかわらず、中国のタバコ産業の発展は依然として政府の政策に大きく左右された。南京国民政府がタバコ統税政策を実施し、タバコの輸入関税を調整したため、

輸入タバコの税率上の優位性はなくなり、紙巻タバコの輸入代替が加速された。しかし、国民政府が推し進めた紙巻タバコの統税制度と工場開設の立地規制は客観的にみて民族系企業を圧迫し、外資系企業を助長する結果となった。また、工場生産と手工業生産の対立の中で、前者に特に偏っていないという事実からみると、国民政府は、近代化を推し進める政府の本来あるべき姿と大きく食い違っている。このような政策によって、手工業などの在来産業は資本主義が勃興する民国期にも歴史の舞台から退くことがなかったのである。

**参考文献**
（日本語）
大井専三（1944）「支那における英米煙草トラストの経営形態」『東亜研究所報』26号
小林庄一（1943）『英米煙草トラストと其の販売政策』華北総合調査研究所
柴田善雅（2013）『中国における日系煙草産業（1905-1945）』水曜社

（中国語）
許滌新・呉承明編（2003）『中国資本主義発展史　第3巻—新民主主義革命時期的中国資本主義』人民出版社
孔敏主編（1988）『南開経済指数資料匯編』中国社会科学出版社
皇甫秋実（2016）『危机中的選択—戦前十年的中国巻煙市場』中国出版集団東方出版中心
上海社会科学院経済研究所編（1983）『英美煙公司在華企業資料彙編』中華書局
上海社会科学院経済研究所編（1958）『上海解放前後物価資料匯編（1921〜1957）』人民出版社
中国科学院上海経済研究所・上海社会科学院経済研究所編（1958）『南洋兄弟烟草公司史料』上海人民出版社
陳洪友（2012）「20世紀30年代国民政府対魯豫皖手工巻煙業的「整理」」『安徽史学』3期
陳真・姚洛編（1957）『中国近代工業史資料　第1輯』三聯書店
陳真・姚洛・逄先知編（1958）『中国近代工業史資料　第2輯』三聯書店
陳曾年（1981）「英美烟公司的銷售網」『学術月刊』1981-1
鉄道部編（1932）『紙巻烟各牌名称価格表』
巫宝三編（1947）『中国国民所得（一九三三）』中華書局

方憲堂（1989）『上海近代民族卷烟工業』上海社会科学院出版社
俞寧頗（1930）「外商壟断下之卷烟業」『商業月報』10-12
俞伴琴（1933）「整理皖北手工土制卷烟征税之経過概況」『卷烟特刊』上海市華商烟廠業同業公会
楊国安（2002）『中国煙業史匯典』光明日報出版社

（英語）
Cochran, Sherman (1980). *Big Business in China : Sino-Foreign Rivaly in the cigarette Indastry 1890-1930*. Harvard University Press.
Cochran, Sherman (2000). *Encountering Chinese Networks : western, Japanese, and Chinese corporations in China, 1880-1937*. University of Colifornia Press.
Cox, Howard (1997). Learning to do Business in China : The Evolution of BAT's Cigarette Distribution. Network, 1902-41, *Business History* 39.
Cox, Howard (2000). *The Global Cigarette : Origins and Evolution of British American Tobacco, 1880-1945*, Oxford University Press.
Gibbs, Barnard J. (1938). *Tobacco Production and Consumption in China*.
Gibbs, Barnard J. (1940). *Tobacco Production and Consumption in Manchuria*, U. S. Office of Foreign Agricultural Relations.
Shiroyama, Tomoko (2008). *China during the Great Depression : market, state, and the world economy, 1929-1937*. Harvard University Asia Center.
Wright, Tim (2005). 'China and the 1930s World Depression' 張東剛等編『世界経済体制下的民国時期経済』中国財政経済出版社

論評

◆本稿は、本書の元になった研究プロジェクトの成果発表として、京都大学で開催したシンポジウム、「東アジア工業化に関する歴史的研究―中国と日本を中心に―」（2017年3月6日）の発表論文について寄稿されたものである。本書収録論文中に農業を正面から扱った研究がなかったので、補足の意味で厳善平氏からはやや長い寄稿をいただいた。

## 工業化が持つ意味

丸川知雄

　ポメランツ（2015）の説によれば、18世紀のヨーロッパは深刻な生態的危機に直面していた。増大する人口を養うには広い農地が必要だし、燃料とする薪を採取する森林も必要である。しかし、土地の面積には限界があり、農地の開墾と薪の採取によって深刻な森林破壊が進んでいた。この危機を乗り越えるのに役立ったのが地下の石炭資源と南北アメリカであった。石炭の利用が進んだことで森林を燃料のために伐採する必要がなくなった。南アメリカから栽培面積あたりのカロリーが高いジャガイモがもたらされ、ヨーロッパの土地からより多くの人口を支えうる食料が生産できるようになった。さらに南北アメリカは綿花、砂糖、タバコといった土地集約的な産品をヨーロッパに輸出するようになり、ヨーロッパが土地制約を乗り越えることを可能にした。こうした土地集約的産品の輸入を購うため、ヨーロッパは綿織物などの工業製品を輸出した。

　一方、中国と日本は18世紀にはヨーロッパに劣らない高い生活水準と生産力を持っていたが、同じように土地制約に直面した。中国はその制約を乗り越えられず、森林が著しく減少し、1930年代の生活水準は18世紀よりかえって下がってしまった。日本も江戸時代の最初の100年ほどは人口が増加したが、1720年頃から幕末まで人口が伸びなかったのは土地制約を乗り越えられなかったことを示している。

　この説が正しいとすれば、中国も日本もヨーロッパのように工業製品を輸出し、土地集約的産品を輸入することで土地制約を乗り越えるべきだったということになる。明治以降急速に工業化した日本はもちろん、中国も工業国になっ

て工業製品を輸出し、土地集約的産品を輸入するようにすれば土地制約を乗り越えることができた。あるいは工業化によって土地集約的産品を代替する方法もある。峰毅「中国の化学工業の発展」(本書第9章) によれば、中国は1970年代に合繊を国産化することによって綿花栽培の負担を軽減し、食糧の増産を目指したという。つまり当時も中国は限られた土地で食糧も繊維原料も作らなければならないというジレンマに直面し、繊維原料を代替する工業製品の製造によってそれを乗り越えようとした。

こうした観点からみれば、中国の一次産品輸出に積極的な意義を見いだそうとする木越義則「中国の一次産品輸出 開港から国共内戦期まで」(第6章) は意外な感じを与える。中国が1980年代前半までは一次産品輸出にかなり依存していたことは事実としても、それを中国の発展の要因として積極的に評価することは難しく、むしろ中国が立ち遅れた要因とみなすべきなのではないだろうか。木越は、イニスの「ステープル理論」やミントの「余剰のはけ口論」など一次産品輸出の積極的意義を説く議論を引いている。だが、人口が希少で自然資源が豊富なカナダならこうした議論も当てはまるのかもしれないが、人口密度がカナダの39倍 (1980年時点) もある中国に当てはまるとは思えない。

もちろん工業製品の輸出国になることが一朝一夕にできるはずもない。19世紀後半に経済開放の時代を迎えたとき、中国も日本も工業製品ではなく、まずは生糸と茶の輸出に頼らざるをえなかった。日本では輸出用の茶を栽培するため明治になって牧之原台地が開拓され、養蚕は長野県、岐阜県、山梨県といった山間地域で行われた。土地制約の強い中国と日本にとって、食糧生産と競合しない生糸と茶は輸出品とするのに好都合だったのだろう。本書で木越が示すデータによれば、1870–74年の平均で、中国の輸出の53％は茶、34％が生糸・蚕繭だった。日本の場合、1870年には輸出の31％が茶、29％が生糸だった (渡部1978)。

イニスの「ステープル理論」とは、特定の一次産品の輸出に依存しているとやがて資源の枯渇に見舞われるから多様な一次産品を開発していくべきだという議論である。しかし、そうした輸出品の転換はむしろ工業国の得意とするところである。例えばゲーム機の組立からパソコンの組立へ生産ラインを組み替えることは短期間で可能だが、お茶を栽培していた畑をブドウ畑に切り替えるには1年はかかるだろう。また、多様な一次産品を生産できるだけの広い土

地があればいいが、中国や日本のように土地に制約があるところでは、食料生産を減らさずに茶と生糸以外の一次産品へ展開していくことは容易ではなかった。木越のデータによれば、中国は1890-94年の段階でも茶と生糸が輸出の55%を占めている。

日本の場合、茶が輸出に占める比率は1890年には11%、1910年には3%と急速に下落するが、生糸は1890年には24%、1910年には28%となお高い比率を保っていた。日本は生糸の品質向上にも成功し、1906～10年には輸出量で中国を追い抜くに至った（石井1975 : 172）。木越は生糸を「一次産品」と見なしたため、生糸が機械化によって付加価値を高めうる工業製品としての側面を持つことを見落としている。

幕末の開港を機に、日本では従来の手挽製糸からより生産性の高い座繰製糸への転換が進み、さらに明治初期には官営富岡製糸場などによってヨーロッパの器械製糸技術が導入された。1884年以降日本にとって最大の生糸輸出先となったアメリカでは、経糸には良質なイタリア産糸を、緯糸には低質な中国産糸を使っていた。日本の生糸は、当初は座繰や簡易な器械で作られたものが多く、主に緯糸用として使われていたが、1900年頃には富岡製糸場のようなヨーロッパ並みの技術水準を持つ製糸工場が増えたことで、イタリア産糸に対抗できるような糸も輸出できるようになったのである（石井1975）。

明治の日本は、生糸から出発して、絹織物、綿糸、綿織物と、繊維産業全般へ輸出を展開していく。一方、中国は生糸と茶から、むしろ土地集約的な他の一次産品へ輸出を展開していく。これは「多様化」として評価できるものではなく、むしろ近代化の失敗と捉えるべきではないだろうか。

さて、中華人民共和国の時期になると綿製品を中心とする繊維品は中国の主要輸出品となり、富澤芳亜「中国の繊維産業」（第7章）によれば、「大躍進」による痛手からの回復が課題だった1961～63年には外貨収入の30～36%も稼いだという。ただ、土地集約的な綿を原料とする繊維品は、食糧生産との競合という制約に直面する。その意味で、中国が原料を輸入する加工貿易型の繊維産業へ向かうのは必然的だったと言えるが、富澤の示す表7-2を見ると綿花輸入額が激しく変動していることがわかる。なぜ綿花輸入が安定的に拡大しなかったのか説明が欲しいところである。

富澤は繊維工業関連の教育機関が戦前から改革開放期にかけてどのように変遷したかを跡付けることによって、中国が世界最大の繊維大国になったのはこ

うした技術教育の蓄積があったからだと主張している。技術者育成が産業の発展に効果がないはずはないとしても、果たしてどの程度有効であったのか、技術教育の内容は産業の課題に対応していたのかを問うことが必要である。改革開放期には、アパレルの輸出が急速に拡大し、1991年にはアパレルの輸出額が糸・織物の輸出額を上回るが、技術教育はこうした変化を主導したというよりも、むしろ産業の変化の後を追っかけてきたというのが実態ではないかと思う。

中華人民共和国期に、食糧を生産する土地と労働力を確保しておかねばならないという制約があることを為政者に強烈に意識させた事件とは言うまでもなく「大躍進」であるが、加島潤「中国の重工業化」（第8章）は、「大躍進」のなかで多大な犠牲を払って作られた鉄がその後どうなったかを明らかにした。これによれば主に山東省と安徽省で土法により生産された銑鉄を、1959年に上海市物資局が販売価格を大幅に上回る価格で買い取っている。そうした銑鉄は製鋼設備の損傷が心配されるほど低品質のものだった。加島が示す図8-2によれば1959年に上海は300万トン余りの銑鉄を買い取らされているが、仮に銑鋼比が1だったとすると、うち半分ぐらいは製鋼工程に回されなかったことになる。余った銑鉄はそのまま廃棄されたのかもしれない。結局、山東省と安徽省における土法製鉄という無駄のツケが上海市に回された格好である。こうして上海の工業が生み出した経済余剰（財政収入や利潤）は、自身に再投資されるよりも、他地域における工業化の失敗の尻拭いに使われた。富澤（第7章）の図7-3によれば、1958年には全国の綿布輸出の8割以上を占めていた上海の綿織物工業は1976年には4割を切るところまで衰弱したが、その理由の一端は上海が負っていたこうした負担に求められよう。

**参考文献**
石井寛治（1975）「産業資本（2）絹業」大石嘉一郎編『日本産業革命の研究・上』東京大学出版会
ポメランツ、K. 川北稔監訳（2015）『大分岐―中国、ヨーロッパ、そして近代世界経済の形成』名古屋大学出版会
渡部福太郎（1978）「日本貿易の構造変化の分析――一つの歴史的展望（1）」『学習院大学経済論集』14（2）

## 中国農業の成長と構造転換

厳　善平

　中国農業は、土地改革・農業集団化・人民公社を含む計画経済期（1950-70年代）を経験した後、いったん伝統的な家族経営に回帰したものの、21世紀に入ってから近代的な企業経営への移行を加速している（厳1997；宝剣2017）。工業化を主エンジンとする高度成長に伴い、産業別国内総生産（GDP）の構成や就業構造、都市・農村間の所得格差、食糧生産、農産物貿易など農業にまつわる問題も大きく変貌している。本稿では、経済成長論の視点から中国農業の転換過程を概観し、諸問題の実態と背景を明らかにする。

### 1. 中国における経済成長と産業構造の高度化

　まず、経済成長と産業構造の関係について、日中韓の比較を行い中国の特徴を浮き彫りにする。国連の統計によれば、中国は韓国と同じく、国内総生産に占める農業の割合が1960年代後半から急速に低下し（図1a）、ペティ・クラークの法則が中国の経験にも当てはまることが示唆される。他方、経済発展と都市化の関係については、中国は日韓と異なる軌跡を辿っている（図1b）。広く知られるように、近代経済成長の牽引車は製造業を中心とする工業であり、工業化は農村から都市への人口移動を引き起こす。日本、韓国で工業化と都市化は同時進行だったが、中国の都市化は工業化に比べて大きく遅れた。改革開放が始まった直後の1980年に、8割もの人口が農村部に居住した。計画経済期の中国は、国営企業と人民公社を基礎とした計画経済体制を施行し、戸籍制度などで人口の都市集中を制限する工業化戦略を採ったためである。

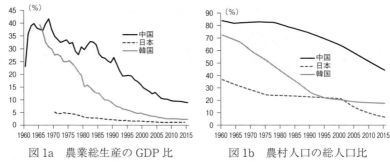

図1a　農業総生産のGDP比　　　図1b　農村人口の総人口比

出所：World Development Indicators（http://data.worldbank.org/indicator）より作成。

　中国の経済成長と農業の構造転換に関して、もう一つ重要な特徴として挙げられるのはGDPに占める第1次産業総生産の割合と、第1次産業就業者の割合が大きく乖離していることである（図2）。33%ポイントだった1952年の両者のギャップは、1970年に46%ポイントに広がり、1980年にも39%ポイントという高い水準を保った。それ以降、縮まる傾向だが、2015年に依然20%ポイントのギャップが存在する。

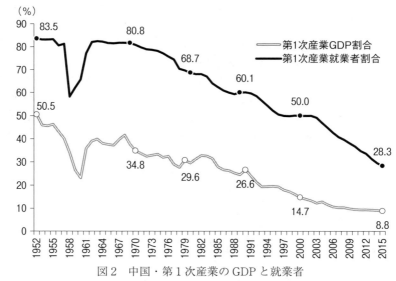

図2　中国・第1次産業のGDPと就業者

出所：中国国家統計局国家数拠（http://data.stats.gov.cn/index.htm）より作成。

長年、人口の都市流出が制限される中、農村部は余剰人口の受け皿となり、農業に過剰労働が滞積した。1980年代以降、郷鎮企業の成長拡大や沿海部における対外開放の加速に伴い、農村部の余剰人口は徐々に減少し、農業部門の過剰就業も軽減した。そして、2000年代に入ってからは農村の過剰労働が枯渇したとまでいわれるようになった。都市部の求人倍率が高止まりし、農村からの出稼ぎ労働者＝農民工の実質賃金が上昇し続けることを根拠に挙げたことも多い。さらに、そうした統計を基に、中国経済は全体として「ルイスの転換点」を通過したと主張する者も増えた。

　確かに、都市部における求人倍率（図3）、および農民工の月収（図4）をみる限りでは、そのような指摘があながち間違っているとはいえない。2004年までの数年間、求人倍率が急上昇し、無制限労働供給から労働不足の時代に突入した態様がはっきりと見て取れる。2010年代に入っての都市労働市場は恒常的に需給逼迫となっている。それを反映してブルーカラーの代表格としての農民工の実質賃金は、20年以上の低迷を突破し急上昇する方向に転じた。1980–90年、1990–2000年、2000–15年における農民工月収の年平均伸び率は、物価上昇を除去した実質ベースでは、それぞれ1.2％、3.1％、10.0％（名目ベースでは8.4％、10.5％、12.6％）であった。

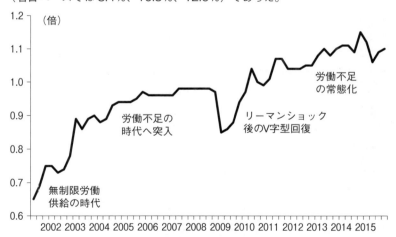

図3　中国の都市部における求人倍率の推移
出所：全国職業供求分析報告（http://www.lm.gov.cn/DataAnalysis/node_1522.htm）より作成。

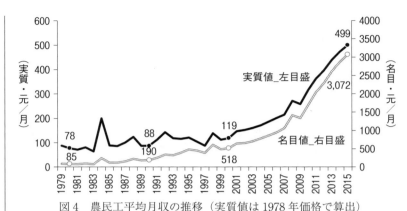

図4 農民工平均月収の推移（実質値は1978年価格で算出）
出所：中国国家統計局「農民工監測報告」（各年）、および蘆鋒「中国農民工工資走勢：1979-2010」（『中国社会科学』第7期、2012年）より作成。

　ところが、独特の戸籍制度が影響して、ルイスの二重経済論で中国の経済成長、およびそれに伴う農業の構造転換を説明しきれない側面もある。1990年代半ばまでは農村から都市への人口移動が厳しく制限され、それ以降は移動自体が緩和されたものの、戸籍の転出入が認められず、都市部に暮らす農民工とその家族（外来人口）が増え続けた。都市部の中に地元の非農業戸籍をもつ住民と外来人口が共棲する新たな二重構造が作られたのである。

　図5のように、ここ60余年間、一部の時期を除いて、非農業就業者割合が都市人口割合を上回り、また、都市人口割合が非農業戸籍人口割合を上回る、という事実がある。これは、農村部に非農業に従事する者が多く存在する一方、都市部に戸籍を持たない農村人口が滞積していることを物語る。都市部に常住しながら戸籍の転入が認められない外来人口の総人口比は、1990年に5.5％、2000年に10.8％、2014年に19.9％、と上昇する傾向だった。言い換えれば、2014年に、中国の都市部に2億7000万人もの農民工を主体とする外来人口が暮らしている。農民工であるが故、正規雇用として働くことが難しく、30、40歳代にでもなると、継続就業ができなくなり、田舎へ帰らざるを得ない者が増える。戸籍差別で農民工の労働力が不十分にしか利用されていない。

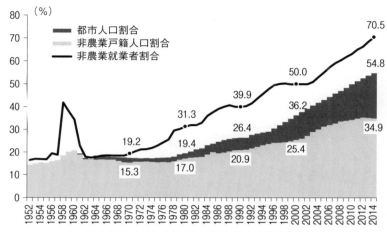

図5　中国の工業化、都市化と戸籍制度
出所：中国国家統計局『中国統計年鑑』（各年）、『中国人口統計年鑑』（各年）より作成。

　他方の農村部で、出稼ぎ型の労働移動が続いた結果、農業就業者が減り農業就業者割合も大きく下がっているのに、農家世帯数はまったく減少しなかった。これは日本、韓国など東アジアの近代化過程でみられる状況と明らかに異なる。この間の中国で、耕地面積が減少し、農業機械化が大きく進展しているのに対して、農業就業者の絶対数は2015年に2億2000万人に上り、1980年の2億9000万人に比べて24％しか減っていない。こうした状況を鑑み、農村部には相対的な余剰労働が依然数多く存在するとみるべきであろう。戸籍制度や農地制度を抜本的に改革すれば、農村部の潜在的余剰労働も利用可能になる。そういう意味で、中国経済がルイスの転換点を超えたというのは、様々な制限の下で現れた虚像でしかなく、必ずしも二重経済論の判断基準、あるいは、日本など東アジアの経験に合致するものとはいえない（厳2009；南・牧野2013）。

## 2. 中国農業の基本問題

　速水・神門（2002）によれば、アジア的農業の基本問題は、経済の発展段階に応じてその重点が移り変わる。人口増が速く食糧不足で頭を悩ます途上国では、食糧の増産を急ぐことは最も重要な政策課題であるが、食糧不足が克服

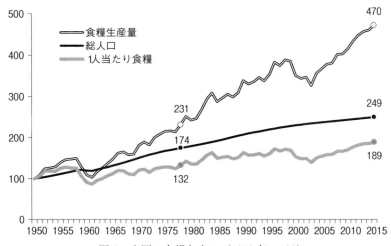

図6　中国の食糧と人口（1950年＝100）

出所：中国国家統計局国家数拠より作成。
注：食糧とは、コメ、小麦、トウモロコシ、大豆、およびイモ類（5単位のイモが1単位の食糧に換算）の総称を指す中国特有の概念である。

されると、農業問題の重点は都市・農村間の生産性格差に起因する所得格差の是正に移り、比較優位論に立脚する農業構造の調整が必要となる。零細な家族経営を特徴づける食糧生産など土地利用型の農業が相対的に縮減し、労働集約型の果樹や野菜の生産拡大が進む。その帰結として食糧自給率が低下し、食糧の安全保障が新たな農業問題として浮上する、という。以下、このような視点で中国農業の基本問題の移り変わりを捉えてみる（厳 2017）。

図6は1950年代以降の食糧と人口、および1人当たり食糧の長期推移を表すものである。1970年代に実施され始めた出産制限政策、とくに1980年代以降の1人っ子政策が影響して、人口規模の拡大は比較的緩慢であった。対照的に、「大躍進運動」がもたらした大後退（1950年代末）と、農業の構造調整と食糧流通の市場化によった大規模な減産（1990年代後半）を除けば、食糧生産は長期に亘り順調な拡大傾向を呈する。国家統計局の統計に基づいた試算では、1950–78年の32年間、1978–2015年の37年間における食糧生産量の年平均伸び率はそれぞれ3.0％、1.9％に達するが、同期間の年平均人口増加率はそれぞれ2.0％、1.0％である。その結果、1人当たり食糧は全期

間を通して1.0%という高い伸び率を達成することができた。食糧不足を自力で解消したのは、農業生産請負制が導入された1980年代初めのこととされるが、1人当たり食糧が300 kgを上回った1984年以降も、増産傾向が続き、中国農業の基本問題は次第に食糧増産から都市・農村間の格差是正に移り変わろうとした。

ところが、計画経済期に形作られた農業搾取・農村軽視・農民差別の構図は、改革開放の時代に入ってからも存続し、食糧など農産物の買付価格を低く設定し、農村公共サービスへの財政投入を極力抑え、農民の都市移動を厳しく制限する政策・制度は1990年代末まで強く機能した。結果、農業生産が不安定化し、農村が荒廃し、農民が相対的に貧困化したという「三農問題」は、2000年ごろに国内外から高い関心を集めた（厳2002）。年平均10%近くの高度成長が続いたにもかかわらず、農家所得の伸び率が都市民に比べて低く、都市・農村間の所得格差も急速に拡大した。具体的には、都市民対農家人口の所得格差は1985年の1.86倍から2003年の3.23倍に広がった（図7）。

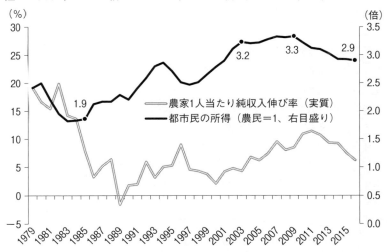

図7　都市・農村の所得格差
出所：中国国家統計局国家数拠より作成。

深刻化した「三農問題」を解決すべく2003年に発足した胡錦濤・温家宝政権は、それまでの「三農政策」を逆転させ、「以工促農、以城帯郷（工業を以て農業を促進し、都市を以て農村を牽引する）」、「多与、少取、放活（大

いに与え、少なめに取り、規制を緩和せよ)」という新たな政策を施行した。2013 年発足の習近平・李克強政権も、基本的にこうした政策を継承している。2004 年から 2017 年にかけての 14 年間、農業、農村および農民に関わる政策課題を中央 1 号文書 (一年の最重要な課題を扱う政策文書) として出し続けたことは何よりの証左といってよい。

　2010 年代に入って、中国政府は、半世紀以上も人々の移住や職業選択の自由を束縛した戸籍制度を改革し、農村都市間の移動規制を緩和し、経済成長と産業構造の高度化に見合うような都市化を推し進め、さらに、そうした変化に絡み合う農地制度のさらなる改革も進めている。「三農政策」の大転換によって農家所得の伸びが速まり、都市・農村間の所得格差の拡大が減速し、2009 年についにピークアウトして縮小の方向に転じた。もちろん、両者間の格差は 2015 年にも 2.90 倍という極めて高い水準にあり、当分の間、格差是正は中国農業の重要課題であり続けよう。

　それと併行し、食糧の「基本的自給」が維持できるか、という次元のより高い農業問題は早くも浮上している。1997 年に、国際社会で喧伝された「中国の食糧脅威論」を払拭する狙いから、中国政府は長期にわたって食糧の基本的自給、つまり 95% 以上の食糧自給率を実現する国際公約を発表した。ところが、世界貿易機関 (WTO) への加盟に備え、中国は、1990 年代後半から農業の構造調整を進め、国内では「食糧を要とする (以糧為綱)」政策を放棄し適地適作の原則で産地形成を推進しつつ、国際貿易では比較優位論に立脚し競争力の弱い農産物 (大豆、食用植物油など) の大量輸入に舵を切った。

　図 8 は中国の農産物貿易の推移を表している。WTO 加盟が果たされた 2001 年以降、農産物の輸出入額は共に急速な拡大傾向を見せているが、貿易収支は 2004 年に赤字に転落し、2010 年代以降は年間 400 億米ドルに上る。貿易全体で莫大な黒字を稼いだことへの批判をかわす対策として農産物輸入を拡大し、国内の水不足や環境悪化を緩和する手段として構造調整を行う側面もある。そして、何より重要なのは、世界最多の外貨準備を持つようになった中国がいま、日本、韓国と同じように、必要があれば国際市場から様々な農産物を買い集めることができるという事実である。

　しかし、世界最大の人口を擁する中国は、さすがに自らの胃袋を完全に他国に任せてよいとは考えていない。農地の転用に対する厳しい規制があり、品種の改良と普及、化学技術や工学技術の農業への応用のため、財政投入を大幅に

増やしている。近年、かつての「基本的自給」目標があまりいわれなくなったが、食用食糧に当たるコメや小麦の生産能力の維持・増強に力を傾注し、飼料用食糧に当たるトウモロコシなどの輸入拡大を容認する、というのが中国の基本的なスタンスであろう。グローバル時代を背景に、国内外の資源と市場をうまく利用し、経済効率の追求と国民の生命にかかわる食糧の安定供給を両立させていくことが中国政府に求められているからである。

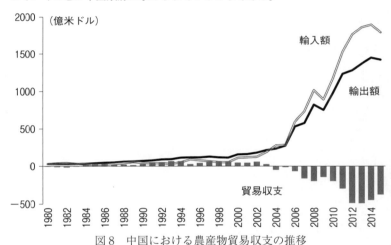

図8　中国における農産物貿易収支の推移
出所：中国農業情報網（http://www.agri.cn/V20/cxl/）、および中国国家統計局国家数拠より作成。

**参考文献**
厳善平（1997）『中国農村・農業経済の転換』勁草書房
厳善平（2002）『農民国家の課題』名古屋大学出版会
厳善平（2009）『農村から都市へ――1億3000万人の農民大移動』岩波書店
厳善平（2018）「農業・農村・農民（三農）問題」梶谷懐・藤井大輔編『現代中国経済論（第2版）』ミネルヴァ書房
南亮進・牧野文夫（2013）『中国経済の転換点』東洋経済新報社
速水佑次郎・神門善久（2002）『農業経済論　新版』岩波書店
宝剣久俊（2017）『産業化する中国農業――食料問題からアグリビジネスへ』名古屋大学出版会

# 第Ⅲ部

# 戦後東アジア社会経済の再編成と石油産業

この部では、工業にとって必須の物質的基盤であるエネルギー供給産業、そのなかでも石油産業をとりあげる。石油産業は、米国で生まれた20世紀の産業である。そして、石油は石炭よりも埋蔵地の地理的分布が偏っているために、登場した時から国際商品であった。1930年代から中東地域で大規模油田が開発されたことを契機にして、世界石油の生産と販売の圧倒的部分を独占するカルテル組織、国際石油資本（メジャー）が形成された。20世紀半ばのこのような石油産業やメジャーと、東アジア工業化との関連を、次の3つの視角から検討する。

　第1は、世界史的な石炭から石油への転換、いわゆるエネルギー革命を、国ごとではなく1950〜70年代の東アジア地域のレベルで把握する。各国の工業化は本来孤立したものではなく、それぞれの個性を備えながらも共通する課題をもち、相互に関連しながら進展している。結果的に全く別の道へ進んだ中国を含めて検討することで、同時期の東アジア工業化の特徴を把握できる。

　第2は、メジャーの戦略と東アジアの産業政策との関連である。先述のように、一方でメジャーは戦後世界の石油産業において圧倒的な支配力を持ち、東アジア各国の産業に大きくコミットしたが、他方で東アジア各国政府はメジャーの活動を強く規定しそれぞれ個性ある産業の形態をつくった。それらの評価のためには、メジャーと当該政府、石油産業等のあり方を具体的に検討し、東アジアや西欧の事例と比較する必要がある。

　第3は、東アジア地域内における石油産業の関連性についてである。日本の石油産業史についての研究蓄積は少なくないが、消費産業を含めた巨視的な関連についてはさらに分析を進める余地がある。韓国、台湾、中国の石油産業史研究は初発的な次元なので、まず比較分析に堪える事実発掘を進める必要がある。東アジアの石油産業における共通性と差異性を選り分け、また中国が全く異なる路線に向かった要因を探究する。

　第11章（堀和生）は、20世紀における東アジアの近代的エネルギーの供給について、需要市場と関連させて検討する。まず、戦前期日本帝国で

はエネルギー源とその多消費産業を植民地に配置していたが、工業化の進展でエネルギーの絶対的不足とコスト高に苦しんだ。ところが、戦後日本では一転してメジャーが低廉な過剰石油を抱え込んだことと、臨海コンビナートや超大型船による大量輸送等が結びつくことで、エネルギー多消費産業が特異に成長した。さらに、日本・台湾・韓国の国内市場からメジャーを撤収させた条件までを明らかにする。

第12章（林采成）は、韓国における高度成長の隘路としての石油の供給問題の解決過程を解明する。韓国政府は、当初民間企業の精油所建設を認めずに、国営の大韓石油公社（油公）を新設してメジャーと合弁させ、国家財政によって幼稚産業の育成をはかった。後に、政府は経済成長にあわせて民間業者の参入を進め、油公側に蓄積された技術や経験の多くを他の精油会社や石油化学産業分野に転用させた。石油産業に関する限り、米国の直接的な援助は受けられず、メジャーと韓国企業（財閥）間の投資誘致がベースであった。精油業は外資支配産業であったが、韓国企業が技術経営能力を吸収すると、市場経済の下で外資支配は解除され、ほぼ韓国企業が主導権を握る経営形態に落ち着いた。

第13章（洪紹洋）は、1950-1970年における台湾石油産業の発展を検討する。戦前の台湾における日本の石油採掘事業と精製事業は、戦後の国営企業である中国石油公司に継承され、独占的な生産と販売が行われた。台湾の石油化学産業の一つの特徴は、石油由来のナフサ分解方式ではなく、台湾産の天然ガス資源を活用する方式で出発したために経済効率性に問題を残したことである。米国援助は採掘事業には供与されたが、精油事業は除外され、中国石油公司の精製設備建設と原油確保の資金は、もっぱら石油メジャーによる借款と出資であり、強い支配を受けることになった。結局、台湾の精油業は1996年まで中国石油公司が独占しているので、石油精製市場の自由化は日本や韓国よりはるかに遅れ、国内市場の競争条件も異なっていた。

第14章（萩原充）は、革命前後期における中国石油産業をめぐる模索

の過程を明らかにする。戦後では日本・韓国・台湾の原油輸入・国内精製という石油政策と、中国の国内産油による自力更生路線とが対照的だと理解されている。しかし、戦後直後においては東アジア諸国と共通する条件がみられた。

　戦後国民政府の石油政策は、対外的には積極的に外資を導入し、対内的には国家資本による独占的経営のもとで急速な増産を図ることであった。そのため、政府は中国石油公司を設立して、外資導入を求めながら、米国の合弁による精油所建設要求を拒絶した。当時の実態をみると、戦時期に開発された西北諸省の油田は、輸送条件の不備から地域需要を満たすにすぎず、沿岸消費地に予定した精油所は、台湾の高雄精油所が復旧されただけであり、石油製品の輸入依存の構造に変化はなかった。そして、こうした供給不足は、零細業者による代用石油・再精製石油等によって補われた。人民共和国でも西北での油田開発が重点的に続けられたが、第一次五ヶ年計画に齟齬が生じると、新たな人造石油生産が全国展開された。それは各地の石炭を原料とした数千ヶ所もの土法精油所が建設するもので、大半が短期間で閉鎖され、周知の土法高炉と同じ道をたどった。

　以上の4本の論考によって、第二次大戦後メジャーが東アジア各国の石油産業を再編成して支配しようとする共通の国際的条件と、各国政府・企業による主体的な選択との対抗関係を解明できた。そして、このような世界市場との関係の取り方によって、中国と日本・韓国・台湾は対照的なエネルギー政策へと分岐していくのであった。

第 11 章

# 東アジアにおける
# 近代的エネルギー供給構造の特徴

堀　和生

　　はじめに

　東アジアの経済発展には様々な特徴が見られるが、エネルギー部門からみれば、まず 1 世紀を通じてその需要・供給が大きく伸びた点があげられる。図 11-1 は、エネルギー消費が大きく伸びた 20 世紀の後半について、アジア諸国の 1 人当たり消費量と国内総生産（GDP）をイギリスのそれを基準とした指数にして、そのトレンドを示している。1950 年代初頭、東アジアとイギリスのエネルギー消費量は懸隔していた。日本はイギリスの 2 割前後、台湾は 1 割以下で、韓国はわずか 2～3％ にすぎなかった。それが、日本は 1950 年代後半から劇的に増加し、台湾と韓国は持続的に増加を続けたために、1990 年代にはいずれもイギリスの消費量を上まわった。1 人当たり GDP 額は、当初からエネルギー消費量よりイギリスとの格差は小さかったが、消費量と似た趨勢をたどった。日本は 1980 年にイギリスを越え、台湾と韓国は後の 2010 年にイギリスの 90 前後の水準に達した。このように東アジア 3 国は、産業革命期来の先進国であるイギリスとの大きなエネルギー消費格差を、半世紀足らずで解消したのであり、それは同時に所得格差を克服する過程でもあった。
　このような東アジアのエネルギー消費の急増は、産油国を除いて世界的に見て稀であり、このような事態がいかに起こったのかについて、共時的

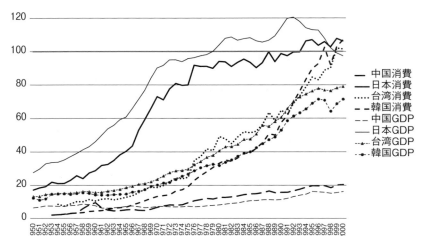

図11-1　各国の1人当たりエネルギー消費量・GDP額の対イギリス指数　イギリス＝100
出所：通産大臣官房物資調整課（1960）；通商大臣官房調査課（1963）；通商産業省大臣官房（各年版）『総合エネルギー統計』；アンガス・マディソンプロジェクト・ホームページ

な条件と歴史的な要因を合わせて探究する必要がある。

## 1. 戦前日本帝国のエネルギー供給構造

### （1）　日本内地のエネルギー供給

　まず、日本内地（以後、日本と略す）における一次エネルギー供給の趨勢を見よう。日本エネルギー経済研究所の推計[1]によれば、その供給量を石炭換算（石炭7000Kcal）で示すと、1913年の1973.3万トンから戦前のピークである1940年8861.2万トンまで、年平均5.1％で増加した。これは同期間のGDP増加率4.1％よりは高く、製造業実質生産増加率6.5％を

---

1　エネルギー供給に関する歴史推計はいくつかあるが、趨勢はほとんど同じである。本章では推計期間が最も長い日本エネルギー経済研究所計量分析センター（1995）を利用する。

かなり下回る。第1章で論じたように、戦間期日本の国民経済規模は、西欧先進国の倍以上の成長率で伸びたが、エネルギー供給はそれを上まわっている。戦前各国の一次エネルギー供給全体を歴史的に比較することができないので、主要部門ごとに比較しよう。

戦前最も主要な石炭について、1人当たり消費量を1913年と40年でとれば、アメリカは5.30トンと3.50トン（増加率　▲1.5%）、イギリスは5.02トンと4.24トン（同　▲0.6%）、ドイツはデータなし（以後、naと表示する）と2.94トン（同　―）、日本は0.35トンと0.91トン（同　3.6%）であった。戦間期において欧米先進国のエネルギー消費ははっきりと停滞していたのに対し、日本は第一次大戦前にイギリスの1/14にすぎなかったが、その後の急増で1938年には1/5強の水準に至った。1人当たり発電量を1913年と40年でみると、アメリカはnaと1356kWh（同　―）、イギリスは59kWhと588kWh（同　8.9%）、ドイツは211kWhと1438kWh（同　7.4%）、日本は29kWhと484kWh（同　11.0%）である。電力はいずれの国にとっても新エネルギーであり、その格差はさほど大きくないが、日本の伸びが一番高い。1人当たり石油消費量を1913年と40年でみると、アメリカが339kgと1379kg（同　5.3%）、イギリスは45kgと239kg（同　6.4%）、ドイツは30kgとna（1938年は130kgで、同年までの成長率は6.0%）、日本は1kgと21kg（同　12.3%）であった。石油消費量では日本は先進国より桁違いに少ないが、増加率は先進国の倍であった。総じて、種類によって違いがあったが、日本は戦間期にいずれの部門でも最も消費を伸ばしており、第二次大戦勃発時の石炭では、先進国の約1/5の水準に達した。これは、図11-1の1950年代初頭の日本と西欧との格差にほぼ等しかった。

では、急増する日本の供給について個別に検討しよう。図11-2は、日本の一次エネルギー供給量の推移を示している。個人消費が中心で変動の乏しい薪・木炭を除けば、戦前の消費規模は石炭（亜炭を含む）、水力発電、石油の順になる。この日本の構成を、1935年時点で世界全体と比べると、石炭は＋2ポイント、薪炭は－3ポイントで大差ない（日本石炭協会1950：

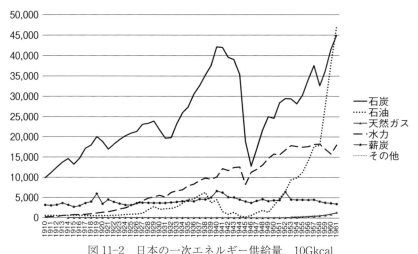

図11-2　日本の一次エネルギー供給量　10Gkcal
出所：日本エネルギー経済研究所計量分析センター（1995：254-259）

404；Clark 1990：16）。注目すべき相違は、日本の石油・天然ガスが10ポイント低く、逆に水力発電が11ポイント高いことである。いずれの国でも石炭が近代エネルギーの中心であるが、日本は周知のように明治以来石炭の輸出国で、1926年まで輸出超過であった。それが、図でみるように、1930年代に国内需要の拡大によって供給が激増した。1931-40年の石炭供給増加率は実に8.8％に達した。その石炭の需要部門を見ると、1931年に重工業が14.3％、生活用が47.4％であったのが、40年に33.1％と33.3％で並び、44年には41.6％と19.7％になって大きく逆転した。このように、30年代石炭の需要増はもっぱら重工業の発展が引き起こした（1930年代の増加率は重工業が19.7％、動力は5.7％、生活用4.8％。金属工業調査会 1946）。

　日本の地形と気候条件は、自流式が主流であった当時の日本の水力発電にとって必ずしも有利ではない。にもかかわらず、その水力発電の比率は先進国よりもはるかに高く（1935年先進国平均の2.6倍）、図のように一貫して増加を続けた。これは化石燃料（石炭・石油・天然ガス）の脆弱性を補完克服する努力の結果だと見ることができる[2]。日本におけるこの水力

の位置づけは、石油依存に全面的に転換する1950年代末まで続いた。そして、この選択は、日本の重電機工業、電力多消費産業、電動機普及による中小工業の勃興等、多くの関連工業の発展を刺激することになった。

国内産油を利用できたことは産業史的に有用な意味を持つが、石油の産業的使用が本格化した1920年代以後では、国産石油は量的に到底需要に追いつかず、輸入依存が決定的になった。戦前期の石油供給のピークであった1938年に、すでに熱量換算で93.8％が輸入であった。この石油輸入（米英蘭系石油企業の対日本販売）と日本政府の石油政策、日本企業の対抗関係については、多くの研究蓄積[3]がある。ここで特に重視したいのは、日本において消費地精製方式が早期に確立したこと、それによって石油輸入の中心が灯油とガソリンから原油とガソリンに移ったことである。戦前期において世界的に生産地精製方式が一般的であったなかで、日本では外資企業と国内石油企業の双方の要因によって例外的に原油輸入・国内精製が急速に普及した。フランス政府は石油産業に対する統制を目的に先駆的に消費地精製方式を採用させ、1930年代の同国の石油輸入のうち原油が30～40％を占めた（井口1963：付録表Ⅱ-15）。しかし、これは西欧でも例外で、同時期のイギリスやドイツでは原油の比率は15％ほどにすぎなかった（企画院1940：566-725；井口1963：254-257）。戦前期の日本で消費地精製方式が成立した要因として、ガソリンや機械油の需要度が欧州よりも遅れているが、他のアジア諸国よりは進んでいた日本の「中進性」「中進国」という性格に帰す見解がある（橘川2012：第2・3章）。しかし、石油産業の多様なあり方を、先進、中進、後進と単線的な段階として把握することは難しい。まず、日本では原油と石油製品とで格差を付けた1926年の関税改正以前、すでに1921年から重油・原油輸入の比率は急激に上昇し始め、1930年代には両者で8割を占めていた。また、消費面においては1930年

---

2　電力の需要部門で日本は欧米先進国に比べて電灯ではない電力需要の比率が高いが、これも日本に勃興する産業の新エネルギーへの渇望だとみなすことができる。
3　発表時期は異なるが、井口（1963）と橘川（2012）が代表的な研究である。

代にガソリンが22～30％、重油が50～60％を占め、単なる後進性では説明できないほど重油の高さが際立っていた。さらに、次節でみるように、このガソリンと重油の需要比率は戦後にも継承されていた。これらの事態は、先に見た重工業が急速に発展していき、国内産の化石エネルギーの供給が追いつかないなかで、原油の輸入と国内精製が急激に進展したことを示している。つまり、日本石油産業の特徴とは、先進と後進の中間にあるというよりも、むしろ国内エネルギー資源に恵まれない国において重工業化が急発展する過程で生まれたエネルギー需給の条件によるものだ、と把握すべきである。これについては、次節の戦後部分において詳述する。

　1930年代に工業生産が伸張する中で、産業の生産当たりエネルギーは減少しており、生産効率の低い薪炭や石炭に替わって、効率の高い石油と水力電気に、エネルギー構成が変わっていたことが指摘されている（井口1963：445-448）。後に見るように、石炭産業の非効率化が進んでいるので、日本の産業における重油使用の意義はさらに大きくなる。1930年代の日本では石油は灯火用や交通機関の燃料用としてだけではなく、産業の基幹エネルギーとして石炭を補完代替する過程がすでに始まっていた。

### （2）　日本帝国のエネルギー供給

　日本の対外的なエネルギー需給を検討するには、日本帝国の枠組みを媒介させる必要がある。というのも、戦前日本には財貨の購入に外貨を支払う必要のない地域、すなわち帝国内の植民地が存在していたからである。帝国の経済的機能は多様であるが、エネルギーに関しては、主に植民地における石炭採掘と大電源開発がある[4]。第一次大戦後に日本で工業が発展し、とりわけ1930年代において重工業が発達する中で、植民地はエネルギー供給地として重要な役割をはたした。

---

4　台湾では、洪紹洋論文（本書13章）にあるように天然ガス開発があり、満洲では石炭液化産業が成立した（人造石油事業史編纂刊行会1962）。しかし、日本技術者の懸命の探査にもかかわらず、後の大慶油田は発見されなかった。

巨視的にみれば、植民地をエネルギー供給源として活用するのであるが、それには2つの方法がある。第1は、石炭自体を直接日本に搬送（輸移出）することである。帝国の石炭生産の推移は、表11-1の左欄のようである。日本の石炭生産は1930年初頭の落ち込みのため、20年代としては大きな増加はみられなかったが、植民地はどこも生産が伸び、全体として10％増加した。30年代に工業化が進みだすと、日本は8.1％増加したが、各植民地での生産増はさらに急で、全体の増加率は日本の倍以上になった。1940年代には、その生産規模は日本の7割に達するほど巨大になった。1926年まで石炭輸出国であった日本は、満洲からピークの34年には275万トンも輸入した。日本は朝鮮・台湾に対しても石炭が輸入超過になり、40年に入超高は両地域生産の半分に当たる412万トンに達した。

　満洲における重工業建設が進むと、満洲における消費増のため日本の輸入は減少したが華北炭がそれを代替し、42年には454万トンが輸入された。華北の中心である開灤炭礦では、日本軍が華北占領後にその経営を事実上掌握し、40年代にはその生産量のほぼすべてを日本と満洲に搬送させた（堀内・望月1960：25-66；林2016：第3、4章）。40年前後では、内地消費の15％ほどが帝国圏からの輸入であった。

　しかし、エネルギー面での植民地の貢献はこれにとどまらない。第2は、日本がエネルギー多消費産業を植民地に設け、その製造財貨を入手することによって、日本内のエネルギー消費を節約することができた。代表的なものは製鉄業である。1943年の日本の銑鉄生産が403万トンであったのに対し、満洲（鞍山、本渓湖）、朝鮮（兼二浦、清津）等で、その55.3％にあたる223万トンを生産した。1920年代から植民地における大電源開発が進められ、朝鮮（赴戦江、長津江、虚川江、水豊等）、満洲（撫順、豊満、阜新等）、台湾（日月潭）のように、日本内には存在しない大規模な発送電施設が建設された[5]。表11-1右欄のように、1930年代以後の植民地電源開発は日本の3倍以上のペースで進行し、戦争末期には内地の4割弱の発電量となり一部では過剰電力が生まれたほどであった。これらの電力は化学

表11–1　日本と植民地の石炭生産と発電電力量

| | 石炭生産 100万トン | | | | 植民地比率% | 発電量 10億 kWh | | | | 植民地比率% |
|---|---|---|---|---|---|---|---|---|---|---|
| | 日本 | 満洲 | 朝鮮 | 台湾 | 南樺太 | | 日本 | 満洲 | 朝鮮 | 台湾 | |
| 1918 | 28.0 | 3.4 | 0.2 | 0.8 | 0.1 | 16.2 | 3.1 | | | | |
| 1920 | 29.2 | 4.0 | 0.3 | 1.2 | 0.2 | 19.3 | 3.8 | | | 0.0 | |
| 1922 | 27.7 | 4.6 | 0.3 | 1.4 | 0.1 | 23.2 | 5.6 | | | 0.1 | |
| 1924 | 30.1 | 6.7 | 0.4 | 1.5 | 0.2 | 29.3 | 7.8 | | | 0.1 | |
| 1926 | 31.4 | 7.9 | 0.7 | 1.8 | 0.2 | 33.8 | 10.6 | | | 0.1 | |
| 1928 | 33.9 | 9.5 | 0.8 | 1.6 | 0.5 | 36.9 | 13.7 | | | 0.1 | |
| 1930 | 31.4 | 9.9 | 0.9 | 1.6 | 0.6 | 41.5 | 15.8 | 0.5 | | 0.2 | |
| 1932 | 28.1 | 7.1 | 1.1 | 1.4 | 0.7 | 36.5 | 17.4 | 0.6 | 0.2 | 0.2 | 5.7 |
| 1934 | 35.9 | 10.4 | 1.7 | 1.5 | 1.2 | 41.2 | 21.8 | 0.8 | 1.4 | 0.3 | 11.5 |
| 1936 | 41.8 | 13.2 | 2.3 | 1.7 | 2.1 | 46.3 | 27.1 | 0.8 | 2.3 | 0.5 | 13.4 |
| 1938 | 48.7 | 15.8 | 3.4 | 2.2 | 3.4 | 51.1 | 32.4 | 1.3 | 3.0 | 0.7 | 15.3 |
| 1940 | 56.3 | 21.1 | 6.1 | 2.8 | 6.4 | 64.8 | 34.6 | 1.8 | 4.3 | 0.8 | 20.0 |
| 1941 | 56.5 | 24.2 | 6.8 | 2.8 | 6.5 | 71.2 | 37.7 | 2.2 | 4.9 | 1.0 | 21.4 |
| 1942 | 53.5 | 24.2 | 6.6 | 2.3 | 4.9 | 71.0 | 36.1 | 2.8 | 5.7 | 1.1 | 26.6 |
| 1943 | 55.5 | 25.4 | 6.6 | 2.3 | 5.0 | 70.8 | 37.7 | 3.8 | 5.8 | 1.2 | 28.7 |
| 1944 | 52.9 | 25.6 | 7.1 | 1.7 | 2.7 | 69.9 | 36.1 | 4.7 | 8.3 | 1.1 | 38.7 |
| 1918–1931 増加率 % | 0.0 | 7.8 | 13.0 | 4.5 | 14.8 | (植民地)10.0 | | | | | |
| 1932–1941 増加率 % | 8.1 | 14.6 | 22.4 | 8.3 | 28.5 | 16.4 | | | | | |
| 1932–1943年 増加率 % | 7.3 | 18.5 | 36.4 | 17.2 | | | | | | | (植民地)24.3 |

出所：朝鮮銀行 (1948)；日本石炭協会 (1950)；台湾銀行経済研究室 (1958)
満洲重工業史編集委員会 (1976)；南亮進 (1965)『長期経済統計 12 鉄道と電力』東洋経済新報社；堀 (1987)

注1）石炭の品質調整はしていない。
2）植民地比率とは内地生産高に対する植民地生産の比率。

318　第Ⅲ部　戦後東アジア社会経済の再編成と石油産業

工業や金属精錬に充当され、化学肥料やアルミが日本に供給された。これらは、単純な一次産品の略奪的搬出というよりも、鉱工業への投資開発を通じて帝国としての有用財貨をつくり出していたといえよう。

先述のように植民地には油田がほとんどなかったので、石油は輸入するしかない。朝鮮と台湾の石油製品の輸入先は、日本が5〜6割を占めるが、北米と蘭印からの直接輸入も4割ほどはあった。朝鮮では石油業法によって1936年元山に精油所が設けられた後、北米から原油が直接輸入されていたことは注目される。朝鮮（元山）と台湾（海軍第六燃料廠　高雄）が存在したことが、独立後の石油事業にある程度の影響を及ぼした事実については、林采成論文（12章）、洪紹洋論文（13章）が論じる。

### （3）　戦前期エネルギー供給の脆弱性

日本の資源エネルギーの低生産性とは、1950年代の資源エネルギー開発政策の方向性をめぐって模索論争された際に、強調された論点である（香西1989：290-305；橋本1991：43-47）。それは敗戦後日本の現状をめぐっての認識であったが、同じ問題は日本が急速な重工業化をはじめた1930年代にすでに直面していた。当時、先に見たように、エネルギー消費全体の急膨張とエネルギー効率がより高い電気・石油の比率増加が、並行して進展していた。しかし、この過程は順調には進まなかった。

石油需要の急増によって、戦前のピークであった1938年、石油の自給率はわずか6.2%にすぎなかった。すでに国際石油カルテルは存在したが、日本の輸入量を規定したのはもっぱら外貨量であった。日中戦争の勃発を契機に日本の外貨支払能力（＝「輸入力」）が急速に縮小していったことはよく知られている（原1969）。直接的な軍需関連物資の輸入が急増する中で、日本は民需関連物資の輸入を圧縮し600トンに及ぶ金をアメリカに現送した。にも拘わらず、石油輸入は38年から減少に転じ、40年にアメリ

---

5　堀（1987）；同（1995）：第5、6章；北波（2003）：第1、2章；湊（2011）。

カが対日本石油輸出を規制したことによって急減した。1930年代、日本の石油輸入の制約となったのは、もっぱら外貨支払能力であった。

1930年代に水力発電と石油はともに増加するが、エネルギー供給で最も大きかったのはやはり石炭であった。30年代の石炭供給には量と品質、価格のいずれにも問題が生じた。30年代に国内生産と植民地・占領地からの輸入はいずれも急増したが、日本の需要増加には追いつかなかった。30年代後半の日本では開戦を前提とした将来需給計画が数多く策定された。例えば、1935年8月に閣議決定された「第二次総動員期間計画」では、開戦2年目に石炭需要が8234.2万トンになるとして、国内炭を2234.1万トン増産し、輸入炭550万トンで補充するとされていた[6]。また、1937年9月の企画庁「生産力拡充五ヵ年計画」では、1941年の石炭生産目標を8381.6万トンと設定していたが（山崎2011：124-125）、実際の国内生産は1941年のピーク時に5647.2万トンであった。さらに、輸入量や国内生産が伸張しなかっただけではなく、生産自体の劣化が進んだ。補修資材や労働力不足によって石炭の品質が、1940年の1トン平均6100kcalから45年の3750kcalまで急速に劣化した（通商産業省大臣官房1960：38）。さらに、機械資材の不足や人力消尽的な労働力多投によって、1人当たり生産性が急速に低下した。戦時中の日本石炭の労働生産性は、西欧の約1/2、アメリカの1/10の水準にまで低下した（日本石炭協会1950：397；同1954：28-29,70）。

このように、1930年代の日本は重工業の発展によってエネルギー需要が急速に増加したが、国内に充分な油田がないという条件のもと、日本帝国内で石炭を増産することと（「自給圏構想」）、欧米支配地域から石油を輸入することの2つの方法がともに追求されていった。しかし、日本の帝国膨張による前者の路線はアメリカの許容するところを越えて、結局閉鎖的

---

6 山崎（2012：32-33）。なお、石油の1936年供給実績は4657千klであったが、開戦2年目、3年目には、8400千klと8800千klが必要だとされていた。1939年の供給は3684千klにすぎなかった。

な「大東亜共栄圏」に突入して行き詰まってしまった。このように、戦前期日本は重工業化の進展にみあう安定的なエネルギー供給構造を作りあげることができず、その脆弱性・制約性は戦後にそのまま持ち越された。


## 2. 戦後東アジアのエネルギー供給構造の転換


### （1） 戦後世界石油と東アジア

　第二次大戦後、世界のエネルギー供給は、石炭から石油に大きく転換し、いわゆるエネルギー革命が進行したことは広く知られている。そのなかで、本章冒頭の図11-1で示したように、東アジアの日本、台湾、韓国は戦後1人当たりエネルギー消費が先進国に比べて非常に低いところから出発しながら、いずれも短い時間でアメリカを除いた西欧先進国の消費水準に到達した。とすれば、戦後東アジアの3国には、一般的なエネルギー革命の規定にとどまらない、個性ある事態が進んだと見なければならない。その注目すべき特徴とは、表11-2のような石油消費の増大である。戦前から戦後にかけて、さらに1950年代半ばから70年代までの「資本主義の黄金時代」と呼ばれた時代、世界のエネルギー消費は石油に主導されて急激に増大した。この期間中に石油消費は年率7.0〜7.4％という高い比率で増加した。まず、大戦期に石油消費を増やしたのはもっぱらアメリカであり、全世界増加分の過半を一国が消費した。ついで、黄金時代にエネルギー消費を伸ばしたのは西欧と東アジアであり、アメリカと合わせて全世界増加分の2/3を占めた。その中でも、東アジアの増加率は世界平均の倍以上で群を抜いており、日本は先進西欧の2倍近い増加趨勢を示した。

　では、このような日本、東アジアの石油消費の急激な増加は、どのようにして引き起こされたのであろうか。世界的な条件と、日本と東アジア側の条件をそれぞれ検討しなければならない。石油供給に関する国際関係の

表11-2　世界の石油消費量

単位：1,000バレル／日

|  | 世界 | アメリカ | 西欧 | 日本 | 台湾 | 韓国 | 中国 | 其他諸国 |
|---|---|---|---|---|---|---|---|---|
| 1938 | 5,240 | 3,120 | 720 | 60 |  |  |  | 1,340 |
| 1955 | 15,690 | 8,460 | 2,320 | 200 | 12 | 6 | 45 | 4,647 |
| 1960 | 21,600 | 9,660 | 4,060 | 590 | 22 | 13 | 164 | 7,092 |
| 1965 | 31,060 | 11,300 | 7,820 | 1,750 | 39 | 26 | 257 | 9,867 |
| 1972 | 52,765 | 15,990 | 14,155 | 4,735 | 168 | 192 | 855 | 16,670 |
| 1980 | 61,705 | 16,390 | 14,015 | 5,010 | 414 | 476 | 1,650 | 23,750 |
| 増加率　％ |  |  |  |  |  |  |  |  |
| 1938–72 | 7.0 | 4.9 | 9.2 | 13.7 | na | na | na | 7.7 |
| 1955–72 | 7.4 | 3.8 | 11.2 | 20.5 | 16.8 | 22.4 | 18.9 | 7.8 |
| 1955–80 | 5.6 | 2.7 | 7.5 | 13.8 | 15.2 | 19.0 | 15.5 | 6.7 |
| 増加寄与率　％ |  |  |  |  |  |  |  |  |
| 1938–55 | 100.0 | 51.1 | 15.3 | 1.3 | na | na | na | 31.6 |
| 1955–72 | 100.0 | 20.3 | 31.9 | 12.2 | 0.4 | 0.5 | 2.2 | 32.4 |
| 1955–80 | 100.0 | 17.2 | 25.4 | 10.5 | 0.9 | 1.0 | 3.5 | 41.5 |

出所：宋（1975）；石油連盟（1981）；（韓国）動力資源部（各年版）；（台湾）経済部統計処（各年版）
注：網掛けは世界平均成長率の2倍をこえるもの。

変化についてはよく知られている。第1に、大戦前後での最も大きな変化は、中東原油の台頭である。世界の原油生産中で、中東は1938年5.7％、55年19.9％、72年33.8％と急増した。さらに重要なことは、原油貿易では表11-3のように、中東は72年58.9％とさらに圧倒的な比率を占め、実に世界の石油取引を左右した（瀬木1988；ヤーギン1991）。第2に、この中東石油の開発の過程で、国際石油資本（メジャー）によるコンセッション・システムとよばれる支配機構が確立された。それは、メジャーが共同で世界石油産業全般の情報交換と需給調整をおこなう生産カルテルで、原

表11-3 世界の原油貿易量と西欧・日本の比率

単位：10億トンと％

| | 世界 | | | | | | 中東 | | | | | |
|---|---|---|---|---|---|---|---|---|---|---|---|---|
| | 世界 | アメリカ | 西欧 | (同比率) | 日本 | (同比率) | 世界 | アメリカ | 西欧 | (同比率) | 日本 | (同比率) |
| 1960 | 382 | 53 | 170 | (44.4) | 27 | (7.0) | 216 | 16 | 134 | (62.1) | 22 | (9.9) |
| 1965 | 666 | 64 | 325 | (48.7) | 71 | (10.6) | 358 | 19 | 193 | (53.8) | 62 | (17.4) |
| 1970 | 1,171 | 67 | 603 | (51.5) | 171 | (14.6) | 608 | 10 | 310 | (51.0) | 145 | (23.8) |
| 1972 | 1,378 | 114 | 657 | (47.7) | 214 | (15.5) | 812 | 21 | 421 | (51.8) | 176 | (21.7) |
| 1975 | 1,409 | 202 | na | (na) | 220 | (15.6) | 884 | 58 | na | (na) | 173 | (19.5) |
| 1979 | 1,670 | 322 | 658 | (39.4) | 240 | (14.4) | 956 | 105 | 409 | (42.7) | 184 | (19.2) |
| 増加率　％ | | | | | | | | | | | | |
| 1960-72 | 11.3 | 6.6 | 11.9 | | 18.9 | | 11.7 | 2.4 | 10.0 | | 19.1 | |
| 1960-79 | 8.1 | 10.0 | 7.4 | | 12.2 | | 8.1 | 10.4 | 6.0 | | 11.9 | |
| 増加寄与率　％ | | | | | | | | | | | | |
| 1960-72 | 100.0 | 6.2 | 48.9 | | 18.8 | | 100.0 | 0.9 | 48.1 | | 25.9 | |
| 1960-79 | 100.0 | 20.9 | 37.9 | | 16.6 | | 100.0 | 12.0 | 37.1 | | 21.9 | |

出所：通商産業省大臣官房（各年版）『総合エネルギー統計』

第11章　東アジアにおける近代的エネルギー供給構造の特徴

油開発から精製販売までを実質的に管理した（浜渦 1987：第Ⅱ、Ⅲ章）。コンセッションによる年度需要予測は 99.9％ といわれるほど市場情報を完璧に把握していた。第3に、中東の油田開発によって「石油過剰の時代」となり、73年まで過剰生産が特異な低価格をもたらした。第4に、この中東原油の低価格は、アメリカ政府をして世界最大の石油消費市場であるアメリカ市場と中東石油を分離させ、1959～73 年間に強制輸入割当制を実施させた。このアメリカの石油政策は、アメリカ内の反トラスト法と安全保障の観点によるものであったが、戦前に世界最大の石油貿易関節であったアメリカと東半球との取引が切断されたことを意味し、石油過剰をさらに促進した。そもそも、メジャーによるコンセッションの価格管理では、生産コストと販売価格は無関係であり、石油輸出国機構（OPEC）が価格支配力を奪権する 1973 年まで、その公示価格は 20 年あまり 1 バーレル 1 ドル台で推移した。この国際価格は、アメリカ内の価格よりも 6 割ほど安かった（浜渦 1987：179）。そして、この中東石油市場における主要な購買者は西欧と東アジアであった。表 11-3 は、世界原油貿易における 3 地域の輸入動向を示している。原油貿易では西欧と日本が主要な輸入地域・国であるが、1970 年代初頭には両地域のみで世界貿易の 6 割を超え、中東原油ではほとんど 3/4 に達している。そして、西欧と日本を比較すれば、世界レベルでも中東石油でも日本は西欧の輸入趨勢を上まわっており、この期間中の中東原油増加分の 1/4 を日本一国が輸入している。つまり、第一次オイルショック以前の原油貿易のなかで、日本は輸入の増加が最もめざましい国となっていた。この長期大口買い付けが、メジャーとの交渉で、割引率を西欧よりも引き下げることを可能にさせた（小堀 2011：180-185）。

### （2） 日本のエネルギー革命の特質

次に、日本側の条件を検討しよう。このテーマに関連しては、多くの先行研究がある。日本政府が 1934 年の石油業法制定以後、一方で小規模石

油輸入業者を切り捨てつつ他方で一定規模以上の精製企業を育成したことにもとづき、戦前期すでに外資と日本企業の両方の原油輸入による消費地精製方式が確立していた[7]。戦後、アメリカ政府は当初の精油設備撤去というラジカルな日本の賠償計画を放棄し、一定規模の国内精製設備を活用する政策へと早々に転じたのであり、この新方針の下、メジャーと日本の精油企業が相互に結びつく形で、民間貿易の再開に先駆けて元売りシステムがつくられた。また、日本のエネルギー政策について、国産炭保護政策と石油輸入政策との葛藤が詳しく研究されてきた[8]。これら先行研究の成果を踏まえたうえで、ここではより長い時間的スパンでエネルギー消費の特徴をみることにする。

戦前の日本は、厳しいエネルギー制約を抱えていたが、戦後に植民地を失ったことで、その制約はさらに厳しいものになった。前節で、戦前期日本では石炭を補完するために、すでに重油の産業的使用がある程度広がっていたことをみた。また、高度成長期日本の石油産業の国際比較により、その消費の中心は運輸業ではなく産業部門が約6割を占めることが指摘されている（浜渦 1987：216）。さらに、最近の研究によって、日本の高度成長期の石油精製業が、鉄鋼業・石油化学産業等のエネルギー多消費産業と強く結びついていることが明らかにされている（小堀 2011：198-202）。これら戦前と高度成長期の諸特徴を繋ぐことによって、エネルギーの供給と需要をあわせた一つの類型を想定することができる。注目されるのは、消費油種の構成の推移である。揮発性が最も高いガソリンと一番低い重油との消費の構成は、時代や国地域によって大きな違いがある。国内産油が豊富なアメリカでは、世界で最初にモータリゼーションが起こったため、石油中のガソリン消費が圧倒的に先行した。アメリカのガソリン比率は戦前には5割以上で、1970年代でも40％前後あり、カナダとともに別格の消

---

7 この国際的に見て特異な政策の意義については、すでに強調されている（橘川 2012：78-79、178）。
8 関連研究は多いが、最新の研究として島西（2011）；橘川（2012）参照。

費構造であった。それに対して、大戦間期の西欧ではガソリンが30%台、日本では20%台で推移しており、これが、日本が石油消費の「中進国」と評されたゆえんである。西欧と日本のガソリン比率は、戦後もその差を保ったまましだいに低減している。そもそも、ガソリン消費の比率を経済発展や石油消費の発展度の指標とみなすのは適当ではない。例えば、国内に石油を大量に消費する産業が存在しない戦後の中南米やアフリカでは、そのガソリン比率は50年代の40%からしだいに漸減するものの、それでも日本や西欧よりかなり高い[9]。ガソリンが高価格商品で、企業とカルテル運動の主要関心事であったので、既存の石油史研究がもっぱらガソリンに焦点をおいてきたことは理解できる。しかし、ガソリンのみで石油産業を論ずるわけにはいかない。とりわけ、自動車の普及がアメリカや西欧に比してはるかに遅かった日本では、石油消費において当初の灯油に替わって量的に伸びたのは、ガソリンではなく重油であった。先述のように、日本では統計の存在する1930年代から重油消費が6割前後を占め、それは戦後も一貫して変わらなかった。古い時代の石油分類は国によって異なっているので、World Petroleum Statisticによる重油系の油種(残渣燃料油[10])を指標に取ると、図11-3のようである。日本の重油系燃料の比率は、50年代には6割前後であったが、高度成長期さらに高まり7割に達した。同比率が3割前後であるアメリカ、4割台である西欧との違いは明瞭である。日本の1人当たり石油消費量の水準が西欧諸国に追いついていった高度成長期において、重油系燃料の比率がなおこのように非常に高い特徴は、単なる石油消費の発展段階ではなく、モータリゼーションに先行する重工業発展とエネルギー供給のあり方として説明しなければならない。日本でガソリンの消費が伸びないために増産された中間製品ナフサが、石油化学工業の発達を促進したことも同様の意味を持っている。後に見るように、産

---

9 逆に、後にのべる残渣燃料油について、南米やアフリカの比率は30〜40%であり、東アジアはもとより西欧より低い。
10 残渣燃料油とは蒸留残渣を含む燃料油のことで、重油の主成分であり原料である。

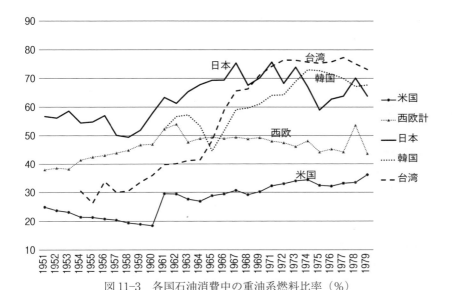

図 11-3　各国石油消費中の重油系燃料比率（％）
出所：石油連盟（各年版）『内外石油資料』

業構造や工業の発展度が相当に異なる台湾や韓国の趨勢が日本と類似のトレンドを示していることも、発展段階ではなく類型的な違いであることを強く示唆している。

　日本のエネルギー革命については、西欧を上まわるその速さや、国内石炭から輸入エネルギーへの急激な転換、国産炭の切り捨てによる極端な輸入依存、等が特徴として認められている。最近では、小堀聡によって戦前から1950年代までを通じた熱管理の進展や港湾整備による主体的なエネルギー選択を強調する見解がだされている（小堀 2010）。筆者は、戦前期すでに顕在化していた日本の国内資源エネルギーの脆弱性、石炭の量、質、価格の制約を、世界市場から低廉な石油を大量に導入することによって一挙に乗り越えた面を重視したい。つまり、日本側の官民挙げての原油原価引き下げの努力と、メジャーの支配するコンセッション・システムが過剰原油の販売のために日本に大口割引販売を許容したこととが結びついて、

日本は1960年代末に主要工業国のなかで最も石油の安い国となった（小堀2011：177-189）。戦前期、主要工業国のなかで石炭コストが最も高かった状況から、短期間に劇的に変化したことになる。従来の研究では、日本政府、通産省が国内石炭保護政策から石油輸入解禁政策に転換した経過に関心が集中してきた[11]。しかし、前掲図11-2中の石油消費の趨勢で見られるように、実際の石油消費は、そのような政府の政策的な揺れと関係なく、敗戦後から一貫して増加し、1961年に石炭消費を越え、さらに伸び続けた。もちろん、日本政府の国産炭保護から放棄への転換が、そのような石油消費を促進したことは間違いないが、石油エネルギーの経済的効率性と発展性について、民間貿易再開後の日本産業では確信が持たれており、鉄鋼業をはじめとする各産業のエネルギー転換は、すでにたえまなく進んでいた。原油輸入と同時に進行した海外炭の輸入増加によって、日本のエネルギー消費規模自体が拡大していき、1970年代半ばには戦前末期の国内生産の10倍を越えるエネルギー源を輸入するようになっていた。

　以上のような石油コストの大幅な低下とその供給量の急激な増大は、日本のエネルギー事情を一変させた。戦後の日本は決してエネルギー節約的（杉原2012：31-39）であったわけではなく、むしろ石油多消費産業が早くから定着するようになった（安場1996）。そして、エネルギー多消費産業の発展は、このよう廉価な石油の大量供給と強く結びついていた（小堀2010；2011）。1973年の先進国の国内エネルギー消費中で工業が占める比率は、イギリス46.4％、ドイツ42.9％、イタリア49.0％、アメリカ36.1％であったのに対して、日本は62.9％とかなり高い（Clark 1990：329-338）。日本において石油、とりわけ重油の消費を主導した産業は、初期の電力・鉄鋼から電力・鉄鋼・石油化学工業へと変化したが、その他の部門においても石油の消費は増加した。戦後原油価格の低廉化は世界レベルで進行した事態であったが、どこでも同じようにエネルギー多消費産業が勃興した

---

11　1954-60年にかけての火力発電における重油燃焼規制の導入と廃止はよく知られている。

わけではない。石炭資源に乏しいイタリアは日本とエネルギー構造がよく似ているとされるが、石油に依存したエネルギー多消費産業は発達していない。イタリアでは代表的なエネルギー多消費産業である鉄鋼業の比率は低く、西欧全体でも日本よりかなり低い（小堀 2011：201）。日本は、戦間期すでに資源的制約に直面しており、エネルギー・コストが相対的に高く、戦時期にその制約が極限まで強められたからこそ、戦後自由貿易による石油コンセッション・システムを最も積極的に活用するように動いたのだと考えられる。中東石油への依存は戦後日本の選択であったが、エネルギー需給の特徴は、鉄鋼業や化学工業の発展を促す消費市場の拡大条件が、国内に形成されたことに基づいていた。戦後日本の石油消費市場が世界的に見て稀な膨張をしたことについて、今日まで注目されてきた日本政府のエネルギー政策とメジャーの販売戦略は、ともに副次的な条件だとみるべきである。日本のエネルギー市場膨張の真の要因は、第1章で論じたように、戦前から続いていた重工業を中心とした近代工業の成長が世界で最も高かったからである。この国内工業の持続的な拡大趨勢が、エネルギー需給を強く牽引したのであり、だからこそ国内工業の規模拡大がほぼ止まった1990年代以後は、石油や他のエネルギー価格の変動に拘わらず、エネルギー消費が大きく伸びることはなくなった。戦間期から高度成長期までの日本のエネルギー供給に起こった変化は、国内化石燃料の供給に制約のある日本が、国際分業による石油の補充によって重工業を発展させたことに起因する。この工業発展は、先行した先進国のように自動車産業が先導したのではなく、また国内にエネルギー資源が乏しいにも拘わらずエネルギー多消費産業が大きな位置を占めたという点で、欧米には見られない類型であるといえよう。さらに、日本国内では、収益性の低い重油販売が多く、多数の精製・販売企業がひしめき熾烈な競争をおこなったために、急膨張する市場でありながら石油企業は必ずしも高収益ではないという特徴をもつようになった。

### (3) 石油業における台湾・韓国と日本の連関

　戦前、朝鮮と台湾は帝国内で日本への資源供給地の役割をはたしたが、その面がまったくなくなった戦後において、3国を合わせて検討すると、どのようなことが明らかになるであろうか。

　第1に、両国では日本に続いて早期に消費地精製方式を確立し、その石油生産によって石油製品輸入が代替された[12]。洪紹洋論文（本書13章）、萩原充論文（14章）にあるように、中国で設立された中国石油公司は、1953年に高雄精油所（旧第六燃料廠）を大規模改修し、1960年代半ばから生産が大きく増加した。林采成論文（12章）が明らかにしたように、米韓の様々な葛藤の後、1962年に大韓石油公社が設立され、1964年に蔚山精油所が操業をはじめた。興味深いのは、台湾と韓国ともにガルフ石油会社（Gulf Oil Company）が提携していた。その生産実績は、図11-4の3本の太線（右軸）のようである。日本と台湾・韓国とは桁が一つ違う点に留意して欲しいが、3国はほとんど同じ趨勢で国内生産を伸ばしている。そして、この国内精製の急上昇によって、日本、台湾、韓国の一次エネルギー供給中の石油・天然ガス比率（細線、左軸）は、1950年代後半から70年代にかけて順次急上昇している。戦前からすでに石油消費社会であったアメリカを除くと、日本、台湾の伸びは西欧の増加趨勢を上まわり、この地域においてエネルギー革命が急速に展開したことを改めて示している。韓国の石油比率は台湾よりかなり低くなっている。これは韓国では家庭用の無煙炭（練炭）消費が大きかったことと、台湾の統計には木炭、薪、甘蔗糟（バガス）等の「非商業性燃料」が含まれていないことによる（経済部能源委員会1977：11-19）。なお、図には載せていないが、中国の石油・天然ガス比率は、建国時の数％から漸増し1978年25.9％に達した。

　第2に、国内に精製企業をつくるという台湾政府と韓国政府の意志が実現した条件は何であろうか。筆者は、それは隣国日本において消費地精製

---

12　精油所が稼働する以前の韓国では、石油製品は殆どすべてアメリカから輸入されていた。

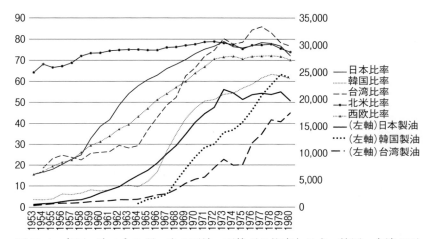

図 11-4 　各国一次エネルギー中の石油・天然ガス比率と日本・韓国・台湾の石油精製量

出所：日本総務省統計局 HP 長期統計系列；宋（1975）；（台湾）経済部能源委員会（各年版）；（韓国）動力資源部（各年版）；日本エネルギー経済研究所計量分析センター（1995）

注：比率は左軸で単位は％。精製量は右軸、ただし単位は日本は 10,000 トン、韓国・台湾は 1,000 トン

方式がすでに確立普及していたことの意義が大きかったと考える。日本での成立条件は、過剰石油の保有するメジャーと、戦前からの日本精製企業との結びつきであったが、それが大規模に進むためには、タンカーの大型化と港湾施設の改造等により、原油コストを大幅に低下させることが必要であった。台湾と韓国においては、日本の場合と同様に、両国の政府と企業によって、同じことが試みられた。つまり、タンカー大型化による用船価格の引き下げ、原油コストの低下が継起的に進行した。台湾と韓国では、原油輸入相手先は最初からすべて中東[13]であり、とりわけ日本と関係の深いサウジアラビア、クエート、イランから輸入された。原油購入条件の交渉や変遷に対する研究はまだないが、輸入価格については貿易統計から表

---

13　台湾の場合には、近隣のインドネシアとマレー（後のブルネイ）がわずかにある。

表11-4　日本・台湾・韓国の原油輸入価格

単位：ドル／バレル）

|  | CIF 価格 | | | 韓国の原価内訳 | | 日本との価格差 | |
|---|---|---|---|---|---|---|---|
|  | 日本 | 台湾 | 韓国 | 原油単価 | 輸送費用 | 台湾 | 韓国 |
| 1957 | 3.45 | | | | | | |
| 1958 | 3.19 | | | | | | |
| 1959 | 2.75 | | | | | | |
| 1960 | 2.34 | | | | | | |
| 1961 | 2.16 | 2.34 | | | | 0.17 | |
| 1962 | 2.11 | 2.16 | | | | 0.04 | |
| 1963 | 2.07 | 2.10 | | | | 0.03 | |
| 1964 | 1.76 | 2.32 | 2.14 | 1.62 | 0.53 | 0.56 | 0.39 |
| 1965 | 1.70 | 2.13 | 2.12 | 1.62 | 0.50 | 0.43 | 0.42 |
| 1966 | 1.65 | 2.06 | 2.08 | 1.61 | 0.48 | 0.41 | 0.44 |
| 1967 | 1.65 | 2.04 | 2.05 | 1.56 | 0.49 | 0.39 | 0.41 |
| 1968 | 1.93 | 2.16 | 1.94 | 1.45 | 0.50 | 0.23 | 0.01 |
| 1969 | 1.82 | 1.97 | 1.75 | 1.39 | 0.36 | 0.15 | ▲ 0.08 |
| 1970 | 1.80 | 1.86 | 1.72 | 1.39 | 0.33 | 0.05 | ▲ 0.09 |
| 1971 | 2.19 | 2.27 | 2.09 | 1.73 | 0.36 | 0.08 | ▲ 0.09 |
| 1972 | 2.51 | 2.07 | 2.39 | 1.90 | 0.48 | ▲ 0.44 | ▲ 0.12 |
| 1973 | 3.24 | 2.49 | 2.96 | 2.45 | 0.51 | ▲ 0.75 | ▲ 0.29 |
| 1974 | 10.84 | 7.12 | 9.80 | 8.99 | 0.81 | ▲ 3.71 | ▲ 1.03 |
| 1975 | 11.99 | 11.31 | 11.28 | 10.54 | 0.74 | ▲ 0.68 | ▲ 0.71 |
| 1976 | 12.66 | 11.60 | 11.93 | 11.27 | 0.66 | ▲ 1.07 | ▲ 0.73 |
| 1977 | 13.59 | 12.57 | 12.94 | 12.23 | 0.71 | ▲ 1.01 | ▲ 0.65 |
| 1978 | 13.86 | 12.65 | 13.05 | 12.27 | 0.79 | ▲ 1.21 | ▲ 0.81 |
| 1979 | 19.07 | 17.04 | 17.95 | 17.00 | 0.96 | ▲ 2.03 | ▲ 1.12 |

出典：大蔵省（各年版）；（韓国）動力資源部（各年版）；（台湾）海関総税務署（各年版）『中国進出口貿易統計年刊』

11-4を作成できる。台湾の為替レート統一以前[14]について原油のドル決済原価を知ることはできないが、台湾は1961年から、韓国は64年から原価

---

14　1950年代の台湾では産業保護のために複数為替レートを執っていたが、1960年7月に統一された。

コストを計算できる。

　これによれば、両国とも日本と同じように、原油原価はボトムの 1970 年まで継続して低下しており、かつ日本との格差はしだいに縮小している。また、原価の内訳が分かる韓国では、1964 年から 70 年までに、原油単価（FOB 価格）は 14.2％、運送費用は 37.0％ 低下している。これは日本で起こったのと同様な事態であり、大口購入による値引きと運送手段の改善によって下がっていたのだが、後者の方が大きかった。つまり、日本のエネルギー転換を促進した、主体的な努力による輸入原油のコスト引き下げは（橋本 1991：43-45；小堀 2011：179-193）、台湾と韓国でもまったく同じように進行していた。台湾と韓国も世界で最も廉価な原油供給を享受していた。韓国では日本より若干廉価になっているが、そのメカニズムの解明は今後の課題である。このように東アジアには共通する石油調達システムが成立した。

　第 3 に、戦前の日本と台湾、朝鮮は工業の発展程度が大きく異なっていたにも拘わらず、戦後の日本と台湾、韓国があまり時間をおかず、エネルギー革命が継起的に進んだことはなぜであろうか。筆者は、これは日本が先駆的につくりあげたエネルギー供給と工業化との結合、つまり工業化の急速な進展による国内の化石燃料の供給不足を、原油の輸入で補完する政策の共通性であったと考える。戦後日本の重工業化と連動して、台湾と韓国で軽工業が急速に発展したことは明らかにされている（堀 2016）。前掲図 11-3 でみられるように、高度成長期の台湾と韓国の石油消費中に占める重油の比率は非常に高い。その主な消費先は発電用と鉱工業であるが、日本と異なり鉄鋼や重工業への偏りは見られない。また、ガソリンの比率はきわめて少ない[15]。これは、日本の場合で述べたように、石油消費が未発展というだけではなく、国内エネルギー資源に恵まれていないという条件のもと、モータリゼーションをともなわない工業発展の結果だと把握す

---

15　ガソリン比率は非常に低く、1972 年時点で台湾は 9.3％、韓国は 7.3％ にすぎない。

べきである。このような特徴を持った石油需要の増大が、日本のエネルギー革命の進展に影響を受けて、原油輸入と国内精製によって資源的制約を克服したのだと考えられる。

　これらの原油輸入の増加は、原料炭の輸入増大とあわせて、各国エネルギーの輸入依存を急速に高めた。日本、台湾、韓国の輸入依存度は、1950年代はみな20％以下[16]であったが、1972年にはそれぞれ92.8％、65.9％、51.4％で、1980年には88.9％、86.4％、73.5％へと急速に高まった。つまり、戦前の帝国内アウタルキーとは対照的に、エネルギー源を世界市場から調達することに切り替えた。それに対して、中国はこの間にエネルギー資源は輸出超過で、依存度は基本的にマイナスであり、際だって強い自立度を見せていた。

　日本、台湾、韓国の石油輸入精製はこのように同じ形態であったが、相互に関連はあっただろうか。原油は中東から直接に各国精製所基地に運搬されるために、その間で直接的な産業連関は生まれにくい。ただし、3国の諸産業があれほど密接な関連をもっていながら、石油産業のみが孤立的に存在していたはずはない。第5・12章に言及があるように、石油産業と関連産業においてもさまざまな関係が発見されつつあるといえる[17]。

　このように、日本、韓国、台湾は西欧を上まわる速度で石油輸入を増加させ、冒頭の図11-1のように、東アジア3国の1人当たりエネルギー消費量は短期間で西欧と同じ水準に達した。つまり、中国が国際エネルギー市場に再登場する1980年以前に、日本、台湾、韓国はエネルギーの大量消費地域に変貌していた。そして、この歴史的な帰結として、いま一つ注目すべき共通点がある。それは、消費地精製方式の定着過程において重要な役割をはたした石油メジャーが、各国内の石油関連産業が発達した後に

---

16　韓国はデータがないが、おそらく10％以下である。
17　台湾と韓国が導入した石油関連技術自体は、アメリカからのものが大半である。しかし、韓国では、蔚山精油所や湖南精油麗水精油所などの建設・拡張にあたって、日本の総合商社、プラント企業が密接に関与した事実が確認できる（日揮株式会社社史編纂委員会 1979：105-106, 159-161, 242-243）。

は、3国の国内石油産業からほぼ撤退してしまったことである。

　日本では戦後に石油精製業が復活した時から元売りシステムが定着しており、国内のすべての精製企業はメジャーと提携することで発展した。1962年制定の第2次石油事業法もそれを法的に認めていた。ところが、OPECによる石油資源主権の回復期をへるなかで、メジャーは各国国内の石油市場への直接的な影響力を喪失し、結果的にしだいに撤退した。韓国の場合も、当初はメジャー主導で精製業が成立したが、その後の経過は林采成論文（12章）にあるように、財閥系精油業が台頭した結果、メジャーは韓国国内市場から撤退した。台湾の場合は洪紹洋論文（13章）にあるように、精製業は国営主義で国内市場にメジャーが直接関係を有することはなかった。このように、3国それぞれ経過は異なったが、1950・60年代にきわめて強い影響力をもっていたメジャーはやがて各国国内市場から撤退している。このプロセスは、メジャーが収益性の高い川上・原油開発部門に経営資源を集中するために、戦略的に撤退したと見ることが一般的である。しかしながら、もしもメジャーが各国内で安定的な収益基盤を確保していたならば、それを捨てて撤退することはなかったはずである。この3国に見られる事態は、国内諸産業と密接に関係を持っている現地（民族系）資本経営力の台頭こそが、メジャーの影響力を相対的に引き下げたので、各国精油業から撤退したと見るべきである。そして、これは各国精製業がそれぞれ国内の石油消費の拡大と深く結びついていたからだ、と評価できるであろう。これも一つの東アジア的な特徴ではなかろうか。

## おわりに

　経済的エネルギー源が石炭から石油に転換するエネルギー革命は、世界史的な過程である。本章は、東アジアにおけるこの過程の特質を明らかにすべく、戦前・戦後を通したエネルギー供給構造の変化を巨視的に検討し

た。その結論は次の諸点である。

　第1に、日本国内における石炭産業の基盤の相対的な脆弱性は、日本の工業発展において比較的早期での水力発電と石油、とりわけ重油の産業的な導入を促進した。また、その勃興する工業による重油消費は、世界的にみて消費地精製方式の先駆的な導入となった。さらに、エネルギー資源の乏しい日本は、重工業発展の過程で帝国植民地資源への依存を強めたが、それは自由通商による石油輸入との矛盾を引き起こし、結局「大東亜共栄圏」に追い詰められて崩壊していった。

　第2に、日本、韓国、台湾は、地域内のエネルギー資源の隘路を世界的な分業、すなわち中東からの石油輸入とアメリカ・オーストラリアからの石炭輸入とによって突破した。しかし、これを1950年代の世界自由貿易体制の成立や中東石油の過剰、超低価格という一般的条件に帰すことはできない。自由貿易や石油過剰は、同時代世界的に提供された条件であったからである。

　第3に、1950–1973年における中東の特異な低価格石油を活用して経済発展を遂げた東アジアの歴史的な条件を見る必要がある。それは東アジア地域内の日本において、工業発展を促進していく資本財生産部門（鉄鋼業・機械工業・化学工業）が戦前期にすでに確立していたこと、戦後3国で石油の産業的な重要性を理解していた企業と官僚がひろく存在していたこと、さらになによりもある程度の経済規模の大きさを保証する近代経済に対応できる一定数の企業家と膨大な労働人口が形成されていたことであった。

　第4に、戦後日本においては、産業界の石油への転換という選択の方向性は確立されており、それはアメリカやメジャーの利害と一致するものであった。むしろ、日本政府は保有外貨の制約と国内石炭産業への配慮のためにその政策は揺らぎ、国際戦略として戦前期「大東亜共栄圏」的な発想から離脱するのに試行錯誤し、政策転換は産業界の実践よりも遅れた。1960年代初頭に貿易自由化で世界的分業を最大限に活用する世界戦略路線が確定したことで（1964年、IMF8条国移行）、国内のエネルギー制約は世界的

レベルで解決がはかられた。この日本のエネルギー転換は、同時代の隣国台湾と韓国における石炭から石油への転換を刺激促進した。

　中国は、このような日韓台と世界との国際的なエネルギーの分業関係、メジャーの主導する石油貿易制度から、1950年代初頭に完全に離脱した。計画経済により急速な重工業建設が進められ、エネルギー総供給量は日韓台並みに急増したが、特定の重点産業への政策的な資源集中により、個人消費の伸びは緩やかであった。閉鎖経済において、国際的なエネルギー価格変動とは無関係にエネルギー自給率は100％をこえ、中国は石炭業を基盤とした独自のエネルギー構造の社会を作りあげた。


**参考文献**
(日本語)
井口東輔編（1963）『現代日本産業発達史Ⅱ　石油』交詢社出版局
林采成（2016）『華北交通の日中戦争史―中国華北における日本帝国の輸送戦とその歴史的意義』日本経済評論社
大蔵省（各年版）『日本貿易年表』
企画院（1940）『海外石油事情調査』企画院
北波道子（2003）『後発工業国の経済発展と電力事業―台湾電力の発展と工業化』晃洋書房
橘川武郎（2012）『日本石油産業の競争力構築』名古屋大学出版会
金属工業調査会（1946）『最近二十年本邦鉱産統計　1926-1945』金属工業調査会
栗原東洋編　小林康ほか共同執筆（1964）『現代日本産業発達史Ⅲ　電力』交詢社出版局
香西泰（1989）「高度成長への出発」中村隆英編『「計画化」と「民主化」』岩波書店
小堀聡（2010）『日本のエネルギー革命―資源小国の近現代』名古屋大学出版会
小堀聡（2011）「エネルギー供給体制と需要構造」武田晴人編『高度成長期の日本経済―高成長実現の条件は何か』有斐閣
島西智輝（2011）『日本石炭産業の戦後史―市場構造変化と企業行動』慶應義塾大学出版会
人造石油事業史編纂刊行会（1962）『本邦人造石油事業史概要』慶應義塾大学出版会

杉原薫（2012）「『化石資源世界経済』の興隆とバイオマス社会の再編」杉原薫・脇村孝平・藤田幸一・田辺明生編『歴史のなかの熱帯生存圏―温帯パラダイムを超えて』京都大学学術出版会
瀬木耿太郎（1988）『石油を支配する者』岩波書店
石油連盟（1981）『戦後石油統計』石油連盟
石油連盟（各年版）『内外石油資料』石油連盟
通商産業省大臣官房編（各年版）『総合エネルギー統計』
通商産業大臣官房物資調整課編（1960）『エネルギー関係統計集』1960年版
通商産業大臣官房調査課編（1963）『エネルギー統計集』1962年版
中村隆英（1971）『戦前期日本経済成長の分析』岩波書店
日揮株式会社社史編纂委員会編（1979）『日揮五十年史』日揮株式会社
日本エネルギー経済研究所計量分析センター（1995）『EDMC エネルギー・経済統計要覧』省エネルギーセンター
日本石炭協会編（1950）『石炭統計総覧』日本石炭協会
日本石炭協会編（1954）『世界石炭統計集』日本石炭協会
日本石油株式会社『石油統計表』各年版、日本石油社長室
橋本寿朗（1991）『日本経済論―二十世紀システムと日本経済』ミネルヴァ書房
浜渦哲雄（1987）『国際石油産業―中東石油の市場と価格』日本経済評論社
原朗（1969）「日中戦争期の国際収支―外貨不足問題と経済統制」『社会経済史学』34-6
堀内文二郎・望月勲（1960）『開灤炭礦の八十年』啓明交易
堀和生（1987）「『満州国』における電力業と統制政策」『歴史学研究』564
堀和生（1995）『朝鮮工業化の史的分析―日本資本主義と植民地経済』有斐閣
堀和生（2009）『東アジア資本主義史論　第Ⅰ巻　形成・構造・展開』ミネルヴァ書房
堀和生（2016）『東アジア高度成長の歴史的起源』京都大学学術出版会
満洲電業史編集委員会（1976）『満洲電業史』満洲電業会
湊照宏（2011）『近代台湾の電力産業―植民地工業化と資本市場』御茶の水書房
ヤーギン，ダニエル　日高義樹・持田直武共訳（1991）『石油の世紀―支配者たちの興亡』上下巻、日本放送出版協会
安場保吉（1996）「資源」西川俊作・尾高煌之助・斎藤修編『日本経済の200年』日本評論社
山崎志郎（2011）『戦時経済総動員体制の研究』日本経済評論社
山崎志郎（2012）『物資動員計画と共栄圏構想の形成』日本経済評論社

（中国語）
海関総税務署（各年版）『中国進出口貿易統計年刊台湾区』

経済部統計処(各年版)『経済統計年報』
経済部能源委員会(各年版)『台湾能源統計年報』
台湾銀行経済研究室(1958)『日拠時代台湾経済史』第1、2巻

(韓国語)
宋泰潤編著(1975)『図解統計　韓國石炭總覽』鑛業生産性調査所
朝鮮銀行(1948)『朝鮮経済年報』1948年版
動力資源部(各年版)『에너지統計年報』한국동력자원구소
韓国銀行調査部(各年版)『経済統計年報』

(英語)
Clark, G. John (1990) *The political economy of world energy : a twentieth-century perspective.* Harvester Wheatsheaf.

第 12 章

# 韓国精油産業の成立とオイルメジャー

林　采成

## はじめに

　本章の課題は解放後の韓国における石油産業の成立とそれに伴うエネルギーの転換プロセスを分析し、高度成長のボトルネックとしての石油の供給問題がどのように解決され始めたのかを明らかにすることである。

　植民地期には在来の薪炭とともに、石炭が主要なエネルギー源として開発された。しかし、主な炭田は北朝鮮に位置したため、解放後には江原道の三陟を中心とする無煙炭の開発が重要視され、炭鉱の復興とともに産業鉄道の敷設がECAプロジェクトとして実行された（Garwood 1949）。とはいえ、これらの石炭は産業用としては低質であり、しかも量的に制限された。したがって、解放後から朝鮮戦争後の復興を経て1960年代の高度成長に至るまで産業用や運輸用として石油の供給が重視された。

　しかし、未完成かつ小規模の蔚山精油所のほか、韓国には精油施設がなかったため、アメリカの援助として完成品の石油類が輸入された。これに対し、援助の削減を前提とした長期経済開発案が模索されると、韓国政府は精油所の建設を政策的に進めた。とはいえ、冷戦体制の下でレッドオイルを排除して自由陣営への石油の安定供給を図っていたアメリカにとって、韓国の現地精製主義は至急の課題として認識されず、むしろ過剰原油問題を抱えていたオイルメジャーが韓国政府の案に注目して短期間内の工場建

設が可能となった。それによって、輸入代替が実現されたことはもとより、1970年代末には大韓石油公社、湖南精油、京仁エネルギー、極東石油工業、雙龍精油といった5社からなる寡占的競争体制が成立し、輸出部門となりつつあった石油化学産業をも支える基盤となった。

　こうして、短期間内に経験のなかった精油産業が成立し、その後複社体制への発展を成し遂げた。であるならば、その要因とは何であったのかと問わざるを得ない。石油産業の主体ともいえる企業の形成とそれを支えた産業政策はいかなるものであったのか。以上のように、精油産業は、エネルギーの供給や石油化学産業の育成の基盤となり高度成長を理解するのに欠かせない研究対象であるはずにもかかわらず、今までの経済史研究では、主に植民地時代からの石炭産業が重視され、解放後精油産業の成立は検討されて来なかった（Lim 2007；林 2013〔日〕）。もちろん、精油業者の社史（大韓石油公社 1973；油公二十年史編纂委員会 1983；湖南精油株式会社 1982；双竜精油10年史編纂委員会 1986；極東精油二十五年史編纂委員会 1991）あるいは大韓石油協会の業界史（大韓石油協会 1984；1990）が公刊されており、それらによって精油産業の主な推移は把握できるが、より客観的な立場からの検証が充分に行われたとは言い難い。

　たとえば精油産業の開拓者としての大韓石油公社の場合、社史のなかで、1950年代の李承晩時代における精油産業育成方針とその具体的な動きがあまり考察されておらず、その限界性のみが指摘され、精油産業の育成構想が1960年代の軍事政権の下で独自に考案されたように書かれている。精油所の建設までには至らなかったとはいえ、それを実行するほどの具体的な案として提案され、韓国石油株式会社が設立されてアメリカの援助当局やオイルメジャーとの関係の間で方向性が模索されていた。だがこれらの精油事業育成方針を、軍事政権が意図的に否定して、公企業形態で推進したことなどは全く言及されていない。さらには、Gulf Oil の経営参加が単なる軍事政権のリーダーシップによって実現されたのではなく、1950年代からの韓国石油株式会社との関係、台湾石油公司への Gulf の投資経

験、Gulf Oil の余剰原油の供給者としての立場などがあったからであることも考慮しなければならない。

一方、金東昱（1989）は帰属企業体としての朝鮮石油株式会社をとりあげて、解放後処理過程を分析した。朝鮮石油の再建事業が行われたものの、朝鮮戦争や資金不足のため、実現されず、1950 年代後半には韓国石油株式会社の設立案があったが、これも 4・19 革命によって実現できなかったことが指摘された。こうして歴史的断絶が強調されたが、政策展開において欠かせないアクターとしてのアメリカ援助当局の動きが全く分析の視野に入らず、韓国経済の復興と開発におけるエネルギーの供給問題が顧慮されなかった。また、精油会社の立場も分析されていない。

この金東昱（1989）の実証に頼り、「国家中心的思惟」を問題視して「多重スケールの戦略関係」を復元する方法に基づいて開発年代の「代表的な産業空間である蔚山工業団地」を分析したのが金東完・金 Min-Ho（2014）である。それによって「Van Fleet のような冷戦ネットワークの結節あるいは南宮錬などの多重スケール行為者が国家間関係あるいはグローバルスケールの社会関係を蔚山という特定空間に結束」したと見た。経済史の観点から見ると、James A. Van Fleet 将軍[1]が蔚山精油所の建設において働いた役割が明らかにされたものの、1954 年の石油供与の中断が持つ歴史的意味とそれに対応して構想された精油所建設計画が充分に考慮されて来なかった。何よりも韓国経済の運営におけるエネルギー問題とその政策的対応は全面的に検討されていない。

以上のような既存研究に対して本章は、アメリカの経済復興及び開発に対するコミットを前提にしながら、韓国政府側の政策的介入と米オイルメジャーの直接投資がいかなる結果をもたらしたのかを検討しようとする。

---

[1] James Alward Van Fleet（1892-1992）はアメリカ第 8 軍の司令官として朝鮮戦争に参戦し、1953 年に陸軍を退役したあとでも、Dwight David Eisenhower 大統領の特使として韓国を含む東アジア諸国を訪問し、なお韓米財団（the Korean Society）を設立するなど韓国における彼の影響は至大なものであった。

## 1. 「韓国石油株式会社」の試みと失敗

　植民地期に朝鮮石油（1935）によって元山に日産 6000 バレルの精油所が建設されたことがあるが、韓国はオイルメジャーに支配される消費地に過ぎなかった。アメリカの Delaware 州の法律に基づいて大韓石油貯蔵会社（Korea Oil Storage Co.：KOSCO）が Standard-Vacuum Oil、Caltex Oil、Asiatic Petroleum の共同投資によって設立され、石油の引受け・貯蔵及び販売を行っていた（KOSCO 1948）。しかし、朝鮮戦争後の韓国政府は外貨節約のため国内無煙炭を中心としてエネルギー政策を推進しながら、日産 3000 バレルのトッピング装置 1 基が元山から 70% 移転されていた蔚山精油所を補修しようとした。1954 年 2 月に商工部によって作成されて UNKRA に提出された「蔚山石油工場建設計画書」においては建設資金 1292 万 2000 ドル、運転資金 239 万 6000 ドル、合計 1531 万 8000 ドルが必要であると予定された。しかし、UNKRA から調達された資金が少なく、実現されることはなかった。これをベースに、企画処（→復興部→経済企画院）は 1954 年 11 月に資金縮小の上、計画を立案し、米援助当局の FOA に提出した（大韓石油公社企画室 1965a）。

　この案を詳述すれば、①事業内容において石油消費量が年間約 30 万バレルであったため、1 バレル当たり 45 ドルであれば、年間 1800 万ドルの外貨が必要とされるが、もし廉価の原油を購入・精製すれば、外貨の節約ができる。②50 万ドルの所要資金や約 6 ヶ月間の工事期間を必要とし、1955 年 6 月末に完工予定となる。ただし、年間精製能力は 15 万バレルに過ぎないため、経済的採算が困難である。③資金は、国内資金の場合、ウォン貨調達において資本金 1.2 億ウォンの民間企業を設立して調達し、外資は 911 万 6000 ドルを FOA 資金で調達するが、不可能であれば、オイルメジャーと長期信用契約を締結する。

　この案が韓国石油株式会社案（Korean Oil Company proposal）として米

援助当局に伝えられており、蔚山精油所の建設のため韓国政府からのオイルメジャーへの接触もあった。これについて援助当局はKOSCOのメンバー3者（Standard、Caltex、Shell）だけでなくGulf OilやTidewaterとの協議を行った。ICA（FOAの後身）のコンサルタントConelius J. Dwyerの報告書（1956年1月27日）によれば、その外貨節約効果は確かに認められるが、金額的に見てそれほど大きくならず、その試算のチェックが必要だと指摘された（Dwyer 1956）。彼は韓国内の投資環境が整えられても、オイルメジャーが興味を示さない限り、精油事業の経済性が期待できないだろうと判断し、もしメジャーが投資意欲を示さない時には、経済的ではなくても、政治的要因からの決定があり得るが、アメリカ政府の支援プロジェクトのリストにおける優先順位は低いと見た。日産1万2000バレルの精油施設に対してICAは否定的な意見を述べており、むしろメジャーの投資による合弁（a joint enterprise）を提案したのである。

このように、精油所の建設をめぐって韓国とアメリカとの見解には齟齬があり、アメリカ援助当局は合弁企業による外貨調達を勧めたのである。これが1960年代の経済開発期にも一貫するアメリカ側の政策的立場であったが、問題は、当時韓国が海外投資家にとって決して魅力的な市場ではなかったことである。むしろ韓国経済が戦争前の経済水準を回復すると、アメリカ援助当局は1957年11月に援助削減を韓国側に伝え、1958年会計年度より援助規模を従来より20％削減した（MacDonald 2001〔韓〕: 425）。

そこで、李承晩大統領は外貨節約や安定的な石油確保のため1958年6月11日に「精油工場建設推進委員会」の発足を金一煥商工部長官へ指示した。その対策会議が6月16日と7月16日の2回にわたって開催され、進行状況のチェックと共に具体案が講じられた。李大統領は元米8軍司令官であったJames A. Van Fleet将軍に朝鮮石油の敷地問題や精油産業の助力などを要請し、Van Fleet将軍の紹介によってこれらのことがRalph M. Parsons社へ委託され、副社長のNeil Durkeeが来韓して調査を行った。当時、韓国海運公社社長であった南宮錬を委員長として「精油工場建

設推進委員会」が設置され、その会合にはVan Fleet将軍とParsons社の役員達も参加した。会社の設立時よりアメリカ側のアイディアが強く反映されたことは言うまでもなく、経営形態についての検討が行われ、長期信用あるいは資本参与と技術援助の形で外資企業が参加することを念頭に置いて、韓国石油株式会社の設立案が決定された（Ambassador 1960）。

工場規模は日産2万バレルと想定し、所要資金は工場建設費1100万ドル、初期運営費200万ドル、計1300万ドルと予想され、そのうち500万ドルは政府保有ドルの払下、残りの800万ドルは海外借款によって調達することとし、1958年6月10日に政府承認が得られた[2]。Gulf Oilの副社長R. M. Bartlettが韓国を一日訪問し、商工部長官との協議で韓国政府が500万ドルを投資するとすれば、250万ドルの資本参与と250万ドルの借款を行う用意があることを示した（Gulf Oil-ROK Government date unknown）こともあり、韓国政府は政府保有500万ドルを投資し、メジャーの韓国投資を導き出そうとしたのである。この工場建設についてICAは「経済性のあるプロジェクト（an economic project）」という評価を下し、精油所の稼動後毎年310万ドルの外貨節約が可能となり、税収の確保、雇用機会の保障という経済効果もあると見た（ICA Washington 1959）。経済復興の上、長期経済開発を通じて経済自立化を達成することを要請していた米大使館やUSOM（United States Operations Mission）にとって精油所の建設はもはや有意義な案になった。

1959年9月21日に至って南宮錬を社長として韓国石油株式会社が資本金25億ファン（→25万ウォン）で創立された[3]。その翌日、「精油工場建設

---

[2] 金光模（2004a）。金は1956年にソウル大学校化工学科を卒業して商工部工業局に勤務して精油所、肥料工場などといった新規事業を担当した。

[3] 出資内容をみれば、次の7人の発起人（南宮錬26万2000株、高在鳳5500株、任鳳淳3000株、李鴻稙200株、金宝永2500株、張基永2万株、朴正寛1万1250株）が全50万株の60％に達する3万4450株を保有していた。34人の会員中、三一社、大東石油の2社分を除いて石油販売業者らが引き受けた残余分は全体の27.34％の13万6700株に過ぎなかった（東亜日報社 1960a）。

推進委員会」は工場生産規模を日産2万バレルへ拡大し、蔚山を工場の候補地として決定した。アメリカのBadger Manufacturing Co.は副社長A. C. Brodyを派遣して契約草案を作成・提示した。そのため、南宮社長は1960年3月18日に渡米し、Badgerとの契約について議論するとともに、オイルメジャーの参加を要請した。この際、Van fleet将軍はthe Ralph M. Parsons Co.を代表して精油工場の建設に関与するだけでなく、Gulf Oilに対しても韓国石油に長期信用を提供するよう仲介していた（Ambassador 1960）。南宮社長が渡米中にカリフォルニアでVan Fleet将軍と会合し、協力を要請した。

韓国政府はメジャーのほうが長期信用よりは資本参加を好むようだったら、40％までの持分を許可する意向であることを示した。商工部長官によれば、800万ドルの借款もGulf Oilが提供する意思を示し、その契約が4月あるいは5月に成立する予定であったといわれた（McConaughty 1960）。というものの、Gulf Oil側は過剰石油を抱えて韓国政府に資本参加と長期借款を拡大するためには原油供給の独占権を条件の一つとして要求した（Ambassador 1960）。この原油導入をめぐって韓国石油（より根本的には韓国政府）とGulf Oilとの間で調整をつけることができなかった。3・15選挙を控えて、李大統領が事業計画を承認して、1960年2月には為替レートが650ファン対1ドルになったにもかかわらず、その前の500ファン対1ドルを適用して政府保有ドルの支出を許可した。その差額の4億4千万ファンが3・15選挙の政治献金として自由党に渡されたと知られている（東亜日報社 1960a；京郷新聞社 1961；全 2012〔日〕：84-86）。

そのため、援助資金からの資金調達の可能性を尋ねるため、1960年3月に南宮社長が駐韓援助当局USOM、ICAを訪問したが、J. U. Tannhauserは精油所が援助プロジェクトの中で優先順位A（Grade A）を獲得してなおかつ民間部門（private sources）からの資金調達が不可能であるという証拠を示さない限り、ICAからの資金調達は難しいという立場を表明した。彼の発言によれば、日本、台湾には精油設備があり、フィリピンでも

新工場を建設し、今後ベトナムやタイも建設計画を持っている（ICA Washington 1959）なか、韓国も精油市場を持つのはこの地域に精油設備の過剰現象を加重させることになると懸念していた（Trannhauser 1960）。

　そうした中、4・19革命によって李承晩政権が倒れると、韓国石油株式会社の前途は暗くなった。500万ドルに達する政府保有ドルは凍結され、払込期限の1960年6月末まで残額の支払ができなかったことを理由として1960年7月1日に南宮社長への払下自体が取り消された。そのなかでも、南宮社長は Badger Manufacturing Co. から700万ドルの民間資本投資の確約を得た。日産2万2000バレルの原油処理が可能な精油所を建設するために必要な所要資金1200万ドルのうち500万ドルを確保したという証拠を示せば、Badger Manufacturing Co. は商業借款を提供し、韓国石油側は工場竣工後5年間にわたって償還することとなった（東亜日報社1960b：同1960c）。しかし、南宮自らは政府保有ドルの払下に失敗したため、1960年9月29日に開催された韓国石油株式会社の臨時株主総会で社長職から辞退して所有株式の全量（26万2000株）が韓国石油協会株主団に引き受けられた。その後、韓国石油協会が精油所の建設を主導的に推進することとなり、石油協会への政府保有ドルの払下が実現されれば、Badger Manufacturing Co. の借款誘致が可能となっていた。とはいえ、Badger Manufacturing Co. に対する韓国政府の立場は不確実なものになった（McConaughty 1960）。この外貨借款に関連する外資投入法（Foreign Investment Law）が国会外資導入審議委員会で審議中であったため、外資の確保はいったん中断状態されざるを得なかった（大韓石油公社企画室1965a）。

　そうした中、軍用車両の払下げや自動車運輸業の進展に伴って揮発油の消費が急増したため、揮発油を中心とする石油不足が著しくなっていた（New York Times 1957）。これに対し、韓国政府は1959年より揮発油に対する物品税を60％から100％へ大幅に引上げて、消費者にとって揮発油価格を高く設定しておき、廉価の軽油の消費を奨励し、車両及び産業動力のディーゼル化を政策的に誘導した。さらに、「石油配定要綱」（1960年

6月13日、商工部告示第332号）を制定し、商工部長官が援助当局との合同経済委員会（CEB）で決定された配定計画書に則して配当量を策定し、直配先、ソウル市長、道知事、海務庁官、石油協会長などに通告すると、石油協会長は地方長官、地方海務長官の承認を得て区域内の実需要者に購入証を発行し、毎月15日まで配定量の結果を報告することとなった。このような統制が行われたとはいえ、石油不足は緩和されず、国連軍や韓国軍から軍用揮発油が流出して闇取引され、社会的に問題視された（Camelio 1960）。そのため、1960年10月28日に「揮発油消化証制度」が導入されたが、軍用揮発油の闇取引を阻止できなかった（東亜日報社1961）。

そうした中、民間会社による精油事業案が実施されることはなく、工場の設置は次の政権の課題となり、結果的に石油産業の確立は軍事政権の登場を待たなければならなかった。これは産業開発委員会で立案され、その実行を待っていた「経済開発三ヵ年計画」のように、それを進めるためには内政の安定が先決条件となったといえよう（林2016〔日〕：28-36）。

## 2.「大韓石油公社」の設立とGulf Oilの資本参与

朴正煕らが軍事クーデターによって政権を握ると、国家再建最高会議を設置して「祖国近代化」を進め、クーデターの正当化を図った。それが「内包的工業化戦略」に基づく経済開発五ヵ年計画の推進であった（木宮2008〔韓〕）。第一次五カ年計画の重点目標の一つは精油、電力、石炭などのエネルギー源の確保であった。精油事業が「韓国石油株式会社」によって具体化されたことは上述の通りであるが、軍事政権は1961年7月1日に政府保有ドルの払下を取り消し、事業計画自体をも廃止した。本事業の性格から民間業者によって膨大な資金調達がほぼ不可能であること、政府保有ドルの払下は特定の業者への優遇措置であること、商業借款が5年の短期借款であることがその理由であった（金光模2004a）。原則的に石油供給を

民間には任せないという論理であった。

　これに対し、KOSCOの参加メジャーは国営精油所の建設によって韓国市場から追い出されることを懸念し、政府の建設案に反対した。また、既存の韓国石油側も会社認可の取消しは違法であると組織的に反発した。もちろん、これを新しいビジネス・チャンスとして認識した企業も登場し、朴興植の和信側は1961年12月20日に精油事業計画を作成して米援助当局に提出した（Whashin Indusrtrial Co. 1961）。このような韓国内外の抗議、圧力、反発があったにもかかわらず、国家再建最高会議は韓国石油の建設案を取り消して国営事業として精油産業を育成することを決定した。

　1961年9月より商工部長官の下に「精油工場建設推進委員会」が設置され、年末に入札の要領書を作成し、翌年の1962年初より工場建設を図ることにした。同委員会においては外国人との技術労務契約の締結、国内実態調査、特殊法人創立事務、原油購買資金問題の研究と対策の検討、原油購買資金獲得のためのUSOMとの折衝、韓米石油協定による石油法の検討、石油産業運営の準備、エネルギー源としての石油並びにその他の燃料の比較調整、石油製品に対する税制の検討、自動車ディーゼル化計画の再検討、石油に関する諸技術資料の収集及び刊行、石油政策の確立などが行われた。「精油工場建設推進委員会」は、大韓石油公社が設立される前の過渡的機関であった。

　商工部は1962年1月に第一次開発計画事業の一つとして表12–1のような日産3万バレル規模の精油所建設計画を決定した。外貨1600万ドルとウォン貨32億ファン（→1962年6月の通貨改革によって3億2000万ウォン）を投入し、日産3万バレルの精油所を60万坪の蔚山工業団地内に建設するものであった。この案で注目すべきなのはメジャーからの資本参加を期待する方針が確認できず、借款などによる外貨調達が想定されたという点である。その反面、1962年3月26日にContinental Oil Co.からの要請によって開催された同社とUSAID（ICAの後身）との会合に際して精油事業顧問として韓国を訪問したW. VanDusenは韓国政府が精油工場の建

表12-1　蔚山精油所建設計画（1962年1月時点）

| 1. 工場規模 | 日当原油処理能力 30,000 バレル（イラン硬質原油基準）後、50,000BPSD の拡張を考慮。 | | |
|---|---|---|---|
| 2. 実需要者 | 政府事業として推進。特殊法人の設立（建設後、民間へ払下）。 | | |
| 3. 原油輸入 | 中東地域（Kuwait、Saudi Arabia、Iranを想定）<br>（年間原油所要量 990 万バレル）<br>（年間原油所要額 1500〜1700 万ドル） | | |
| 4. 立地 | 蔚山（釜山、馬山、鎮海、麗水、木浦、仁川など候補地の中で選定） | | |
| 5. 所要資金 | 外貨 | 1) 技術用役費<br>2) 機械装置費<br>3) 運賃<br>4) 工事監督及び技術訓練費<br>5) 運転指導費<br>　小計 | 2,500,000 ドル<br>10,500,000 ドル<br>1,050,000 ドル<br>1,200,000 ドル<br>750,000 ドル<br>16,000,000 ドル |
| | ファン貨 | 1) 技術用役費及び経費<br>2) 土地及び整地費<br>3) 国内資材費<br>4) 建設工事費<br>　小計 | 600,000,000 ファン<br>300,000,000 ファン<br>1,760,000,000 ファン<br>1,540,000,000 ファン<br>3,200,000,000 ファン |
| 6. 建設期間 | 予備調査及び準備期間（立地調査、技術コンサルティング入札、国際入札包含）1961年11月〜1962年8月<br>工事期間 1962年8月〜1964年7月 | | |
| 7. 推進機関 | 設計及び建設の国際入札に先立って外国技術用役専門会社として市場予測、立地条件、製造工程の選定などを調査させる。技術調査用役は政府で実施する。<br>詳細設計及び購買調達及び建設用役は技術調査用役を基準として国際入札を通じて政府が選定する。 | | |
| 8. 計画推進の具体的方法 | ・1961年内に技術用役及び建設業体選定入札要請書を作成・発送する。<br>・1962年内に特殊法人体を設立する。<br>・特殊法人体の設立前に「精油工場建設推進委員会」を構成してこれを商工部に置く。<br>・同委員会の存立時期は特殊法人の設立時までにする。 | | |

出所：金光模（2004a）

設や原油購入のため、AID 援助資金の提供を希望しているが、援助当局はこれに応じる意思が全くなく、アメリカ系オイルメジャーの参加を好んでおり、また駐韓米軍の石油供給を新規の精油所から調達することを想定していないことを明らかにした（VanDusen 1962）。ところが、1962 年 12 月までの大韓石油公社事業計画によってもオイルメジャーの投資は考慮されていなかった（韓国商工部長官 1962）。

　精油所建設プロセスを見れば、まず、技術コンサルタント会社を選定する国際入札を通じて、韓国政府はアメリカの UOP（Universal Oil Products Co.）を選定して 1962 年 4 月に 7 万 5000 ドルで契約を締結し、6 月に報告書を受けた（金光模 2004a）。UOP の建議を受け入れて精油所の建設規模を日産 3 万バレルから 3 万 5000 バレルへ修正し、後に需要増加に応じて 5 万バレルへ拡張することとした（大韓石油公社 1963）。次に、商工部工業局化学課は UOP の設計書と建設予算書に基づいて 1962 年 8 月には国際入札を実施する予定であった。ところが、1950 年代より精油所の建設にかかわってきた Van Fleet 将軍の介入があったため、朴正煕大統領権限代行の特命によって国際入札の代わりに Fluor 社（The Fluor Corporation, Ltd.）との随意契約が 1962 年 10 月に成立した。Fluor 社が総工事費 2800 万ドルで入札のために必要な 5 ヶ月を短縮して建設できるとしたが、実際の総工事費は経済開発五ヵ年計画書の 1600 万ドルより若干少ない 1599 万 5000 ドルで決定された（全 2012〔日〕：93-96）。

　一方、韓国政府は精油所を建設する法的措置として「大韓石油公社法」（法律 1111 号、1962 年 7 月 24 日）を制定し、工場の建設・運営・生産・加工・販売及びその附帯事業の経営などに関する事項を定めた。それによって、商工部長官、担当局長、精油所建設委員（全民済、羅允浩、李載聖）など 9 人を設立委員として公社設立の準備にかかり、同年 10 月に元海軍参謀総長の李成浩を初代社長として技術理事には全民済が就き、資本金 25 億ウォンの大韓石油公社（Korea Oil Corporation：KOCO、油公）が設立された。さらに油公の設立に伴って石油製品の流通制度を再整備するため、

「石油運営規程」(商工部告示第652号、1962年11月26日)が設けられた。この規程は全文39条及び附則からなっており、石油類配定及び販売に関する手続・報告、価格適用、石油販売人に対する認可及び行政処分、整備権などを定めるものであって、「大韓石油公社法」と相俟って後の石油事業法及び同施行令の母体にもなった。

　当初の精油所建設計画では1963年8月の竣工を予定したものの、外貨配定計画において蹉跌が生じており、さらに建設費の不足問題が発生した。政府投資のみでは、資本金25億ウォンの中、外貨不足のため、6億2500万ウォンも足りない18億7500万ウォンしか払い込めず、工場建設は一時中断の危機に瀕した(大韓石油公社企画室1965a：24-25)。それだけではなく、試運転、原油購入及び輸送、販売施設の確保、需要増加による工場の拡張などに必要な追加経費も確保しなければならなかった。これらを知悉した経済企画院は、政府の財政安定策に基づいて1963年3月22日に「精油工場運営資金に関する実務者会議」を開催して精油所建設資金の不足額の補填及び同工場運営資金を確保するために外資導入交渉を推進することを決議した(経済企画院長・商工部長官 1963a；1963b)。Samuel D. Berger駐韓米大使とJames S. Killen USOM処長は軍事政権の工場建設計画に対してUSAIDからの援助資金を投入することに反対した(金光模2004b)。韓国政府は不足額の補填及び運営資金の確保のため、油公は1963年4月23日に政府関係機関の実務者と油公職員をもって「借款交渉委員会」を構成し、オイルメジャーであるShell、Esso、Mobil、Caltex、Gulfに投資用意と借款交渉を打診した(Ives 1963；Nehmer 1963)。

　韓国の政治状況が安定しないことから、経営権を確保できない限り、メジャーは資本投資に消極的であった。その内、Gulf Oilの条件が最も有利で希望的なものであった。例えば、USAID側との会合において、EssoはPickering社長とCleveland副社長が参加し、精油所の建設が韓国にとって500-600万ドルの外貨節約となると見て、500万ドルの資本参加をして韓国政府と同率の株式を所有し、800万ドルの借款を提供する意思を示し

たが、援助資金による原油購入規則が示されなかったことを懸念した(Ives 1962)。これに対し、Gulf Oil 側は株式所有における韓国政府の優位性を認め、Esso より大きい借款の提供を約束した(後述)。韓国政府は Gulf Oil との交渉に当たって、韓国側は①政府関係機関の意見を反映すると同時に、関係部署も積極的に協力し、②油公の独自的発展と公益性が阻害される条文を排除し、③工場稼動の安全保障を厳格に規定するという方針を定めた(大韓石油公社企画室 1965b：34-36)。この方針の下に Gulf Oil との基本協定書の草案を作成してこれを3回の連席会議と10回を超える委員会で鋭意検討した後、政府関係機関を経て 1963 年 6 月 28 日に政府の承認を得た。

とはいえ、この方針がそのまま貫徹できたわけではない。一般的に途上国が外国資本を導入する場合、企業の財政や為替レートの安定性が脆弱であるため、要求通りの借款導入を実現できるわけではない。韓国も例外ではなかった。油公が当初の方針通りに外国資本の経営介入を排除して必要資金(2500 万ドル)をすべて借款で調達しようとしたが、Gulf Oil は企業の安定性を図り投入資本の保護・増殖を期するため、経営参与を要求した。これに応じて、産銀の支払保証条件で、借款 2000 万ドル(3 年据置 12 年償還年利 4.5%[4])と共に、直接投資 500 万ドル、すなわち資本金の 25% 参加[5] が決定されたのである (Jarvis 1963)。

韓国政府はこれを、経営権を失わずに、資金、原油、技術問題を一括的に解決できる案と受け止めた。1963 年 6 月に至って油公は Gulf Oil との資本及び原油供給を骨子とする 9 項目の基本契約(株式引受契約、借款契約、技術援助契約、原油供給契約、傭船契約、一般石油製品供給契約、商標権

---

[4] 日本の事例を見れば、日本鉱業は 1500 万ドルに利子率 6%、2 年据置後 9 年償還、東亜燃料は 1000 万ドルに利子率 5%、3 年据置後 5 年償還、丸善石油は 1500 万ドルに利子率 6%、2 年据置後 7.5 年償還、三菱石油は 500 万ドルに利子率 5%、7 年据置後一括償還であった。この例に比べて油公の借款はきわめて有利であった(大韓石油公社企画室 1965b：34-36)。

[5] 日本の場合、東亜燃料、日本石油、興亜石油、昭和石油、三菱石油などは外国資本が 50% を占めており、日本の全石油資本では 65.1% を占めた。これに比べて油公の 25% はきわめて少ない水準であった。

特許契約、販売分配契約、国際船舶用重油供給契約）を作成した。基本協定に関する政府の理解を得た後、油公は 1963 年 7 月 2 日に Gulf Oil 側から細部契約草案を接受して即時交渉委員会として研究分析させる一方、政府実務部署との意見交換及びその間の社内における 5 次の幹部会議と 5 次の交渉委員会議及び 6 次の政府実務者との連席会議において審議検討をしながら、Gulf Oil の代表との交渉を行ったうえ、細部契約案を政府に上程して同年 9 月に外資導入促進委員会の承認を経て同年 11 月に閣議の最終承認を得たのである（経済企画院長・商工部長官 1963b；大韓石油公社企画室 1965b：34-36）。

Gulf Oil は子会社たる Kwait Oil Co. を通じて当時世界石油確認埋蔵量の 6 分の 1 を確保したが、サウジアラビアで新しい油田が開発され、それに北アフリカの油田の開発、ソ連から自由陣営諸国への石油輸出、アメリカの石油輸入制限が進められたため、深刻な原油過剰問題に直面していた（大韓石油公社調査研究課 1967：57-61；Keegan 1984：178-185；大韓商工会議所 1988：121-140）。市場開拓が必要とされた Gulf Oil にとって韓国政府の精油所建設は魅力的なプロジェクトに違いない[6]。油公は Gulf Oil から義務的に 15 年間あるいは 2 億 BPSD を購入し、同期間が満了すれば、その後 10 年間は「競争協商」することにした[7]。もちろん、短時日内に 2 億バレルを購入すれば 15 年以前でもその義務は解消できる。原油の購入が 3 ヶ月間帳付けで行われたため、韓国にとっても膨大な金額の原油代金が無利子で利用できるというメリットがあった[8]。というものの、1963 年 7 月

---

[6] Gulf の原油生産量、自社精油量、供給過剰量をみれば、それぞれ 1955 年 886 千 B/D、587 千 B/D、299 千 B/D、60 年 1,463 千 B/D、759 千 B/D、704 千 B/D、65 年 2,025 千 B/D、1,167 千 B/D、858 千 B/D、1970 年 2,934 千 B/D、1,736 千 B/D、1,198 千 B/D、1,974 年 2,585 千 B/D、1,951 千 B/D、634 千 B/D であった（大韓商工会議所 1988：124；趙〔日〕1986：322）。

[7] 1963 年 7 月 5 月には韓国政府とオイルメジャーたる Gulf との契約であるため、アメリカ政府は従来の方針通り精油所に対して資金提供を行っていなかったが、原油購入に対しても金融支援しないことを Gulf 側に明言した（Kanchuger 1963a）。

[8] 日産 3 万 5000 バレルの場合は帳付けの原油代金は約 500 万ドル、5 万 5000 バレルの場合は約 800 万ドル相当の金額を無利子として利用できたため、これを 15 年間累進すれば、7500 万ドルから 1 億 2000 万ドルに達すると推算された（大韓石油公社企画室 1965b：34-36）。

30日にGulf Oilと国務省の間で開かれた会合で油公がGulf Oilに払うべき原油価格はGulf Oilが日本の精油業者3社の東亜燃料、日本鉱業、出光興産に対して供給する原油価格より若干（a penny and two pennies）高いと指摘された。この価格差はGulf Oilの資本参加、長期借款、技術援助によって補われると、Gulf Oilは見た（Kanchuger 1963b）。ここに過剰石油を良好な条件で処理しようとしたGulf Oilの思惑が読み取れる。

　海上輸送でも15年間を契約期間とするが、油公の自社船及び韓国政府がタンカーを保有・運営しようとすれば、6ヶ月前にこの事由を通報して双方間の合意によって終結できた。運賃自体も過去10年間の国際市況価格の平均値より低廉な価格で設定された（大韓石油公社企画室1965b：34-36）。実際に大型タンカーの導入は原単位輸送費の低減をもたらした（大韓石油公社企画部1967：95-101）。さらに、技術援助の面でも、販売貯蔵及び製品顧問4人、精油所の運営要員19人が最短1年半から最長5年まで総延人員71人がGulf Oilの給料、旅費、生活費負担で配置され、韓国人職員を指導した。精油所の運転のために油公自らも外国に職員を短期派遣し、実地研修をさせたが、油公の技術陣のみでは完全な精油所の運転は難しかったことから、韓国人の精油技術習得にとって大きな意味を有したことは言うまでもない。

　以上のような契約締結の中で、Gulf Oilは韓国政府が没収などを通じて自社との契約違反を犯すことを懸念し、国務省を数回訪問して契約全般にわたって密接な協議を行った。この契約はUSAID投資保証課（the Investment Guaranties Division, Aid）が管掌する投資保証プログラム（the Investment Guaranties Program）によって保証されることとなった。その下に資本参加・長期借款から技術援助に至るまでの全幅的支援をGulf Oilから得て、工場建設がようやく続けられ、1963年12月に竣工を見、1964年4月より蔚山精油所は正常稼動を始めた。油公は75対25の合弁企業（a joint venture）となり、高価の完成品の輸入から原油を導入・精製し、外貨の節約と輸入代替を実現でき、韓国の石油価格は半分水準へと急減でき

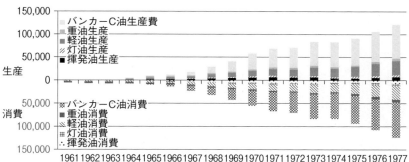

図12-1　石油の生産及び消費構造（単位：1000バレル）
出所：動力資源部（各年度版）

た。

　こうして、蔚山精油所の建設に伴う消費地精製主義によってアメリカがそれまで石油供給を担当する役割は修正されることとなった（Hilsman 1964；Ives 1964；Hoover 1964）。経済企画院長の金裕澤がUSOMへ関連会議を提案し、「韓米石油運営協定」（1955年5月）に代わって「韓米石油協定」（1964年5月31日）が締結され、アメリカ援助当局は石油不足分や、油公によって生産されない航空油、潤滑油のみを援助することとなった。さらに、原油輸送はGulf Oilが担当するが、製品の生産・貯蔵・販売は油公が担当することとし、KOSCOの貯蔵施設や人員などを1964年9月には引き受けた。このように、基本的に韓国市場への石油供給は油公がほぼ単独で行ったため、石油価格・配分及び手続などは政府の統制下で置かれ、とりわけ価格は政府告示の固定価格のみで取引された。

　とはいえ、既存の石油市場はKOSCOの輸入供給と統制配給の下に安い軽油の消費を促すように歪められたので、精油所が稼動した後、製品別生産比率（揮発油1：軽油2）と石油消費構造（揮発油1：軽油3）との間にはミスマッチング問題が生じた。1964年には揮発油の莫大な生産過剰現象が起り、1-2回工場運休と操業中断そして一部の製品輸出も図られた。そこで、政府は止むを得ず消費構造の合理化と石油製品の低廉化のための対

応策として揮発油200％、それ以外の石油類20％とする石油課税体系を調整し、揮発油の消費を促した（金隆星 1972：3-16）。それによってようやく自動車のディーゼル化政策が解除されたのである。さらに、アメリカの軍事援助として供給されていた軍用油にも着目して軍納に関するアメリカ側の国防・国務の両省からの承認を得て、油公はとりあえず1965年には韓国軍への納品を始め、その翌年にはアメリカ国防省燃料局（DFSC）と国際競争入札によって直接契約を取り、駐韓米軍に対しても石油製品軍納を実現した（Fearey 1964a；1964b；大韓石油公社 1973：67-68）。軍納の実績は年々増加し、1970年には1800万ドルで全消費の23％に達した。

　こうした中、経済開発五ヵ年計画の完遂と鉱工業部門の急成長に伴ってエネルギー需要が急激に増加し、薪炭、1960年代半ばを起点として石炭から石油へのエネルギー転換政策が実現されるに従って、石油需要も急速に増加し、むしろ供給不足現象を示した。1966年には再び輸入に頼らざるを得ず、翌年の67年には輸入実績が総消費量の30％にも達し、精油能力の拡大工事が実施された。そこで、油公は1966年1月に日本揮発油株式会社（JGC）との建設契約を締結し、1967年5月には5万5000バレルへの拡張を達成した（大韓石油公社 1973：67-68）。ここで注目すべきなのは油公の技術水準が向上し、油公技術陣によるタンク、配管、製品出荷などの附帯施設の設計・監督が行われたことである。

　工場の運営に際してGulf Oilからの技術伝授が行われたことはもとより、従業員開発プログラム（Employee Development Program）によって管理訓練、実務専門化訓練、技術訓練、技能訓練、新入社員訓練、職場訓練及び経営視察などといった多様な訓練が社内研修（精油技術学校など）、国内研究機関派遣（大学研究所）、国外派遣（Gulf Oilの技術援助契約、エカフェ計画、コロンボ計画によるアメリカ・日本・フィリピン・台湾への派遣訓練）などによって実施された（大韓石油公社 1973：92）。それらの教育プログラムが油公技術陣の形成・技術向上に寄与したのみならず、油公で育てられた多くの技術者が後発の精油会社や石油化学会社へ転職したことにより、

油公は石油化学産業の技術プールとして大きな役割を果たした（全 2012〔日〕：120-126）。

さらに、1967 年 10 月に石油化学開発計画に従って、Gulf Oil は選挙用政治献金として 100 万ドルの提供という共和党の要求に応じ（Keegan 1984：178-185）、石油化学コンビナートへのナフサ供給を担当することとなり、68 年 5 月には 6 万バレルの第 2 常圧蒸留装置を追加建設し、11 万 5000 バレルへ拡張し、その後も設備拡張は続いた。ナフサ分解センター及び第 3 常圧蒸留装置の建設に必要とされる資金調達のため Gulf Oil と第 2 次株式引受契約と管理運営契約が締結され、1970 年 8 月に政府の承認を得た（油公二十年史編纂委員会 1983：70-74）。借款 2500 万ドルと株式 25％ の追加引受代金 2500 万ドル、合計 5000 万ドルの資金調達が可能となったが、資本比率は韓国政府と Gulf Oil との間で 50 対 50 となり、経営権ももはや韓国政府を離れて、Gulf Oil へ渡された。それによって、韓国最初の精油会社は公企業というよりは外資系企業としてメジャーの強い影響力の下に置かれた[9]。1971 年度の大統領選挙及び総選挙に際して 1000 万ドルの政治献金の要請があり、Gulf Oil の Bob Dorsey 社長はこれを拒否し、後に 300 万ドルのみを民主共和党へ寄付した（Keegan 1984：178-185）。

## おわりに

精油産業は「開発独裁」によってオイルメジャーの技術や資本の協力を得て移植された。即ち、軍事政権の下では基幹産業の観点から韓国石油株式会社という 1950 年代からの民間業者による精油所建設が認められず、

---

9　油公経営が 1974 年クウェートの石油国有化に伴う Gulf の原油調達力の弱化、オイルショック後の産油国の減産、韓国政府の石油製品への価格統制などによって収益性の悪化に悩まされた。Gulf は 9300 万ドルで株式持分の 50％ を韓国政府へ譲渡して 1980 年 8 月 19 日に全面撤収した。その後、油公は財閥 SK の傘下に入った。

大韓石油公社が設立されて精油所の運営に当たった。それによって、初期費用は国家が負担し、一種の幼稚産業としての政策的な育成が試みられた。メジャーとの合弁企業という油公の経験を踏まえて、政府は経済成長にあわせて民間業者の参入を勧め、産業として成立させていった。この際、油公側に蓄積された技術や経験の多くが、他の精油会社や石油化学産業分野に転用された。

　韓国政府は産業政策を通じて監督と共に、オイルメジャーに対して自国に有利な形で政策を推進し、場合によっては企業をサポートすることもあった。もちろん、これらの現象は他の産業部門でも広範に確認できるものである。とはいえ、総ての政策が成功したわけでない。第一次五ヵ年計画の実行に際してアメリカ援助当局からの直接的支援、すなわち有償援助としての借款の提供に対する期待もあったが、通貨改革とも絡んで、USAIDからの精油所建設のための直接的な支援を受けることはできず、油公あるいは財閥レベルでのオイルメジャーとの交渉を通じて有利な条件の投資誘致が図られた。産油国との関係で原油への支配力が強かったメジャーとしては、中東大油田の発見・開発、北アフリカ油田の開発によって供給能力の過剰が避けられず、過剰原油の消費先として新興業国であった韓国に注目したのである。紙面の制約もありその詳細を記述することはできないが、第二、第三の精油所を念頭に置けば、韓国政府及び財閥とオイルメジャーの利害が一致したことにより、韓国の精油産業が成立したのである。その中で、薪炭、石炭からのエネルギー転換が実現された。

　海外援助や借款、そして技術導入などがあったとはいえ、石炭産業が基本的に国内資本によるエネルギー産業であったとすれば、精油業界はオイルメジャーという外資支配型産業であった。当然、膨大な設備資金や高度の技術工法及び経営能力、原油の供給源の確保とその海上輸送についての経営力量が国内には蓄積されていなかった。その結果、韓国精油業界は国際オイルメジャーの支配力の下に置かれた。この間、韓国の精油産業はメジャーの利潤を生み出す基盤になる一方、メジャーからの技術・経営能力

を吸収し、産油国に対してメジャーの原油支配力が失われる1980年代に入ると、これらの外資支配は解除され、ほぼ韓国財閥が主導権を握る経営形態となった。韓国側から設備拡大、原油確保の要請に対してオイルメジャーは応じられず、産油国の石油国有化によって収益性の悪化も避けられなくなったのである。

　以上のように、1950年代来の精油所建設の努力を、軍事政権は汲み上げながら、米援助当局の資金投入への拒絶を受けてメジャーとの合弁の可能性を実現し、1960年代半ばには精油産業の定立を達成した。その上、民間業者の参入許可に際して石油配給統制を撤廃して寡占的競争構造を作り出し、さらに石油供給の拡大を図り、高度経済成長をエネルギー面で支えられた。こうしたエネルギー革命の中での精油産業の定立は日本、台湾といった東アジア諸国と類似性を示していることは再論を俟たない。中東石油の開発に伴う世界的な石油過剰現象に対して大型タンカー輸送と消費地精製主義を採択し、廉価で石油を国内に供給するという新しいエネルギールートが形成したのである。とはいうものの、韓国では戦前からの精油施設を持たず、当然民族系ないし政府系の精油会社が存在しなかったことから、外資そのものを直接投資の形で受け入れざるを得なかった。とりわけ、日本では石油企業の過多・過小（橘川2012）が懸念されるが、韓国では初期条件の相違性から独占ないし寡占的市場構造が続いたことも事実である。このように、現地政府側が最初のイニシアティヴを持つが、市場中心の経済開発が進められてきたのはアメリカ側の対東アジア経済政策に望むものであったことはいうまでもない。

## 参考文献

（日本語）

橘川武郎（2012）『日本石油産業の競争力構築』名古屋大学出版会

全民済　堀千穂子訳（2012）『韓国石油化学工業の曙──全民濟の挑戦』柘植書房新社

林采成（2013）「石炭市場と大韓石炭公社」原朗・宣在源編著『韓国経済発展へ

の経路―解放・戦争・復興』日本経済評論社
林采成（2016）「1950 年代韓国経済の復興と安定化―合同経営委員会を中心に」
　　『歴史と経済』231：28-36

(韓国語)
MacDonald, Donald Stone（2001）『韓米関係 20 年史（1945-1965 年）』한울
経済企画院長・商工部長官（1963a）「大韓石油公社와 걸프会社間의 基本協定
　　書（案）」
経済企画院長・商工部長官（1963b）「大韓石油公社와 걸프会社間의 細部契約
　　書（案）」
京郷新聞社（1961）「対韓国石油弗払下를 取消」『京郷新聞』1960 年 7 月 2 日
極東精油二十五年史編纂委員会編（1991）『極東精油二十五年史』極東精油株式
　　会社
金光模（2004a）「韓国最初精油工場의 胎動（油公가 태어나기까지）」2004 年 1
　　月 5 日
金光模（2004b）「韓国最初의 蔚山工業센타의 建設 2」2004 年 2 月 13 日
金東完・金 Min-Ho（2014）「蔚山工業団地의 序幕、精油工場建設의 政治地理」
　　『大韓地理学会誌』49-2：139-159
金東昱（1989）「開放以後 帰属企業体処理過程에 関한 一研究―朝鮮石油株式
　　会社의事例」『経済史学』13：173-215
金隆星（1972）「韓国石油産業의 마아케팅上의 問題点改善方案」大韓石油公社
　　『石油技術』1972 年 7 月：3-16
大韓商工会議所（1988）「걸프와 大韓石油公社」『外国企業의 国内投資事例研
　　究―成功 및 失敗要因을中心으로』
大韓石油公社（1963）「FLUOR 및 UOP 契約書―大韓石油公社蔚山精油工場
　　建設　契約書」
大韓石油公社（1973）『油公十年史 1962-1972 年』
大韓石油公社企画部（1967）「大型油槽船의 経済性과 大型化의 限界」大韓石
　　油公社『石油』3-1：95-101 頁
大韓石油公社企画室（1965a）「精油工場建設의 歴史的背景」大韓石油公社『石
　　油』1-1：24-25
大韓石油公社企画室（1965b）「Gulf 石油会社와의 借款協定締結에 関하여」大
　　韓石油公社『石油』1-1：34-36
大韓石油公社調査研究課（1967）「産油業과 精製業의 最近의 趨勢」大韓石油
　　公社『石油』3-1、1967 年 3 月：57-61
大韓石油協会（1984）『石油政策과 石油産業（1945-1983）』
大韓石油協会（1990）『石油産業의 発展史』

動力資源部『에너지統計年報』各年度版
東亜日報社（1960a）「五百万弗特恵措置로 払下」『東亜日報』1960年2月24日
東亜日報社（1960b）「精油工場建設에 借款獲得」『東亜日報』1960年9月22日
東亜日報社（1960c）「社長職을 辞退 韓国石油南宮錬氏」『東亜日報』1960年9月30日
東亜日報社（1961）「実施 要領発表 揮発油消化証制度」『東亜日報』1961年10月29日
木宮正史（2008）『朴正熙政府의 選択』후마니타스
双竜精油10年史編纂委員会編（1986）『双竜精油十年史』双竜精油株式会社
油公二十年史編纂委員会編（1983）『油公二十年史1962-82』大韓石油公社
趙東成（1986）『韓国企業의 国際経営事例』経文社
韓国商工部長官（1962）「大韓石油公社 1962年度事業計画 및 収支予算 承認의 件」1962年12月20日
湖南精油株式会社（1982）『湖南精油十五年史』

（英語）

Ambassador, Amembassy, Seoul to the Department of State, Washington, Department's Telegram 719 (1960). An Oil Refinery for Korea, Apr. 5, 1960, RG 469, Office of the Far Eastern Operations, Korea Division, Entry 478, Box No. 4, NARA.
CEB, UNC-ROK (1958). Task Order: Petroleum Refinery, Nov. 26, 1958.
Camelio, J. A. (1960). How POL is Used in Korea or "Graft, Corruption, and Political Mechinations", Apr. 14, 1960, RG 84, Korea, Seoul Embassy, Classified General Records, 1961, Entry CGR 56–63, Box No. 22, NARA.
Dwyer, Conelius J., consultant (1956). Report on the Petroleum Situation in Korea(to C. Tyler Wood, Economic Coordinator, United Nations Commnad, Seoul, Korea), ICA, Jan. 27, 1956, RG 469, Office of the Far Eastern Operations, Korea Division, Entry 478, Box No. 4, NARA.
Fearey, R. A., EA. (1964a). Status of Defense Action on Procuremnt from Ulsan Refinery of POL for Korean Armed Forces, Oct. 27, 1964, RG 59, Entry 5315, NND Project No. 989581 Lot 66D225, Box 12, NARA.
Fearey, R. A., EA. (1964b). Defense Approves Procuremnt of POL from Ulsan Refinery under Map, Nov. 9, 1964, RG 59, Entry 5315, NND Project No. 989581 Lot 66D225, Box 12, NARA.
Garwood, Edwin C. to C. W. Jeffers, Director, Industry Division Chairman, Projects Committee, Industry Division, ECA. (1949). Project Application for the Construction of Three Railroad Extensions in Korea, Nov 10,

1949, RG 469, Division of Korea Program, Subject Files, 1948-51, Box No. 73, NARA.

Gulf Oil-ROK Government (date unknown). Gulf Oil-ROK Governmnet Talks on Oil Refinery, RG 469, Office of the Far Eastern Operations, Korea Division, Entry 478, Box No. 4, NARA.

Hilsman, Roger, FE. (1964). Petroleum Operatiing Agreement between the United States and the Republic of Korea, Feb. 4, 1964, RG 59, Entry 5315, NND Project No. 989581 Lot 66D225, Box 12, NARA.

Hoover, Department of State (1964). Korean Oil Refinery, Febl. 27, 1964, RG 59, Entry 5315, NND Project No. 989581 Lot 66D225, Box 12, NARA.

ICA Washington (1959). Oil Refinery in Korea, Aug. 29, 1959, RG 469, Office of the Far Eastern Operations, Korea Division, Entry 478, Box No. 4, NARA.

Ives, Stephen B. Jr., Director, Office of Korea Affairs (1962). Possbible Esso of Proposal for Refinery in Krorea, July. 12, 1962, RG 59, Entry A1 1597E, Box 41, NARA.

Ives, Stephen B., Jr., FE/K (1963). Financing of Crude Oil, Apr. 10, 1963, RG 59, Entry A1 1597E, Box 47, NARA.

Ives, Stephen B. Jr., FE/K (1964). Conerence with Stuart Neson, Gulf Oil, Febl. 14, 1964, RG 59, Entry 5315, NND Project No. 989581 Lot 66D225, Box 12, NARA.

Jarvis, Francis G., Officer-in-Charge of Economic Affairs, SPA (1963). Petroleum: Korea, Apr. 11, 1963, RG 59, Entry A1 1597E, Box 47, NARA

KOSCO and its stockholders to the Army and the ECA (1948). Korea Oil Storage Company, Nov. 1948, RG 59, Bureau of Economic Affairs, Office of Economic Defense and Trade Policy, Entry A1 1494D, Box No. 32, NARA.

Kanchuger, Robert, Office of the General Counsel (1963a). Proposed Gulf Oil Investment in Korea, Jul. 5, 1963, RG 59, Entry A1 1597E, Box 47, NARA.

Kanchuger, Robert, FE/K (1963b). Gulf Oil-Meeting Concering Prices, Jul. 30, 1963, RG 59, Entry A1 1597E, Box 47, NARA.

Keegan, Warren J. (1984). *Multinational Marketing Management*, third edition, Prentice-Hall International: London, pp. 178-185.

Lim, Chaisung (2007). The Emergence of Private Coal Mines and DHCC's Management Stabilization in the 1950s, *The Review of Korean Studies*, 10-4.

McConaughty (1960). Telegram from McConaughty to Secretary of State, No. 740, Dec. 23, 1960, RG 469, Entry 478, Box No. 4, NARA.

Nehmer, Stanley D. (1963). Gulf Oil Corporation interest in Korean oil refinery, Jul. 17, 1963, RG 59, Entry A1 1597E, Box 47, NARA.

New York Times (1957). Koreans Lack Gasoline, *New York Times*, Dec. 2, 1957.

Stanley D. Nehmer, Gulf Oil Corporation interest in Korean oil refinery, Jul. 17, 1963, RG 59, Entry A1 1597E, Box 47, NARA.

Trannhauser (1960) Memorandom from J. U. Trannhauser to T. L. Sweet, "Report on visit by Mr. Ryun Namkoong," Jun. 28, 1960, RG 469, Entry 478, Box No. 4, NARA.

VanDusen, W. (1962). Status of Proposed Korean Petroleum Refinery, Mar. 26, 1962, RG 59, Entry A1 1597E, Box 41, NARA.

Whashin Indusrtrial Co. (1961). *The Petroleum Refinery Project*, Decm. 20, 1961, RG 84, Korea, Seoul Embassy, Classified General Records, 1961, Entry CGR 56–63, Box 30, NARA.

第13章

# 国家と石油開発政策
——1950-1970年台湾における中国石油公司を例に——

洪　紹洋　（訳：林　彦櫻）

　　はじめに

　1949年末以降、中華民国政府の台湾への撤退により、台湾の経済は清朝、日本統治時期、戦後初頭等の時期と異なり、独立した経済単位となった。台湾は工業化の推進にあたり、政府の産業政策による支援の下で紡績産業をはじめとして輸入代替工業化を実現した（劉1975〔日〕：218-224）。しかし、台湾は市場規模の狭隘性による生産過剰に制約され、1950年代後半以降多くのメーカーが輸出志向に転換し、対外輸出が戦後台湾の高度経済成長のエンジンとなった（石田1999：38-39）。

　戦後台湾の経済構造の時間区分について、1950年から1974年の「十大建設」までの時期を一つの連続した時期として把握されることが多い。この時期の台湾の大企業の多くは戦前の日本人企業を接収して創った公営企業であり、産業構造は軽工業が中心である。1970年代初頭のオイルショックにより、1973年行政院院長蒋経国は翌年以降の5年間にわたって「十大建設」を推し進め、設備投資とインフラの整備による台湾経済の重化学工業化を図った（石田1999：37-39）。

　しかし、1974年以降の「十大建設」の一部は1960年代後半からすでに立案、もしくは実施されたものである。1970年代初頭の台湾はオイルショックの打撃を受け、景気回復の「呼び水」として、「十大建設」を中

心とした内需拡大策を実施した。この時代背景から考えれば、重化学工業化の進展は、政治家の宣伝のように政府の政策によって推進されたものではなく、それ以前の経済構造と連続したものであると見ることができる(石田 1999：39-40)。

そのような分析は、1970年代半ば以前の台湾の経済構造を把握したうえ、後進国の資金と技術移転、冷戦下の経済交流という二つの視点から台湾における資本主義の運動過程を分析する。第1に、後進国としての台湾は資金と技術の欠乏により、1950年の朝鮮戦争を契機に、15年間にわたってアメリカの援助（以下、「米援」）を受けた。それにより、台湾のインフラ建設と公営企業部門の基盤が固まった。第2に、当時の冷戦体制の下で、台湾における技術と資金の導入は自由陣営国家に依存せざるをえなかった。当時の台湾は輸入代替型から輸出主導型への転換期にあり、外資の投資もしくは技術支援を積極的に誘致した。しかし、1950年代の台湾政府が外貨不足により多重為替レートや外貨流出制限等の制度を実施したことは、外資導入の阻害要因となった（洪 2010）。この時期の、規模の大きい外資は主に米国企業であったが、その背後には米国政府と米国企業との「政商利益」が潜んでいた。

本章において、台湾の石油産業における公営独占企業である中国石油公司を中心に、外資、技術、政府の政策等の視点から以下の問題について検討する。即ち、台湾の石油産業はいかに戦前の採掘と精製技術を継承したうえで発展したのか。いかに外資を利用して資金と技術を調達し設備を更新したのか。後進国の台湾は先進国による石油精製と採掘技術の提供をうけると同時に、いかにしてそれを他の後進国に輸出したのか。

戦後台湾の石油産業に関する先行研究は非常に乏しい。石油化学工業の研究として、瞿（2003〔日〕）は1970年代台湾石油化学産業の成長及びその後の生産実績や産業政策については分析したが、1960年代初頭の政策形成過程についてはあまり触れていない。今までの石油化学産業史の理解では、1968年の第一ナフサ分解工場の設立や、1974年「十大建設」プロ

ジェクトにおける政府のナフサ分解政策等の関心が高く、これらの事実は政府が石化業の川上産業や中油公司への投資によって川下の民間資本の勃興を刺激したと解釈された（瞿 2003〔日〕：177-207）。しかし、これまでの研究では、1960 年代前半における石油化学産業がいかに大量な天然ガスが生産される中で成立したのか、天然ガスと輸入原油を基本材料とする二重生産体制がどのように成立したのか、等の事実についてはあまり説明されていない。

以上の理解に基づき、本章は 1950-1970 年における台湾石油産業の発展及び石油化学産業の前史について検討する。その発展の大筋についてみると、戦前台湾における日本の石油採掘事業と精製事業は、戦後の国営企業である中国石油公司（以下、中油公司と略称）によって継承され、独占的な生産と販売が行われた。台湾石油化学産業の発生も、中油公司を中心に、政府が川上の生産部門を管理する上で発展してきた。以下、この発展過程をみていきたい。

## 1. 台湾石油と石油化学産業の構造（1950-1970）

### （1） 1950 年代初頭における中国石油公司の会社組織

1996 年以前、台湾の石油精製は国営の中油公司によって独占された。戦後初期から 1950 年代までの中油公司の会社組織は戦前の生産・研究組織を接収することによって設立したものであるが、そのうち高雄石油精製工廠は石油精製の専門組織であり、台湾石油探鉱処は原油と天然ガスの採掘組織である。

生産能力からみれば、当時の高雄石油精製工廠の設備は高級石油製品を生産できないが、資金の投入によって資本財の確保ができるかどうかは品質向上の鍵となった。一方、台湾石油探鉱処は技術と設備の欠如により大

規模な採掘ができないため、海外から数名の専門家を相次いで台湾に招聘し、作業の指導を委託した。

　1949年、台湾区生産事業管理委員会はその成立後、公営事業に対してその利潤の国庫への全額交付を義務付け、それを以って企業の利潤による再投資能力を制限しようとした（陳2002：206）。以上の理由により、中油公司は設備投資資金が不足し、更に政府が財政問題・外貨不足の問題等により大規模な投資を提供しないため、資金不足が企業発展のボトルネックとなった。

### （２）　台湾における原油と天然ガスの生産と輸入

　日本統治時期に苗栗の出磺坑と錦水の周辺に大量な天然ガスが発見された。そのため、日本国内の石油業者は台湾の地層に大量の石油が埋蔵されていると確信していた。この見方は1950年代以降も継続する。同時期の外資は政府に台湾における採掘権を積極的に申し出たが、台湾の投資制度の制約によりその多くは失敗した。

　しかし、事後的にみれば、台湾の原油生産量は決して高くなく、国内需要の充足には海外の輸入に頼らざるをえない。ただし、出磺坑と錦水を中心とした大量の天然ガスの産出は、1960年代初期の台湾における石油化学産業の発展の契機となった。

　台湾の原油埋蔵量は決して高くなく、毎年海外の輸入原油と石油に大きく依存していることがわかる。表13-1によれば、台湾の石油精製量は年々増加傾向にあり、台湾の石油需要も上昇しつづけていることがわかる。けれども、戦後の台湾は自身の資源制約の下で、その石油産業の発展のためには海外からの原油輸入が不可欠である。

　1950年代における台湾の天然ガスの生産は戦前日本が開発した油井に集中していたが、埋蔵量の枯渇により産出量が漸減した。そのため、1950年代末期に中油公司は戦前の既存油井を更に掘り下げて再開発した。表13-2によれば、1960年代から台湾の天然ガスは産出量が再び高まった。

表13-1　台湾の石油精製量（1952–1980）

1000KL

| 年份 | 精製量 | 年份 | 精製量 | 年份 | 精製量 |
|---|---|---|---|---|---|
| 1951 | 不明 | 1961 | 1,375 | 1971 | 6,385 |
| 1952 | 300 | 1962 | 1,582 | 1972 | 8,404 |
| 1953 | 359 | 1963 | 1,557 | 1973 | 10,246 |
| 1954 | 525 | 1964 | 1,668 | 1974 | 8,966 |
| 1955 | 726 | 1965 | 2,097 | 1975 | 9,056 |
| 1956 | 856 | 1966 | 2,585 | 1976 | 13,788 |
| 1957 | 860 | 1967 | 2,814 | 1977 | 15,725 |
| 1958 | 971 | 1968 | 3,750 | 1978 | 18,791 |
| 1959 | 1,164 | 1969 | 5,060 | 1979 | 18,367 |
| 1960 | 1,274 | 1970 | 5,937 | 1980 | 20,266 |

出所：文（2002〔日〕）：205

## 2. 外国投資と現代石油精製部門の設立

### （1）　米援に排除された石油精製事業

　1949年末、国民党政権が台湾に撤退した直後、台湾の石油消費量は約月6000–7000トンであり、高雄石油精製工廠の生産能力の月1万トンをはるかに下回っていた。消費量を6000トンとして中油公司が試算してみれば、毎月の赤字額が約50万新台湾ドルにのぼることがわかった（金1950）。1951年7月、アメリカは台湾に対する軍事的援助の一環として原油を提供し、中油公司に石油精製を委託したため、需要不足は一時的にカバーされた。しかし、1952年後半から米援は台湾への原油供給を停止したため、中油公司は再び原油調達を輸入に頼らざるをえなくなった（二十五年來之

表 13-2　台湾の天然ガスの生産量

1000 立方メートル

| 年 | 生産量 | 年 | 生産量 |
| --- | --- | --- | --- |
| 1950 | 3,592,572 | 1966 | 444,536,088 |
| 1951 | 27,085,460 | 1967 | 529,899,181 |
| 1952 | 25,368,779 | 1968 | 732,516,903 |
| 1953 | 28,440,397 | 1969 | 919,253,512 |
| 1954 | 26,688,265 | 1970 | 946,902,234 |
| 1955 | 25,952,355 | 1971 | 1,121,122,379 |
| 1956 | 27,187,953 | 1972 | 628,530,408 |
| 1957 | 28,754,608 | 1973 | 1,424,801,203 |
| 1958 | 25,879,410 | 1974 | 1,557,470,305 |
| 1959 | 24,452,935 | 1975 | 1,554,838,918 |
| 1960 | 23,227,025 | 1976 | 1,711,156,583 |
| 1961 | 34,206,622 | 1977 | 1,962,495,967 |
| 1962 | 34,024,983 | 1978 | 1,976,600,616 |
| 1963 | 46,202,842 | 1979 | 1,951,155,397 |
| 1964 | 165,647,533 | 1980 | 1,947,626,255 |
| 1965 | 308,975,370 | | |

出所：中国石油公司（1981）：44

中国石油股份有限公司編輯委員会 1971：125)。

　今までの通説では、1950年代における台湾の公営事業部門は米援の借款によって設備の更新と拡充を実現したと理解される。しかし、表13-3が示すように、同時期の中油公司が獲得した借款の金額は台湾電力公司や台湾肥料公司に比べて相対的に低い。基本的に、中油公司に対する米援は採掘事業に集中し、精製事業はほぼ除外された（行政院美援運用委員会 1961：10)。当時の中油公司総経理である金開英氏によると、この政策は

表13-3　主に公営会社が米援借款を受ける金額（1951-1960）

| 会社、工廠 | 新台幣借款（千元） | ドル借款（千ドル） |
|---|---|---|
| 台湾電力公司 | 2,233,418.23 | 119,406.05 |
| 台湾肥料公司 | 376,709.80 | 28,417.45 |
| 台湾肥料公司第六工廠 | 171,000.00 | 17,228.61 |
| 中国石油公司 | 63,529.00 | 417.000 |

出所：行政院美援運用委員会（1961）：3、9、11、13

アメリカの石油企業が台湾における権益を維持するために、国務省に交渉した結果である（行政院国際経済合作發展委員会 1964：8-9；陸寶千訪問、黄銘明記録 1991：133-134）。

　上述の理解によると、中油公司は米援の断絶に直面し、企業の発展のためにはほかの資金源を求めるしかなかった。

### （2）　設備投資の源泉

　石油精製業にとって、原材料の確保以外に、新製品の開発や品質の改良も重要な課題である。1950年代初頭中油公司は経営において二つの課題に直面したが、いずれも外国企業の借款を生かして克服した。

　一般的に、石油に含まれるオクタン価（Octane Number）が高いほど、品質が良いとされる。その使途によってみると、普通自動車用の高級ガソリンは70以上、航空ガソリンは100以上とするのが普通である。1940年代後期、中油公司高雄石油精製工廠の戦後復興は、戦時期の第六海軍燃料廠の設備修復によって実現され、1947年以降石油精製が再開された（金 1950）。表13-4によれば、1950年時点では高雄石油精製工廠は80と83のガソリンしか生産できなかったが、劣化した設備条件の下では高品質のガソリン生産のためには設備投資の強化が必要であった。しかし、政府は財政問題により中油公司に設備投資を行う財力がなく、更に米援の支持も期待できないという「二重の困難」の下で、ほかの設備投資の資金源を自

表13-4　1950年代中国石油公司の主要製品

| 品名 | 用途 | 最初の生産年 |
|---|---|---|
| 80、83号車用ガソリン | 車用燃料 | 1950 |
| 88号車用ガソリン | 車用燃料 | 1957 |
| 83、91号車用ガソリン | 米軍と輸出用 | 1959 |
| 100号車用ガソリン | 米軍と輸出用 | 1959 |
| 100、130号航空用ガソリン | プロペラ機用燃料 | 1958 |
| 115、145号航空用ガソリン | プロペラ機用燃料 | 1949 |
| ジェット燃料（JP-1）、ジェット燃料（JP-4） | ジェット用 | 1953 |
| ジェット燃料（1B） | 民航ジェット用 | 1957 |
| ジェット燃料（JP—5） | 米軍ジェット用 | 1960 |
| ジェット燃料（A1） | 民航ジェット用 | 1960 |
| 特級燃料油 | 海軍軍艦燃料 | 1958 |
| 船用柴油 | 漁船用 | 1958 |
| 液化ガス | 家庭用燃料 | 1959 |

出所：中国工程師学会（1962）：13-5。

ら求めないといけなくなった。

　1950年代、中国石油公司の設備拡充と更新はアメリカの設備と技術の支援に頼っていた。アメリカの石油企業はパックス・アメリカーナの下で、アジア諸国の市場に積極的に進出した。しかし、アメリカの石油企業以外に、日本の企業も台湾の事業に参入する意図があった。アメリカの石油企業の台湾進出において、アメリカ政府は対外援助機構を通じてその関心を示した。

　高雄石油精製工廠の前身は戦前日本海軍第六燃料廠である。戦後日本の民間人が台湾政府に対して、戦時期の軍事燃料廠が開発した石油精製技術を台湾に導入することを提案したことがある。戦後日本の石油産業の発展からみれば、同時期の日本もアメリカからの技術を積極的に受け入れ、製

品の高度化を図っていた（小堀 2010：233-235）。しかし、当時日本の民間人は戦時期の旧型生産設備を台湾に移転しようとした。

　これについてもう少し説明をくわえておこう。1950年、濱順氏などの3名の日本人は台湾政府に対して、70万元の出資によって岩国煉油廠の廃棄設備と関連技術を取得して、コールタールピッチ（coal-tar pitch）を材料に高級ガソリンを生産することを提案した。当時の日本側は原油不足の台湾では高品質のガソリン生産が困難であり、同じ資源不足に悩まされた戦時期日本の生産方式を利用するのが得策であると理解したのである。しかし、中油公司は日本側の提案を受け入れなかった。その理由はこの生産方式ではコストが高く、しかも当時の高雄石油精製工廠は普通ガソリンの生産に支障がなかったからである。80の戦車ガソリンが生産されなかったのは、戦前の水素化分解装置高圧管の設備が基準に合わないだけで、アメリカ側から新設備を導入すれば問題は解決されるとされる[1]。

　結果的には台湾側が日本側の高コストの旧型石油精製方式を受け入れず、アメリカから導入した新鋭精製設備と技術を採用した。しかし、アメリカの設備がいかに台湾に導入されたのかを理解するためには、当時の台湾の原油調達状況を考察する必要がある。

　戦後から1950年代初頭までは、中油公司はまだ海外の石油企業と長期的な石油購入契約を結んでおらず、中央信託局を通じて海外の原油を購入していた。それと同時に、アメリカでは多くの石油企業が台湾に原油を積極的に売り込もうとした。最終的に中油公司が直面した技術、資金、原料等問題はガルフ・オイル社（Gulf Oil Company）の借款によって一挙解決された。

　1953年ガルフ・オイル社は中油公司に対して、高雄石油精製工廠の蒸留設備の経費として10年を期間とする200万ドルの借款を約束した。た

---

1　「簽呈」（1950年8月19日）「復合作煉製高級汽油目前似不能適応我国需要由」（1950年9月10日）（『購審：中日合作煉油；洽購油輪；調査汽車；詢購漁船；修理重力儀』駐日代表団档案、档号：32-02-416、中央研究院近代史研究所档案館）。

だし、借款の条件として中油公司はガルフ・オイル会社からクウェートの原油を借款の返済終了まで長期的に購入することが義務付けられた[2]。中油公司は、この借款によって設備投資の資金不足問題が解決できるだけではなく、長期的な石油供給源も確保できると期待し、一挙両得の策と考えた。最終的に12月8日、中油公司はガルフ・オイル会社との契約を結ぶことになった[3]。

　中油公司とガルフ・オイル会社との契約成立後、1956年ガルフ・オイル会社は75万ドルの借款を高雄石油精製工廠の設備更新資金として提供し、それもイラン産の原油購入を条件とした。また、1955年中油公司も同じ方式でミドル・イースト・オイル会社（Middle East Oil Corp.）と原油購入契約を結び、この借款を通じてアルキル設備を増設し、液体ガソリンを原料として航空ガソリンの生産を開始した。1957年、中油公司はテキサコ会社（Texaco Incorporated）と航空ガソリンの販売契約を結び、その外資のネットワークを通じて海外に輸出した。

　1950年代中油公司はアメリカの石油公司による借款を利用して設備更新と原油供給の確保を実現したが、それを契機に米国の石油資本による台湾石油産業の支配も強化した。米国資本から各種の設備更新資金を受け入れることによって、表13-4の通り1950年代後半の台湾はすでに高級石油の生産が可能になった。

　このように、中油公司は1950年代の借款を通じて近代的な石油精製方式を確立した。一方、中油公司の原油購入方式は1970年代以降激変した。当時の産油国は財政収入の増加を狙い石油企業の経営に介入したため、石油価格が大幅に上昇した。このプロセスにおいて、産油国とアメリカやイギリス等の大型石油企業との力関係が顕著に変化したため、中油公司は産

---

[2] 「各事業単位与外国技術合作情形」経済部国営事業司档案、档号：35-25-01-344、中央研究院近代史研究所档案館。

[3] 「中国石油公司与海湾石油公司簽訂原油及貸款二合約之補充説明」（『石油公司与美国海湾石油公司貸款』経済部国営事業司档案、档号：35-25-18　157、中央研究院近代史研究所档案館。

油国家との貿易と外交関係を強化した。1973年以降、台湾はサウジアラビアの石油組織と購買契約を結び、1974年以降はクウェートから石油を購入するようになった（二十五年来之中国石油股份有限公司編輯委員会1971：182-183）。

## 3. 石油採掘事業の発展

### （1） 石油採掘事業に不利な外資促進政策

　戦前の日本は台湾において大量な天然ガスを発掘したため、戦後は日本人の引き揚げに伴い、台湾の石油採掘はほぼ戦前から開発した天然ガスを利用した。台湾は戦前から大量の天然ガスを生産している。1950年代、多くの外資企業は台湾に大量の石油が埋蔵されていることを予測したため、開発の意欲が非常に高かった。しかし、これらの外資は政府が消極的な外資政策と鉱業法律の不完備により断念した。

　この点についてもう少し敷衍しておく。戦後の台湾政府における最初の外資政策は、1952年10月24日行政院が頒布した『自備外匯輸入物資来台挙辦生産事業辦法』（自前外貨輸入物資による来台生産投資に関する弁法）である。これによれば、外国人による投資利潤からの海外送金は年間投資総額の10%以内とされた。この送金制限を設定したのは、同時期の後進国である台湾において資金不足が深刻化し、外国投資の利潤を台湾島内に留め、再投資を促す意図があったからである[4]。

　最初の投資は、太平洋艦隊総司令アーサー・ウィリアム・ラドフォード（Admiral Arthur W. Radford）がモービル・オイル会社（Mobil Oil Corporation）からの台湾への投資を勧誘したことからはじまった。しかし、中国

---

[4] 「葉公超致張茲闓信函」（1953年6月30日）（『美国海外石油公司擬来台探勘石油礦』経済部国営事業司档案、档号：35-25-18　202、中央研究院近代史研究所档案館）。

鉱業法では鉱業投資の外国人株主の割合は全体の半数以下という規定があり、外国人による管理権の取得制約や採鉱権の年限が 20 年以内等、様々な制限が設けられた。モービル・オイル会社は台湾の石油採掘に最少でも 50 万ドルの投資が必要であるとしたので、前述の外資に不利な制約の存在により、結局外資の誘致に失敗した。それと同時に、米国国際協力局中国支局長ハーバート・G. スケンク（Schenck, Hubert Gregory）も、中国政府は外国人投資法律における外資に不利な内容を修正すべきだと指摘した[5]。

その次、アメリカ・オーバーシーズ・オイル会社（American Overseas Petroleum, Ltd.）も台湾の石油開発に興味を示し、1953 年に初期の探索作業を行った。ICA はこの案件の成立を促すために、アメリカ・オーバーシーズ・オイルの投資行動を二回も催促し、それに応じて中油公司の探索作業への援助計画を決めたいと表明した[6]。当時中国石油公司はアメリカ・オーバーシーズ・オイルの件について、自身の経費と設備の不足から、アメリカ・オーバーシーズ・オイルと共同で新機構を設立することを期待した。出資について、半々出資は最も望ましいが、台湾側の経営、技術及び取締役会への関与等の権利を確保するために台湾側の出資比率は最低でも 40-50％ にしなければならないとされた。また、中油公司はほかの投資機会を見逃さないために、政府による探索期間の最大限度の短縮化と早期の結果発表を期待していた。しかし、アメリカ・オーバーシーズ・オイルは未発表の石油法が中国大陸を主な対象と想定して制定したものだという考慮から、最終的には台湾への投資に至らなかった。

更に、1950 年代後半中油公司と長期契約を結んだガルフ・オイル会社（Gulf Oil Company）も新会社の設立を提案し、台湾の石油採掘事業に参

---

5 「葉公超致張茲闓信函」（1953 年 6 月 30 日）（『美国海外石油公司擬來台探勘石油礦』経済部国営事業司档案、档号：35-25-18　202、中央研究院近代史研究所档案館）。
6 「簽呈中華民国 43 年 8 月 23 日於中国石油公司」（『美国海外石油公司擬來台探勘石油礦』経済部国営事業司档案、档号：35-25-18　202、中央研究院近代史研究所档案館）。

入しようとした[7]。しかし、実際の実施では次の形を取った。ガルフ・オイル会社は1970年以前の中油公司が購入した1200万バレルの石油の価格を基準に、1バレルの原油購入に0.28ドルの石油探鉱経費を補助する。この基準では、ガルフ・オイル会社は補助金を340万ドル支払うが、会社の新設という形で探鉱権を3年間取得することができ、その後更に50年間延長し、台湾の石油を共同開発する[8]。

　ところで、当時のガルフ・オイル会社は台湾政府が世界各国の石油法を参照して石油法の早期制定を実施することを期待し、この法案に従い中油公司の共同出資で台湾の石油探索を始めようと考えていた。もし、法案の早期成立が実現できなければ、共同開発契約を提出し、政府の特別許可を得ることもありうる[9]。しかし、ガルフ・オイル会社は新会社から台湾政府に納める権利金と税金を利潤の50％以内としたので、経済部はそれが既存の税法に抵触することから、共同開発契約が行政命令の形式で承認されればその問題が回避できると提案した。しかし、資料によれば、ガルフ・オイル会社の投資計画も最終的にも成立しなかった。

　このように、1950年代の台湾は外資政策が消極的なもので、石油業の関連法律やそれによる外資政策の制定も遅れたため、石油の採掘コストは相対的に高かった。更に政府も法律制度の整備に意欲が低いため、多くの潜在的な共同開発は実現されなかった。

　経済部は台湾の石油探索業の外資に法律的な保護が欠如するため、1962年8月に中油公司に「中華民国石油法」草案の作成を指示し、1963年12

---

[7]　「金開英致経済部部長楊継曽簽呈48年元月7日於中国石油有限公司」(『石油公司擬与海湾油公司合作探勘本省油源』経済部国営事業司档案、档号：35-25-18　203、中央研究院近代史研究所档案館)。

[8]　「経済部对中油公司与海湾油公司合作探採台湾石油案審核意見」(『石油公司擬与海湾油公司合作探勘本省油源』経済部国営事業司档案、档号：35-25-18　203、中央研究院近代史研究所档案館)。

[9]　「為呈報海湾油公司對本公司商談合作探勘台湾油源所提要点由」(1949年6月6日) (『石油公司擬与海湾油公司合作探勘本省油源』経済部国営事業司档案、档号：35-25-18　203、中央研究院近代史研究所档案館)。

月にそれが完成された。しかし、当該草案は冗長なもので、立法手続に多くの時間を費やされたため、「石油礦探採條例」に修正されたが、それでも可決されなかった。最終的に1968年、東シナ海海域で石油の埋蔵が発見され、更に1969年日本が尖閣諸島の周辺で石油探索作業を始めることに伴い、台湾政府は外交及び国際政治の圧力のもとで、1970年8月25日に「海域石油礦探採條例」を頒布した（中国石油公司1981：44；呂2012）。

このように、中油公司は資金不足の制約により外資に対して積極的であるが、資料からみるかぎり、1950-60年代前半の台湾政府と立法機構は外資による石油探索の案件に積極的とはいえない。政府が石油探索関係の法体制を整備したのは、経済外要因を前提とした行動であった。しかし、法律実施後、政府は領土主権を宣言する行動として自らの探索開発を望んでいたが、資金と技術力の制約によるアメコ、ガルフ、オーシャンニンク等の外資と共同で海底探索作業を開始することになった[10]。

### （2） 外国技術者の役割

前述のように、1950年代、中油公司は政府の各種法律の制約により、海外資本の導入による共同開発を実現することができなかった。更に天然ガスと原油の埋蔵が比較的深いところに位置するのに対して、中国大陸のメンバーを中心とした資源委員会の技術者は深度探索の経験がなかったため、海外の地質研究専門家を顧問として指導を依頼する必要があった。

ここで問題となるのは、戦前の台湾における日本の調査研究の成果は、戦後においてどのように生かされたのか、ということである。1952年4月、アメリカ駐台湾安全分署所長ハーバート・G. スケンクの紹介でオーストラリアの地質専門家である Leo W. Stach（スタック）は台湾に短期滞在し、その後1954～58年に国際聯合技術協力局（United Nations Technical. Assistance Board）に派遣されて台湾石油探鉱処において研究指導に4

---

10 「発文経台五九礦密字第0953号」（1970年10月17日）（『海域石油探勘』外交部档案、档号：11-LAW-00717、中央研究院近代史研究所档案館）。

年間携わった。スタックはその短期指導を通じて、戦前の台湾の地面と地下の地質資料の整理、油田の新規開発の検討、石油探索工作計画要綱の制定、更に日本帝国石油株式会社地震探鉱班および日本人技術者・大炊御門経輝博士の派遣等に協力した（中国石油公司台湾油礦探勘処 1971：76）。

　1952年6月スタックは中油公司に『Exploration and Development of the Petroleum Resources of Taiwan』という報告書を提出し、戦前日本の調査・探索・統計資料を整理して吟味し、原油と天然ガスの潜在的な埋蔵地域を指摘したが、その開発には設備を購入して2年間にわたる地理調査を行う必要があった。専門技術者の確保について、中油公司は台湾大学の地理学科、台湾省地質調査研究所と連携し、海外から技術者を招聘して専門的な指導を委託した[11]。

　戦前に日本が台湾において行った石油の探索では、多孔質力学に基づく区域探索法を採用し、戦後初期からスタックが台湾に赴任するまでの間は、調査と採掘の地域が限られていた。そのため、1952年スタックがはじめて台湾に赴任したとき、地球物理学に基づく探索方法を推薦し、外国専門家を招聘して技術を導入すべきだと主張した。しかし、台湾政府の経費制約という考慮から、スタックはアメリカの技術者よりも日本人技術者のほうが招聘費用が低いと提案した。中油公司取締役・金開英はこの提案に同意し、1953年スタックは日本帝国石油株式会社の関谷英一を紹介し、台湾の北部地域の地下構造の研究と探索処の地質スタッフに地下地質構造図の作成方法の教授を担当させた（中国石油公司台湾油礦探勘処 1971：62-64；Collison 2009：187、188、190）。

　それと同時に、スタックが中油公司に古代微生物実験室の設立を提案したが、金開英はそれには多大なドルが必要なため、会社にはそれに応じる十分な予算がないと認識した。しかし、1953年国連の技術支援プロジェ

---

11　Leo. W. Stach「Exploration and Development of the Petroleum Resources of Taiwan」（1952年6月19日）（『生産業務、計畫、統計等』資源委員会档案、档号：24-12-55-013-13、中央研究院近代史研究所档案館）。

クトの資金提供により、当該プロジェクトは実現され、スタックの来台をも促した（Collison 2009：190–191）。

　1950年代に入り、経費制約により、1950～1954年、中油公司は再び台湾省地質調査所と台湾石油探鉱処の技術者を招聘して地質調査を行った。1954年、スタックは台湾に訪れ、台湾石油探鉱処はアメリカから地震探査設備を購入し、1955年、再び日本帝国石油株式会社地震探鉱班を招聘して設備の操作方法について研修を行った。当時日本が派遣した7人はそれぞれ台南、中洲、大岡山、半屏山において地震探査実験を実施し、台湾石油探鉱処も4名の技術者を派遣して3ヶ月にわたる調査作業を行った。その後、玉野俊郎だけが台湾に残り、続けて1ヶ月の指導をした（中国石油公司台湾油礦探勘処 1971：62–64）。

　1954年11月、スタックのルートを通じて、日本技術者である大炊御門経輝は国際聯合技術協力局の招聘に応じて台湾に4年6ヶ月滞在し、1959年6月に帰国した。彼は台湾石油探鉱処の技術者にサンプルの収集、微古生物学の鑑定方法を指導し、また標準生物地層表面の研究にも協力し、また古代微生物の研究報告を作成した（中国石油公司台湾油礦探勘処 1971：77）。

　興味深いことに、スタックは戦後GHQの天然資源局石油課に勤務し、戦後日本国内の石油と天然ガスの調査研究に参加したことがある。スタックは日本滞在中、1947年に『Japanese petroleum production statistics』、1948年に『Petroleum and natural gas production in Japan, 1946 fiscal year』をそれぞれ出版した。スタックが日本国内の石油産業を熟知し、更に戦前台湾における日本の調査探索活動に参加したことは、戦後彼がアメリカの政治・経済ネットワークを通じて、顧問として台湾に招聘される一つの理由であると考えられる。スタック来台後、日本での勤務経験とネットワークを通じて、日本の技術者の導入と各種の専門知識の教授を促した。

　スタックと日本人技術者の貢献によって、台湾の石油業は戦前と戦後初期の地質学の採掘方式から、地球物理学の微生物学を基礎とするものへと変化して開発した。この探索方法の転換の実施によって、中油公司は自ら

島内の地質構造を調査することが可能になり、またこの経験が 1960 年代後期からフィリピン、インドネシア等海外諸国で探索作業を行ううえで生かされることにもなった（Collison 2009：225；中国石油公司 1986：103-112）。

### （3） 1959 年の深度採掘と天然ガスの産出

戦後台湾の天然ガスの開発は、戦前日本が採掘した油井が中心である。1952 年に竹頭崎の採鉱に成功したが、それは深度が浅いものであった。当時、油井開発を支援するために、多くの主要設備は現地に転用された。しかし、数年後産出量の減少に伴い、中油公司はより深いところに天然ガスが埋蔵されると判断したが、資金・設備等の制約の考慮から、戦前から開発された油井の継続開発を決定した。

より詳しくみると、1950 年代後半、中国石油公司は苗栗縣の錦水に 49 の油井を所有していたが、長期的な開発により産出量が急減した。中油公司は在来油井の深層に更にガス層が存在すると判断したため、1959 年に錦水にある 38 号油井から継続開発を行い、新しいガス層に日産天然ガス 10 万立方メートル、原油 1 万リットルの生産能力があることが確認された。当時は新油井の総産出量が合計 5 億立方メートルであると予測され、その価値は新台湾ドル 3 億元に達する。更に錦水全体では天然ガスの埋蔵量が 147 億立方メートルに達し、石炭 3 万トンに相当し、時価で計算すると約 3 億ドルである[12]。当時、台湾の天然ガスの総生産量は日産 6 万 5000 立方メートルであり、38 号油井の生産能力はそれの 1.6 倍に相当するものである[13]。

天然ガスの使途を燃料にするのか化学製品の材料にするのかについて、当時、行政院美援運用委員会で議論された。第 1 に、天然ガスの輸送コス

---

[12] 「行政院美援運用委員会四十八年第十二次委員会議記録」（1959 年 12 月 10 日）（『行政院美援運用委員会会議記録（六）』美援運用委員会档案、档号：31-01-006、中央研究院近代史研究所档案館）。

[13] 同上

トが低く、品質も石炭より高いため、その普及は台湾の石炭業に打撃を与えることから、燃料として利用されることは適切ではないとされた。第2に、天然ガスを用いて化学製品を生産すれば、肥料、ホルムアルデヒド等の輸入物資に代替でき、外貨節約の観点からも産業発展の観点からも、その価値がより高いとされた[14]。

　天然ガスを材料として、アルゴン、尿素、メチルアルコール、ホルムアルデヒド、アセチレン、カーボンブラック等の化学製品が生産できる。当時の台湾では、需要量が最も高いのは尿素で、その次はホルムアルデヒドである。尿素は肥料と飼料の原料として使われ、ホルムアルデヒドは尿素と合成して人造樹脂となり、プラスチック工業、紡績品樹脂加工、人造板等の材料として利用される。そのため、中油公司は本来資金を調達し、ホルムアルデヒドと尿素の化学工場の建設に注力するのが経済合理的であるが、工場建設の資金調達は中油公司自身の能力を超えたため、国内外の民間資金の導入を余儀なくされた。また、天然ガスによるホルムアルデヒドの生産は利潤率が尿素より低いだけでなく、民間にはすでにいくつかの工場建設計画が存在したため、尿素生産が最優先事項であった[15]。

## 4. 台湾石化業発展と慕華聯合化學公司

　1959年12月9日、経済部は天然ガスの利用方法について会議を組織し、尿素の生産はコストが低く、輸出の優位性もあることを理由に、日産250トンの民間の尿素工場の建設を決定した。当時、中油公司推計の工場建設資金は約700万ドル、新台幣1億元である。しかし、当時の尿素の国際市

---

14 「行政院美援運用委員會四十八年第十二次委員会議記録」（1959年12月10日）（『行政院美援運用委員会会議記録（六）』美援運用委員会档案、档号：31-01-006、中央研究院近代史研究所档案館）。

15 同上

場価格によれば、当該工場が一年間生産した製品の外貨価値は、すでに外貨投資の総額を超えるもので、しかも利潤率が高く、新台幣約1億8000万元に達すると推測され、生産開始の1年8ヶ月後には投資資金が全額回収できる。資金調達においては、政府は中油公司に計画の作成を命令し、台湾と海外での資金調達を二方に分けて試行することを指示した[16]。

　その時、アメリカ企業であるモービル・オイル会社も投資意欲を示し、アメリカのアライド・ケミカル会社（Allied Chemical Corp.）に依頼して1960年8月12日から数名の技術者を派遣して調査を委ねた。そのうち、W. H. ソーベック（W. H. Thorbecke）は経済部長楊繼曾氏、美援会副主任委員尹仲容氏、秘書長李國鼎氏に対して、中油公司と共同開発計画を提案した[17]。

　8月24日モービル・オイル会社は中油公司に電話をかけ、投資計画の作成のために、錦水區における28万立方メートルの天然ガスの優先購入権を90日間保留することを要求し、中油公司はそれに同意した。この案は最終的に1960年12月9日行政院会議で可決され、同年12月17日経済部華僑及び外国人投資審議委員会はモービル・オイル会社の投資申請を確認した[18]。

　1962年3月、慕華聯合化學工業股份有限公司（以下、慕華公司と略称）は新台幣1億元、約250万ドルの資本額で設立した。持ち株の配分では、中油公司は30%、アライド・ケミカル会社とモービル・オイル会社はそ

---

16 「利用中国石油公司錦水所産天然氣与美商莫比及聯合両公司合作建尿素廠節略」（1961年9月）（『美孚莫比油公司及聯合化学公司与我合作組織慕華聯合化学公司』経済部国営事業司档案、档号：35-25-18　166、中央研究院近代史研究所档案館）。「行政院美援運用委員会四十八年第十二次委員会議議程」（1959年12月）（『行政院美援運用委員会会議記録（六）』美援運用委員会档案、档号：31-01-006、中央研究院近代史研究所档案館）。

17 「利用中国石油公司錦水所産天然氣与美商莫比及聯合兩公司合作建尿素廠節略」（1961年9月）（『美孚莫比油公司及聯合化学公司与我合作組織慕華聯合化学公司』経済部国営事業司档案、档号：35-25-18　166、中央研究院近代史研究所档案館）。

18 「利用中国石油公司錦水所産天然氣與美商莫比及聯合兩公司合作建尿素廠節略」（1961年9月）（『美孚莫比油公司及聯合化学公司与我合作組織慕華聯合化学公司』経済部国営事業司档案、档号：35-25-18　166、中央研究院近代史研究所档案館）。

れぞれ35％所有する。当時の資本額は工場の建設と運営にはまだ不十分であるため、株主の三大企業は持ち分に応じて年利5％で新台湾ドル8億9400万元の借款を慕華公司に貸与した。興味深いのは、二つの外資企業はドル借款を使い、海外で設備・材料とサービスを購入して使用させたことである[19]。

業務の分担において、慕華公司の生産技術はすべてアライド・ケミカル会社が提供するので、それに50万ドルの一時金を支払う。また、慕華公司は経営開始後の10年以内に尿素年間販売額の0.89％を特許使用料としてアライド・ケミカル会社に支払う義務がある。台湾の生産にあたって、慕華公司はアメリカの国際協力処（International Cooperation Administration）の保証の下で、中油公司、台湾電力公司、台湾肥料公司とそれぞれ契約を結び、これらの企業に天然ガス、電力を販売し、生産した尿素とアンモニアを全部回収することを約束した[20]。

慕華公司は1962年から経営開始し、1963年11月に完成され、天然ガスを原料としてアンモニアを年間4万5000トン、尿素を10万トン生産する（二十五年来之中国石油股份有限公司編輯委員会1971：92）。表13-5の通り、台湾の尿素は1960年以降、台湾肥料公司南港工廠によって生産が開始されたが、生産量が増加するのはようやく慕華公司の工事完了後のことであった。台湾の尿素生産開始後、1960年代以降海外からの輸入が停止し、1962年以降、海外輸出も開始された。統計データだけをみれば、慕華公司は輸入代替に成功し、しかも輸出志向に転換したといえる。

しかし、慕華公司が生産した尿素とアンモニアは、工場建設初期の契約によりその製品はすべて台湾肥料公司に販売される。販売価格は、尿素110ドル／トン、アンモニアは84ドル／トンである。台湾肥料公司は尿素78

---

19　慕華聯合化学工業股份有限公司（函）、慕（51）総字第020号、（1962年9月27日）（『美孚莫比油公司及聯合化学公司与我合作組織慕華聯合化学公司』経済部国営事業司档案、档号：35-25-18　166、中央研究院近代史研究所档案館）。
20　同上

表13-5　台湾の尿素生産、輸入、輸出（1956-1975）

1000トン

| 年份 | 生産 | 輸入 | 輸出 |
|---|---|---|---|
| 1956 |  | 2.55 |  |
| 1957 |  | 5.95 |  |
| 1958 |  | 9.93 |  |
| 1959 |  | 1.08 |  |
| 1960 | 37.44 |  |  |
| 1961 | 44.54 |  |  |
| 1962 | 75.36 |  | 17.02 |
| 1963 | 76.02 |  | 18.00 |
| 1964 | 79.16 |  | 9.00 |
| 1965 | 154.83 |  | 32.12 |
| 1966 | 189.26 |  | 33.94 |
| 1967 | 194.77 |  | 80.08 |
| 1968 | 204.07 |  | 45.32 |
| 1969 | 256.82 |  | 100.75 |
| 1970 | 179.81 |  | 93.11 |
| 1971 | 174.79 |  | 15.59 |
| 1972 | 201.25 |  | 39.97 |
| 1973 | 174.12 |  | 423.10 |
| 1974 | 177.53 |  | 8.00 |
| 1975 | 177.11 |  | 0.001 |

出所：文（2002〔日〕）：243-246

ドル／トン、アンモニア37ドル／トンの国際市場価格でインドネシアに輸出する。慕華公司の購入価格約束により、台湾肥料公司の輸出部門は赤字状態になった[21]。その後尿素とアンモニアの国際価格が更に下落しても、慕華公司は生産費用に一定の利潤率を加算するという価格制定方式を採用しなかったため、農民は相対的に高い価格で尿素を購入せざるをえなかった[22]。

　一方、1960年代後半から台湾の農業生産が減少しはじめ、政府は肥料

---

21　《台湾省議会公報》第20巻第16期：603。

の販売価格の引下げ等によって農業の振興を図ろうとした。台湾肥料公司が肥料価格を下げようとしたが、最大のサプライヤーである慕華公司は契約価格の維持を主張した[23]。1970年1月、監察院は台湾肥料産業の販売において肥料価格が高すぎると指摘した。その原因として、糧食局から農民への販売価格の高さだけではなく、慕華公司と台湾肥料公司が結んだ契約にも関わると指摘した。1960年慕華公司と台湾肥料公司は価格契約を締結して以降、その契約は10年間にわたって変化しておらず、慕華公司はそれで極めて高い利益を得た。政府は外国資本が慕華公司成立後の2〜3年間ですでに投下資金を回収したと見積もった。以上の理由により、監察院は1970年末から政府と外資の契約満了後、契約を更新しないと提案した[24]。

政府は慕華公司に対して、契約満了後は当該公司の製品を購入しない、もしくは購入量を減少すると通告した。慕華公司のアメリカの株主は、台湾島内に安定的な購入先がなくなったという理由から、会社の経営から撤退しようとした[25]。そのため、政府は資産評価をしながら海外株主と交渉し、慕華公司の資産総額を900万ドルと確定した。最終的に政府は慕華公司の持株の630万ドルを全額購入し、慕華公司は1971年以降台湾肥料公司の慕華公司は1971年以降台湾肥料公司の苗栗工廠となった（王・任 1986：351-352）。

外資時期の慕華公司は簡素な人事と運営制度を構築したが、再編後の苗栗工廠もそれを継続し、工場の利潤は台湾肥料公司の総利潤の5割以上を占めた（王・任 1986：351-352）。しかし、1960年代後半以降の台湾肥料産

---

22 「內銷肥料価格偏高　監察院昨決定糾正促政府設法降低肥料配售価格」『聯合報』（1970年1月30日）第二版）。

23 「降低肥料価格　経部将商細節問題」『経済日報』（1969年4月15日）第二版）。

24 「內銷肥料価格偏高　監察院昨決定糾正促政府設法降低肥料配售価格」『聯合報』（1970年1月30日）第二版）。王玉雲・任魯編『台肥四十年』（台湾肥料公司）（1986）：351-352。

25 〈肥料価格及換穀比率偏高　監察院財經委会提案糾正〉『経済日報』（1970年2月19日）第二版）。「慕華公司尿素工廠　美商所佔股票　計画譲售台肥」『聯合報』（1970年10月12日）第二版）。

業の生産と販売事情を調べてみれば、肥料生産を中心とする公営事業台湾肥料公司は、生産したカルシウムアナミド（$CaCN_2$）のコストが高いため、尿素との競争で敗れ、生産停止となった。そのほか、台湾肥料公司が生産した電石は、本来プラスチック業の生産原料を提供していたが、台湾プラスチック公司の自社生産により、その販売も大きな影響を受けた。台湾肥料公司の経営が困難に陥るにつれて、政府と外資が共同出資で設立した慕華公司も、その競争の対象となった。

一方、慕華公司の設立時は天然ガスを原料としていたが、1970年代末は台湾の天然ガスが徐々に減少し、台湾肥料公司苗栗工廠は天然ガスの不足が発生し、生産中止もしばしばあった。この問題を解決するために、1984年12月政府が「輕油氣化工程工作小組」を設立し、天然ガスに代って石油を原料とし、天然ガスの不足をカバーしようとした（王・任 1986：35-36）。

このように、慕華公司は経営構造が外資中心であり、更に企業設立時に結んだ契約により尿素とアンモニアは保証販売価格の下で海外製品との競争を回避できるため、国際価格の変動から影響を受けずに安定的な利益が確保できた。しかし、この体制では購入者の台湾肥料公司と最終消費者の農民は相対的に高い価格を負担せざるをえなかった。石油化学産業の発展段階からみれば、国際的にみれば大規模の石油化学企業はナフサクラッカー工廠の方式で設立された。慕華公司の投資は政府の外貨節約の考慮によるものであり、輸出志向を目標としなかった。当時の台湾政府が重視したのは、産出された天然ガス、外資の設備・技術、及び既存の公営企業によって作られた生産体制の整備にすぎないと考えられる。生産体制を重視するあまり、その販売が台湾島内の社会と経済に与えた影響と国際価格の変動を無視し、結局この生産体制における事業単位の経営上の破綻につながった。

## おわりに

　資本主義後進国台湾の石油産業として、その発展初期には資金、設備及び安定的な原材料の供給の不足が問題である。中油公司の資金調達と設備拡充は、米援を排除してアメリカの石油資本の借款と技術を生かして行ったのであり、それによって台湾の原油市場が確保された。
　石油産業の資金・設備・原油における台湾とアメリカの相互依存関係は、台湾がアメリカ政府を通じてアメリカの石油資本と合意に達成してから台湾進出を承認するという形で成立したのである。本章の事例からもわかるように、アメリカの石油資本と中油公司との交渉において、アメリカ政府は交渉斡旋をしたり、圧力を掛けたりして、その役割をはたした。このように、冷戦下のアメリカ資本はアメリカ国内の政商関係を通じてその資本を後進国に輸出した。
　台湾における石油化学産業の最初の発展形態については、ナフサ分解方式ではなく、現地の天然ガス資源を利用して国内需要を満足するという方式で生産された。しかし、慕華公司の事例からみると、台湾は輸入代替政策の実現を前提に国内の既存資源の活用を過剰に重視したといえる。慕華公司における外資導入において、海外製品の競争をあまりにも重視したため、製品価格の長期変動について十分に配慮できず、結果的に肥料市場の消費者に不利な購入条件をもたらした。このように、1960年代前半は途上国としての台湾の政府は生産をあまりにも重視したため、消費・財務・価格等を含めた全面的な構想に欠けていた。
　戦後資本主義の発展軌跡からみれば、先進国であるアメリカは石油資源を握り、それにより戦後台湾石油産業の発展形態に影響を与えた。戦後アジアの先進国としての日本は戦前台湾の石油産業の基盤を作ったが、戦後は造船、機械、製糖業等の台湾公営事業の設備投資に対し影響力が弱くなった。その背景として、アメリカ石油産業はその規模と技術が日本より進ん

でおり、また冷戦体制の下でアメリカの石油資本はアメリカ政府との「政商関係」を通じて、台湾石油産業における重要な資金供給源と原料調達先となったことが挙げられる。台湾石油産業に対する日本の影響は、主に国連の技術援助計画のもと、日本技術者による石油探索方法の教授という点にあった。

　東アジア各国を比較する視点からみれば、戦後から1996年まで台湾の石油精製事業は、中油公司が独占していた。一方、日本と韓国における石油精製市場の自由化は台湾より早い時期に実施された。したがって、台湾の石油産業に日本と韓国のような激しい市場競争はなかった。このような背景のなか、外資企業の石油事業が参入した際、中油公司とローンと合資などの方法がとられた。なお、国際石油会社の台湾と韓国での投資活動と、日本の石油産業についての研究成果を顧みれば、国際石油会社から東アジア各国の動向を捉えるためには、一国のみの論議を超えるべきである。各石油会社が台湾、韓国、日本など各国でどのように投資活動を行ったかの考察を通じてからこそ、東アジアでの経済活動の全体像を把握できる。


**参考文献**
（日本語）
石田浩（1999）『台湾の経済構造と展開』大月書店
瞿宛文（2003）「石油化学産業の産業政策」劉進慶・朝本照雄編『台湾の産業政策』勁草書房
小堀聡（2010）『日本のエネルギー革命』名古屋大学出版会
文大宇著、拓殖大学アジア情報センター編（2002）『東アジア長期経済統計―台湾』勁草書房
劉進慶（1975）『戦後台湾経済分析』東京大学出版会

（中国語）
王玉雲・任魯編（1986）『台肥四十年』
行政院国際経済合作發展委員会（1964）『美援貸款概況』行政院国際経済合作發展委員会
行政院美援運用委員会編（1961）『十年來接受美援単位的成長』行政院美援運用

委員会
金開英（1950）「中国石油有限公司成立経過及其概況」（『中国石油公司―組織、成立、結束』档号：24-12-55　1、資源委員会档案、中央研究院近代史研究所档案館）
洪紹洋（2010）「1950年代美国小型民營工業貸款與匯率制度之變革」『台湾文献』61-3：331-360
台湾電力公司編（1989）『台湾電力発展史―台湾電業百周年記念特刊』台湾電力公司公衆服務処台湾電力公司公衆服務処
中国工程師学会編（1962）『十五年末台湾各種工程事業進歩概況（1946-1961）』中国工程師学会
中国石油公司編（1981）『三十五年來之中国石油公司』中国石油公司
中国石油公司編（1986）『四十年來之中国石油公司』中国石油公司
中国石油公司台湾油礦探勘処編（1971）『台湾石油探勘紀要』中国石油公司台湾油礦探勘処
陳思宇（2002）『台湾区生産事業管理委員会与経済発展策略（1945-1953）―以公営事業為中心的探討』国立政治大学歴史学系
二十五年来之中国石油股份有限公司編輯委員会編（1971）『二十五年來之中国石油公司』中国石油股份有限公司
陸寶千訪問、黄銘明記録（1991）『金開英先生訪問記録』中央研究院近代史研究所
呂建良（2012）「東海油氣田争端的回顧與展望」『問題与研究』51-2：101-132
〈档案〉
外交部档案（中央研究院近代史研究所档案館）『海域石油探勘』档号：11-LAW-00717
行政院美援運用委員会（中央研究院近代史研究所档案館）『行政院米援運用委員会会議記録（六）』档号：31-01-006
経済部国営事業司档案（中央研究院近代史研究所档案館）『各事業単位与外国技術合作情形』档号：35-25-01-344
経済部国営事業司档案（中央研究院近代史研究所档案館）『石油公司与美国海湾石油公司貸款』档号：35-25-18　157
経済部国営事業司档案（中央研究院近代史研究所档案館）『石油公司擬与海湾油公司合作探勘本省油源』档号：35-25-18　203
経済部国営事業司档案（中央研究院近代史研究所档案館）『美国海外石油公司擬来台探勘石油礦』档号：35-25-18　202
経済部国営事業司档案（中央研究院近代史研究所档案館）『美孚莫比油公司及聯合化学公司与我合作組織慕華聯合化学公司』档号：35-25-18　166
資源委員会档案（中央研究院近代史研究所档案館）『生産業務、計畫、統計等』

档号：24-12-55-013-13

資源委員会档案（中央研究院近代史研究所档案館）『中国石油公司：組織、成立、結束』、档号：24-12-55　1

駐日代表団档案（中央研究院近代史研究所档案館）『購審：中日合作煉油；洽購泊輪；調査汽車：詢購漁船；修理重力儀』档号：32-02-416

〈新聞〉

経済日報〈肥料価格及換穀比率偏高　監察院財經委会提案糾正〉（1970年2月19日）第二版

聯合報「降低肥料価格　経部将商細節問題」（1969年4月15日）第二版

聯合報「內銷肥料価格偏高　監察院昨決定糾正促政府設法降低肥料配售価格」（1970年1月30日）第二版

聯合報「慕華公司尿素工廠　美商所佔股票　計画讓售台肥」（1970年10月12日）第二版

〈英語〉

Collison, Kerry B.（2009）In Search of RECOGNITION: The Leo Stach Story. Sid Harta Publishers Pty Ltd.

第 14 章

# 「資源小国」の自給戦略
―― 1930–1950 年代の中国石油産業 ――

萩原　充

## はじめに

　本章の課題は、中国の石油産業および石油の需給構造を総合的に把握することにより、その構造的特質を描きだすことにある。

　現在、中国はアメリカに次ぐ石油消費国であり、世界最大の石油輸入国になりつつある。1960 年代以降、国内油田の開発が進んだものの、消費の伸びに伴い輸入量は増加しており、最近は周辺海域およびアフリカ等の資源開発に乗り出す動きが顕著となっている。

　この背景として埋蔵量の限界があることは言うまでもない。中国の現在の確認埋蔵量は世界の約 1% を占めるにすぎず、その埋蔵地域も多くが辺境に位置している[1]。そのため 19 世紀末より消費量の大半を輸入に依存しており、国内での販売網も外国石油資本（メジャー）の支配下に置かれてきた。

　こうした実態を反映してか、従来の研究では英米資本が中国の石油産業を独占してきた側面が強調されてきた。しかし、中国を単に外国資本の販売市場としてとらえるならば、一面的と言わざるを得ない。中国側（政府

---

1　BP Statistical Review of World Energy（2016.6）http://www.bp.com。1949 年当時の推計埋蔵量（20 億バレル）をみても、世界の 3% 程度であった（申 1988：48-49）。また、その埋蔵も消費地から離れた西北諸省（新疆・甘粛・陝西・青海など）に偏在している。

および民間）はどのように対応したのか、そもそも中国の石油市場はどのような特徴を有しているのか、という視点もふまえつつ、中国特有の発展過程を描きだすことが必要であろう。

　以上の視角に基づき、本章では中国の石油産業に関し、採掘・精製・販売の各部門にわたって示された発展の特徴を明らかにしていく。対象時期は1930～1950年代の約30年間であるが、そのうち戦後国民政府期（1945～1949年）に分析の重点を置きたい。その理由は、石油産業の全部門を網羅する国有の「中国石油公司」の成立にみるように、戦勝によるナショナリズムの高揚のなかで、石油産業の自立的発展が模索された時期であるからである。なお、対象地域については中国大陸に限定し、台湾については必要に応じて触れる程度に止め、第13章に譲ることとしたい。


## 1. 在来油からの転換過程

　最初に輸入量を概観しよう。図14-1は製品別の輸入量の推移を示したものである。まず、灯油は1863年に輸入が開始されて以来、輸入量は激増し、他製品に比べ圧倒的なウェイトを示してきたが、1928年を境に減少に転じている。次に、ガソリンは1930年以降、漸増傾向にあり、1950年代後半には激増している。軽油も時期とともに増加傾向にあるが、年によって増減の振幅が大きい点が特徴である。また、原油は1946年に輸入を開始して以来、1950年代半ば以降、顕著な増加を示している。

　一般的には、最初に輸入が増加する石油製品は照明用の灯油であり、在来の植物油を駆逐しながら増加していくが、やがて電灯の普及により減少に転じる。それに対し、ガソリン・軽油の輸入量は近代工業および交通の発展により増大していくとされる。図14-1をみる限り、中国においてもこうした一般論があてはまるようにみえるが、実際はどうだったのだろうか？

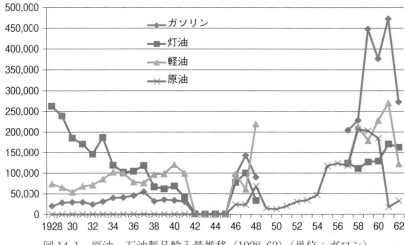

図 14-1　原油・石油製品輸入量推移（1928-62）（単位：ガロン）

出所：1949年までは張叔岩 2001：130-131。1957年以降は友聯研究所 1966：44-45、中国対外経済貿易年鑑編輯委員会 1984。

注：1) 1トンにつき原油（人造粗油を含む）311ガロン、ガソリン 357ガロン、灯油 334ガロン、軽油 322ガロンとして換算。以下、同様。
　　2) 1957年以降の輸入量はソ連からの輸入量を示す。

　灯油輸入が始まるまでは、大豆油・棉子油・落花生油・菜種油といった「土油」（在来油）が照明用原料として使用されており、それらが価格の安い「洋油」（灯油）の輸入により打撃を受けたことは事実である[2]。「石油の出現以来、それまで照明燃料として使用していた豆油は激減した」（河北塩山県、1916年前後）（戴・黄 1999：337）、「洋油は安く、桐茶油よりも明るいので、人々はこれを使用している」（三都澳、1901年）（彭 1962：2巻477-478）、といった地方志の記述にみるように、清末に開港地を中心に灯油が普及したことは明らかである。

　しかし、同じ史料に「僻壌の地ではまだ菜種油を照明灯に使用している」（蘇州、1900年）（彭 1962：2巻477）という記述もあり、1930年代に至って

---

2　1880年前後の漢口・寧波では輸入灯油の価格は在来油の4～5割であった（呉 2001：54）。

も「灯油は農村に入り、民衆の生活物資となったが…（略）…、農村経済の衰退以来、内地の農民は土産の油燃灯を多用する」（韋1934：137）とされている。1935年の調査によれば、灯油を購入している農民は全体の54％であったとされるが（呉2001：37）、逆に言えば、1930年代になっても農民の半数近くが在来油を使用していたことになる。つまり、灯油が普及した地域は都市とその周辺農村であり、奥地の農村では依然として在来油を使用しており、灯油が普及した地域でも、灯油価格は菜種油の価格と連動して上下したことから（鄭朝強2001：147）、在来油との競合関係が続いていたとみられる。

このことは灯油輸入量を日本と比べた際にも明らかである。つまり、中国の灯油輸入のピーク年（1928年）の輸入量は2億6300万ガロンであるのに対し、日本のピーク年（1904年）の輸入量は約8168万ガロン、これに国内精製量を加えると1億ガロン強となる（井口1963：25（統計表）、有沢1960：6（統計表））。日本の約10倍の人口・世帯数を有する中国が輸入量では3倍以下であることは、それだけ人口当たりの灯油消費量が少ないこと、すなわち普及率が小さかったことを示している。

さらに、図14-1によれば、灯油輸入量が1930年代に減少した後、40年代後半から50年代にかけて増加を示している。確かに、先進国では戦後に調理・暖房用燃料が石炭から灯油に転換するが、中国では事情は異なる。1950年代の増大は、人民共和国が進めた植物油の統一買付によるものとされる（友聯研究所1966：50-53）。つまり、政府が食用油を調達するため、植物油を照明用原料として使用することを制限した結果、灯油輸入が一時的に増加したのである。奥地にまで灯油が普及したのはこの時期であったと考えられる。

以上に鑑みるならば、中国における灯油の普及過程は1世紀近くに及ぶものであり、その間は地域によって灯油と在来油が並存していたといえる。このことは灯油の需要が長期にわたって減退せず、価格も他の製品に比べ高止まりしていた要因でもあった[3]。

## 2. 再精製業の勃興

　このように灯油の普及過程が緩慢であるならば、1930年代前半期の灯油輸入の減少が、電灯の普及によるものか否かの再検討が必要となろう。確かに、中国でも電灯は20世紀初頭から普及が進んでおり、上海租界の照明は1910年頃までに電灯がガス灯を凌駕していたが（金丸1993：41）、一般家庭の普及度をみた場合、1927年においても上海の230戸のうち電灯使用戸は7戸にすぎなかった（李文海2005：290）。発電量は1930年代前半期（1930～36年）にかけて約3倍に伸びてはいるものの、1936年の全国の電灯使用戸は全体の1％程度の100万戸にすぎず（李代耕1983：18）、電力の普及度が高かった江蘇省でも、1935年当時の鎮江市の契約戸数は市内の5分の1に止まっていた（郭1985：92）。以上からみるならば、1930年代前半期に灯油輸入が減少する要因として、電灯需要の伸びがあったとは考えられない。

　同様に、1930年代の軽油・ガソリンの輸入増の要因についても再検討がなされるべきである。図14-1によれば、ガソリンは1937年まで増大し続けているのに対し、軽油は1934年を境に減少に転じている。当時の両品目の需要増は、工業発展よりも軍需によるとの見方もあるが[4]、そうだとしても両品目の異なった動きは説明がつかない。

　そこで、別の要因として再精精油が浮上する。再精精油（中国語で土製煤油）とは軽油から灯油成分として抽出した油のことであり、簡易な設備により軽油を沸点まで加熱した後、その蒸気を冷却し、不純物を分離するという手順をとる。この方法により軽油から8割の重量の灯油を採取し得た。主な生産地は広東省のほか、上海および無錫（江蘇省）であった。い

---

3　たとえば、広州市の1947年6月における輸入価格は、軽油がガロン当たり3212元に対し、灯油は8939元であった（陳醒吾1965：23）。
4　1936年の空軍・陸軍のガソリン需要量は総需要量の26.4％を占めていた（孔1983：112）。

ずれも軽油輸入に便利であり、かつ消費地に近いという利点があり、さらに広東省の場合、オイルシェールの採掘業者が市況によって参入するという事情もあった。

また、再精精油の生産が活発になされた時期は、1930年代前半期および戦後初期（1946〜48年）である。生産を刺激した要因として、関税自主権の回復に伴い、灯油の関税が軽油に比べて高められたことがある[5]。それに加え、1930年代前半には銀安による輸入価格の高騰、戦後初期には華北からの石炭供給の途絶により、灯油の消費が工業用燃料に加え、調理・暖房用にも広がったという特殊事情があるが、基本的には灯油と軽油の価格差によって再精製業が勃興するという構図になっていた。

次に、各地の生産の状況をみていこう。まず、広東省では1930年代初頭に160以上の再精製工場が設立されており、そのうち130〜140工場が広州付近に集まっていた。多くの工場の日産量は1500ガロン程度であったが、最大の「興亜廠」の日産量は2万7500ガロンに達していた。ちなみに、同省の総生産量は1933年に3293万ガロンで全省の灯油販売量の71.9％を占めていた（李文海 2010：上冊 90）。

これに対し、灯油の輸入・販売にあたっていた外国石油資本は、軽油の価格を引き上げる、代理商に対し再精製業者に軽油を販売しないように強要する、自らが再精精油に参入し安売りを展開する、といった対抗策をとっていた（鄧 1965：44）。一方、地元政府は再精精油に営業税を課す反面、1缶あたり1元の補助金を出すなどの保護にも努めていたが、外国石油資本の圧力に押される形で、市街地での立地を禁止するほか、月に10トン以上の軽油を処理する業者のみに営業を認めるといった統制を強めていった（張小欣 2011：143）。この結果、1934年以降、操業停止が相次ぎ[6]、1938年には6工場が残るだけであった。

---

5　戦後の数値であるが、ガソリン、灯油が従価50％に対し、軽油18％、潤滑油15％、原油は免税であった（「我国石油征税情形」上海市档案館所蔵档案、以下「上档」と略す、Q41-1-142）。

次に、上海・無錫についてみていこう。上海の再精製業者のうち同業団体の「上海市油脂商業同業公会」に加わっていた業者は 30 社以上にのぼり、その大半は 1947〜48 年に設立されている。そのなかで最大の生産量を有する「上海永大油廠」は 150 人の労働者と 6 つの蒸留鍋を有し、1 万 2000〜2 万ガロンの日産量を有していた[7]。また、無錫でも 38 の再精製業者が同業団体として「煤油業同業公会」を組織しており、灯油に加え、ガソリン・潤滑油・洗浄油などを精製していた[8]。

　さらに、戦後の上海では混入油の精製も横行していた。混入油とは、灯油にガソリンを混入するか、軽油および各種鉱物油をガソリンと混合した液体を灯油として販売したものであり、発火点が灯油より低いため各地で火災などの事故を起こしていた。そのため、上海市政府が販売禁止に乗り出していたが、その際、当局は再精製が軽油の正当な用途を妨げているとして、取締りの対象を再精製業者にまで広げていた[9]。

　これに対し、再精製業者は自らの正当性を主張する活動を展開していった。その主張とは、取り締まるべき対象は混入油業者であり、再精製業に対しては逆に保護すべきというものである。再精製業は労働者 1000 人を擁する新興民族工業であり、灯油を輸入するよりも外貨の節約につながる、というのがその論拠であった[10]。また、先の上海永大油廠は軽油が販売統制により入手難となったことから、中国石油公司に対し配給の便宜を求めていたが、その論拠もまた灯油の国産化が輸入抑制につながるというものであった[11]。

---

6　1934 年下期には 160 の工場のうち、操業しているものは 1 割にすぎなかった（陳允耀 1965：40）。
7　「上海市石油商業同業公会国煉火油廠調査表」（1948.12.17）（上档 S307-1-42）。
8　江蘇石油商業志編纂委員会 2002：上冊、26。広州でも広州市土製煤油業同業公会が組織されている。
9　『申報（上海版）』1947 年 10 月 15 日。
10　『申報（上海版）』1947 年 10 月 18 日。
11　「経済部発資源委員会宛公函」（1946.9.14）（国史館所蔵資源委員会档案、以下「国档」と略す、010-303-0522）。

こうした再精製業者の主張に対し、最終的に国民政府の経済部（経済担当部局）は再精製業の営業を認めるとともに、業界育成に努めることにも同意し、輸入管理委員会に対し軽油配給を命令している[12]。中国石油公司も上海永大油廠の要求に対し、当面は無理としつつも、将来の供給に含みを持たせていた[13]。

　以上から明らかなように、再精製業者は灯油と軽油の価格差を利用して勃興と撤退を繰り返しており、このことが灯油輸入の減少と軽油輸入の増加の要因となっていたのである。

### 3. 国内油田の生産実態

　次に、国内油田での採掘・精製をみると、表14-1に示されるように、1930年代の原油生産量は3万ガロン程度にすぎず、同時期の日本（9000万ガロン）・台湾（200万ガロン）に遠く及んでいないが、1940年代には2000万ガロン、1950年代には1億ガロン以上へ伸びている。中国国内での石油生産は輸入が途絶える戦時期に発展したといえる。

　そこで、油田別に発展過程をみていくと、陝西省延長では清末の一時期に日本人技師が採掘した後、アメリカ石油資本とも合弁契約を締結しているが、本格的な採掘に至ることなく、1935年に移駐した紅軍（共産党軍）の支配下に入っている。また、地元民による採掘がなされていた甘粛省玉門でも、1935年に顧維鈞（駐米大使）らが採掘を計画したが、操業に至っていない。同様に、新疆省の独山子地区でも、清末にロシアの設備により掘削が開始されたが、やがて生産を停止している。また、四川省でも清代より塩井掘削時の副産物として天然ガスが産出されたが、それは製塩用原料に使用される程度であった。

---

12　『申報（上海版）』（1948年3月30日）。
13　「資源委員会発中国石油公司宛代電」（1946.10.29）（国档 010-303-0522）。

表14-1　石油類の国内採掘・精製量の推移

(単位：1,000ガロン)

| 年 | 原油 | 人造石油 | ガソリン | 灯油 | 軽油 |
|---|---|---|---|---|---|
| 1930 | 37 | — | — | — | — |
| 1935 | — | — | — | — | — |
| 1940 | 419 | 3,072 | — | — | — |
| 1942 | 16,607 | 5,377 | 1,905 | 626 | 38 |
| 1944 | 21,839 | 5,126 | 4,042 | 2,261 | 319 |
| 1946 | 22,085 | 868 | 4,302 | 2,215 | 249 |
| 1947 | 16,016 | 3,555 | 3,968 | 1,845 | 247 |
| 1948 | 24,282 | 2,480 | 7,554 | 2,186 | 692 |
| 1949 | 21,763 | 15,581 | 4,811 | 1,308 | 584 |
| 1950 | 30,602 | 31,598 | | | |
| 1952 | 65,528 | 70,068 | | | |
| 1954 | 130,869 | 114,510 | | | |
| 1956 | 175,093 | 186,600 | | | |
| 1958 | 450,950 | 251,910 | | | |
| 1960 | 1,063,620 | 429,180 | | | |

出所：1949年までは申力生 (1988)：135-136、188頁、1950-54年は国家統計局 (1959)、1956年以降は、経済部 (1968)：90。1946〜1954年の人造石油は飯塚 (2003)：23-24。
注：1) 台湾および満洲国を含まない。
　　2) 1946〜54年の人造石油は撫順の頁岩粗油の数値。

このように、西北諸省の一部地域では清末より採掘が開始されていたが、本格的な操業には至らず、進出を図った外国資本も手を引いている。その最大の理由はコスト高にあった。埋蔵量が少ないため油井あたりの噴出量が少なく、さらに生産地域が辺境に位置するため、沿岸に運ぶ輸送コストを加えると、輸入石油に対抗できなかったのである。

しかし、平時には不利な西北諸省も、戦時期には敵に占領されない安全地帯となる。そのため、日本への脅威が強まる1930年代半ば以降、油田開発計画が立案されていく。そのうち、資源委員会（国防建設の実施機関）が立案する「重工業五年計画」（1936年）では、西北諸省の油田開発を進

め、5000万ガロンのガソリン自給を図るとしていた（鄭友揆ほか1991：24）。

やがて、日中戦争の開始とともに、資源委員会が石油開発を本格化していった。甘粛省では1938年に甘粛油鉱籌備処（1941年に甘粛油鉱局と改称）が設立された後、1941年に本格的な採掘が開始された。新疆でもソ連技術者を招いて採掘がなされたほか、西南の四川省でも四川油鉱探勘処が設立され天然ガスの採掘が進められた。

しかし、アメリカからビルマ・インドを経て甘粛油鉱局へ空輸される掘削機は、戦火のため途中で遺失するケースが多発していた（張力1991：497）。また、付設の精油所では主にガソリンを精製していたが、設備は簡易であり、ガソリンの精製効率は2割程度であった。さらに、玉門には貯油設備がなく、精製品は蘭州までトラック輸送を余儀なくされた。一方、新疆ではソ連の合弁化要求を中国側が拒否したこともあり、1943年にソ連が技術者と掘削機を引き上げ、甘粛油鉱局の傘下に入ったものの、ガソリン月産量はかつての2～3日分の2万ガロンに落ちていた（陳延琪1996：42）。

結局、戦時期の石油生産量は表14-1にみるように、確かに急増しているが、表14-2のガソリン生産量をみる限り、戦時期を通じて玉門油田の生産量は人造石油・石油代替品の3分の1強に止まっていた。この生産量に沿岸からの輸入ガソリン（～1941年）、インドから供給されるガソリン（1944～45年）を含めるならば、玉門油田のウェイトはさらに低くなる。

次に、戦後についてみると、重慶国民政府は戦時期より戦後計画を立案していた。そのうち、経済部の「戦後石油工業建設計画綱要」（1943年）では、戦後の需要を7億7000万ガロン（原油換算）としたうえで、4億6000万ガロンの原油生産を計画していた（経済部1943：1-4）。また、中央設計局の「物資建設五年計画草案」（1945.12）においても、5年後の需要予想量を9億5000万ガロン、生産予定量を台湾・東北（旧満洲国）を含め6億7000万ガロンと見積もっている（中央設計局1945：57）。いずれも戦時期の生産量と比べ膨大な計画値である。

これに対し戦後（1946～49年）の生産量は、表14-1にみるように戦時

表 14-2　西南・西北諸省（国民党支配地域）のガソリン類生産状況

（単位：1,000 ガロン）

| 年 | 玉門油田精製量 | % | 人造石油・石油代替品生産量 | % | 合計 | % |
|---|---|---|---|---|---|---|
| 1938 | — | — | 203 | 100.0 | 203 | 100.0 |
| 1939 | 4 | 0.7 | 542 | 99.3 | 546 | 100.0 |
| 1940 | 73 | 2.3 | 3,072 | 97.7 | 3,145 | 100.0 |
| 1941 | 209 | 5.4 | 3,632 | 94.6 | 3,841 | 100.0 |
| 1942 | 1,896 | 26.1 | 5,377 | 73.9 | 7,273 | 100.0 |
| 1943 | 3,036 | 35.1 | 5,618 | 64.9 | 8,654 | 100.0 |
| 1944 | 4,048 | 44.1 | 5,126 | 55.9 | 9,174 | 100.0 |
| 1945 | 3,766 | 24.5 | 11,629 | 75.5 | 15,395 | 100.0 |
| 合計 | 13,032 | 27.0 | 35,199 | 73.0 | 48,231 | 100.0 |

出所：鄭友揆ほか（1991）：95、126
注：人造石油は 1.25 ガロン、石油代替品は 1.5 ガロンをガソリン 1 ガロンとして換算した。

期の水準を大きく超えることはなかった。その理由は、戦時期に各油井の能力を超えて増産した結果、油井の気圧が低下したため、油井の枯渇を防ぐ対策として汲出量を減らしたことによる[14]。その反面、増産策としてアメリカからの器材購入により新油田の探査を進める一方、既存の油田でも新たな油井を掘削した結果[15]、1947 年下半期以降、生産量は増加しているが、国共内戦に伴う交通の途絶により、掘削機の補充が不可能となったため、その伸びは一時的なものであった。

また蒸留設備については、アメリカ企業との契約により蒸留炉の改良がなされる一方、玉門―蘭州間に 800 キロの送油管を敷設するとともに、蘭州に新式精油所を建設し、近く延長される隴海鉄道を通じて全国に輸送する計画が立てられた[16]。

---

14 「中国石油有限公司第三次董監聯席会議議事日程」（1947.1.24）（国档 003-010101-0961）。
15 「中国石油公司三十五年度工作計画」（国档 003-010402-0813）。
16 中国石油公司「西北区第一期建設石油事業計画概要」（国档 003-010301-0222）。

しかし、こうした対策も大幅な増産を可能とするものではなかった。蒸留炉の改良によりガソリンの精製効率は2倍に高められたが、1947年2月以降、熱分解炉が凍結したまま停炉に陥っている。周辺の軍事状況もしだいに悪化した。1948年には内戦による交通の途絶により、各種資材が共産党軍に捕獲・破壊されるケースが多発していた[17]。原油不足も深刻であり、1948年初頭の操業率は約50％にすぎなかった[18]。

　この結果、1948年のガソリン精製量は表14-1にみるように、戦時期に比べ2倍弱の伸びを示しただけであり、同年の輸入量（8943万ガロン）の1割にも達していない。結局、西北の油田は、様々な困難な条件により増産が阻まれていたのである。

## 4. 人造石油・石油代替品

　それでは、人造石油・石油代替品はどうであったのだろうか？　人造石油については、石油埋蔵の乏しいドイツや日本で実用化が進められており、中国でも1930年代以降、豊富な石炭資源および農林産品を用いた人造石油の導入が唱えられていた。その論拠は、沿岸が敵に封鎖された場合、外国からの石油輸入が不可能になるという国防上の必要であった（励1936：29-30；白1937：7）。

　政府もまた外国からの技術導入を図った。実業部はドイツのIGファルベンの水素添加法に注目し、同社に対し専門家・実習生の派遣を打診していた。また、実業部傘下の地質調査所も、アメリカの高圧設備により石炭液化実験をおこなう計画を有していた（工藤2017：616-618）。資源委員会もまた、楽平（江西省）・彭県（四川省）・武岡（湖南省）の3ヶ所に低温乾留法による人造石油工場を建設する計画を立てたほか（中国第二歴史档案

---

17　「中国石油公司発資源委員会宛代電」（1948.3.17）（国档003-010303-0524）。
18　「中国石油公司発資源委員会宛代電」（1948.3.27）（同上档案）。

館 1994：財政経済（5）939）、南京に石炭乾留法および植物油分解の実験工場を建設しており（張叔岩 2001：236）、1937 年 8 月には IG ファルベンと仮契約を締結している。その仮契約は、吉安（江西省）において水素添加法によりガソリンを年間 5 万トン製造するものであり、日中戦争に伴い本契約の締結に至ることはなかったものの、本契約の可能性を残す見地から、期限が来る度に仮契約を延長していた[19]。

　石炭を用いた人造石油は戦時期の奥地諸省において一定の発展をみたが、その大半は技術的に容易な低温乾留法によるものであった[20]。このうち、最大規模を有する北碚（四川省）の工場は約 4 トンの日産処理量を有していたが[21]、大半の設備は試験工場としての域を出るものでなく、量産には至っていない。元来、低温乾留法の石油回収率は 5〜6% とされているが、戦前の試験精製（楽平炭）では 3% 未満であった（陳歆文 2006：247）。そのため、1945 年の生産量は代用ガソリン 6000 ガロン、代用軽油 8000 ガロン程度に止まっていた（中国第二歴史档案館 1997：財政経済（6）309）。

　また、植物油からの精製もなされた。それは桐油・菜種油・落花生油などの植物油を高温で分解した後、分餾・抽出する精製法であり、特に輸出が減少していた桐油にとって新たな需要先となっていた。そのうち、資源委員会等が経営する「動力油料廠」（重慶）では、1941 年に 79 万ガロンのガソリンを生産していた。同様に、兵工署も輸送用の軽油を生産していた。その他、民間企業を含めると、1942 年末までに経済部に登記された植物油煉油廠は 46 廠、その合計生産能力は年間 290 万ガロン（1943 年）に達していたが[22]、実際の生産量(1944 年)は 30 万ガロンであった(李学通 2015：123)。

---

19　工藤（2017：642）。設立地点を湖南一帯とする記述もある(中国石油志編輯小組 1976：928)。
20　小龍潭・和平彝（雲南省）、北碚・犍為・楽山（四川省）、楽平（江西省）に設置されたほか、貴州省にもあったとされる（中国煉油工業編輯委員会 1989：41）。
21　同廠の建設にはドイツ留学の経験を有する技術者が参加している（劉ほか 2003：231）。
22　「重慶区煉油工廠調査報告」（1943）（中央研究院近代史研究所所蔵档案、以下「中档」と略す 18-22-03-062-01）。

次に、石油代替品に関しては、木炭・アルコールが一般的であり、ヨーロッパ諸国では1930年代以降、ガソリンへのアルコール混入が政策的に進められていた。中国でも戦前からサトウキビの副産物の糖蜜を用いたアルコール生産が着目されており、資源委員会は年産400万ガロンのアルコール生産を計画していた。実際に、資源委員会は日中戦争期に四川酒精廠をはじめとする9ヶ所のアルコール工場を経営していた。民間のアルコール工場も設立が相次いでおり、双方の合計は1942年に221工場に達している。生産については1941年にかけて急増した後、1942年以降は原料・資金不足により衰退に向かったとされるが、それでも1943年の生産量は724万ガロンに達していた（鄭友揆ほか1991：99–101）。

　以上からも明らかなように、生産の多くを占めていた精製品は代替品のアルコールであり、人造石油についても技術水準の低い低温乾留法か植物油煉油であった。さらに、その生産は抗戦需要を満たすには絶対的に不足していた。1939年のガソリン需要量は軍政部が保有する軍用車両だけで年間3000万ガロン以上とされるが（張燕萍2008：210）、表14–2の数字をみる限り、輸入が激減する1942年以降のガソリン不足は決定的であった。

　やがて、戦争終結により石油輸入が再開されると、これらの生産は大きく減退し、民間資本の多くも操業中止か、業務転換を強いられている。たとえば、桐油から人造油を精製していた重慶の桐華実業公司は、戦後は上海に移って桐油の輸出業務に転換している[23]。

　日系資産についても同様であった。満洲国の撫順ではオイルシェール工場のほか、石炭液化工場が建設されており、遼寧省四平では、低温タールの水素添加法により年産10万トンのガソリン生産が計画された。精油所が置かれた錦西でも低温乾留法による人造石油工場が併設されており、吉林では四平向けの低温タールを製造していた。さらに、錦州の合成燃料廠では、フィッシャー式ガス合成法による人造石油の試験操業がなされた。

---

23　「桐華実業股份有限公司股東会議記録節要」（1947.3.24）（中档18-23-01-77-05-001）。

このうち、合成燃料廠は戦後に中国空軍が航空用ガソリンを入手するため、操業再開を図ったものの[24]、ソ連により設備撤去もあって復旧は困難であった。同様に、撫順のオイルシェール工場も、生産量は大幅に落ち込んでいた。

しかし、中国元の暴落により輸入が困難となっていく1947〜48年にかけて、人造石油・石油代替品に再び目が向けられるようになる。国民政府がガソリン不足の顕著な西南諸省においてアルコールを使用する方針を示したのもこの時期である[25]。これらの使用がさらに推進されるのは、後述する人民共和国成立以後のことであった。

## 5. 上海精油所計画の挫折

国内の原油生産が少なければ、輸入原油を国内で精製する方式もあり得る。とりわけ第二次大戦後には、戦争被害を被った蘭領インドからペルシア（イラン）へ原油輸入先が転換されるなかで、ヨーロッパ諸国において消費地精製へ転換する動きが強まっていた。日本もまた安価な輸入原油の精製により、経済復興を遂げつつあった。

中国でも、輸入原油の精製については戦前から計画されていた。その計画で精製基地とされた地域は上海近辺であった。稠密な人口を有し、工業化が進展していた長江下流域は石油消費量も多く、原油輸入の便にも恵まれていた。たとえば、道路建設を担当していた全国経済委員会公路処は「発展中国石油工業之計画」（1933年）において、石油輸入量の42%を占める長江下流域に精油所を建設することを提言していた[26]。また、戦後のどの発展計画においても、精油所建設地として江蘇省が含まれていた。

---

24 「経済部発資源委員会宛公函」(1946.6.17)（国档 010-303-0707）。
25 「経済改革実施辦法（工業部分）」(1948.1.15)（中国第二歴史档案館 2000：財政経済 (4) 86)。

上海周辺はまた石油貯蔵設備が集中していた地域でもある。特に、日中戦争期には日系資本の丸善石油、中華出光興産、石油聯合の各社が石油貯蔵設備を建設していた。そのうち出光が建設した上海油槽所は5万トンの貯油量を有する大規模なものであった（橘川 2012：164-166）。

　戦後にこれらの資産は資源委員会甘粛油鉱局によって接収され、「上海煉油廠」と称する機関に改組された。接収した資産は貯蔵設備であり精製設備ではない。それにもかかわらず「煉油廠」（精油所）と称した理由は明らかである。すなわち、資源委員会は接収した貯蔵設備をもとに精油所を建設する計画を有していたのである。その地点は丸善・出光・石聯各社が油槽所を設置した上海浦東の高橋地区であり、資源委員会が「将来、精油の拠点になりうる」[27]とみなした地域であった。その後、資源委員会はアメリカのユニバーサル・オイル（UOP）と精製設備購入をめぐる交渉を進める一方、ニューヨークの駐米技術団に対し中東原油の購入契約を指示している[28]。

　しかし、設備購入をめぐる交渉は不調に終わったことから、国内の既存設備により建設する方針に転じるものの、この方針もすぐに中止される。そして、上海煉油廠の接収資産は国有企業として新設された中国石油公司に統合され、業務も公司傘下の上海営業所に引き継がれる。この時点で、上海での精油所計画は最終的に中止となった（萩原 2017：136）。

　設備購入契約が不成立に終わった理由は定かではない。しかし、外国石油資本は中国側との会談に際し、「中国政府が輸入原油を用いて精製する意図を有していないことの確信を外資側に与えないうちは、外資側は自らの設備を戦前の状態に復旧するための投資を躊躇する」[29]と述べていた。つまり、外国石油資本は石油の供給増と中国国内の貯蔵設備の早期復旧を

---

26　全国経済委員会公路処「発展中国石油工業之計画」（1933.12）（中档 23-24-014-02）。
27　「日本在華所設石油存儲設備情形」（上档 Q41-1-597）。
28　「資源委員会発夏勤鐸宛電」（1945.12.25）（国档 003-010602-0265）。
29　"The Charge in China (Robertson) to the Secretary of States"（1945.11.25），United States. Dept. of State 1945：1357-1358.

求める中国側に対し、上海精油所の計画断念をその交換条件としたのである。設備購入が不調に終わった背景には、こうした外国石油資本の圧力があったと考えられる。

　次に、上海以外についてみていこう。輸入原油を精製する精油所として資源委員会が接収した日系資産は、大連（遼寧）・錦西（同）・高雄（台湾）の3ヶ所である。このうち、大連精油所はソ連との合弁経営が図られたが、1949年までは操業に至らず、錦西精油所もまた、国防部が葫蘆島への普通船舶の入港を制限したこともあり、器材・原料の入手難により復旧が進まないまま、早期に共産党の支配下に入っている。

　一方、高雄精油所（旧日本海軍第六燃料廠）もしばらく操業を停止していたが、UOPとの技術協力契約により、1947年に生産を再開している。高雄精油所については外国石油企業の投資意欲は高く、資源委員会に対し合弁経営を要求していた[30]。輸入原油の精製に反対していた外国石油資本が高雄精油所には積極的であった理由は定かではないが、既存設備の復旧であることから、投資額を低く抑えられるという事情があげられる。さらに、石油製品の販売利益と抵触しないという外資側の読みも指摘できよう。元来、台湾は日本の統治のもとで欧米石油資本の勢力が弱かった地域であった。

　しかし、上海のほうが精油所の立地として優れていることは明らかである。高雄精油所の製品の多くが上海で消費され、その販売価格の18％が輸送コストで占められている以上、上海に建設したほうが望ましいからである[31]。そのため、中国石油公司は高雄精油所の設備の一部を移転し、上海にも精油所を建設する計画を立てていた。

　さらに、中国石油公司上海営業所は1947年1月に1万2835ガロンの灯

---

30　一方、翁文灝（資源委員会主任委員）は台湾の計画は中国の能力の範囲内であるとして、要求を拒絶している（"The Counselor of Embassy in China (Smyth) to the Secretary of States" 1946.7.14, United States. Dept. of State 1946：1378-1379）。
31　中国石油有限公司「新建上海煉油廠計画案」(1948.4.5)（上档 Q41-1-142）。

油を精製していたことが史料から確認できる[32]。販売組織の上海営業所は精製設備を有していない以上、この日産1トン強の灯油は原油からの精製ではなく、史料に「重煉」と記されていることからも、再精精油である可能性が強い。また、共産党の支配下に入った1949年末にも、残存設備を用いて蒸留設備を完成させ、残存原油8000トンを精製している[33]。

　以上から明らかなように、上海での精油所計画は外国石油資本の意向により、挫折に追い込まれていたとは言え、灯油需要が旺盛な現状に鑑み、中国石油公司は応急的な生産方法を用いて精製にあたっていたのである。

## 6. 販売部門への参入

　中国の石油市場は日中戦争期に至るまで外資3企業がほぼ独占していた。市場占有率では、早くから中国に進出した美孚公司（スタンダード石油→スタンヴァック）が1900年代には6割を占めていたが、その後に進出してきた亜細亜公司（ロイヤル・ダッチ・シェル）と徳士古公司（テキサコ→カルテックス）の追い上げにより、1920年代には3社の協議により、美孚45％、亜細亜35％、徳士古20％の販売比率が定められていた。

　一方、中国資本も1920年代以降、販売部門に進出した。たとえば、光華火油公司は1931年以降、ソ連の石油会社との代理店契約によりソ連産石油を廉価販売しており、一時期、国内の販売シェアを2割にまで高めている。しかし、ソ連の石油会社が外資3企業に対抗できずにアジア市場から撤退した結果、石油タンクなどの設備投資を進めていた光華火油公司も多大の債務を負い、その後は美孚・亜細亜公司との委託販売契約により、販売手数料収入を得るだけの存在に陥っている（萩原2018：77-78）。1930

---

32 「中国石油公司上海営業所1月份工作月報」(1947.5.21)（国档 003-010301-0518)。

33 中央財経計画局「石油工業基本情況」(1951.11)（中華人民共和国国家経済貿易委員会2000：1部下巻1486)。その後は原油供給がなく、精製していない。

年代には他にも多くの石油販売会社が設立されているが、いずれも外国石油会社の代理店業務を主としていた。

このように、独立した中国系石油資本がないまま、外資3企業による市場独占は日中戦争に至るまで続いたが、その独占は1946年6月に全額国庫出資により設立される中国石油公司（中国石油有限公司）により打破される。それは、同公司の事業範囲が、それまで資源委員会が進めていた西北諸省の油田採掘、および戦後に接収した台湾・満洲における採掘・精製事業に加え、外国資本が独占してきた販売部門にまで及んだからである。

中国石油公司は貯蔵設備の点においても優位に立っていた。外資3企業の石油タンクの多くが戦争被害を被ったのに対し、中国石油公司は日系資本の油槽所を残存石油とともに接収していたからである。これらの一部は中国海軍などに占拠されていたが、それでも公司の石油貯蔵能力は、美孚公司の206万バレルに次ぐ168万バレルであった[34]。

さらに、同公司は行政面でも支配的な位置にあった。すなわち、戦時期に石油の分配業務にあたった「液体燃料管理委員会」に代わり、同様の権限を有する「油料分配委員会」が公司内部に設置された結果、販売と統制の機能を併せ持つこととなったのである。

他方、外資側は中国石油公司が設立されたことに対し強い危惧を抱いた。スタンヴァックは戦後に国有化政策がとられた東欧諸国の実例に鑑み、アメリカ政府に対し、中国への支援が国有化政策を可能とすることがないように求めるとともに、同公司が販売部門に参入することに同意しない旨を表明していた。また、内部に油料分配委員会を設置した件についても、プレーヤーと審判の双方を兼ねることの不合理性を訴えていた[35]。

これに対し翁文灝（資源委員会主任委員）は、石油需要が増大している中国は、外資にとっても良好な市場であると弁明していた[36]。確かに、中

---

34 "Chinese Petroleum Corporation Its Refining and Marketing Facilities"（国档003-020200-0046）。

国石油公司の販売分の多くが輸入品である以上、スタンヴァックにとって同公司は顧客であり続けた。しかし、実際にはガソリン・灯油の大半をカルテックス、軽油をパシフィック社から輸入しており[37]、高雄精油所が使用する原油についても、外資3企業をはずした競争入札により、アングロ・イラニアン社と供給契約を結んでいる[38]。いずれも中国で高い市場占有率を持つ美孚・亜細亜両公司を避けた選択であることは明らかである。

それでは、中国石油公司は実際にどれだけの販売シェアを保ったのであろうか？　戦後の開放体制のもとで輸入が激増し、法幣相場が下落するなかで、国民政府は輸入品に対する許可制とともに、輸入数量を制限する輸入限度額制を採用した。この制度に基づき、油料分配委員会が外資3企業とともに割当量と販売価格を決定することとなった。

表14-3は各石油製品の公司ごとの輸入割当量を示したものである。ここから明らかなように、外資3企業がそれぞれ15〜30％の配分を得ているのに対し、中国石油公司は1割前後に止まっている。こうした差が生じた理由は、割当量を決める際の基準について、輸入実績を6割、石油貯蔵設備量を4割と定めたことにあった[39]。この算定基準が輸入実績を有しない中国石油公司にとって不利であることは明らかである。

次に、表14-4から公司の地域別ガソリン販売量をみると、販売量の多い地域は大消費地の上海を除けば、生産地である西北の蘭州および台湾であった。蘭州では販売量の約9割が軍事および交通部門に向けられていたが、需要を満たすには至っていない。また、台湾では公司のシェアが1947年には9〜10割を占めており、高雄精油所の精製品に加えて輸入品を供給

---

35　"The Ambassador in China (Stuart) to the Secretary of State"(1946.8.13), United States. Dept. of State 1946：1382-1383.
36　"The Ambassador in China (Stuart) to the Secretary of State"(1946.8.26), *Ibid.* pp. 1383-1385.
37　「中国石油有限公司三十六年度工作報告」7〜9表（国档 003-010101-0964）。
38　"The Secretary of State to the Ambassador in China (Stuart)"(1946.10.29), United States. Dept. of State 1946：1390.
39　前掲 "Chinese Petroleum Corporation Its Refining and Marketing Facilities"。

表14-3　石油輸入限度額に基づく各石油会社の配分比率（1947年）

(単位：米ドル、％)

|  | ガソリン | 灯油 | 軽油 | 潤滑油 | 潤滑脂 |
|---|---|---|---|---|---|
| 輸入限度額 | 9,000,000 | 10,650,000 | 21,730,000 | 3,610,000 | 275,000 |
| 美孚 | 30.0 | 31.3 | 25.6 | 30.1 | 39.4 |
| 亜細亜 | 27.8 | 32.2 | 33.3 | 11.7 | 4.3 |
| 徳士古 | 23.8 | 15.8 | 15.8 | 31.0 | 39.6 |
| 中国石油 | 10.2 | *1.4 | 11.9 | 8.6 | 9.0 |
| その他 | 8.2 | 19.3 | 13.4 | 18.6 | 7.7 |

出所：「中国石油有限公司三十六年度工作報告」第6表（国史館所蔵資源委員会档案　003-010101-0964）。
注：＊第3期（1947年10-12月）以降、配分枠が与えられた。

していたが、それでも需要に応じきれず、1948年には2割のアルコール混入が開始されたほか[40]、灯油は郷鎮・保甲ごとの配給制度がとられた。

　一方、その他の地域では一般の需要を満たすには至らなかった。外資3企業が全国にわたる代理販売網を形成していたのに対し、中国石油公司は直接販売制度を採用し、ガソリン・軽油は配給方式をとっていたが、実際には軍事・政府機関への配分が主であり、灯油についても需給が逼迫していた上海では公務用途のみに配分されていた。

　結局、中国石油公司が民間の需要に応じることには限界があった。各地の業界団体からは同公司に対し、公定価格での供給を求める要請が相次いでいたが[41]、公司はこれらの要求に応じることができず、その結果、一般の需要者は外資企業の代理商による市場操作により、高値での購入を余儀なくされていた。要するに、中国石油公司は、産油地および台湾では市場

---

40　「中国石油有限公司三十六年度決算報告」（国档 003-010101-0965）。
41　史料によれば、煮沸用軽油が高騰している窮状を訴える蚕糸業同業公会、電力不足からガソリンエンジンに転換した製粉業者、さらに外資企業から闇価格での燃料購入を強いられている広州の輪船協会が、公司に対し公定価格での配給を求めていた（国档 003-010303-0522）。

表14-4 中国石油公司の営業所別ガソリン販売量

(単位1,000ガロン)

| 年(月) | 1946 (6–12) | 1947 (1–5) | 1947 (6–10) | 1948 (4–9) |
|---|---|---|---|---|
| 上海 | 3,156 | 2,468 | 2,651 | 5,429 |
| 天津 | — | — | 382 | 1,183 |
| 重慶 | 16 | 52 | 125 | 377 |
| 漢口 | 1 | 110 | 823 | 736 |
| 蘭州 | 2,248 | 976 | 1,732 | 12,887 |
| 南京 | — | 136 | 447 | 1,327 |
| 広州 | — | 81 | 364 | 807 |
| 青島 | — | — | 347 | 960 |
| 台湾 | 984 | 1,516 | 2,316 | 10,943 |
| その他共計 | 6,405 | 5,339 | 8,655 | 34,680 |

出典)「中国石油有限公司第三次董監聯席会議議事日程」付表3A（国史館所蔵資源委員会档案)、「中国石油有限公司第四次董監聯席会議記録」付表2（同上)、「中国石油有限公司三六年六至十月工作報告」付表2（同上)、「中国石油公司三十七年四至九月工作概略」第10表（同上)。

を独占する立場にあったが、地域内での需要を満たすには至らず、その他の地域では、先発の外資企業の壁を打ち破ることができなかったのである。

## 7. 1950年代の展開過程

人民共和国成立以後、中国石油公司は燃料工業部（1955年以降、石油工業部)の各石油（油田)管理局として再編成される一方、外資3企業は軍事管制委員会の接収を受け、中国から撤退した。他方、経済復興に伴い石油需要が増大しており、その需要を満たすためには国内での増産が急務とされた。その際の基本方針とされたのが、既存設備の復旧と活用であった[42]。

投資額が限られている状況のもとで、既存設備を最大限に活用する他はなかったのである。その既存設備とは、西北の油田設備および東北の人造石油であった。

　このうち、どちらを重視すべきかが次の問題となった。中国で指導にあたったソ連技術者はオイルシェールを含めた人造石油の増産を主張した[43]。中国では天然石油だけで需要を満たすことが不可能であり[44]、現在の条件において人造石油の生産コストは天然石油よりも高くはない点[45]、がその論拠であった。一方、中国側担当者は、人造石油の必要投資額は多額であり技術的にも困難な反面、生産量は少ないとして、西北の油田開発を重視すべきとしていた[46]。結局、最終的に中国側の主張が容れられ、「天然石油を主とし、有利な条件下で人造石油廠を回復する」方針のもとで[47]、西北の油田に資金・人力が集中されることになる。

　しかし、その増産が順調に進んだわけではなかった。戦時期の無理な採掘の結果、各油井の油量が減少しているうえに、油井の復旧に積極的でなく、盲目的に新たな井戸を掘削していた[48]。また、大量に増産し得たとしても、鉄道などの交通が整わなければ、他地域に販売することができなかった。そのため、第一次五ヵ年計画の最終年（1957年）における原油生産計画量（220万トン）に対し、実績値は150万トンに止まっていた。その反面、需要量は1950年から1957年にかけて、31万トンから320万トンへ10倍以上の伸びを示しており、不足分はソ連・東欧諸国からの輸入に依存していた。

---

42　徐総「燃料工業的当面工作」（1950.6）（中国社会科学院ほか1989：755）。
43　莫謝耶夫「対"中国西北天然石油産地開採草案"的意見」（1951.8.14）（中国社会科学院ほか1996：765）。
44　扎布羅金「論中国油母頁岩工業発展的可能性」（1952.2.19）（同上書：771）。
45　同「対発展東北人造液体燃料工業及石油工業的幾点意見」（1952.5.22）（同上書：769）。
46　習仲勛「関於西北石油勘測研究結果和開採意見的報告」（1951.5.27）（中国社会科学院ほか1989：761-762）。習仲勛は当時、中共中央西北局第二書記。
47　中央財経経済局「石油工業基本情況」(1951.11)(中華人民共和国国家経済貿易委員会2000：1部下巻、1489)。
48　燃料工業部「1951年工作総結与1952年工作要点」（同上書：1311）。

一方、人造石油については、撫順のオイルシェール工場が残留日本人技師も加わり復旧を進め、1952年からは航空燃料も生産していた（飯塚 2003：24）。錦州の合成燃料廠も1951年から生産を開始したほか、綿西工場でも1954年から復旧工事が開始されており、1958年には技術協力協定により東ドイツの技術者2人が技術指導のために来訪している（中国煉油工業編輯委員会 1989：57-59）。

　結局、1952年には撫順のオイルシェール工場の生産量だけで全国原油生産量の51.6％を占めており、これを含む人造石油の生産量は50年代半ばまで天然石油の生産を上回っていた[49]。

　そうした実態を反映してか、1956年以降、石油に対する方針に微調整が加えられる。それが「天然石油を主としつつも、積極的に人造石油を発展させる」という方針である[50]。この方針のもとで広東省の茂名オイルシェール工場の建設が決定される。同工場は建設費が膨大なため、建設の是非が問われてきた。当時、開発が進められていた新疆の克拉瑪依油田が精油所を含め10億元であるのに対し、同工場は13億元近くを要したからである。しかし、建設が決定された背景には、絶えず新たな油井を掘る必要がある油田に比べ、創業後の投資が少ないため、原油1トン当たりの投資額は長期的にみると少額ですむという読みがあった[51]。

　さらに、各地に小型の人造石油工場も計画された。計画では1958年に500〜700工場、1959年には2000〜3000工場の建設、および200万トン以上の生産量を見込んでいた。生産方法は、石炭を積み上げ周囲をレンガで密封したうえで上面に点火し、下方から出るガスを冷却してできた原油を蒸留するという簡易なものであり、年産300トンの小型工場の建設期間は18日ほどであった[52]。また、その製品は人民公社のトラック、トラクター

---

49　1955年の原油総生産量（96.6万トン）のうち、人造石油生産量は56％にあたる54.3万トンであった（《当代中国》叢書編輯部 1987：43）。

50　国家計画委員会「国民経済十五年遠景計画綱要」（1956.2.16）（中華人民共和国国家経済貿易委員会 2000：2部下巻、1356）。

51　国家計画委員会「関於石油工業問題」（1957.3.7）（中国社会科学院ほか、1998：1067）。

燃料などの消費に回されたほか、他地域にも販売されているが、高コストを補うため、政府は各地の販売部門に対し優遇価格で購入するよう指示していた[53]。

こうした土法煉油は1958年に2万トン、1959年に10万トンが生産されたが、劣悪な品質のため、1年後に正常に操業していたものは400工場にすぎなかった（篠田1966：22）。まさに、土法高炉による鉄生産と同じ運命を辿ったといえる。

このように、1950年代を通じて石油の増産が叫ばれたが、その主体となったのは、接収した西北油田と日系資産を除けば、各地に分散した在来型の土法生産であった。

## おわりに

中国では灯油から電灯への転換過程が緩慢なため、長期にわたって灯油の需要が減退することなく、他の石油製品に比べて高価格を維持してきた。そのため、外国石油資本にとって中国は世界最大の灯油市場であり続けた。その一方で、植物油などの在来油との競合は根強く続いており、「土製煤油」と呼ばれる再精精油もまた、輸入灯油にとって強力な対抗商品であった。つまり、中国の灯油市場は、在来油、輸入灯油、再精精油という3者が、それぞれ熾烈な価格競争を展開しつつ競合する場であった。

そうした市場を近代的に再編する動きは中国政府にもみられた。国民政府は石油の自給を図る見地から、西北諸省の油田開発を計画した。また、外資に対抗して販売部門に参入する中国資本も出現した。とはいえ、こうした試みには困難が伴った。西北の油田が沿岸の消費地に市場を見出すの

---

52　国家経済委員会党組「土法煉油大有何為」（1958.6.21）（中華人民共和国国家経済貿易委員会2000：2部下巻、1441-1442）。

53　「商業部、石油工業部発各省（市）区商業庁（局）、等宛信」（上档B76-3-300-33）。

は難しく、外資から独立した中国資本が育つこともなかった。確かに、第二次大戦後には国有の中国石油公司が設立され、それまで外資が独占していた販売部門に参入するものの、その成果は限定的であり、輸入原油を精製する精油所新設もまた外資の意向によって阻まれた。国民経済を維持するために海外から石油を確保する必要性と、外資を規制して民族資本を育成する方向性は両立し難かったのである。

　もし中国に自立的な石油産業が確立する可能性があったとすれば、それは日中戦争期であろう。経済的に不利な西北の油田も、戦時には攻撃を受けにくい安全地帯であった。そのため、政府も本格的な開発に乗り出していく。とは言え、実際に後方の戦時需要を満たしていた存在は、人造石油・石油代替品であった。これらはドイツのフィッシャー法や水素添加法による石炭液化とは異なり、必要とされる技術レベルは低く、石油代替品を含め地元の産物を原料に充てることができた。そのため、輸入が途絶する戦時期だけでなく、準戦時体制下にあった1950年代においても、天然の石油を補完する存在であり続けたのである。

　従来の研究では、西北の油田が対日抗戦力として果たした役割、および人民共和国の「自力更生」による油田開発に対し、高い評価を与えてきた。もちろん、それらが一定の意義を有したことを否定することはできない。しかし、平時には再精精油、戦時には人造石油・石油代替品といった半近代的な精製法も地域的需要を満たした存在であり、それらを政府が支えてきたことも看過すべきではないだろう。それこそが「資源小国」としての中国が採用した自給戦略のひとつであった。

## 参考文献

（日本語）

有沢広巳編（1960）『現代日本産業講座　Ⅲ　エネルギー産業』岩波書店

飯塚靖（2003）「満鉄撫順オイルシェール事業の企業化とその展開」『アジア経済』44-8

井口東輔編著（1963）『日本石油産業発達史』交詢社出版局

金丸裕一(1993)「中国「民族工業の黄金時期」と電力産業」『アジア研究』39-4
橘川武郎(2012)『日本石油産業の競争力構築』名古屋大学出版会
工藤章(2017)「IGファルベンの中国戦略―戦争準備と人造石油」田嶋信雄・工藤章編『ドイツと東アジア―1890-1945』東京大学出版会
篠田信男(1966)『石油産業にみる中国の自力更生』朝日新聞調査研究室報告
萩原充(2017)「上海精油所の謎 1945-1949年―はたして建設されたのか」『(釧路公立大学)社会科学研究』29
萩原充(2018)「光華火油公司に関する一考察―中国のある民族系石油資本の「挑戦」」『(釧路公立大学)社会科学研究』30
友聯研究所主編(1966)『中共の石油工業』綜合研究所

(中国語)
韋鏡権(1934)「英美俄之石油戦與我国之国計民生」『東方雑誌』31-14
郭孝義(1985)「三十年代鎮揚地区的英美石油公司」『民国档案』1985-2
経済部(1943)『戦後石油業建設計画綱要』(中国国民党中央委員会党史委員会所蔵)
経済部編(1968)『大陸石油工業現勢』
孔慶泰(1983)「国民党政府時期的石油進口初探」『歴史档案』1983-1
江蘇石油商業志編纂委員会編(2002)『江蘇石油商業志』江蘇古籍出版社
国家統計局編(1959)『偉大的十年』人民出版社
呉翎君(2001)『美孚石油公司在中国(1870-1933)』稲郷出版社
申力生主編(1988)『中国石油工業発展史 2巻』石油工業出版社
戴鞍鋼・黄葦主編(1999)『中国地方志経済資料彙編』漢語大詞典出版社
中央設計局編(1945)『物資建設五年計画草案(提要)』
中華人民共和国国家経済貿易委員会編(2000)『中国工業五十年』中国経済出版社
中国社会科学院ほか編(1989)『中華人民共和国経済档案資料選編 1949-1952 基本建設投資和建築業巻』中国城市経済社会出版社
中国社会科学院ほか編(1996)『中華人民共和国経済档案資料選編 1949-1952 工業巻』中国物資出版社
中国社会科学院ほか編(1998)『中華人民共和国経済档案資料選編 1953-1957 工業巻』中国物価出版社
中国石油志編輯小組(1976)『中国石油志』中国石油股份有限公司
中国対外経済貿易年鑑編輯委員会編(1984)『中国対外経済貿易年鑑』中国対外経済貿易出版社
中国第二歴史档案館編(1994)『中華民国史档案資料彙編 5輯1編 財政経済』

江蘇古籍出版社
中国第二歴史档案館編（1997）『中華民国史档案資料彙編　5輯2編　財政経済』江蘇古籍出版社
中国第二歴史档案館編（2000）『中華民国史档案資料彙編　5輯3編　財政経済』江蘇古籍出版社
中国煉油工業編輯委員会編（1989）『中国煉油工業』石油工業出版社
張燕萍（2008）『抗戦時期国民政府経済動員研究』福建人民出版社
張叔岩編著（2001）『20世紀上半葉的中国石油工業』石油工業出版社
張小欣（2011）『跨国公司與口岸社会─広州美孚、徳士古石油公司研究』暨南大学出版社
張力（1991）「陝甘地区的石油工業、1903-1949」中央研究院近代史研究所編『中国現代化論文集』
陳歆文編著（2006）『中国近代化学工業史』化学工業出版社
陳延琪（1996）「近代新疆石油工業的三次盛衰」『西域研究』1996-4
陳允耀（1965）「煤油洋商勾結陳済棠扼殺土製煤油業」『広州文史資料』16輯
陳醒吾（1965）「抗日戦争勝利後代理美孚火油回憶」『広州文史資料』16輯
《当代中国》叢書編輯部編（1987）『当代中国的石油化学工業』中国社会科学出版社
鄭朝強（2001）「亜細亜火油公司在我国的始末」『上海文史資料存稿彙編・工業商業』上海古籍出版社、7巻
鄭友揆他（1991）『旧中国的資源委員会─史実與評価』上海社会科学院出版社
鄧衍彬（1965）「陳済棠開征煤油販売営業税」『広州文史資料』16輯
白徳甫（1937）「現段階中国石油問題」『新建設』4-10
彭澤益編（1962）『中国近代手工業史資料（1840-1949）』中華書局
李学通（2015）『抗日戦争時期後方工業建設研究』団結出版社
李代耕編（1983）『中国電力工業発展史料─解放前的七十年（1879-1949）』水利電力出版社
李文海主編（2005）『民国時期社会調査叢編　城市（労工）生活巻』福建教育出版社
李文海主編（2010）『民国時期社会調査叢編（2編）近代工業巻』福建教育出版社
劉立范他主編（2003）『中国石油通史　巻二』中国石化出版社
励伯雄（1936）「中国石油問題之厳重性與解決途径」『新中華』4-14

（英語）

United States. Dept. of State (1945) *Foreign Relations of the United States, Diplomatic Paper*, Vol. 7

United States. Dept. of State (1946) *Foreign Relations of the United States, Diplomatic Paper*, Vol. 10

論評

◆本稿は、本書の元になった研究プロジェクトの成果発表として、政治経済学・経済史学会秋季学術大会において主催したパネル・ディスカション、「戦後東アジア社会経済の再編成と石油産業」（2016年10月22日、立教大学）の発表、および第Ⅲ部の論文に寄せられたものである。

## 東アジア石油産業史研究の扉を開ける第一歩

橘川武郎

　本書第Ⅲ部のうち堀論文（第11章）は、部全体の基軸となるものである。したがって、本稿では、堀論文へのコメントに重点をおく。堀論文が基軸的な意味合いをもつことは、①日本のエネルギー供給構造の変化に関し、石油に軸足を置いて、長期にわたって分析している、②日本のみならず東アジアや欧米の状況にも言及している、③そのなかで注目すべき仮説を提示している、などの点から見て明らかであろう。

　①について言えば、堀論文は、1910～70年代を分析対象としている。主として1950～60年代を論じる林論文（第12章）や洪論文（第13章）、1930～50年代に目を向ける萩原論文（第14章）に比べて、堀論文の視野は長期にわたる。

　②について見れば、堀論文は、日本だけでなく中国・韓国・台湾のエネルギー供給構造も取り上げ、部分的には欧米との比較も行っている。これに対して林論文は韓国、洪論文は台湾、萩原論文は中国に対象を限定し、基本的には1国ないし1地域の分析を行っている。

　しかし、①や②は、堀論文のいわば「外形的」な特徴に過ぎない。堀論文の最大の特徴は、③の点、つまり魅力的な仮説の提示に求めることができる。評者（橘川）が斬新さの観点から注目するのは、

(1)　東アジア（韓国と台湾）では、日本が第二次世界大戦以前の時期に作り上げた、国内の石炭の供給不足を重油の輸入で補完するという「エネルギー供給と工業化との結合」の仕組みが有効に作用し、それが継起的なエネルギー流体革命の発生を可能にして、ひいては急速な工業化につながった。
(2)　日本において消費地精製方式が早期に普及定着していたことは、東アジ

アの政府(韓国政府と台湾政府)が国内に石油精製企業をつくるという意思決定を下すうえで、大きな意味をもった。

という2つの仮説である。これらの仮説は、1国1地域の枠を超えた東アジア石油産業史研究の可能性を示唆するものであり、きわめて魅力的である。

大産炭地・筑豊に近い福岡県・赤間で生まれた出光佐三が、1907年に神戸高商へ提出した「筑豊炭と若松港」と題する卒業論文のなかで、石炭に対する石油の優位性をすでに強調していたことは、(1)の仮説の有力な傍証となる。日本・台湾・韓国に続いて急速な工業化を実現した中国もまた消費地精製方式を採用するにいたったことは、(2)の仮説と親和的であるかもしれない。これらの仮説が魅力的であることは、間違いない。

一方で、これらの仮説がまだまだ荒削りであり、さらなる検証の余地があることも、否定しがたい事実である。

(1)の仮説にもとづき、堀論文は「戦後の日本においては、産業界の石油への転換という選択の方向性は確立されて」いたと書いているが、この認識は史実に必ずしも合致しない。戦後復興の出発点となった「傾斜生産方式」が石炭と鉄鋼とのキャッチボールであったように、あるいは高度経済成長の重要な条件となった電源の火主水従化が新鋭石炭火力発電によって牽引されたように、戦後の日本において産業界が選択したエネルギー源は、まずは石炭であった。その後、1950年代末から1960年代にかけて大きな転換が進行し、エネルギー流体革命が生じるとともに、火力発電用燃料の油主炭従化が進んだのである。(1)の仮説は、史実に即して精緻化される必要がある。

(2)の仮説が指摘するように、東アジアで消費地精製方式が広く採用されたことは注目すべき事実である。しかし、それは、日本というモデルが存在したからだと言えるだろうか。第二次大戦は、世界の石油供給構造を根本的に変えた。カントリーリスクが高い中東諸国が「世界の原油供給源」として一挙に前面へ躍り出たため、メジャーは、従来の生産地精製方式から消費地精製方式に大きく舵を切った。韓国・台湾における消費地精製方式の採用は、日本をモデルにしたわけではなく、戦後の国際石油市場の変化を反映した判断だったのではあるまいか。こうみなした方が、林論文や洪論文の内容とも整合的である。いずれにしても、(2)の仮説は、それが事実であるとすれば、東アジアにおける石油産業の国際的連関に新たな角度から切り込む、きわめて魅力的なものとなる。今後のエビデンスの収集、提示に期待したい。

なお堀論文は、日本が早くから消費地精製方式を採用した理由について論じる際に、戦前日本石油市場の中進性を強調した評者の所説を批判している。しかし、そこで堀論文が論拠としてあげる重油のウエートの大きさは、むしろ、戦前日本石油市場が中進性を有していたことの証左となる。顕著な重油比率の高さと一定程度のガソリン比率の高さで特徴づけられる日本市場は、ガソリンの比率が先進国市場に比べれば低く後発国市場に比べると高かった点で、あるいは灯油の比率が先進国市場に比べれば高く後発国市場に比べると低かった点で、まさに中進的だったのである。

　林論文は、1950年代から1960年代にかけて進行した韓国石油精製業の成立過程に光を当てる。分析対象として取り上げるのは、韓国石油株式会社設立の試みとその失敗、および大韓石油公社の設立と同社へのガルフオイルの資本参加という、2つの事象である。

　林論文が目を向ける中心的なプレイヤーは、韓国政府と米国のオイルメジャーである。同論文で詳しく論じられるガルフオイルは、当時、「セブン・シスターズ」の一員に名を連ねていた、米国系メジャーだった。

　一連の検討を終えたのち林論文は、1970年代以降の韓国石油精製業の展開を概観する。それは、韓国政府とメジャーの後退ないし撤退、および財閥系を中心とする国内民間資本の台頭、と要約することができる。つまり、戦後出発した韓国石油精製業の歴史は、政府とメジャーによる第一幕と、国内民間資本による第二幕とからなる、二部構成をとってきたと言える。林論文を読んで、第一幕から第二幕への転換がどのように進行したかを知りたいと、強く思った。今後の研究の進展に期待したい。

　洪論文は、1950～70年の時期における台湾石油産業の動向を、石油採掘等の上流事業および石油精製等の下流事業の双方に目配りしつつ、バランス良く論じている。下流事業に限って言えば、洪論文が注目するのは、①中国石油公司による高雄精油所の設備更新と、②慕華聯合化學公司による化学工業の開始とである。これらはいずれも米国系メジャーの技術的・資金的支援によって実現したが、支援を行ったのは、①についてはガルフオイル、②についてはモービルオイルであった。

　ここで注目したいのは、韓国のケースに続いて台湾のケースにおいても、ガルフが積極的にコミットした点である。「セブン・シスターズ」に名を連ねた5社の米国系メジャー（エクソン、モービル、ソーカル、テキサコ、ガルフ）

のうち、戦後の日本で盛んに行われた石油企業の外資提携の当事者とならなかったのはガルフだけである。そのガルフが、韓国と台湾では、きわめて積極的に行動した。この事実は、日本、韓国、台湾をばらばらに見ていたのでは、東アジアにおけるメジャー間の競争の全体像を把握できないことを意味する。林論文と洪論文を合わせて読むと、東アジア全域を視野に入れた石油産業史研究の重要性を実感することができる。

②の慕華聯合化學公司による化学工業に関して興味深いのは、それが天然ガスを原料としていた点である。今日、台湾プラスチックグループに代表されるように、台湾の石油化学工業は、高い国際競争力を誇っている。台湾の化学工業は、どのようなプロセスを経て、ガス化学から石油化学へ姿を変えたのか。洪論文の続編に期待したい。

萩原論文は、1930〜50年代の中国石油産業の変遷をあとづけている。視野は上流事業から下流事業にまで及ぶが、下流事業に限って言えば、1930年代前半〜48年の再精精油の製造、1930年代後半〜45年の人造石油の開発、1945〜49年の上海における消費地精製計画とその挫折、という3つの事象について詳しく分析している。なお、再精精油とは、「軽油から灯油成分として抽出した油」のことである。

これら3つの事象のなかで、堀論文の（2）の仮説との関連で注目されるのは、中国石油公司が上海で計画した精油所建設計画＝消費地精製計画が実現にいたらなかった点である。その原因は、外国石油資本が上海精油所建設計画に協力しなかったことにある。洪論文が明らかにしているように、同じ中国石油公司が進めた台湾の高雄精油所更新計画は、外国石油資本の協力を得て実現をみた。一方、上海精油所建設計画は、それとは対照的な経緯をたどった。その理由について萩原論文は、「定かでない」としたうえで、いくつかの推論を展開している。

評者は詳しい事情を知らないので、まったくの「当てずっぽう」に過ぎないが、共産党が力を強める中国本土と、海を隔てた台湾とでは、外国石油資本にとってのリスクの大きさが違っていたのではあるまいか。現実に1949年10月に中華人民共和国が成立して以降、中国本土では外資企業の接収が進んだ。そもそもメジャーが生産地精製方式から消費地精製方式に転換した大きな理由の1つはリスクの回避にあったわけだから、それが、上海精油所への非協力と高雄精油所への協力という形で表れたとしても、不思議ではないのである。

ここまで、『"世界の工場"への道』の第Ⅲ部「戦後東アジア社会経済の再編成と石油産業」に寄せられた4編の論文について、概要を説明するとともに若干のコメントを加えてきた。最後に全体的な感想を述べれば、「東アジア全域を視野に入れた石油産業史研究には大きな可能性がある」、ということになる。それは、1国（例えば日本、韓国、中国など）ないし1地域（例えば台湾など）だけを対象にした石油産業史研究が気づくことのなかった、新たな視座をもたらすことであろう。4論文は、東アジア石油産業史研究の扉を開ける第一歩を刻んだのである。

## 戦後石油精製技術と日本賠償

浅野豊美

　資源がない東アジアにエネルギー多消費産業が生まれた背景を政治的にたどっていくと、第二次大戦後の賠償政策によって日本の石油精製産業が東アジアにばらばらに分散配置されようとした資本賠償計画の存在に行き当たる。第二次大戦後の賠償政策においては、第一次大戦の教訓を踏まえ、金銭による賠償ではなく、石油精製設備等をその重要な一部とする工場設備群を移動させるという資本賠償が予定されていた。この資本賠償によって、旧植民地地域の生活水準を一気に引き上げるに足るような工業基盤を建設し、米ソ合同委員会の下に統一朝鮮を工業化するとともに、中華民国をも共産党と国民党の内戦を停止せしめることで国連常任理事国にふさわしい大国に急速に育成することが、アメリカの旧日本帝国への賠償政策の本質であった。それは文字通り、帝国の地域への再編というべきものであった（浅野 2010；2013）。
　しかし問題は技術移転の困難さと冷戦の拡大、さらには反日感情の各地での激発、日本側の影響力温存のための政治工作等にあった。初期の計画としては、日本人技術者を留用することで、現地に日本本土から移転された石油を含む重化学工業設備を設置する計画であったものが、ソ連軍による旧満洲の略奪、38度線による分断、中国での内戦発生、南朝鮮からの日本人の一斉追放による日本人技術者喪失によって、その計画が機能しなくなったのである。
　さらに、1947年2月の台湾での228事件や翌年4月の済州島での人民蜂

起事件に象徴されるように、農業生産が混乱して肥料がないために食糧不足が深刻化する中、賠償政策は大きく転換され、一定の生活水準以上に対応した日本の重化学工業基盤を余剰生産設備とみなして、それをばらばらにして周辺地域に運ぶのではなく、むしろ、日本の工業基盤を強化することで経済復興を一気に進め、それをアジアの工場として活用するという路線、いわゆる逆コースが既定の路線となっていったのである。

　東アジアの工業化は、この時点で延長された周辺地域への重化学工業設備が、戦後日本の経済復興に比例する形で、しかも経済協力という形の技術協力と商業的メカニズムが働くことによって、米国の援助に代わって徐々に周辺地域に向けてゆっくりと技術と共に移転されていった過程とみなすことができる。

　こうした観点から韓国と台湾での石油工場建設計画も見ることができる。韓国においては、1960年代まで薪炭が6割、無煙炭が3割というエネルギー比率で、燃料総合五カ年計画も国内の無煙炭を使うという前提であったものが、李承晩政権下の1954年に石油精油工場建設推進委員会が作られ、蔚山石油工場建設計画が作られ外資との接触が始まったという指摘は、民族工業基盤を石油精製設備も含めて作ろうとした努力の存在をうかがわせるものとして興味深い。しかし、韓国石油が創立されたのは5年後の1959年であり、しかも翌年4月にはそれが外貨不足ゆえに挫折したことが指摘されているように、高度な技術を移転し、しかもそれを社会全体の産業化と結合して推進することなしに、それは不可能であった。

　ようやく、1962年に世界的な原油過剰という状況の中で、韓国へのメジャーの資本参加が決定され、外資導入交渉委員会が機能して大韓石油公社が作られたことは、日本の影響を受けないような配慮が朴政権のもとでも働いていた証拠といえよう。しかし同時に、1962年の時点では、既に朴正煕政権が成立して1961年11月に日本と米国を林正煕自らが訪問していたことを想起すると、こうした石油メジャーの韓国における石油国営企業への資本参加は、日本からの借款を主要な原資とする外資導入に向けた枠組みが、近い将来に作られることが確実になった状況をメジャーが十分に認識した上で、初めて可能となったとみなすこともできるように思われるのである。

　他方、台湾のほうでは、戦前の日本海軍の高雄石油精製工廠を中華民国が接収した後には、それを改組して、中国石油公司が作られた。台湾では、1953

年以来、ガルフというアメリカの石油会社から専門家を招いて高品質化が行われていたが、外資不足に直面しながらも、石油の掘削は日本の戦前の知識や人脈までも動員して行われたという点が対照的である。現地に適した技術という点で日本の技術の利用は、中国国民党によってためらいなくメジャーの技術と組み合わされ、利用されたと言えよう。実際、中国石油公司のスタッフは、レオ・スターチというGHQの天然資源局石油課長が台湾について書いた報告書をもとに、メジャーとの葛藤を抱えつつも、かつて台湾で働いたことのある日本人技術者を招くべしとして、帝国石油の関谷英一等を招いた。また微生物学鑑定法が伝えられたこと、および天然ガスから尿素工場建設による肥料生産という多角化が行われた点も、きめ細かな日本の技術が中華民国のもとで花開いた例として興味深い。しかし、台湾と対照的に戦後の独立韓国は、GHQからの再三の推奨にもかかわらず、日本人技術者の導入を拒否し、むしろアメリカからの技術導入にこだわったのである（浅野2014）。

　日本が戦前に消費地精製主義を実践し、メジャーという元売会社と提携しつつ付加価値の高い石油精製産業を生み出していったモデルが、こうした日本からの技術移転を媒介とするビジネスモデルの拡散とあわせて、日本との国交正常化後の東アジアに拡大され、それがさらに、共同精製による収益増大という市場原理、および、冷戦下にアメリカが指導した各地での生産性本部設置とその連携による生産性向上運動、さらに対等な関係を夢見る新興国のナショナリズム（本書、拙稿参照）と結びつくことで、エネルギー多消費産業が東アジア全域に花開き、それがアジアNIESの土台となったということはできないか、そんな感慨を新たにした。

浅野豊美（2010）「ポーレー・ミッション―賠償問題と帝国の地域的再編」小林道彦・中西寛編『歴史の桎梏を越えて―二〇世紀日中関係への新視点』千倉書房
浅野豊美（2013）『戦後日本の賠償問題と東アジア地域再編―請求権と歴史認識問題の起源』慈学社
浅野豊美（2014）「京城帝国大学からソウル大学へ―ランドグラント大学としてのミネソタ大学の関与と米韓関係から見た帝国的遺産」酒井哲哉・松田利彦編『帝国日本と植民地大学』ゆまに書房

# 結論と展望

堀　和生
萩原　充
久保　亨

　20世紀の非欧米地域において、東アジアは最も高い経済成長を遂げた。本書は、この東アジアの経済発展を検討するにあたり、「はしがき」で次の2つの基軸を提議した。第1は、1世紀という長い時間的スパンを通じて、さらに一国ごとではなく東アジア地域レベルにおいて捉えること。第2は、日本と中国を対立・対抗的に扱うのではなく、同じ歴史舞台上で共通の視角から分析すること、である。広い地域、長い期間の対象を取り上げれば、多くの歴史事象が関わってくる。しかし、本書は後進国工業全体を把握すること、例えばキャッチアップ型工業化論（末廣2000）のように関連する要素を網羅的に列挙するスタイルを取らなかった。あくまでも、東アジアの経済発展の特質を明らかにするために必要な歴史事象に絞って解明を進めた。全14本の論考によって明らかにできた結論と展望は次のようである。

## 1. 戦前の東アジアの特徴

### （1）共通の基盤

　近代東アジアの高い経済発展の歴史的な前提として、すでに前近代にお

いて組織化された高度の文明社会が存在しており、国家による商品経済化を促すシステムが一定の進展をみせていたことは広く認められている。ただし、本書では、その時代や問題については扱っていない。

　本書2つの総論（第1章　堀論文、第2章　久保論文）は、20世紀を通じた中国と日本、および朝鮮・韓国と台湾の持続的な経済発展の基礎に、国内市場の拡大があるという基本認識を提示している。この国内市場の拡大という主張は、各国史研究において個別の論点としてはすでに指摘されているが、総論はそれを長期にわたる東アジア全域の経済発展の基礎条件として捉える。東アジアの国内市場拡大というと、すぐに人口規模の大きさによるものと理解されがちであるが、その認識は誤っている。非欧米地域で人口趨勢をある程度把握できる社会の中で、近代東アジアの人口増加率はむしろ最も低い（マディソン2015：475）。市場規模の拡大とは、あくまでも経済活動の結果によるものである。

　戦前期の中国と日本（および台湾・朝鮮）における国内市場拡大の重要性を重視する総論の考え方には、幾つかのポイントがある。第1に、最も確かなデータを得やすい近代工業についていえば、両大戦間期の中国と日本（および台湾・朝鮮）の工業生産指数の伸びは、非欧米諸国などと比べてかなり高く、その時期から東アジアは世界経済の中で独自の趨勢を見せていた。第2は、それら近代工業製品の需要先は圧倒的に国内市場であったことで、近代工業の発展は、国内市場の持続的な拡大を必須の条件としていた。第3に、その市場拡大とは、近代部門に属している人々のみでなく、むしろ人口の圧倒的部分を占める農民、非農業自営業者、零細商工業者等の人々の所得と消費が持続的に増加していることを意味している。とくに、両総論では、多くの人口と労働力を抱える農民の市場経済への対応とその経営の一定の前進、とりわけ農業先進地帯（日本、長江中下流域、台湾、朝鮮南部等）における小農的な発展を重視する。零細商工業の一定の成長も、近年の研究成果によって確認できるものである（久保ほか2016；本書第1章　堀論文）。特に統計資料を活用できる日本、台湾、朝鮮では、

その数量的な増大と、その中から一部経営規模を拡大した商工業が勃興した事実を検出できる。中国の工業製品市場については、本書ではタバコを素材に、その市場拡大を数量的に明らかにした（第10章　皇甫論文）。

　このような国内市場の拡大を、中国と日本における工業発展の基礎だと捉えることは、対外貿易の重要性を否定するものではない。各国経済の近代への転換が世界経済との結びつきを起点にしていること、経済の近代化には外国物資の輸入が不可欠であることから、東アジアの経済発展でも輸出入が大きく関わっていることは明らかである。ただし、近年流行の見解、アジア各国の工業製品輸出が当該国の工業発展を主導したような認識は、先に述べた国内市場拡大と工業発展との相互関係を捉えていないので一面的である。その点からすると、輸出入品と当該社会の産業との関連の内容こそが重要である。

　いま一つ戦前期の世界経済のなかにおける東アジアの特徴は、先進国からの投資（借款や直接投資）が、中南米、インド、東南アジアのそれよりも、相対的に小さかったことである。言い換えれば、東アジアは欧米資本の投資と進出が世界的にみればむしろ希薄な地域であった。東アジアの人口の多さや近世における東アジア経済の繁栄ぶりが強調される近年の研究成果に照らせば、これは注目すべき特徴である。そして、これは東アジアが、中南米、インド、東南アジアほど近代初期に輸出が急激に増えなかったこと、さらに戦間期の商工業投資資金が基本的に当該社会内において調達された事実と符合する。中国と日本においては、鉄道や流通インフラストラクチャーは基本的に国内資金で建設されており、これらは国内市場を基礎とした経済発展から来ているといえる。世界経済との結びつきは、他の非欧米社会よりも時間的に後手に回ったが、当該社会内における資本の調達と循環は商工業を刺激したうえに、事業家、経営者を簇生させる条件となった。このようなメカニズムによって、東アジアでは両大戦間期に、国内市場が持続的に拡大し経済発展が進展したという経験則が導きだされる。歴史的に見て、かつて東アジアのような小農社会ではなかった、東南

アジアやインドの一部地域においては、「緑の革命」を経た後、近年になって農民や零細商工業者らが所得を増加させて経済発展が生まれている。もしも、これらの趨勢が定着していくのであれば、東アジアの小農と零細商工業の経営前進による経済発展は、さらに普遍的な発展経路の一部となるかもしれない。

## （２）　東アジア内に生まれた相違

とはいえ、東アジア内が全ての面で類似の社会であったという認識は成り立ちにくい。一つの国民国家の場合と同じように、東アジア内においてもさまざまな次元の相違を含みつつ、同時に世界的に広い視野で見れば共通の特徴がより大きいわけである。

中国経済と日本経済との主な相違をあげれば、近代産業の勃興した時期が、日本が1880-90年代であったのに対し、中国では1910-20年代からであったことがある。そして、両大戦間期に日本では重化学工業化が急速に進展したが、中国の工業は圧倒的に軽工業であり、国内での重工業による資本財・中間財の供給は限定的であった。この時期に日本が国内に重工業部門を備えたことは、産業の高度化に有利であったのみでなく、中国との軍事力に大きな格差を引き起こした。また、対外経済面では、日本は戦前期に先進国には一次産品を、帝国内周辺部には重化学工業製品を、後進国には軽工業品を輸出するという重層的な貿易構造をもつことになった。中国の輸出品は多様な種類を含んでいたとはいえ、多くが一次産品であった（第6章　木越論文）。さらに、日本の輸出軽工業品が周辺アジア地域市場を押さえてしまったために、中国が同じ道を指向するのには大きな阻害要因となった。

このような近代工業の発展の相違をもたらした条件として、両国の国家の性格、国家による経済の掌握度、国家と地域社会の結びつき、国家による産業育成策の相違、等をあげることができる。また、中国が全ヨーロッパを上まわるほど広大な領域と人口を持った社会であったことが、凝縮し

た近代国民国家・国民経済の形成を相対的に困難にしたことも否定できない。中国における地域的な不均質、先進長江デルタと華北、奥地内陸部との経済的相違の大きさは、日本内部や内地・植民地との格差の比ではない。さらに、日本が帝国主義として周辺社会を植民地化し、中国の台湾や満洲を奪って自己の経済資源に組み込んでいったのに対し、逆に中国は周辺地域を日本に奪われながら国民経済の形成をはからざるを得なかった。つまり、日本と中国は並行的に発展したのではなく、直接的に規定し合う側面があった。その相互規定関係には、貿易による商品の往来や技術の移転というポジティヴな交流もあった。しかし、日本の侵略の拡大は、共存的な発展の可能性をしだいに奪い、ついに日中戦争という直接な破壊に行きつくことになった。このように国家の性格と近代化の始発時期の相違は、さらに相互関係からくる重荷によって、両国発展の道の違いをより大きくしたといえよう。

## 2. 総力戦体制の歴史的役割

### （1） 総力戦体制の導入の契機

　他の非欧米地域の諸国にはなかった条件として、中国、日本、朝鮮・韓国、台湾の国・地域において、総力戦体制が構築されたことがある。他の非欧米地域、南米、東南アジア、中東、アフリカ等では、戦争や内乱はあっても総力戦の経験はなかった。第一次大戦に欧州で生まれたこの総力戦体制は、戦時の政治的緊張によって軍事力のみでなく、国内の政治、財政、経済、社会のあらゆる資源を強制的に動員するものである。まず日本において、日中戦争から太平洋戦争にかけて、ついで中国においてその抗日戦争のために構築された。そして、中国では日中戦争のみならず、その後の国共内戦、朝鮮戦争、そして戦後の冷戦と軍事的緊張が続いた時期にも、

この総力戦体制が大きく緩和されることなく経済運営を規定し続けた。韓国と台湾も、東西冷戦の最前線に置かれたために、国家による政治経済への強い介入が長く続いた。

　総力戦を経たことが、東アジアの官僚制が強い歴史的伝統と結びつくことによって、20世紀に新たな特徴がつくられることになった。総力戦は、必ずしも計画経済をともなうものではなく、米国の場合のように市場経済を基盤とした形態もあった。資源の乏しい東アジアにおいては、私有制に数々の制限を課し、市場経済を抑制して計画経済の要素を強めた経済運営が強行された。日本の1940年の「経済新体制」のイデオロギーは、同時期の重慶の国民政府の経済産業構想、1950年代の「社会主義」イデオロギーと多くの共通点を持っていた（中村・原1972）。

　東アジアの諸国・地域は総力戦体制の構築を通じて、それ以前にはなかった国家と経済の結びつきが生まれた。すなわち、市場経済メカニズムとは明らかに異質な直接的な行政介入によって、政府は財政・金融資金の調整、資源・労働力の再配分、産業・企業の再編成等を実行できた。日本と中国における短期間での軽工業から重工業への構造変化は、市場経済による蓄積と産業高度化によるものではなく、戦時体制下の政府による行政的な資源再配分政策によるところが大きい。東アジアにおける国家の強い行政力は、一義的に戦時の総力戦体制の構築に帰因するといえる。かつて、日本の通産省政策の特異性や、台湾と韓国の開発独裁の経済政策、中国「社会主義」の経済建設案と捉えられた、国家と近代経営の結びつきを、東アジアの歴史的伝統を基盤にした近代工業化と捉えてはどうであろうか。戦後東アジアにおいて、世界の石油産業を握る国際石油資本（メジャー）と対置したのは当該産業の個別企業ではなく、提携の枠組みを作って自国企業を整備し対置させた政府であった（第11章　堀論文、第12章　林論文、第13章　洪論文、第14章　萩原論文）。このような認識は、後進国の経済発展における国家の役割を重視するA. ガーシェンクロン（2005）理論との類似性を想起させるかもしれない。しかし、ここで取り上げている問題

は、総力戦体制の構築過程において、国家官僚が経済運営で強力な権限を握ったという歴史的事実である。外貨管理の掌握から始まり、物資の分配、資金の動員投入、はては事業の統廃合や労働力再配置まで権限を振るう国家の行動は、いかなる国の産業革命の過程においても見られなかった20世紀的な現象で、特定地域の総力戦のなかで歴史的に生まれたものだと把握すべきである。

その結果は、欧米の一部に顕著にみられる自由主義的な産業政策とは対照的な、国家主導的な産業政策が、東アジア諸国では総力戦体制の解体・解消後も一定の期間において実質的な役割をはたした（第5章 小堀論文、原・宣2013、洪2016）。このような国家と企業の結びつきからくる類型の違いは、20世紀後半に米国と東アジアの通商摩擦という紛争を引き起こし続けることとなった。

## （2） 総力戦体制の解消過程

20世紀半ばの総力戦体制によって形成された東アジアの特徴、すなわち政府の経済に対する強力な介入・規制は、東アジア諸国に共通するものの、その後の事態によって大きな相違を生みだすことになる。日本、台湾、韓国は、米国による自由化の圧力、世界市場との結合、民間企業の復興や成長によって、政府による直接的介入措置は比較的早期に解消していく。経済統制の解除や外貨処分の自由化を通じて、国家と企業の分離が進み、日本、韓国、台湾は戦争体制の遺制から離脱していく。その過程は、民間企業が強かった日本が最も早く、台湾と韓国の規制や介入は独裁的な政府の特恵や癒着としてかなり残った（石田1999）。

中国は戦時総力戦体制を、私有制の廃止と市場経済の極限的な抑制、計画経済の導入によって、「社会主義体制」として再構築した。これを可能としたのは、冷戦による国際的な孤立と政治的緊張、それによる国家権力の中央集中であった。中国は中央政府の主導とそれに対応した各級機関の選択によって、大きな変動をはらみながら、市場経済に復帰した日本、台

湾、韓国に劣らぬほど、工業部門への資本集中、核兵器まで含んだ重工業の構築を推し進めた。中国は世界経済との繋がりが希薄化した時期に、国家によって資源配分の転換、重工業建設を実行した（加藤・久保2009）。しかし、その中国経済も1990年代から民間企業部門が継続的に大きくなり、金融やインフラ部門を除けば、多くが市場経済によって運営されるようになった（丸川2013：第4、6章）。

## 3. 対先進国および相互関係の特徴

### （1） 対先進国・欧米との関係の独自性

　近代の世界経済は、近隣地域相互の貿易が存在するとはいえ、量的に見れば欧米先進地域との結びつきによって形成されたといえる。その世界経済の形成過程において、よく知られているように圧倒的に環大西洋の結びつきが先行したので、東アジアと欧米の結びつきは当初は必ずしも強いとはいえなかった。ところが、長い時間的スパンで見ると、東アジア諸国・地域の対先進国貿易には、一つの特徴がある。それは、輸出品が一次産品や食料品等の粗加工品から、次第に加工度の高い工業製品に替わっていったことである。まず、日本では近代初頭に茶、生糸から始まり、次いで繊維・雑貨が増加する。戦後は繊維・雑貨の復活で始まり、やがて家電製品、船舶、鉄鋼、自動車、電子製品等と輸出品の中身が替わっていく。台湾は戦前期、茶・缶詰・雑貨のみであったが、戦後は韓国とともに、繊維製品、雑貨品、家電製品、電子製品、機械類と輸出の中心を変えてきた。中国は戦前と戦後計画経済時代は、生糸、茶、紡織品と多様な一次産品であったが（第6章　木越論文）、改革開放後には繊維製品、雑貨から家電・機械・電子線品へと急速に替わっていったのである。先進国相互の貿易品も、20世紀に粗工業製品から機械、自動車、電子・機械中心へと変化する。しかし、

非欧米地域の中において、輸出品の高付加価値化が着実に進んだこと、その対先進国向けが実現したことは、東アジアの輸出の特徴であった（第4章　谷ヶ城論文）。ということは、先に論じた1．東アジアの内在的な経済発展と国内市場形成、2．国家権力による経済統合、という特徴は、それらが成立する条件として、先進国側の市場条件、生産と消費とが密接にかかわっていたことを示唆している。東アジアを除く非欧米地域の輸出において、石油や鉱物資源を持つ特定国の輸出増加はめざましいが、そうでない地域は依然として経済成長の軌道に乗れていない。戦後先進国が工業製品輸入を始めた時に、非欧米地域の中で東アジアのみが真っ先にその先進国の輸入市場を占有したこと、両者の工業の産業的な連関がきわめて強いことは、東アジアの経済発展のいま一つの重要な特徴である。

　このことは、東アジアの経済発展が、東アジアの中で完結している現象ではなく、世界的な現象の一部であり、先進国の経済発展や消費の成熟と東アジアの工業発展が相互規定関係にあることを意味している。これは、何も商品市場に関することだけではない。東アジアは常に先進国で生まれた新技術を導入・吸収する関係にあり、その過程は他の非欧米社会よりも、スムーズであったといえる。それは東アジアの先述の1．と2．の条件が作用しているが、それは常に最新技術のみを取り入れたわけではない。規模の経済性が重要な近代工業においては欧米最新技術がほぼそのまま導入されたが、多くの分野ではそれぞれの社会経済の状況に見合った修正や簡略化が進められた。この過程は、日本経済史では導入技術の土着化として早くから指摘されてきた（中岡2006）が、本書では中国の事例においても、欧米技術がそのまま導入されたのではなく、まず在来型生産と結びついた中間技術的なものとして定着したことを明らかにした。例えば、鉄鋼業における土法製鉄（第8章　加島論文）、化学肥料における炭安（第9章　峰論文）、タバコ産業における手巻タバコ（第10章　皇甫論文）、石油産業における再精精油（第14章　萩原論文）等がこれに当たる。このような技術導入の修正簡易化が容易に進められた点も、東アジア工業化の特徴といえ

よう。

### （2） 東アジア内相互関係の重要性

　西ヨーロッパにおける経済発展がそうであったように、東アジアの経済発展においても地理的・歴史的・文化的条件にもとづく相互の密接な交流関係があり、財貨の貿易、人の移動、資本投資や技術移転が重要な意味を持った。もちろん、東アジア内においては、日本帝国の膨張と侵略、植民地支配による伝統社会の解体や、戦争による社会経済の大規模な破壊があり、この点の歴史評価は決して曖昧にできない。しかし、植民地では日本の投資による開発政策が進められ、近代産業施設が建設された。日本と中国は主要な貿易相手であり、一面では中国市場をめぐる激しい対立競争があったが、同時に新産業の移植や提携、同じ産業分野における技術・産業の移転や分業等も存在し、1945年以後の中国経済にさまざまに影響した事実もある（富澤ほか 2011：本書第7章　富澤論文；第8章　加島論文）。中国、台湾、日本、朝鮮・韓国等は、ヨーロッパ地域の相互関係に劣らない密接な相互関係を維持してきたので、多くの否定的側面や悲劇とともに、経済発展においても多くの繋がりを持っていた。また、国際的な枠組みの再編成は、単に経済的な要因のみで決まったわけではなく、戦争や革命、各国の主権の衝突、戦後東アジアの国際関係の再編者であった米国の戦略など、多様な条件が介在したことも看過することができない（第3章　浅野論文）。

## 4. 現代の東アジア経済

　近代東アジアの経済発展は、もっぱら工業の発展によって主導されてきた。しかし、近年のロシア、ブラジル、中東諸国、南アフリカ等の事例をみると、それが後進国発展の普遍的な姿であるわけではなく、工業的発展は東アジアにおける経済発展の特徴である。1990年代に中国が本格的に

世界経済に復帰して以降,東アジア内は日本,台湾,韓国と中国のみならず,東南アジアを含めてきわめて濃密な工業的連関を強めながら,世界レベルでの国際分業を拡大してきている。現代の東アジアが「世界の工場」として成立したのは,本書で明らかにした1世紀あまりに及ぶ歴史の到達点であるといえる。世界が注目するそのめざましい発展は,東アジアに先進国水準の豊かさをもたらしたが,貧富格差の広がりや少子高齢化にともなう社会の歪みや矛盾,環境や資源問題の深刻さなど,直面している課題の大きさ,深刻さも尋常ではない。それらの問題解決がどのように困難であろうとも,その解決の糸口は,我々の社会の来し方,歴史の中に探すほかないと,考える。

**参考文献**
石田浩(1999)『台湾経済の構造と展開』大月書店
ガーシェンクロン,アレクサンダー著　絵所秀紀ほか訳(2005)『後発工業国の経済史―キャッチアップ型工業化論』ミネルヴァ書房
加藤弘之・久保亨(2009)『進化する中国の資本主義』岩波書店
洪紹洋(2016)「米国援助と台湾経済官僚による第一期経済建設四年計画の作成」堀和生編『東アジア高度成長の歴史的起源』京都大学学術出版会
久保亨・加島潤・木越義則(2016)『統計でみる中国近現代経済史』東京大学出版会
末廣昭(2000)『キャッチアップ型工業化論―アジア経済の軌跡と展望』名古屋大学出版会
富澤芳亜・久保亨・萩原充編著(2011)『近代中国を生きた日系企業』大阪大学出版会
中岡哲郎(2006)『日本近代技術の形成―「伝統」と「近代」のダイナミクス』朝日新聞社
中村隆英・原朗(1972)「経済新体制」日本政治学会編『「近衛新体制」の研究』岩波書店
原朗・宣在源編著(2013)『韓国経済発展への経路―解放・戦争・復興』日本経済評論社
マディソン,アンガス著　政治経済研究所監訳(2015)『世界経済史概観―紀元1年-2030年』岩波書店
丸川知雄(2013)『現代中国経済』有斐閣

# あとがき

　本書の発端は、堀和生・原朗両人の呼びかけによる「東アジア資本主義史に関するシンポジウム」（2013年8月24日）にさかのぼる。当時、堀は日本・韓国（朝鮮）・台湾を対象とした東アジア経済圏に関する共同研究を積み重ねており、近年の成果は、堀編『東アジア高度成長の歴史的起源』（京都大学学術出版会、2016年）に示されている。その堀が同シンポジウムで提起した点は、中国を含めた東アジア地域の経済発展に対する構造的把握の必要性である。巨大な経済体になりつつある中国を抜きに、旧日本帝国圏というべき日韓台だけで東アジア経済圏を語れないという思いである。そのためには、中国経済史の研究者を加えた新たな共同研究がどうしても必要であった。

　一方、中国経済史が専門の研究者もそれぞれ共同研究を重ねてきた。その成果の一つが富澤芳亜、久保亨、萩原充編『近代中国を生きた日系企業』（大阪大学出版会、2011年）であり、日本経済史の専門家を交えた共同研究として、中国という一国史レベルにとどまらない、日中双方向への影響に光を当てるものであったが、経済全般にわたる現代への継承性を探るには、企業史を越えた共同研究が必要なことも痛感していた。

　こうした思いが交差して、堀を中心に12人のメンバーが集まり、科研費による共同研究がスタートした。12人の専門分野の内訳は、日本経済史が4人、中国経済史が5人、韓国・台湾経済史が3人、日本を除く出身国（地域）別では、中国・韓国・台湾から各1名が加わった。また共同研究には、科研メンバー以外に朱蔭貴、久保亨の2人の中国経済史研究者も参加した。ちなみに、共同研究名は「東アジア資本主義史プロジェクト」と称し、年1回の共同研究会のほか、最終年度には政治経済学・経済史学会のパネル

報告、さらに中国経済史を中心とするシンポジウムを開催した。それぞれの報告者と論題は以下のとおりである。

①第1回共同研究会（2014年8月20〜21日）（京都大学）
　堀和生「東アジア貿易から見た資本主義化の展開―東アジア資本主義史プロジェクトの発足に当たって―」
　富澤芳亜「近代中国における紡織技術者の形成について」
　加島潤「中国計画経済期の工業化―地方政府の視点から―」
　萩原充「中国エネルギー産業の展開過程―1930〜1960年代における「自立」と「限界」―」
　小堀聡「1950年代日本における国内資源開発主義の軌跡―安藝皎一と大来佐武郎に注目して―」
　洪紹洋「戦争・市場と燃料の発展―台湾の石油産業を中心に―」
　浅野豊美「脱植民地化をめぐる国際政治経済史としての賠償問題」
　皇甫秋実「資本主義の「輸出」：戦後におけるアメリカの対中援助（1945〜1949）―中・日・韓の比較研究構想を兼ねて―」
　坂根嘉弘「東アジアの農民団体と家族形態」
　谷ヶ城秀吉「戦時経済下の三菱商事」
　林采成「戦時下満鉄の輸送戦（1937-1945）―輸送統制とその実態―」
　木越義則「華北海関と華北経済」
②第2回共同研究会（2015年8月19〜20日）（ホテル新大阪コンファレンスセンター）
　朱蔭貴「近代中国工業化中民間資本的地位和作用」
　富澤芳亜「日本の敗戦と中国紡織業―巡回督導団と技術移転」
　加島潤「中国鉄鋼業の生産と流通（1940-70年代）」
　小堀聡「1950年代日本の資源調達構想―長期経済計画の分析」
　林采成「韓国におけるエネルギー転換：薪炭、石炭から石油へ」
　萩原充「中国石油産業の展開過程と戦後建設―中国石油公司（1946年〜）

の意義を中心に―」

　洪紹洋「冷戦、国家と石油開発政策―1950-1970年台湾における中国石油公司を例に」

　浅野豊美「東アジア世界再編の契機としての開発学・経済協力政策」

　堀和生「東アジアにおける資本主義形成過程の特徴」

　野田公夫「第2次大戦後土地改革の諸類型と東アジア」

　谷ヶ城秀吉「戦時経済下の総合商社」

　木越義則「船舶情報からみる近代アジア貿易―英字新聞と貿易統計の総合的利用―」

　皇甫秋実「戦後美援與中国経済―以中国輪船航運業為例（1945-1949年）―」

③第3回共同研究会（2016年8月22〜23日）（神戸ユニオンホテル）

　富澤芳亜「近現代中国における紡織工業技術者の養成」

　加島潤「上海鉄鋼業の生産と流通―1950-70年代―」

　木越義則「『華北工業名簿』の分析」

　堀和生「東アジア工業化のとらえかた」

　久保亨「中国近現代経済史をどう捉えるか」

　谷ヶ城秀吉「戦時経済下における総合商社」

　萩原充「戦後国民政府と石油産業―新中国の石油戦略の起点―」

　堀和生「東アジアの近代的エネルギー供給構造の特徴」

　林采成「韓国精油産業の成立とエネルギー転換―薪炭、石炭から石油へ―」

　洪紹洋「国家と石油開発政策―1950-1970年台湾における中国石油公司を例に―」

　浅野豊美・小堀聡（コメント）

④政治経済学・経済史学会秋季大会パネル報告「戦後東アジア社会経済の再編成と石油産業」（2016年10月22日）（立教大学）

　問題提起・オーガナイザー　堀和生

堀和生「東アジアの近代的エネルギー供給構造の特徴」
林采成「韓国精油産業の成立とエネルギー転換―薪炭、石炭から石油へ―」
洪紹洋「国家と石油開発政策―1950-1970年台湾における中国石油公司を例に―」
萩原充「戦後国民政府と石油産業―新中国の石油戦略の起点―」
　コメント　小堀聡（経済史から）
　　　　　　浅野豊美（政治史から）
⑤シンポジウム「東アジア工業化に関する歴史的研究―中国と日本を中心に―」（2017年3月6日）（京都大学）
　久保亨「中国近現代史をどう捉えるか」
　堀和生「東アジア工業化の捉え方（日本）」
　木越義則「中国の貿易――次産品輸出と工業化」
　富澤芳亜「中国の繊維産業：技術者養成から考える」
　加島潤「中国の鉄鋼業」
　峰毅「中国で使用された化学肥料の変遷」
　コメント1　朱蔭貴「東亜資本主義会議発言提綱」
　コメント2　丸川知雄「東アジア工業化に関する歴史的研究」
　コメント3　厳善平「中国農業の展開過程」

　以上が5回の研究発表の概要である。これ以外にも必要に応じて関係者同士の会合が持たれたが、メンバーが北海道から台北・上海に至る各地に散らばっており、全員が頻繁に集まるのは容易ではなかった。そのため、メンバー間のやりとりは電子メールに頼った。代表（編者）の堀からは昼夜を問わず機関銃のようにメールが発せられたが、これも議論を深める起爆剤として効果的であった。6年間にわたるメールの蓄積は膨大な量になる。

　こうした議論のなかで最も紛糾した点は、東アジア資本主義における中

国の位置づけである。1950〜70年代の中国は、社会主義かどうかはともかく、他の東アジア諸国とは異なった経済システムのもとにあった。そうした中国を日本・韓国・台湾と同じ経済圏に含められるのか、含めるとしたら中国を資本主義として規定できるのか、という点である。当初から予想されていた難題であったが、少なくとも中国とその他の国々をただ並列に論じることだけは避けたいと考えた。そのため、資本主義をどう定義するかという議論を重ねる一方、東アジア特有の発展モデルとその歴史的な継承面の検証を試みた。そうした試みは本書の各論文に生かされていると思う。

ちなみに、本研究では科研のメンバーの報告に対し、当該分野の専門家にコメントをお願いした。そのコメントは本書の各部末に所収しているが、各論文の意義を明確化するうえで、たいへん貴重なものになっている。また、各部の冒頭には各論文の概要を紹介する一文を添えた。これも、本書を単なる論文集に終わらせたくないという思いによる。

もちろん、本書に不十分な点があることも承知している。たとえば、小農社会を東アジアに共通する特徴のひとつとする以上、農業部門の分析が必要との指摘もあろう。この点に関して付言すれば、農業（東アジア農業）の専門家である坂根嘉弘が当初からのメンバーであり、氏の都合により途中から野田公夫に交替したが、野田もやむを得ない事情で執筆を辞退することになった。そこで、農業部門の欠落を補うために峰毅氏に化学肥料に関する執筆を、あわせて中国農業を専門とする厳善平氏にコメントをお願いした。両氏の論稿により農業部門についても論を構築できたと考えている。

最後に、本書の出版について申し添えたい。本書の刊行するにあたり、科学研究費補助金の2018年度研究成果公開促進費（学術図書）を申請したが、結果は不採択であり、その理由のひとつが「十分に市販性があると思われる」とのことであった。何とも不可解な不採択理由であるが、我々はこれを本書への「お褒めの言葉」と受け止め、気を取り直して出版社を探

したところ、快く引き受けてくれたのが京都大学学術出版会であった。とりわけ、同会の鈴木哲也氏、大橋裕和氏には、出版計画から原稿の細かいチェックに至るまで多大なお手数をおかけした。ここに深く感謝申し上げる次第である。また、共同研究会の連絡などの諸事務については、当時、京都大学の院生であった臼井崇、見浪知信両氏の尽力が大きい。あわせて感謝したい。

　現在、中国経済は大きな転換期に差しかかっており、それが近隣の東アジア諸国に何かしらの影響を与えている。もはや東アジアが「世界の工場」と称されない時代がすぐそこまで来ている。しかし、そうであればこそ、東アジアが辿ってきた工業化の過程を長いスパンで捉えることが必要ではないだろうか？　本書の執筆者の大半は40～50歳代の中堅年齢層である。今後ともに国境を超えた共同研究が継続されることを祈るとともに、歴史研究と現状分析の垣根が少しでも低くなるよう、本書がいささかでもその契機になればと願ってやまない。

萩原　充

# 索　　引

【A–Z】
Gulf Oil → ガルフ・オイル会社
KOCO　352
KOSCO → 大韓石油貯蔵会社
NIEs　43, 430
ODA　82
OPEC → 石油輸出国機構
SCAPIN667　72, 73, 75
UNRRA　84
UOP　352, 410, 411
USAID　350, 353, 356, 360

【あ】
アウタルキー　334
赤松要　171
アメリカ・オーバーシーズ・オイル会社　378
アルコール　384, 408, 409, 415
アンモニア　23, 248, 250–254, 256–258, 261, 262, 386, 387, 389
伊藤忠商事　106
イニス, H.　171, 172, 183, 195, 196, 292
稲(水稲)の品種改良　20, 57, 61, 62
岩井産業　106
ヴァン・フリート, J. A.　343, 345–347, 352
英米タバコ(英米煙草会社)　53, 57, 265, 266, 268–277, 279, 281, 285–287
エカフェ(ECAFE)　81, 358
エネルギー革命　145, 307, 321, 327, 330, 333–335, 361
オイルシェール　253, 400, 408, 409, 417, 418
オイルメジャー → 国際石油資本
オープン・アカウント圏　128, 129

【か】
改革開放　41, 154, 155, 199, 200, 216, 217, 222, 225–228, 231, 247, 248, 256, 261–263, 293–295, 301, 438
海関統計　172, 173
海軍第六燃料廠　319, 374, 411
開発独裁　359, 436
化学肥料　23, 25, 59–62, 157, 196, 248, 249, 319, 439
華商紗廠連合会　56
華成煙草公司　277, 280

華東紡織工学院(華紡院)　201, 204, 207, 208, 210, 211, 213–216
紙巻タバコ　53, 194, 265, 268, 270, 273, 274, 276, 278, 284, 285, 287–289
ガリオア援助　76, 82, 91, 94
ガルフ・オイル会社　342, 343, 345–347, 353–359, 375, 378
為替レート　59, 82, 90, 332, 347, 354, 368
韓国石油株式会社　342–344, 346, 348, 349, 359, 426
関税自主権　64, 185, 274, 400
環太平洋貿易(圏)　4, 99, 113, 116, 118–120, 151
韓米石油運営協定　357
韓米石油協定　350, 357
生糸　46, 47, 52, 168, 170, 175, 176, 180, 181, 183, 185, 186, 192, 194, 259, 292, 293, 438
希少金属　181–183, 187
キャッチアップ型工業化　431, 434
共産党(中国)　41, 42, 45, 54, 64, 70, 74, 75, 84, 89, 151, 255, 402, 411, 412, 427, 428
共産党(日本)　74, 75
銀価　288
クリーブランド, H.　84
グローバル・ヒストリー　43, 158, 159
計画経済　35, 63, 64, 169, 225–229, 231, 233, 235, 237, 243, 244, 247, 248, 255, 256, 262, 295, 301, 337, 436–438
経済開発五ヵ年計画　349, 352, 358
経済協力　70, 82–84, 91–95, 128, 130, 133, 134, 136, 142–144, 429
経済調整政策　213
経済部(台湾)　322, 339, 379, 384, 385
経済部(中国)　402, 404, 407
啓東煙草公司　275, 276
ケインズ, J. M.　77, 78, 81, 82, 91
ケネディ政権　94
原油　107–110, 112, 125, 130, 135, 139, 140, 142, 145, 151, 315, 316, 319, 323–325, 328, 331–335, 341, 343, 344, 347, 348, 350–357, 359–361, 369–371, 375, 376, 379–381, 390, 396, 397, 400, 406, 409–412, 414, 420, 425
原油過剰問題　327, 341, 355, 429
原油生産　322, 355, 370, 402–404, 409, 417
原油埋蔵量　355, 370, 383, 395, 403

449

公害　139, 140, 142, 143, 144, 146
工業化　15, 22, 29, 45-47, 53-55, 64, 70, 71, 73, 76, 81-84, 87, 88, 91, 95, 96, 99, 132-134, 148-152, 154, 155, 157-159, 191, 247, 267, 291-295, 299, 316, 317, 349, 409, 424, 425, 428, 429, 436, 439
工業生産指数（中国）　47, 432
鋼材　24, 111, 233-235, 244
江商　106
侯德榜　250, 251, 253
五カ年計画　126, 127, 130, 133, 135, 137, 208-211, 215, 349, 429
国際石油資本　112, 125, 322, 324, 325, 327, 329, 331, 334-337, 341-347, 350, 352, 353, 355, 359-361, 395, 425-427, 429, 430, 436
国勢調査　27-29
国内炭　135, 137, 320
国民経済計算　12, 13, 15, 16, 18
国民政府　53, 57, 200, 202, 205, 206, 222, 228, 229, 265, 273, 277-283, 287-289, 396, 402, 404, 409, 414, 419, 436
穀物　22, 100, 112, 116-118, 176, 180, 186, 191-194, 213
五小工業　258
コロンボプラン　130
コンセッション　322, 324, 327, 329

【さ】

在外資産　70, 83, 92
再精製（油・業）（土製煤油）　399-402, 419
財閥　121, 335, 359-361, 426
採油用種子　176, 179-181, 185-187, 191, 193
在来油（土油）　383, 397, 398, 419
在来産業　26, 33, 168, 289
三国間貿易　120, 121
サンフランシスコ講和条約　91, 92, 127
自給圏　320
資源委員会(中国)　53, 380, 403, 404, 406-408, 410, 411, 413
社会主義改造　234
社会主義体制　35, 225-227, 234, 235, 239, 242-244, 437
重化学工業化　24, 48, 49, 54, 69, 134, 157, 367, 368, 434
重工業化　225-229, 243, 244, 316, 319, 321, 333
重工業優先戦略　225, 227, 243
シューマッハー，E.　258
硝安　253, 255, 256, 258-262
省エネルギー　143, 145, 146
小経営社会論　26

小農社会　17, 24, 26, 30, 31, 35, 36, 158, 159, 433
消費地精製方式　315, 325, 330, 334, 336, 424-427
商標　217, 218, 220, 285-287, 354
植民地近代化　14
植民地商人　103
ジョンストン報告書　89, 90
人造石油　403-409, 417, 418, 420, 427
人民公社　35, 62, 295, 418
ステープル理論　171, 292
ストライク賠償使節団　87
住友商事　106
生活水準　80, 81, 84, 86, 88, 92, 133, 134, 291, 428, 429
製糸業　46, 51, 267
西北工学院　201-203, 208, 211
精油工場建設推進委員会　345, 350, 351, 429
世界平和維持費用　77, 78, 81-83, 91
石炭液化　316, 406, 408, 420
石油化学　86, 130, 145, 247, 260, 325, 326, 328, 342, 358-360, 368-370, 389, 390, 427
石油過剰　324, 336, 361
石油輸出国機構　141, 324, 335
銑鋼一貫型　227, 231, 233, 244
全国経済委員会　53, 57, 409
銑鉄　24, 25, 226-243, 294, 317
総合商社　4, 100, 101, 103, 106, 107, 111-113, 116, 118-121, 151, 334
総力戦　435-437
粗鋼　226-240, 242-244

【た】

大韓石油公社（KOCO、油公）　330, 342, 350, 352, 353, 360, 426, 429
大韓石油貯蔵会社（KOSCO）　344, 345, 350, 357
大豆粕　59, 249
大東亜共栄圏　321, 336
大躍進　60, 169, 200, 211, 213, 229, 237, 239, 242, 293, 294, 300
台湾石油探鉱処　369, 380, 382
高雄石油精製工廠　369, 371, 373-376, 429
炭安　256, 258, 259, 261-263, 439
タンカー　125, 135, 145, 331, 356, 361
地方政府　52, 209, 213, 216, 227, 243, 244, 257, 258, 261, 283
中央政府　51, 220, 221, 227, 234, 237, 240, 242-244, 258, 262, 437
中間技術　258, 439

中国石油公司　330, 368, 369, 373, 374, 383, 393, 396, 401, 402, 410-416, 420, 426, 427, 429, 430
中国紡織建設公司　54, 206
中進国　315, 326
直接輸出　107, 111, 112, 118, 119
通商産業省　4, 100, 140, 141, 154
帝国内自給　22, 157
テキサコ会社　376
適正技術　258
鉄鋼業　24, 53, 131, 135, 226-229, 231, 233, 234, 243-245, 325, 328, 329, 336, 439
天津大学　201, 204, 208, 211
天津紡織工学院　215
天然ガス　139, 314, 316, 330, 331, 369, 370, 372, 377, 380-386, 389, 390, 402, 404, 427, 430
東亜煙草株式会社　275
統一買付　258, 398
統税　274, 277-279, 281-283, 288, 289
桐油　191, 193, 407, 408
東洋棉花　106
特需　127-129
督銷　269, 274, 275
土法煉油　419

【な】
ナフサ　112, 326, 359, 368, 369, 389, 390
南宮錬（ナムグン・リョン）　343, 345, 346
南通学院　200, 201, 203, 204, 206
南洋兄弟煙草公司　265, 275, 277, 279, 280
二級税　278-280
日綿実業　106
日韓国交正常化　93
日商　106
日本特殊論　7, 35, 36
日本法人在華紡績業（在華紡）　48, 52, 53, 200, 206, 207, 217, 218, 220
尿素　258-263, 384, 386, 387, 389, 430

【は】
ハイブリッド米　62

朴正熙（パク・チョンヒ）　94, 349, 352, 429
葉タバコ　56, 57, 176, 180, 186, 194, 269, 271, 272, 280, 282, 284, 286, 287
パックス・アメリカーナ　125, 374
「半植民地半封建社会」論　41-43
プレビッシュ＝シンガー命題　170, 183
文化大革命　60, 200, 239, 260
米援（アメリカ援助）　343-345, 350, 357, 360, 361, 368, 371-373, 383, 390
貿易業態統計調査　100-102, 105, 110
『貿易業態統計表』　100-102, 104, 106, 107, 113, 116, 119
紡織工業部　200, 201, 206-210, 213-215, 216, 222
ポーレー賠償使節　79, 87
慕華公司　385-390
ポンド圏　128, 129, 131

【ま】
マッチ製造業　51
マディソン，A.　9, 41, 43, 44
丸紅飯田　106, 116, 117
満洲煙草会社　276
見返資金特別会計　82
三井物産　103, 106, 252, 253
三菱商事　103, 106, 116, 117, 131
ミドル・イースト・オイル会社　376
ミント，H.　170-172, 195, 196, 292
メジャー　→　国際石油資本
綿紡績業　46, 51, 52, 54, 56, 267
元売りシステム　325, 335

【や】
ユニバーサル・オイル（UOP）　410
余剰のはけ口　170, 171, 292

【ら】
ラティモア，O.　77, 79
硫安　23, 59, 249-256, 258-262
臨海工業地帯　125, 137, 144
労働集約型工業　34

索引　451

執筆者一覧（＊は編者、掲載順）

＊堀　和生（ほり　かずお）京都大学名誉教授
　　京都大学大学院文学研究科博士課程。専門は東アジア経済史。主要著作に、『東アジア資本主義史論Ｉ―形成・構造・展開』（ミネルヴァ書房、2009 年）、『東アジア高度成長の歴史的起源』（編著、京都大学学術出版会、2016 年）、などがある。

　久保　亨（くぼ　とおる）信州大学人文学部特任教授
　　一橋大学大学院修士課程。専門は中国近現代経済史。主要著作に、『戦間期中国〈自立への模索〉―関税通貨政策と経済発展』（東京大学出版会、1999 年）、『戦間期中国の綿業と企業経営』（汲古書院、2005 年）、『『統計でみる中国近現代経済史』（共著、東京大学出版会、2016 年）、などがある。

　浅野豊美（あさの　とよみ）早稲田大学政治経済学術院教授
　　東京大学大学院総合文化研究科国際社会学専攻博士課程。専門は日本政治外交史・国際関係学。主要著作に、『帝国日本の植民地法制―法域統合と帝国秩序』（名古屋大学出版会、2008 年、大平正芳賞・吉田茂賞）、『戦後日本の賠償問題と東アジア地域再編』（慈学社、2013 年）、などがある。

　谷ヶ城秀吉（やがしろ　ひでよし）専修大学経済学部准教授
　　早稲田大学大学院アジア太平洋研究科博士課程。専門は日本経済史・アジア経済史。主要著作に、『帝国日本の流通ネットワーク―流通機構の変容と市場の形成』（日本経済評論社、2012 年）。「日本型コンビニエンスストア・チェーンのアジア市場展開」（橘川武郎・久保文克・佐々木聡・平井岳哉編『アジアの企業間競争』文眞堂、2015 年）、などがある。

　小堀　聡（こほり　さとる）名古屋大学大学院経済学研究科准教授
　　大阪大学大学院経済学研究科博士課程。専門は日本経済史・環境史。主要著作に、『日本のエネルギー革命―資源小国の近現代』（名古屋大学出版会、2010 年、日経・経済図書文化賞、政治経済学・経済史学会賞）、『京急沿線の近現代史』（クロスカルチャー出版、2018 年）、などがある。

　朱　蔭貴（Zhu Yingui）復旦大学歴史学部教授
　　中国社会科学院研究生院　経済学博士。専門は中国近現代経済史。主要著作に、『中国近代輪船航運業研究（簡体増補版）』（中国社会科学出版社、2008 年）、『中国近代股份企業研究』（上海財経大学出版社、2008 年）、『近代中国：金融与証券研究』（上海人民出版社、2012 年）、などがある。

**秋田　茂**（あきた　しげる）大阪大学大学院文学研究科・世界史講座教授
　広島大学大学院文学研究科博士課程。専門はグローバルヒストリー、イギリス帝国史。主要著作に、秋田茂『帝国から開発援助へ―戦後アジア国際秩序と工業化』（名古屋大学出版会、2017年）、『「大分岐」を超えて―アジアからみた19世紀論再考』（共著、ミネルヴァ書房、2018年）、Global History, Globally（共著、Bloomsbury Academic、2018年）、などがある。

**林　彦櫻**（Lin Yanying）広島大学社会科学研究科助教
　京都大学経済学研究科博士課程。専門は日本経済史。主要著作に、「戦後日本における零細小売店主の供給源―1950年代後半から1980年代初頭を中心に」（『社会経済史学』第81巻1号、2015年）、などがある。

**木越義則**（きごし　よしのり）名古屋大学大学院経済学研究科准教授
　京都大学大学院経済学研究科博士課程。専門は中国経済史。主要著作に、『近代中国と広域市場圏―海関統計によるマクロ的アプローチ』（京都大学学術出版会、2012年）、などがある。

**富澤芳亜**（とみざわ　よしあ）島根大学教育学部教授
　広島大学大学院文学研究科博士課程。専門は中国経済史。主要著作に、「紡織業史」（久保亨編『中国経済史入門』東京大学出版会、2012年）、「近代中国における工業教育と紡織技術者の養成」（『経済史研究』第20号、2017年）、などがある。

**加島　潤**（かじま　じゅん）横浜国立大学大学院国際社会科学研究院准教授
　東京大学大学院人文社会系研究科博士課程。専門は中国近現代経済史。主要著作に、『中国セメント産業の発展―産業組織と構造変化』（共編著、御茶の水書房、2010年）、『社会主義体制下の上海経済―計画経済と公有化のインパクト』（東京大学出版会、2018年）、などがある。

**峰　毅**（みね　たけし）東京大学経済学博士
　東京大学経済学部卒。専門は中国経済。主要著作に、『中国に継承された満洲国の産業』（御茶の水書房、2009年）、『中国機械産業の発展』（共著、東京大学社会科学研究所、2013年）『中国工業化の歴史』（日本僑報社、2017年）、などがある。

**皇甫秋実**（Huangfu Qiushi）復旦大学歴史学系副教授
　復旦大学歴史学系博士。専門は中国経済史。主要著作に、『危机中的選択：戦前十年的中国卷煙市場』（東方出版中心、2016年、中国語）、「中米工商業協進会与戦後中米経済関系」（『中国経済史研究』第5期、2018年、中国語）、などがある。

丸川知雄（まるかわ　ともお）東京大学社会科学研究所教授
　東京大学経済学部卒。専門は中国経済、産業。主要著作に、『現代中国経済』（有斐閣、2013年）、『チャイニーズ・ドリーム』（筑摩書房、2013年）、『現代中国の産業』（中央公論新社、2007年）、などがある。

厳　善平（げん　ぜんへい）同志社大学大学院グローバル・スタディーズ研究科教授
　京都大学大学院博士課程。専門は中国経済論・開発経済学・農業経済学。主要著作に、『農村から都市へ──1億3000万人の農民大移動』（岩波書店、2009年）、『2020年に挑む中国──超大国のゆくえ』（共編著、文眞堂、2016年）、などがある。

林　采成（イム　チェソン、Lim Chaisung）立教大学経済学部教授
　東京大学経済学研究科博士課程。専門は日本経済史・東アジア経済史。主要著作に、『戦時経済と鉄道運営──「植民地」朝鮮から「分断」韓国への歴史的経路を探る』（東京大学出版会、2005年）、『鉄道員と身体──帝国の労働衛生』（京都大学学術出版会、2019年）、『飲食朝鮮──帝国の中の「食」経済史』（名古屋大学出版会、2019年）、などがある。

洪　紹洋（HONG Sao Yang）国立陽明大学人文と社会教育センター准教授
　国立政治大学経済学博士。専門は台湾経済史、戦後の日台経済関係史。主要著作に、『台湾造船公司の研究──植民地工業化と技術移転』（御茶の水書房、2011年）、「1950年代台、日経済関係的重敨與調整」（『臺灣史研究』第23期第2巻、中央研究院台湾史研究所、2016年）、などがある。

＊萩原　充（はぎわら　みつる）釧路公立大学経済学部教授
　北海道大学大学院経済学研究科博士課程。専門は中国近現代経済史。主要著作に、『中国の経済建設と日中関係──対日抗戦への序曲　1927～1937年』（ミネルヴァ書房、2000年）、『近代中国を生きた日系企業』（共編著、大阪大学出版会、2011年）、などがある。

橘川武郎（きっかわ　たけお）東京理科大学大学院経営学研究科教授
　東京大学大学院経営学研究科博士課程。専門は日本経営史・エネルギー産業論。主要著作に、『日本石油産業の競争力構築』（名古屋大学出版会、2012年）、『戦前日本の石油攻防戦』（ミネルヴァ書房、2012年）、などがある。

"世界の工場"への道
──20世紀東アジアの経済発展

2019 年 5 月 15 日　初版第一刷発行

| | |
|---|---|
| 編　者 | 堀　　和　生 |
| | 萩　原　　　充 |
| 発行人 | 末　原　達　郎 |
| 発行所 | 京都大学学術出版会 |

京都市左京区吉田近衛町 69
京都大学吉田南構内（〒606-8315）
電　話 075(761)6182
FAX 075(761)6190
URL http://www.kyoto-up.or.jp

| | |
|---|---|
| 印刷・製本 | 亜細亜印刷株式会社 |
| 装　幀 | 野田和浩 |

Ⓒ Kazuo Hori, Mitsuru Hagiwara 2019　　Printed in Japan
ISBN978-4-8140-0218-4　　定価はカバーに表示してあります

本書のコピー，スキャン，デジタル化等の無断複製は著作権法上での例外を除き禁じられています．本書を代行業者等の第三者に依頼してスキャンやデジタル化することは，たとえ個人や家庭内での利用でも著作権法違反です．